एस. इरफ़ान हबीब

एस. इरफ़ान हबीब विज्ञान और आधुनिक राजनीतिक इतिहास-लेखन में समान रूप से सक्रिय रहे हैं। कुछ सालों तक इतिहास पढ़ाने के बाद नेशनल इंस्टीट्यूट ऑफ़ साइंस, टेक्नोलॉजी एंड डेवलेपमेंट स्टडीज़ से संबद्ध रहे। वे नेशनल यूनिवर्सिटी ऑफ़ एजुकेशनल प्लानिंग एंड एडमिनिस्ट्रेशन में मौलाना आज़ाद पीठ पर रहे। 'टु मेक द डेफ़ हियर : आइडियोलॉजी एंड प्रोग्राम ऑफ़ भगतसिंह एंड हिज कॉमरेड्स', 'जिहाद ऑर इज्तिहाद : रिलीजियस ऑर्थोडॉक्सी एंड मॉडर्न साइंस इन कंटेम्परारी इस्लाम' और 'मौलाना आज़ाद : ए लाइफ़' उनकी चर्चित पुस्तकें हैं। 'भारतीय राष्ट्रवाद : एक अनिवार्य पाठ' उनके द्वारा सम्पादित पुस्तक 'इंडियन नेशनलिज़्म : द एसेंशियल राइटिंग्स' का अनुवाद है।

ई-मेल : habib.irfan@gmail.com

भारतीय राष्ट्रवाद

एक अनिवार्य पाठ

सम्पादक

एस. इरफ़ान हबीब

अनुवादक

प्रभात सिंह

जितेन्द्र कुमार

अभिषेक श्रीवास्तव

अशोक कुमार पांडेय

अर्जुमंद आरा

श्रीप्रकाश

राजकमल पेपरबैक्स

Aleph Book Company से 2017 में प्रकाशित
Indian Nationalism : The Essential Writings का अनुवाद

राजकमल पेपरबैक्स में
पहला संस्करण : मई, 2023
तीसरा संस्करण : जून, 2024

राजकमल पेपरबैक्स : उत्कृष्ट साहित्य के जनसुलभ संस्करण

राजकमल प्रकाशन प्रा.लि.
1-बी, नेताजी सुभाष मार्ग, दरियागंज
नई दिल्ली-110 002
द्वारा प्रकाशित

शाखाएँ : अशोक राजपथ, साइंस कॉलेज के सामने, पटना-800 006
पहली मंजिल, दरबारी बिल्डिंग, महात्मा गांधी मार्ग, प्रयागराज-211 001
1, अनमोल सोराबजी संतुक लेन, धोबी तलाव, मरीन लाइंस, मुम्बई-400 002
वेबसाइट : www.rajkamalprakashan.com
ई-मेल : info@rajkamalprakashan.com

विकास कंप्यूटर एंड प्रिंटर्स
ट्रॉनिका सिटी-201 102
द्वारा मुद्रित

मूल्य : ₹ 399

BHARTIYA RASHTRAWAD : Ek Anivarya Path
Edited by S. Irfan Habib
Translated by Prabhat Singh, Jitendra Kumar, Abhishek Srivastava,
Ashok Kumar Pandey, Arjumand Ara, Shri Prakash

ISBN : 978-81-19028-82-5

भारतीय राष्ट्रवाद

क्रम

VII. राष्ट्रवाद और संस्कृति की एक सारग्राही दृष्टि

VIII. राष्ट्रवाद परिभाषित

IX. संस्कृति और राष्ट्रवाद का उदार दक्षिणपंथी नज़रिया

X. राष्ट्रवाद की क्रान्तिकारी दृष्टि

हिन्दी संस्करण की प्रस्तावना

कुछ साल पहले मैंने राष्ट्रवाद पर एक लेख-संग्रह तैयार किया जिसे लोगों ने उपयोगी माना और समयानुकूल भी, जिसकी इस समय बहुत ज़रूरत थी। अब इस संग्रह का हिन्दी संस्करण आ रहा है और इसकी भूमिका लिखते हुए मुझे विशेष ख़ुशी हो रही है। मैं रवीश कुमार को, जो उस समय एनडीटीवी में थे, शुक्रिया कहना चाहता हूँ कि उन्होंने मुझे राजकमल प्रकाशन तक पहुँचाया। किताब के आने में कुछ समय लग गया जिसकी वजह कोविड-19 और किताब के कुछ अध्यायों के अनुवाद में आने वाली मुश्किलें थीं।

जैसा कि हम देखते आ रहे हैं, हमारा देश इस समय कुछ ऐसी राजनीतिक ताक़तों के क़ब्ज़े में है जिनका यक़ीन एकरूपता में है और जिन्हें हमारी सदियों पुरानी विविधता हमारी अयोग्यता लगती है। स्वतंत्रता आन्दोलन से मिले हमारे सामासिक राष्ट्रवाद को हमारी कमज़ोरी बताकर उसका मज़ाक़ उड़ाया जा रहा है और बहुसंख्यकवादी राष्ट्रवाद को सच्चा और वीरोचित यथार्थ वास्तविकता बताया जा रहा है। यह हमारे अतीत को झुठलाना है। मैंने इसी पर सवाल उठाया है। इसके लिए मैंने उन लोगों का सहारा लिया है जिन्होंने हमारे आधुनिक राष्ट्र के निर्माण में हाथ बँटाया और जो इस देश की आधारभूत जातीय, धार्मिक, सांस्कृतिक और भाषिक विविधता को स्वीकार करते हैं।

जिन राष्ट्रवादी शख़्सियतों को मैंने इस किताब में शामिल किया है वे सब लोग अलग-अलग पृष्ठभूमियों से आते हैं, लेकिन उनमें से ज़्यादातर राजनीतिक लोग हैं जो स्वाभाविक ही हैं। उनके अलावा यहाँ रबीन्द्रनाथ टैगोर भी हैं जिनकी गिनती सबसे प्रतिभाशाली भारतीयों में की जाती है। प्रफुल्लचन्द्र राय भी इसमें हैं जो एक महत्त्वपूर्ण वैज्ञानिक थे। उन्होंने भारतीय रसायनशास्त्र की नींव डाली और राष्ट्रवादी उद्देश्यों से भी जिनका गहरा जुड़ाव था। इसमें ख़्वाजा अहमद अब्बास भी हैं

जिन्होंने अपनी पत्रकारिता, अपने उपन्यासों और अपनी फ़िल्मों से देश के ग़रीब और वंचित लोगों के सरोकारों को आवाज़ दी।

यह संकलन अपने आप में पूरा नहीं है फिर भी यह राष्ट्रवाद के उस विचार को रेखांकित करने में सक्षम है जो स्वतंत्रता आन्दोलन के संघर्षों से होकर हम तक पहुँचा है। इस आधुनिक देश के निर्माताओं के विचारों की रोशनी में हम विध्वंसक राष्ट्रवाद की उस प्रक्रिया को भी समझ सकते हैं जो इस समय हमारे आसपास चल रही है।

किताब में शामिल विचारकों को मैंने अपनी समझ से राष्ट्रवाद की अलग-अलग परिभाषाओं में बाँटा है लेकिन इस बिन्दु पर वे सब एकमत हैं कि हमारे राष्ट्रवाद को सामासिक और अविभाज्य ही होना चाहिए। इसमें ऐसी किसी राजनीति के लिए जगह नहीं है जिसका ज़ोर बाँटने पर हो। भारत की हमारी संकल्पना को बचाए-बनाए रखने का एक ही रास्ता है कि हम अपनी धार्मिक, सांस्कृतिक और भाषिक विविधता को सम्मान देते रहे हैं। हमारे राष्ट्रवाद को समावेशी होना होगा जिसमें कोई भी, किसी भी आधार पर अपने आप को बाहर महसूस न करे। मुझे उम्मीद है कि यह किताब हमें अपनी राष्ट्रवादी परम्परा और विरासत के मूलभूत तत्त्व को समझने में सहायक होगी।

मुझे यक़ीन है कि हिन्दी संस्करण के रूप में यह किताब और ज़्यादा लोगों तक पहुँचेगी। मैं इस किताब के सम्पादक सत्यानन्द निरुपम और सभी अनुवादकों के प्रति शुक्रगुज़ार हूँ और अशोक महेश्वरी जी के प्रति भी जिन्होंने इस पुस्तक को पाठकों तक पहुँचाने का दायित्व स्वीकार किया।

नई दिल्ली **—एस. इरफ़ान हबीब**

5 मई, 2023

किताब के बारे में

हम लोग अंधराष्ट्रवाद के दौर में जी रहे हैं जहाँ संस्कृति को चौरस बनाने की चीख़-पुकार मची हुई है। स्वयम्भू राष्ट्रवादियों और एकल संस्कृतिवादियों की सनक ने हमारे सामाजिक ताने-बाने को छिन्न-भिन्न करने का ख़तरा पैदा कर दिया है। हम सबको एक द्वैध में फँसा दिया गया है—कि तुम राष्ट्रवादी हो नहीं तो राष्ट्रद्रोही हो, और यह तमग़ा राज्यसत्ता और उसकी राजनीति पर हमारे रुझान के हिसाब से बाँटा जा रहा है। ऐसा राष्ट्रवाद जो किसी अदृश्य के डर पर टिका हो, हम हिन्दुस्तानियों के लिए सर्वथा अपरिचित रहा है चूँकि बरसों-बरस हमने जिस राष्ट्रवाद को पाला-पोसा है वह तो बहुलतावादी, समावेशी और तनावमुक्त था। हमारा राष्ट्रवाद तो कुछ बुनियादी जनतांत्रिक मूल्यों पर आधारित था जिनके इर्द-गिर्द राष्ट्रीय आन्दोलन के दौर में एक आम सहमति क़ायम हुई थी। आज वाला जो कट्टर राष्ट्रवाद है यह कोई नई चीज़ नहीं है। वह तब भी मौजूद था लेकिन हाशिये पर हुआ करता था, कुछ ऐसे असन्तुष्ट लोगों के बीच जो ख़ुद को इतिहास का शिकार मानते थे और जिनका नज़रिया अतीत को लेकर अवास्तविक, विकृत और अतिरंजित था। इन लोगों ने मुसलमानों, कम्युनिस्टों और विदेशियों (ख़ासकर पश्चिमी) को अपना दुश्मन मान लिया था। इस फ़ेहरिस्त में अब इन्होंने सेकुलर लिबरलों को भी जोड़ लिया है। अकेले भारत ही नहीं, पूरी दुनिया में यही अंधराष्ट्रवादी रुझान उभार पर है, ट्रम्प से लेकर ब्रेक्सिट वाया यूरोप के तमाम अतिदक्षिणपंथी समूहों तक, और यह किसी-न-किसी 'ग़ैर' के ख़िलाफ़ नफ़रत की ख़ुराक पर पल-बढ़ रहा है।

एक सियासी औज़ार के तौर पर राष्ट्रवाद और उसके दुरुपयोग का सबसे भद्दा स्वरूप जवाहरलाल नेहरू विश्वविद्यालय के संकट के दौरान पिछले साल देखने को मिला, जिसकी आँच अब तक सुलग

रही है। कथित 'राष्ट्रविरोधी' नारे लगाने के नाम पर कुछ छात्रों के ऊपर राजद्रोह का मुक़दमा थोप दिया गया और विश्वविद्यालय के ऊपर एक ऐसे संस्थान का ठप्पा लगा दिया गया जहाँ राष्ट्रविरोधी तत्त्वों को पनाह दी जाती है। इसके ख़िलाफ़ कई दिनों तक जेएनयू के शिक्षक और छात्र-छात्राएँ धरना देते रहे। इस धरने में विविध क्षेत्रों के विद्वान शामिल हुए और उन्होंने राष्ट्रवाद पर चुभने वाले सवाल उठाए। जेएनयू से उठी इस बहस ने पूरे देश को अपनी आगोश में ले लिया। इसके जवाब में कुलपति ने छात्रों को राष्ट्रवाद का सबक़ सिखाने के लिए परिसर के भीतर फ़ौजी टैंक लगाने की माँग हाल ही में उठाई है।

इस क़िस्म के राष्ट्रवाद पर बहस अब भी जारी है और अलग-अलग मोर्चों पर सवाल खड़े किये जा रहे हैं। मैंने भी इस बहस में योगदान देते हुए आइडिया ऑफ़ इंडिया पर कुछ लेख उस दौरान लिखे थे जिनमें यह बताने की कोशिश की थी कि हमारे उत्कट राष्ट्रवादियों, जैसे सुभाषचन्द्र बोस और भगत सिंह की नज़र में भारतीय राष्ट्रवाद क्या था। इसके बाद अलिफ़ की पुजिता कृष्णन मेरे पास एक किताब का प्रस्ताव लेकर आईं और राष्ट्रवाद पर एक संकलन तैयार करने की योजना बनी। थोड़ी बातचीत के बाद हमने इसमें संस्कृति को भी जोड़ दिया, चूँकि राष्ट्रवाद और संस्कृति दो अविच्छिन्न तत्त्व हैं। यह संकलन इन्हीं दो विषयों पर केन्द्रित है।

मैं यह दावा तो नहीं कर सकता कि प्रस्तुत संकलन समग्र है और राष्ट्रवाद पर हर क़िस्म के नज़रिये को समाहित करता है, हालाँकि राष्ट्रवाद की नींव रखने वाले अधिकतर बुनियादी स्वरों को यथासम्भव एक ही खंड में समेटने की कोशिश ज़रूर की गई है। जैसा कि आप संग्रह में देखेंगे, इन स्वरों ने यद्यपि विविध प्रस्थान बिन्दुओं से राष्ट्रवाद को परिभाषित किया था, बावजूद सभी एक नतीजे पर पहुँचे कि भारतीय राष्ट्रवाद मूलत: समावेशी और बहुलतावादी है तथा अपने इस चरित्र पर उसे नाज़ है। इस संकलन में जिन प्रखर राष्ट्रवादियों को शामिल किया गया है, उनमें से कई का उपयोग और दुरुपयोग आए दिन सियासी बहस-मुबाहिसों में किया जाता है। मुझे उम्मीद है कि यह संकलन भारतीय राष्ट्र, राष्ट्रवाद और संस्कृति पर पिछली सदी के शुरुआती दशकों से विकसित हुई अवधारणा को स्पष्ट करने में मदद करेगा।

इसमें शामिल ज़्यादातर सामग्री के लिए मैं दिल्ली के नेहरू स्मृति संग्रहालय और पुस्तकालय (एनएमएमएल) और इंडिया इंटरनेशनल

सेंटर की लाइब्रेरी का शुक्रिया अदा करना चाहूँगा। आइआइसी का मैं आभारी हूँ कि उसने पिछले साल मुझे शोध और लेखन की सुविधा मुहैया करवाई। टिप्पणियों और सुझावों के लिए मैं अपने मित्र बेंजामिन ज़कारिया का भी ऋणी हूँ। समाजशास्त्री और मित्र दीपांकर गुप्ता के साथ आइआइसी के लाउंज में इसे लेकर कई दौर की उपयोगी बातचीत हुई है।

अन्ततः, मैं अपने परिवार, ख़ासकर अपनी पत्नी अतिया का आभारी हूँ जिनसे ज़्यादा सच्चा राष्ट्रवादी मैंने नहीं देखा।

नई दिल्ली
अगस्त, 2017

—एस. इरफ़ान हबीब

अनुवाद : **अभिषेक श्रीवास्तव**

भूमिका

आज हमारे इर्द-गिर्द जब राष्ट्रवाद पर इतना हो-हल्ला हो रहा है, हमें भारतीय राष्ट्रवाद पर किसी किताब की ज़रूरत क्यों आन पड़ी! दरअसल, इस सवाल में ही इसका जवाब छुपा हुआ है। हमें इस पर बहस करने की ज़रूरत इसलिए है क्योंकि राष्ट्रवाद ने हमें कुछ दिलचस्प और भयावह तरीक़ों से अपनी आगोश में ले लिया है। आए दिन हमसे देश के लिए अपने प्रेम को साबित करने की माँग की जा रही है—अपनी देशभक्ति के बारे में कभी नारे लगाकर तो कभी चीख़-चीख़कर बताने को कहा जा रहा है और कभी किसी धर्मविशेष का पालन करने को कहा जा रहा है। इस पर जो कोई सवाल उठाता है, उसके ऊपर राष्ट्रद्रोही होने का झूठा आरोप लगा दिया जा रहा है और देश का दुश्मन करार दिया जा रहा है। यह खोखली नारेबाजी हम सभी को ले डूबे, इससे पहले आइए समझने की कोशिश करते हैं कि हमारे देश में राष्ट्रवाद का इतिहास क्या रहा है और किन स्वरूपों में वह इस देश में मौजूद रहा है।

मेरी उम्र के भारतीय, जो आज़ादी के कुछ साल बाद पैदा हुए, उनके भीतर राष्ट्रवाद को किसी शासनादेश के माध्यम से नहीं भरा गया। माहौल ही कुछ ऐसा था कि वह अपने आप भीतर अनुप्राणित होता गया। हमें इस बात को परिभाषित करने की ज़रूरत ही नहीं पड़ी कि हम भारतीय क्यों और कैसे थे, बावजूद इसके कि हमने बिलकुल तभी विभाजन की खूँरेज़ त्रासदी झेली थी जिसे साम्प्रदायिक राष्ट्रवाद के नाम पर अंजाम दिया गया था। आज लेकिन कुछ ऐसे लोग सत्ता में हैं जो हमसे माँग कर रहे हैं कि हम मुखर तरीक़े से अपनी भारतीयता को रह-रहकर दोहराएँ और साबित करते रहें। उसकी भी कुछ शर्तें हैं। वह भारतीयता के बहुरंगी संस्करण को पसन्द नहीं करते बल्कि उन्हें वही परिभाषा पसन्द है जो उनकी संकुचित मानसिकता को स्वीकार्य हो। इस थोपे गए राष्ट्रवाद को समझने के लिए ज़रूरी है कि हम राष्ट्रवाद के मूल स्रोतों तक जाएँ और उसे उसी तरह समझें जैसी उसकी परिकल्पना इस राष्ट्र का निर्माण करनेवाले लोगों ने की थी। वह एक समावेशी राष्ट्रवाद था जिसे हमारे स्वतंत्रता संघर्ष के दौरान सचेतन रूप से स्वीकार किया

गया था और एक बहुलतावादी स्वतंत्र भारत के निर्माण के लिए इस्तेमाल किया गया था। हमारे राष्ट्रवाद और भारतीय संस्कृति की हमारी अवधारणा को उन पुरुषों और स्त्रियों के प्रामाणिक लेखन के आईने में समझा जा सकता है जिन्होंने हमारे लिए उसे परिभाषित किया था। इनमें से कई लोग राजनीतिक चिन्तक और नेता थे कई आन्दोलनकारी भी थे जो दिन-रात उपनिवेश विरोधी संघर्षों में लगे हुए थे। भारतीय राष्ट्र, राष्ट्रवाद और संस्कृति की अवधारणा में वैज्ञानिकों और सांस्कृतिक आन्दोलनकारियों ने भी अपना योगदान दिया। राष्ट्रवाद और संस्कृति के तत्त्वों से मिला-जुला यह योगदान दरअसल एक उदार-मध्यमार्गी राष्ट्रवाद की परिकल्पना करता था जो कालान्तर में धीरे-धीरे एक ऐसे चरण में पहुँच गया जहाँ केन्द्र में धर्म आ गया। फिर कई अन्य चरणों से होता हुआ यह अन्तत: आम सहमति आधारित एक समावेशी राष्ट्रवाद में परिणत हुआ।

आइए, राष्ट्रवाद नाम की इस परिघटना के उभार पर एक वैश्विक निगाह डालते हैं। राष्ट्रवाद को एक ऐसी मानसिक अवस्था के रूप में परिभाषित किया जाता है जो एक व्यक्ति की उसकी मातृभूमि, स्थानीय परम्पराओं और पूर्व स्थापित भौगोलिकता के प्रति अटूट समर्पण को दर्शाती हो। यह तो '18वीं सदी के अन्त में हुआ जब आधुनिक अर्थों में राष्ट्रवाद निजी व सार्वजनिक जीवन में एक सामान्य स्वीकृत भावना के तौर पर स्वीकार किया गया'। यह निकट अतीत की ही बात है जब प्रत्येक राष्ट्रीयता से अपना एक राष्ट्र बनाने की माँग की गई; उससे पहले तक राष्ट्र राज्य के प्रति आस्था या वफ़ादारी की अपेक्षा नहीं की जाती थी बल्कि यह विशिष्ट क़िस्म के सामाजिक वर्चस्व, राजनीतिक संगठनों और विचारधारात्मक इकाइयों जैसे कि कबीलों या कुनबा, शहर अथवा राज्य के सामन्त, शाही ख़ानदान, चर्च या धार्मिक समूह के प्रति वफ़ादारी का पर्याय था।

इतिहासकार एली केदुरि ने लिखा है, "अक्सर राष्ट्रवाद को नव कबीलावाद के रूप में भी परिभाषित किया जाता है।" यह दरअसल राष्ट्रवाद के भीतर अन्तर्निहित दूसरों के प्रति डर का परिचायक है जहाँ एक राष्ट्र बाहरियों को अपने से अलग मानता है, बरतता है और उनके प्रति असहिष्णु व्यवहार करता है। एक समूह के बतौर वह अजनबी और बाहरी आदि को पसन्द नहीं करता और उन्हें अपने समूह में शामिल करने में संकोच करता है। राष्ट्रवाद के ऐसे संस्करणों को आमतौर से फासीवादी विचारधाराओं से जोड़कर देखा जाता रहा है या ऐसे शासनों से, जिन्होंने एक धार्मिक, नस्ली या भाषायी समूह के भीतर बाक़ी दूसरे समूह के प्रति नफ़रत फैलाकर ख़ुद को ताक़तवर बनाने का काम किया।

सौ वर्ष से ज़्यादा पुराने राष्ट्रवाद ने इतनी लम्बी यात्रा के दौरान नये अर्थ और नई परिभाषाएँ ग्रहण की हैं। दुनिया के इतिहास में इसकी भूमिका के चलते इतिहासकारों, राजनीतिक वैज्ञानिकों और समाजशास्त्रियों ने इसकी आलोचना भी की

है। इसके बावजूद राष्ट्रवाद आज भी सर्वाधिक सशक्त राजनीतिक भावनाओं में एक है और सबसे नाजुक भी, जिसे बड़ी आसानी से राजनीतिक, सांस्कृतिक, भाषायी और इनसे भी बढ़कर, धार्मिक अस्मिताओं के इर्द-गिर्द सूत्रबद्ध किया जा सकता है।

हमने देखा है कि धर्मों ने कैसे ख़ुद को राष्ट्रवादी विचारधाराओं में तब्दील किया और इसके सहारे बहुसंख्यक के वर्चस्व को स्थापित किया, अल्पसंख्यकों के अनुयायियों के ख़िलाफ़ कैसे भेदभाव बरता और राज्य के नागरिक होने के बतौर उनके वैध अधिकारों का मर्दन किया। मसलन, पाकिस्तान की सैद्धान्तिकी में इस्लाम को एक राजनीतिक विचारधारा के रूप में परिणत किया गया जिसका इस्तेमाल मुसलमानों के बहुसंख्यक पंथ को दूसरों के ख़िलाफ़ एकजुट करने में किया गया। राष्ट्रवादी विचारधारा के रूप में धर्म का यह रूपान्तरण इस रूप में सुविधाजनक है कि सदियों से मान्य किसी आस्था से उपजी सशक्त और दृढ़ वफ़ादारी का दोहन राष्ट्रवादी कर पाते हैं।

भारत जैसे एक विविधतापूर्ण देश में उपनिवेशवाद-विरोधी संघर्ष के नेताओं ने सांस्कृतिक, धार्मिक और भाषायी पहचानों से दूर रहने का सचेतन चुनाव किया था। वे लोगों की ज़िन्दगी में धर्म और संस्कृति के महत्त्व से सचेत थे और इसे उन्होंने अपने लेखन में भी माना है। भारत के पहले प्रधानमंत्री जवाहरलाल नेहरू ने हालाँकि विकासवाद और आर्थिक राष्ट्रवाद पर ज़ोर दिया जिसने विविध पहचान वाले लोगों की ज़िन्दगी को प्रभावित भी किया। नेहरू लगातार कहते रहे कि सांस्कृतिक और धार्मिक अर्थ में राष्ट्रवाद को जिस तरह से सीमित किया जाता है, वह इतना संकीर्ण और ओछा है कि देश के सामने खड़ी विशाल समस्याओं को हल नहीं कर सकता। उनका आर्थिक राष्ट्रवाद हालाँकि साम्राज्यवाद के उभार के साथ नत्थी उस राष्ट्रवाद से अलहदा था, जो उपनिवेशवाद के माध्यम से पूँजी निवेश के लिए कच्चे माल, बाज़ार और मैदानों की तलाश के संघर्ष में मुब्तिला रहता था। इसके उलट, नेहरू के लिए उपनिवेश के दौर में लोगों की आय और ज़िन्दगी का स्तर ऊँचा करने के लिए आर्थिक राष्ट्रवाद पर आधारित एक आर्थिक कार्यक्रम की दरकार थी।

राष्ट्रवाद एक दुधारी तलवार है : यह लोगों को जोड़ सकती है और दूसरी तरफ़ बुरी तरह बाँट भी सकती है। ऐतिहासिक रूप से यह राष्ट्रवाद समुदायों में अपार ख़ुशी का स्रोत रहा लेकिन साथ ही राष्ट्रवादों के परस्पर टकरावों के चलते अमन-चैन को ख़तरा भी बना रहा। यूरोप में राष्ट्र-राज्यों का उदय और एशिया व अफ़्रीका में उपनिवेशवाद का अन्त राष्ट्रवाद के प्रगतिशील और मुक्तिदायी गुणों को दर्शाता है। इसने बौद्धिक और सांस्कृतिक मोर्चे पर सृजनात्मकता के लिए जगह बनाई और उपनिवेश रह चुके देशों में नई जान फूँकी। अपने विकृत अवतार में हालाँकि इसने औपनिवेशिक उत्पीड़न को पैदा किया और फासीवाद को उभारने का काम किया, जिसने नरसंहारों को जन्म दिया। यही वजह थी कि हैराल्ड लास्की

ने राष्ट्रवाद को समकालीन दुनिया में कालभ्रम कहकर नकार दिया—एक ऐसा कालबाह्य और पुराना जड़ जमाया रोग जो इनसानियत के लिए महामारी पैदा करता है और जिसका उपचार झाड़-फूँक से नहीं हो सकता। राष्ट्रवाद "एक क़िस्म की धार्मिक आस्था में तब्दील हो चुका है, जो आसानी से विकृत होकर उत्पीड़न और शक्ति-संचयन का पर्याय बन सकता है।" राष्ट्रवाद, साम्राज्यवाद को पोषित करता है और साम्राज्यवाद बदले में उन्हीं लोगों के भीतर राष्ट्रवाद का पोषण करता है जिन्हें वह नियंत्रित करने की ख़्वाहिश रखता है। हमारा जो अपना राष्ट्रवाद है, वह औपनिवेशिक उत्पीड़न की प्रतिक्रिया में उभरा था।

बीसवीं सदी के आरम्भ से ही ये दावे किए जाते रहे कि भारत तो सदियों से एक राष्ट्र रहा है। प्राचीन और मध्यकालीन साम्राज्य और यहाँ तक कि जागीरें भी, जिनकी प्रजा राजा के प्रति वफ़ादार रहती थी और "ख़ानदान की भक्ति में गौरव का एहसास करती थी", भ्रम में भारतीय राष्ट्रवाद का पर्याय मान ली जाती हैं। इन पुराने साम्राज्यों में राष्ट्र होने का बमुश्किल ही कोई लक्षण रहा होगा। इनमें प्रजा होती थी, ऐसे नागरिक नहीं जिनके पास नागरिक और जनतांत्रिक अधिकार हों। राष्ट्रवाद ही नागरिकों को एक राष्ट्रीय पहचान देता है और सभी स्थानीय व क्षेत्रीय पहचानों के मुक़ाबले उसे ऊपर रखता है। यह पहचान तमाम बहुमूल्य अधिकारों और कर्तव्यों के साथ आती है, जो जनता की चेतना को व्यापक बनाकर रूपान्तरित करती है। जैसा कि के.एन.पणिक्कर कहते हैं, आरम्भिक राष्ट्रवादियों में से एक सुरेन्द्रनाथ बैनर्जी ने स्वाधीनता संघर्ष पर अपनी पुस्तक का बहुत उपयुक्त नाम रखा था : 'अ नेशन इन द मेकिंग'। एक बनते हुए राष्ट्र के विचार में पणिक्कर के अनुसार उपनिवेशवाद से मुक्त होने की प्रक्रिया शामिल थी, बजाय मौजूदा 'मेक इन इंडिया' वाले नारे के, जो दोबारा औपनिवेशीकरण के ख़तरे से लबरेज़ है।

भारत में राष्ट्रवाद

राष्ट्रवाद का मुख्य स्वरूप जो उपनिवेशविरोधी और सेकुलर था, वह उन्नीसवीं सदी के अन्त और बीसवीं सदी के आरम्भ में उभरना शुरू हुआ। अकसर यह दलील दी जाती है कि राष्ट्रवाद का उदय औद्योगीकरण, शहरीकरण और मुद्रण पूँजीवाद से सम्भव हुआ। राजनीतिविज्ञानी और इतिहासकार बेनेडिक्ट एंडरसन ने इसकी काट में कहा है कि अफ्रो-एशियाई विकासशील जगत में राष्ट्रवाद पश्चिम में ही विकसित किसी एक या दूसरे प्रारूप का अनुकरण था। इस तरह वे इन महाद्वीपों की जनता का अपने क़िस्म के राष्ट्रवाद के विकास में कोई बौद्धिक योगदान नहीं मानते हैं। पिछले कुछ दशकों के दौरान उनकी इस स्थापना की काफ़ी आलोचना हुई है। मसलन, पार्थ चटर्जी उनसे असहमत होते हुए कहते हैं कि सत्ता के लिए संघर्ष

की शुरुआत से काफ़ी पहले भारतीय समाज अपने निजी सांस्कृतिक वृत्त के भीतर अपने राष्ट्र की परिकल्पना करने में लगा हुआ था, भले ही राज्य की कमान उस वक़्त तक उपनिवेशवादियों के हाथों में थी। इसी बिन्दु पर उन्होंने अपनी सम्प्रभुता का अपना एक अधिकार-क्षेत्र परिकल्पित किया और एक ऐसी भारतीय आधुनिकता को निर्मित किया जो आधुनिक तो थी लेकिन पश्चिमी नहीं थी।

आज़ादी के संघर्ष के दौरान हमारा राष्ट्रवाद न केवल राजनीति में बल्कि साहित्य में भी सूत्रीकृत हो रहा था। उन्नीसवीं सदी के अन्त और बीसवीं सदी की शुरुआत की सबसे सशक्त आवाज़ों में एक बंकिम चन्द्र चटर्जी ने अपने उपन्यासों में, खासकर 'आनन्दमठ' में, हमारे लिए राष्ट्रवाद की बुनियादी परिभाषा दी थी। जैसा कि सुदीप्त कविराज कहते हैं, बंकिम ने 'स्व' और 'पर' यानी बंगालियों और भारतीयों के बीच की परिकल्पित सीमा को दोबारा खींचा तथा 'भारतीय राष्ट्रवाद' के स्रोतों को निरूपित करने में मूलभूत भूमिका निभाई। बंकिम चन्द्र के ऐतिहासिक उपन्यासों में, जो वास्तविक इतिहास का काल्पनिक विस्तार थे, भारत की अधीनता को और पीछे ले जाकर उसमें प्राक्-आधुनिक इस्लामिक साम्राज्यों के शासन को भी शामिल किया गया। यह इस्लामिक शासन को विदेशी आक्रमण के रूप में देखने की एक पुनर्व्याख्या थी, एक तरह से आधुनिक साम्राज्यवाद का अतीत में पीछे की ओर कालबाह्य विस्तार। बाद में यह व्याख्या उन लोगों के काम आई जिन्होंने साम्प्रदायिक राष्ट्रवाद को हवा दी और ज़्यादा शैतानी इस्लामिक शासन के मुक़ाबले अंग्रेज़ी राज को उदार माना।

इतिहासकार क्रिस बेली ने भी भारतीय राष्ट्रवाद की जड़ें उपनिवेश-पूर्व काल में मानी हैं, जिसे वे 'पारम्परिक देशभक्ति' का नाम देते हैं। उनके मुताबिक़ यह 'भूमि, भाषा और सम्प्रदाय के साथ जुड़ाव की एक सामाजिक रूप से सक्रिय भावना थी' जो पश्चिमीकरण की प्रक्रिया से काफ़ी पहले इस उपमहाद्वीप में विकसित हुई। कम्पनी राज में इस भावना ने ख़ुद को विभिन्न रूपों में अभिव्यक्त किया और अन्तत: इसकी परिणति 1857 के गदर में होती है। यही 'पारम्परिक देशभक्ति' उपनिवेशविरोधी संघर्ष के दौरान काफ़ी बहस-मुबाहिसे का बायस बनी और तमाम क़िस्म के भाषायी, धार्मिक, क्षेत्रीय, जातिगत और सामुदायिक समूहों से आनेवाले लोगों की भागीदारी से भारतीय राष्ट्रवाद बनी। इस राष्ट्रवाद की जड़ों को अंग्रेज़ी राज से पहले के भारत में तलाशने की बहुत कोशिशें हुईं, लेकिन बाल गंगाधर तिलक जैसे बड़े नेता मानते थे कि "भारतीय राष्ट्रवाद हाल में ही पैदा हुई एक ताक़त है और हमारे जीते जी ही हमारे समय में इसने ख़ुद को एक सार्वभौमिक मिशन की चेतना में परिवर्तित कर लिया है गोया यह नियति पर विजय पाने जा रही हो।"

यह राष्ट्रवाद समावेशी था और भारत की विविधता व बहुलता को प्रतिबिम्बित करता था। यह सभी स्तरों पर राजनैतिक, सांस्कृतिक और साथ ही धार्मिक-विविधताओं

को मान्यता देता था और उन्हें फलने-फूलने की जगह और सम्मान भी था। इसी के समानान्तर हमने दो तरह के धार्मिक राष्ट्रवादों का उभार देखा : हिन्दू और मुसलमान। यह दोनों ही क़िस्में अतीत में हिन्दू और मुसलमान समुदायों के परस्पर विलगाव और एकाश्मता की पेश की गई औपनिवेशिक तस्वीर से बहुत गहरे प्रभावित थीं। ये राष्ट्रवाद अनिवार्यत: उपनिवेश-विरोधी नहीं थे बल्कि इनकी ज़्यादा दिलचस्पी धर्म-आधारित राष्ट्रवाद की अपनी राजनीतिक विचारधारा को इतिहास के प्रयोग से वैधता दिलाने में थी ताकि राजनीतिक समर्थन जुटाया जा सके। कालान्तर में मुस्लिम धार्मिक राष्ट्रवाद ने पाकिस्तान की पहचान को परिभाषित किया जबकि हिन्दू धार्मिक राष्ट्रवाद ने भारत को पाकिस्तान की ही प्रतिकृति बनाने में पूरा ज़ोर लगा दिया। ऐसे विचारों में औपनिवेशिक नीतियों का प्रभाव बिलकुल साफ़ झलकता है।

यह दोहराने की ज़रूरत नहीं है कि भारत में राष्ट्रवाद का उदय यूरोप में राष्ट्रवाद के उदय से भिन्न दिशा में हुआ। विखंडित हो रहे मुगल साम्राज्य की आन्तरिक गतिकी से संचालित जो राजनीतिक विकास यहाँ हो सकता था उसे उपनिवेशवाद के हस्तक्षेप ने अवरुद्ध कर दिया। विशाल मुगल साम्राज्य ढह गया, उसने कई सारे क्षेत्रीय रजवाड़ों और छोटी जागीरों को जन्म दिया। इससे पहले कि ये सभी किसी राजनीतिक परिवर्तन की प्रक्रिया के तहत राष्ट्र-राज्य में तब्दील हो पाते, ब्रिटेन की प्रभुतर सैन्य तकनीक ने पैक्स ब्रिटानिका के तहत भारत को 'एक' करने का हस्तक्षेप कर डाला। औपनिवेशिक राज्य में शोषण और पीड़ा ने एक राष्ट्र के बतौर लोगों को आपस में जोड़ा; बेनेडिक्ट एंडरसन के शब्दों में कहें, तो लोग अब एक 'राजनीतिक समुदाय' के रूप में अपनी कल्पना कर पा रहे थे। यह परिकल्पना औपनिवेशिक आधुनिकता के रोपण से ठोस हो गई जिसने सांस्कृतिक, सामाजिक और आर्थिक राष्ट्रवाद का विस्फोट कर दिया। राष्ट्रीय आन्दोलन की अगुवाई करनेवाला मध्यवर्ग, जिसने अपने सरोकारों को सूत्रबद्ध करने के लिए एक लोकवृत्त का निर्माण किया था, उसकी जड़ें औपनिवेशिक शासन में हुए सामाजिक परिवर्तनों में थीं। ऐसा कहने का आशय यह नहीं है कि राष्ट्रवाद पूरी तरह उपनिवेशवाद का उत्पाद था। इसके उलट राष्ट्रवाद, उपनिवेशवाद का प्रतिपक्ष था। यह उपनिवेशवाद से लड़ने का सबसे मज़बूत हथियार था, जिसने एशिया, अफ्रीका, निकट पूर्व और मध्यपूर्व के भूतपूर्व उपनिवेशों में नये राष्ट्र-राज्यों के निर्माण को प्रेरित किया। इसने विरोध और अवज्ञा के आन्दोलन से राष्ट्र-निर्माण के एक आन्दोलन में ख़ुद को रूपान्तरित किया।

यह उपनिवेशविरोधी आन्दोलन, जो राष्ट्रवाद के रूप में अभिव्यक्त हो रहा था, ख़ुद को इसने केवल राजनीति तक सीमित नहीं रखा। राष्ट्रीय जीवन के सभी क्षेत्रों, जैसे कला, शिक्षा, विज्ञान, संस्कृति और समाज इत्यादि में इसने बड़े बदलाव किए। 'द डॉन सोसायटी' जैसे नये मंच और उसका अख़बार 'द डॉन'

मज़बूती से राष्ट्रवादी भावना को स्वर दे रहा था। 'द डॉन' भारतीय राष्ट्रवाद का एक सशक्त वाहक बनकर उभरा। यह भारत और भारतीय सभ्यता पर सांस्कृतिक, समाजशास्त्रीय और आर्थिक अध्ययनों की समीक्षा था। उपनिवेशवाद और पश्चिम के बरक्स अपर्याप्तताबोध पर इस प्रतिक्रिया ने समूचे भारत में भारी बौद्धिक व राजनीतिक विमर्श को आलोड़ित किया। सेकुलर और धार्मिक दोनों ही मोर्चों पर यह एक शुरुआत थी जिसने आधुनिक भारतीय राष्ट्र का निर्माण किया। राष्ट्र की जो अवधारणा इस तरह उभरी, वह राजाकेन्द्रित हिन्दू समाज पर आधारित नहीं थी बल्कि एक राज्य और समाज पर आधारित थी जो उदारवाद, जनतंत्र और नागरिक स्वतंत्रताओं से युक्त होगा। राष्ट्रवाद ने बौद्धिक वर्ग को एक ऐसी राजनीतिक व्यवस्था की कल्पना करने में सक्षम बनाया जो सामन्ती और औपनिवेशिक दोनों ही व्यवस्थाओं से अलग हो।

आज राष्ट्रवाद का बहुत बोलबाला है, ख़ासकर दुनिया के इस हिस्से में। बेंजामिन ज़कारिया ने 2011 में लिखी अपनी पुस्तक का उपयुक्त ही नाम दिया है : 'प्लेइंग द नेशन गेम : द एम्बिगुटीज़ ऑफ़ नेशनलिज़्म इन इंडिया'। उन्होंने पहले ही तमाम क़िस्म के राष्ट्रवादों का एक अन्दाज़ा लगा लिया था जो बाद में उभरे और देश में होनेवाली किसी भी घटना को वैधता प्रदान करने का औज़ार बने। ऐसी राष्ट्रवादी भावना अपने आपमें कोई नई नहीं है। नया कुछ है, तो वह है राज्य द्वारा उसे प्रायोजित किया जाना। इस उग्र स्वरूप वाले राष्ट्रवाद के हिसाब से देखें तो हममें से ज़्यादातर लोग पर्याप्त राष्ट्रवादी नहीं हैं और हमें बार-बार यह याद दिलाए जाने तथा राज्य द्वारा तय किए गए राष्ट्रवादी विचार की कसौटी पर कसे जाने और आजमाए जाने की ज़रूरत है। मेरे जैसे लोगों के लिए राष्ट्रवाद तो तमाम और लोगों की तरह ही हमारे पलने-बढ़ने का एक स्वाभाविक हिस्सा रहा है; हमारे लिए राष्ट्रवादी होना किसी सचेतन प्रयास का परिणाम नहीं था। हमने कभी महसूस नहीं किया कि हमें किसी प्रतीक की ज़रूरत है, यहाँ तक कि तिरंगे की भी नहीं, जिससे हम अपने राष्ट्रवाद को प्रदर्शित कर सकें। राष्ट्रवाद का उत्सव मनाने के लिए ज़्यादा-से-ज़्यादा हम कुछ फ़िल्मी गीतों का प्रयोग कर लेते थे, ख़ासकर कवि प्रदीप के लिखे हुए गीत। अस्सी के दशक तक हमारा राष्ट्रवाद बहुत लचीला रहा। यह न तो आक्रामक था और न ही विद्वेषपूर्ण। आज़ादी के तीन-चार दशक तक हमारा राष्ट्रवाद दरअसल स्वाधीनता संघर्ष की समावेशी और समग्र भावना का एक विस्तार बना रहा। हमारी ज़िन्दगी में सबसे ज़्यादा राष्ट्रवादी क्षण हर साल 30 जनवरी को दिन में 11:00 बजे आता था जब एक सायरन बजता था और हम सब बापू को श्रद्धांजलि देने के लिए मौन में एक साथ खड़े हो जाते थे। आजकल यह चलन से बाहर हो चुका है। पाकिस्तान के साथ 1965 और 1971 में हुई दो जंगों ने भी ऐसे लड़ाकू राष्ट्रवाद को नहीं उभारा, जैसा आज हम देख रहे हैं।

आज भारत में राष्ट्रवाद और संस्कृति की अवधारणा का जैसा इस्तेमाल किया जा रहा है वह विकृत है। अब यह राष्ट्र या संस्कृति के बारे में कोई गम्भीर चिन्तन का मामला नहीं है बल्कि एक लोकप्रिय बहुसंख्यकवादी अलगाववाद द्वारा उछाला गया एक नारा-भर है। हुआ यह है कि इतने वर्षों में राष्ट्र-निर्माण की प्रक्रिया में जो ताक़तवर तबक़ा हाशिये पर पड़ा रहा था, वह अचानक मुख्यधारा के केन्द्र में आ गया है। राष्ट्रवादी मुहावरेबाज़ी हमेशा से लोगों का ध्रुवीकरण करने में एक उपयोगी औज़ार साबित हुई है। यह दुनिया-भर में कारगर रही है और विनाशक परिणामों के साथ अक्सर इसका इस्तेमाल किया गया है। लोगों की आदिम प्रवृत्तियों को अपील करके जगानेवाली यह राजनीति व्लादिमीर पुतिन से लेकर शिंजो आबे, एरदोगन, डोनाल्ड ट्रम्प और नरेन्द्र मोदी तक दुनिया-भर में समान रूप से देखी जा सकती है। इन सबने जनता को 'अन्य' का भय दिखाकर सफलतापूर्वक बाँटा है। इनके नारे में 'अन्य' को देश के दुश्मन, संस्कृति के दुश्मन और राष्ट्र के विकास, यहाँ तक कि उसके वजूद को ख़तरे के रूप में प्रस्तुत किया गया है। आज हमारे राष्ट्रवाद को लगातार एक शत्रु की ज़रूरत पड़ती है, एक ऐसी चीज़ जिससे नफ़रत की जा सके। यह राष्ट्रवाद एकरूपता की माँग करता है, किसी भी विचलन को पसन्द नहीं करता बल्कि यह कहें कि राष्ट्रवाद की अपनी प्रस्थापना पर सवाल उठाए जाने से ही नफ़रत करता है। यह संस्कृतियों, विचारों, खाने-पीने के तरीक़े, पहनने-ओढ़ने के तरीक़े और यहाँ तक कि मनोरंजन के अलग-अलग साधनों में विविधता को भी पसन्द नहीं करता। आज राज्य द्वारा संरक्षित यह सनकी राष्ट्रवाद हमारे नागरिकों के ख़िलाफ़ इस्तेमाल किया जानेवाला सबसे ख़तरनाक हथियार है। एरिक हॉब्सबॉम ने इस झंडाधारी राष्ट्रवाद को बीसवीं शताब्दी के आरम्भ में यूरोप में ही उभरते हुए देख लिया था, जहाँ विदेशियों के ख़िलाफ़ देश का झंडा लहराया जाता था। उन्होंने पाया था कि हर क़िस्म के राष्ट्रवाद का आधार दरअसल एक ही है : जनता द्वारा अपने राष्ट्र के प्रति भावनात्मक स्तर पर पहचाने जाने की स्वीकार्यता और राजनीति, ख़ासकर चुनावों का जनतंत्रीकरण, जो लोगों को इस भावना के इर्द-गिर्द एकजुट करने के पर्याप्त मौक़े देता था। आज हम भारत में जिस परिघटना से गुज़र रहे हैं, हॉब्सबॉम ने उसे ही स्वर देते हुए कहा था कि जब राज्य इस क़िस्म के राष्ट्रवाद को भड़काकर लोगों को इकट्ठा करते हैं तो वे उसे 'देशभक्ति' का नाम देते हैं। पहले से स्थापित राष्ट्र-राज्यों में उभरे मूल 'दक्षिणपंथी' राष्ट्रवाद का अन्तिम लक्ष्य देशभक्ति पर अपना एकच्छत्र दावा करना था और इस तरह बाक़ी हर किसी को किसी-न-किसी क़िस्म का देशद्रोही ठहरा देना था। राष्ट्रवाद को दरअसल एक धर्मशास्त्र में बदला जा रहा था जहाँ उसकी आलोचना करना धर्मविरोधी था, कुफ़्र था। आज भी ऐसे लोग हैं जो राष्ट्रवाद को एक पवित्र और पूजनीय स्वरूप देकर खुलेआम अभिव्यक्ति की आज़ादी को ख़तरा

पैदा कर रहे हैं। हाल ही में शिव विश्वनाथन ने कहा था कि 'स्वाधीनता आन्दोलन के राष्ट्रवाद से—जो विचारों का एक बहुरंगी समुच्चय था—राष्ट्र की एकरूपता तक का संक्रमण अब पूरा हो चुका है।'

लेकिन यह संक्रमण अचानक नहीं हुआ। इसके बीज आज़ादी के पहले ही बो दिए गए थे जब आज़ादी का संघर्ष अपने उरूज़ पर था। जैसा कि मैंने पहले बताया, हमें अपने स्वतंत्रता संघर्ष से जो विरासत मिली उसने धर्म, भाषा, जाति, वर्ग और यहाँ तक कि क्षेत्र से भी ऊपर उठकर जाते समावेशी तरीक़े से हमारे राष्ट्रवाद और संस्कृति को परिभाषित किया। उसे बेशक उन हिन्दुओं और मुसलमानों से चुनौती मिली जो अलग-अलग पहचानों के इर्द-गिर्द भारतीयों को बाँटने के प्रति कटिबद्ध थे। बीसवीं सदी की शुरुआत से ही दो तरह के समूहों के बीच संघर्ष चल रहा था। एक वे जो भारत की अनेकता में एकता की तलाश करने में जुटे थे और दूसरे वे जो भारत को अलग-अलग राष्ट्रों में बाँटने में जुटे थे। मौजूदा दौर में राष्ट्रवाद की चादर में बड़ी चालाकी से लपेटे गए बहुसंख्यकवादी राजनीतिक व सांस्कृतिक उभार को समझने के लिए हमें 1920 से 1940 के दशक के बीच के दौर को देखना होगा जब समावेशी विरासत को अपने शुरुआती निर्माणकाल में ही इन ताक़तों से चुनौती मिलना शुरू हो गई थी। जो लोग भारत को सम्प्रदायवाद और प्रतिगामी मूल्यों के इर्द-गिर्द गढ़ने की ख़्वाहिश रखते थे, हिन्दू और मुस्लिम दोनों, उनके लिए एक धर्मनिरपेक्ष और भविष्योन्मुखी भारत का विचार दिक़्क़त पैदा करनेवाला था। वे लोग भारत को बाँटने में सफल हो गए, जिसके चलते जान-माल का बड़ा नुक़सान हुआ। पाकिस्तान ने राष्ट्र और मज़हब दोनों को आपस में मिलाकर ख़ुद को इस्लामिक राष्ट्र घोषित कर दिया लेकिन उसे 1971 में गहरा झटका लगा जब भाषा और संस्कृति ने धर्म को ही चुनौती दे डाली जिसके परिणामस्वरूप बांग्लादेश का जन्म हुआ। इधर भारत में जो कोई भी पाकिस्तान की राह चलना चाहता था, उन सबने मिलकर भारत को हिन्दू राष्ट्र घोषित करने के लिए भारी दबाव डाला हालाँकि वे अपने प्रयास में सफल नहीं हुए लेकिन अपने प्रतिगामी और विभाजनकारी एजेंडे को जारी रखते हुए उन्होंने उन सबको प्रताड़ित किया जो एक नया स्वतंत्र भारत बुनने का संघर्ष कर रहे थे।

आज की दक्षिणपंथी ताक़तें, जो अक्सर ख़ुद को राष्ट्रवादी आवरण में पेश करती हैं, इन्होंने राष्ट्र-निर्माण की प्रक्रिया में कोई हिस्सा नहीं लिया। इनसे जब इनके अतीत के बारे में सवाल किया जाता है तो ये भागकर अपने सामाजिक-सांस्कृतिक कार्यभारों में छुप जाते हैं जिनमें ये लगे हुए थे और बड़ी आसानी से इस बात की उपेक्षा कर देते हैं कि बाक़ी कितनों ने उस दौरान औपनिवेशिक राज के हाथों उत्पीड़न झेला और बलिदान दिया। हाल ही में नेहरू स्मृति संग्रहालय और पुस्तकालय में लगी एक प्रदर्शनी पर मेरा ध्यान गया जहाँ दक्षिणपंथ के एक अग्रणी

नेता श्यामाप्रसाद मुखर्जी की झाँकी लगी हुई थी। वहाँ 15 से 20 पैनल थे जिन पर उनके जन्म से लेकर शिक्षा-दीक्षा और सामाजिक-राजनीतिक जीवन का विवरण दर्शाया गया था। कुछ पैनलों पर 1930 और 1940 के दशक में हिन्दू महासभा के साथ उनकी सक्रियता दिखाई गई थी और कुछ पैनल उनके सामाजिक-सांस्कृतिक जीवन पर केन्द्रित थे। एक भी पैनल ऐसा नहीं था जिसमें अंग्रेज़ों के ख़िलाफ़ हुए किसी भी आन्दोलन या स्वाधीनता संघर्ष में उनकी भागीदारी अथवा उससे उनके किसी भी सम्बन्ध का ज़िक्र हो।

औपनिवेशिक चरण का कहीं ज़्यादा विस्तृत और स्पष्ट उदाहरण हमें 1920 के दशक के मध्य में स्थापित गीता प्रेस में मिलता है, जिसका घोषित लक्ष्य सनातन हिन्दू धर्म की रक्षा और उसका प्रचार करना था लेकिन उसका प्रच्छन्न राजनीतिक एजेंडा उसकी पत्रिका 'कल्याण' में छपता था। स्वतंत्रता सेनानियों के बीच एक प्रगतिशील, धर्मनिरपेक्ष और आधुनिक भारतीय राष्ट्र बनाने को लेकर जो सहमति थी उस पर गीता प्रेस बहुत आक्रामक तरीक़े से सवाल करता था जिसमें राष्ट्रीय स्वयंसेवक संघ और हिन्दू महासभा की सहमति व भागीदारी शामिल थी। इनके सामाजिक सुधार का मुख्य बिन्दु बाँटनेवाले प्रतिगामी मुद्दों को उभारना था। ऐसा वे मनुस्मृति का इस्तेमाल करके करते थे और पुरुष-वर्चस्व वाले हिन्दू समाज में महिलाओं को उनकी जगह दिखाते थे, साथ ही पितृभूमि और पुण्यभूमि की अवधारणाओं पर आधारित अपने अलगाववादी राष्ट्रवाद की परिभाषा का हल्ला मचाते थे। यह धार्मिक अतिवाद उनकी दृष्टि में मुस्लिम साम्प्रदायिकता को टक्कर देने के लिए अनिवार्य था, जबकि वे इस बात से गाफ़िल थे कि ऐसा करके वे दरअसल अलगाववादियों के काम को ही आसान कर रहे हैं। वे बड़ी आसानी से अपनी साम्प्रदायिकता को तो राष्ट्रवाद बताते थे जबकि मुस्लिम साम्प्रदायिकता को अलगाववाद हालाँकि तथ्य यह है कि दोनों ही एक-दूसरे के पूरक थे और एक के बिना दूसरे का वजूद मुमकिन नहीं था। ऐसे तमाम कांग्रेसी थे जो 'कल्याण' पत्रिका के लिए लिखते थे और कई तरीक़ों से उसकी मदद करते थे। इनमें से ज़्यादातर लोग ऐसा हिन्दू धर्म के भले को सोचकर करते थे क्योंकि वे मानते थे कि हिन्दू धर्म ख़तरे में है। जवाहरलाल नेहरू से भी उसके सम्पादक हनुमान प्रसाद पोद्दार ने सम्पर्क करने की कोशिश की थी लेकिन कई बार कहने के बावजूद नेहरू ने उनके अलगाववादी और प्रतिगामी विचार को समर्थन देने व पत्रिका में योगदान देने से इनकार कर दिया था। आज़ादी के पहले ही नेहरू ने इन ताक़तों के बारे में कहा था कि 'लोग जिसे संस्कृति कहते हैं, उसकी आड़ में ये ताक़तें हमारे दिमाग़ और हमारे नज़रिये को तंग बनाती हैं। ये ताक़तें किसी भी असली संस्कृति का अनिवार्यत: निषेध करती हैं और उसे सीमित करती हैं क्योंकि संस्कृति तो दिल और दिमाग़ को खोलने का काम करती है।' आज़ादी के संघर्ष से निकला यह राष्ट्रवाद—स्वाधीनता

संघर्ष की वह विरासत जिसे आरएसएस और उसके बिरादर 1930 के दशक से ही चुनौती दे रहे हैं—आज सबसे गम्भीर ख़तरों का सामना कर रहा है।

आजकल हम यह भी सुनते हैं कि देश बदल चुका है और इस 'नये' भारत के साथ हमारी यह विरासत शायद अप्रासंगिक हो चुकी है। यहाँ तक कि आजकल गांधी को भी पुराना मान लिया गया है और हमें कहा जा रहा है कि अब गांधी से दशकों पुराने मोह को हमें छोड़ देना चाहिए। जाहिर है कि आज़ादी के बाद बीते दशकों में यह देश लगातार बदलता रहा है, इसके बावजूद राष्ट्र-निर्माण के कुछ बुनियादी उसूल ऐसे हैं जो हमेशा प्रासंगिक और वैध रहेंगे। हमारे राष्ट्रवाद ने सभी भारतीयों के सामूहिक गौरव को प्रतिबिम्बित किया है। कोई भी ऐसा नागरिक नहीं रहा जो धर्म, जाति, भाषा या क्षेत्र के चलते इसके दायरे से बाहर छूट गया महसूस करता हो। जैसा कि गोपालकृष्ण गांधी ने कहा था, "भारत सभी भारतीयों से है और सभी भारतीय मिलकर भारत हैं।" यही भावना हमारे संविधान के मूल में है। इस मूलभूत भावना से कोई भी विचलन इस राष्ट्र के निर्माता लोगों के बीच असहजता और असुरक्षा को पैदा करेगा। यह आइडिया ऑफ इंडिया और भारतीय राष्ट्रवाद गहन विमर्श और मन्थन का परिणाम था जिसकी शुरुआत बीसवीं सदी के आरम्भ में हुई। आज इसी उदार राष्ट्रवाद का सत्त्व दाँव पर लगा हुआ है, जिसे इस राष्ट्र ने पिछली सदी के दौरान पाला-पोसा था।

तेज़ी से बदलते हुए इस ताने-बाने में ज़रूरत है कि हम गम्भीरतापूर्वक राष्ट्रवाद और संस्कृति की अवधारणाओं पर आत्ममन्थन करें। हमें वापस उन मूल विवरणों और परिभाषाओं की तरफ़ जाने की ज़रूरत है जो हमारे नेताओं ने भारतीय राष्ट्रवाद के सन्दर्भ में दी थीं। हमें मूल अभिलेखों को देखना होगा तथा राष्ट्र, राष्ट्रवाद और संस्कृति को परिभाषित व सूत्रबद्ध करने की प्रक्रिया के बारे में पढ़ना होगा। इन अभिलेखों में हम पाएँगे कि कई जगह राष्ट्रवाद और देशभक्ति को एक दूसरे के पर्याय की तरह प्रयोग किया गया है, दोनों के बीच फ़र्क़ धुँधला गया है। यहाँ मैं दोनों के बीच अन्तर को स्पष्ट करना चाहूँगा। देशभक्ति का अर्थ है अपने देश के प्रति लगाव और उसकी रक्षा करने की इच्छा, जबकि राष्ट्रवाद देश के प्रति एक कहीं ज़्यादा अतिवादी समर्पण का रूप है। इसीलिए राष्ट्रवाद की मुख्य कमी यह है कि यह लोगों को अन्धा कर सकता है। अपने देश के प्रति प्रेम तो ज़रूरी है ही, लेकिन यह प्रेम यदि संवैधानिक मूल्यों या जनतांत्रिक आदर्शों से भी ज़्यादा महत्त्वपूर्ण हो जाए तो यह विकृत हो जाता है। राष्ट्रवाद के उभार पर लौटते हुए हम पाते हैं कि अधिकतर जिन लोगों ने राष्ट्र और राष्ट्रवाद के बारे में लिखा और सोचा, वह औपनिवेशित भारत की ग़लत औपनिवेशिक व्याख्या तथा यहाँ के लोगों के दमन और शोषण की प्रतिक्रिया में था। आरम्भिक प्रतिक्रियाएँ एक क़िस्म के अपर्याप्ततबोध के इर्द-गिर्द केन्द्रित रहीं, जो भारत पर यूरोप में किए गए उस विपुल

लेखन का परिणाम था जिसमें बौद्धिक, सांस्कृतिक और साथ ही राजनैतिक रूप से भारत को कमतर दिखाया गया था। जिन भारतीयों ने इस पर प्रतिक्रिया दी वे विविध क्षेत्रों से आए हुए लोग थे—धर्म, राजनीति, इतिहास, विज्ञान और संस्कृति। ज़ाहिर है वे सभी सामाजिक संलग्नता वाले स्त्री-पुरुष थे, राष्ट्र और उसकी जटिलताओं पर सबसे पहले सोचनेवाले समाज सुधारक थे, ऐसे वैज्ञानिक, साहित्यकार और संस्कृतिकर्मी थे जिन्होंने भारतीय राष्ट्रवाद और संस्कृति की अपनी ख़ुद की दृष्टि को सूत्रबद्ध किया। हमारे राष्ट्रवादी बड़े ज्ञानी लोग थे, जैसा कि उनके लिखे से पता चलता है। वे भारत को अपनी परिकल्पना में जैसा मानते थे, उसके हिसाब से उसे गढ़ने के लिए उन्होंने ऐतिहासिक अतीत में गहरे गोता लगाया।

इस संकलन का उद्‌देश्य उन्हीं चिन्तकों के लिखे से कुछ चुने हुए अंशों को एक जगह लाना है, जिनकी कालावधि उन्नीसवीं सदी के अन्त से स्वतंत्र भारत के कुछ दशकों तक फैली हुई है। यह राष्ट्र-निर्माण और राष्ट्रवाद के उभार का एक अहम चरण था। हम बेशक इस पर बहस कर सकते हैं कि राष्ट्रवाद के उभार से पहले भारत का अस्तित्व एक राष्ट्र के रूप में था या नहीं, हालाँकि भारतीय राष्ट्र का आरम्भिक बिन्दु अब और पीछे की ओर धकेला जा रहा है। हमारे वर्तमान प्रधानमंत्री के इतिहास से उत्साही लगाव ने हिन्दू धर्म के आरम्भिक बिन्दु को कम-से-कम एक सहस्राब्दि पीछे धकेल दिया है। अगर यह दावा सही भी हुआ, तो जैसा कि अर्नेस्ट गेलनर कहते हैं, "राष्ट्र राष्ट्रवाद को पैदा नहीं करते बल्कि इसका उलटा सही है : राष्ट्रवाद राष्ट्रों को पैदा करता है।" इससे भी आगे बेनेडिक्ट एंडरसन को सुनें, "राष्ट्रवाद राष्ट्रों का आत्मचेतना से जागृत होना नहीं है; यह उन जगहों पर राष्ट्रों का आविष्कार करता है जहाँ वे नहीं थे।"

I

राष्ट्र और संस्कृति की प्रारम्भिक उदार दृष्टि

भारत में राष्ट्रवाद के इस चरण के बीज उन्नीसवीं सदी के अन्त में पड़े लेकिन ज़्यादातर समय यह शिक्षित और पेशेवर अभिजात वर्ग का ही विमर्श बना रहा। इस राष्ट्रवाद ने औपनिवेशिक सरकार की भेदभावकारी और उत्पीड़नकारी प्रशासनिक नीतियों की आलोचना करते हुए सभ्यता और प्रगति के उसके दावों सहित ख़ुद सरकार पर ही सवाल खड़ा किया। इसकी बुनियादी राष्ट्रवादी प्रस्थापना समाज और शिक्षा के साथ संलग्न होकर सुधार का एक आन्दोलन चलाना था। सुधारों के साथ जुड़कर वे धार्मिक मामलों तक पहुँचे, लेकिन इन्होंने सभी धर्मों के साथ

शान्तिपूर्ण संलग्नता की नीति बनाए रखी और इस तरह सामासिक/साझा राष्ट्रवाद का एक आरम्भिक विचार सामने रखा। इस शुरुआती चरण की प्रमुख आवाज़ों में गोपाल कृष्ण गोखले, महादेव गोविन्द रानाडे, सुरेन्द्रनाथ बैनर्जी और अन्य शामिल थे। इस संकलन में इनमें से दो शख़्सियतों—सुधारक एमजी रानाडे और उदारवादी नेता सुरेन्द्रनाथ बैनर्जी—के संक्षिप्त उद्धरण शामिल हैं। रानाडे और उनका प्रार्थना समाज सदियों पुरानी सामाजिक कुरीतियों का आलोचक था और वे एक दोषमुक्त आधुनिक भारतीय राष्ट्र की परिकल्पना करते थे। अतीत के आलोचक होने के बावजूद रानाडे ने कभी भी 'अतीत से सम्बन्ध विच्छेद और अपने समाज से सभी सम्पर्क तोड़ लेने' का लक्ष्य नहीं रखा। रानाडे जैसों के इस शुरुआती हस्तक्षेप ने हमें खासकर अतीत के सन्दर्भ में आत्मालोचना करने और मुक्त दिमाग़ से सोचने का तरीक़ा सिखाया—इतिहास और संस्कृति दोनों के मोर्चे पर। इन पर भले ही पश्चिम और उसकी विश्वदृष्टि का प्रभाव था लेकिन उनके सारे प्रयास भारतीय संस्कृति के दायरे में ही थे। जैसा कि क्रिस्टॉफ जैफर्ला कहते हैं, इन्होंने 'हिन्दू परम्परा के मूल को बचाये रखते हुए समाज और उसके धार्मिक आचारों को सुधारने का कार्यभार लिया ताकि वह पश्चिमी आधुनिकता के अनुकूल बन सके।' इसी परियोजना के रास्ते भारत के बौद्धिक वर्ग ने भारतीय राष्ट्रवाद के सांस्कृतिक सत्त्व और उपनिवेशवादी पश्चिम से उसके फ़र्क़ की धीरे-धीरे कल्पना की।

गोपाल कृष्ण गोखले के ज़िक्र के बग़ैर उदार राष्ट्रवाद पर बात करना तक़रीबन नामुमकिन है, हालाँकि इस सन्दर्भ में उनका लिखा खोजना बहुत मुश्किल था जो इस संकलन के केन्द्रीय स्वर को पुष्ट करता हो। उनके सभी तो नहीं लेकिन अधिकतर प्रयास आर्थिक, औद्योगिक और शैक्षणिक मसलों तक सीमित थे। इसीलिए हमने सुरेन्द्रनाथ बैनर्जी की सशक्त आवाज़ को उदार राष्ट्रवाद के शुरुआती प्रणेताओं में जगह दी है। अपने शुरुआती भाषणों और लेखन में से एक में बैनर्जी इस बात से इनकार करते हैं कि 'उन दो महान नस्लों के बीच किसी भी तरह की दुश्मनी है जो इस विशाल उपमहाद्वीप के वासी हैं और मिलकर भारतीय राष्ट्र को बनाते हैं।' वे इतिहास में जाते हैं, ख़ासकर बीते आठ सौ वर्षों में और कुछ दिलचस्प दृष्टान्तों के माध्यम से यह स्थापित करने की कोशिश करते हैं कि हमारा साझा अतीत शान्तिपूर्ण और भरोसेमन्द सामंजस्य का रहा है। हमें इसे उन्नीसवीं सदी के अन्त के भारत के सन्दर्भ में पढ़ने की ज़रूरत होगी जब धार्मिक टकराव गोरक्षा/गोपूजा जैसे मसलों पर संगठित रूप से अभी शुरू ही हुए थे, जिन्हें ख़ासकर आर्य समाज हवा दे रहा था। इन विभाजनकारी और ध्रुवीकरण पैदा करनेवाले मुद्दों के माध्यम से आरम्भिक उदार राष्ट्रवाद समावेशी भारत के सामने आनेवाले सम्भावित ख़तरों को देख पा रहा था। यही वे मुद्दे थे जिन्होंने जल्द ही धर्मप्रेरित राष्ट्रवादों को जन्म देने का काम किया।

II

धर्म-केन्द्रित राष्ट्रवाद

हमें यह मान लेना चाहिए कि राष्ट्रवाद एक जटिल परिघटना है, जिसे उन लोगों द्वारा विविध तरीक़ों से परिकल्पित और प्रचारित किया जाता है जो राजनीतिक हितों की पूर्ति के लिए इसका आवाहन करते हैं। औपनिवेशिक भारत में हमें दो प्रमुख क़िस्म के राष्ट्रवाद देखने को मिलते हैं—एक, उदार, समावेशी राष्ट्रवाद और दूसरा, धर्म-आधारित राष्ट्रवाद। कुछ और धाराएँ भी हालाँकि थीं। भारतीय इतिहास लेखन में यह आम बात है कि राष्ट्रवाद को आर्थिक, धार्मिक-सांस्कृतिक, राजनीतिक आदि श्रेणियों में बाँटा जाता है। इस तरह तोड़कर देखने से हालाँकि विश्लेषण के लिए एक उपयोगी ढाँचा मिलता है लेकिन यह राष्ट्रवाद और उसकी विविध धाराओं के परस्पर सम्बन्धित सूत्रीकरणों और समावेशी प्रकृति को नहीं दर्शाता। अकसर ही इनके तत्त्वों की विविधता परस्पर समृद्ध करनेवाली जान पड़ती है लेकिन धर्म आधारित इनकी विशिष्टताएँ भारतीय राष्ट्र के मूल विचार और समावेशी राष्ट्रवाद के लिए घातक साबित हुई हैं। धर्म-आधारित राष्ट्रवाद ने अन्ततः दो राष्ट्रों के सिद्धान्त को जन्म दिया और पाकिस्तान को पैदा किया। इस राष्ट्रवाद ने भारतीय राष्ट्र के विचार को समृद्ध नहीं किया। इसके बजाय यह भारत की एकता के लिए ही नुक़सानदेह साबित हुआ। यहाँ हम 1930 में मौलाना हुसैन अहमद मदनी और अल्लामा इक़बाल के बीच हुई एक दिलचस्प बहस के माध्यम से देखेंगे कि कैसे इस्लामिक राष्ट्रवाद को सूत्रबद्ध किया गया हालाँकि यह राष्ट्रवाद इस बहस के काफ़ी पहले उभर चुका था। इसकी शुरुआत साम्प्रदायिकता के रूप में हुई और बहुत बाद में इसे इस्लामिक राष्ट्रवाद के रूप में परिभाषित किया गया।

मैंने यहाँ जान-बूझकर हिन्दू राष्ट्रवाद के प्रवर्तकों के रूप में वीर सावरकर और गुरु गोलवलकर को शामिल नहीं किया है। सावरकर शुरू में क्रान्तिकारी थे। उन्होंने बीसवीं सदी के आरम्भ में राष्ट्रवाद को बेशक प्रभावित किया था। उन्होंने लन्दन के इंडिया हाउस में क्रान्तिकारी गतिविधियों के चलते गिरफ़्तार होने के बाद कुछ साल अंडमान की जेल में भी काटे। जेल से बाहर आकर उनकी राजनीति बदल गई। उनका राष्ट्रवाद अब न केवल हिन्दू धर्म पर केन्द्रित हो गया बल्कि उसमें दूसरे धर्मों के भारतीयों के प्रति नफ़रत भी पैदा हो गई। 1920 के दशक के बाद वे ज़्यादातर बाँटनेवाली दृष्टि पर ही चले जिसे 1923 में प्रकाशित उनकी पुस्तक 'हिन्दुत्व' में देखा जा सकता है, जिसमें उन्होंने राष्ट्रवाद, हिन्दू धर्म और राष्ट्रीयता को लेकर अपने विचारों को वर्णित किया था :

> ...हमारे कुछ मोहम्मडन और ईसाई देशवासी न हिन्दू हैं न ही उन्हें हिन्दू माना जा सकता है, जिन्हें शुरुआत में ही दूसरे धर्म में परिवर्तित कर दिया गया था और जिसके चलते उन्होंने हिन्दुओं के साथ विरासत में एक साझा पितृभूमि, साझा सम्पत्ति का एक बड़ा हिस्सा जैसे भाषा, क़ानून, प्रथाएँ, लोक साहित्य और इतिहास अर्जित किया। किसी भी अन्य हिन्दू की तरह भारत उनके लिए पितृभूमि हो सकता है लेकिन पुण्यभूमि नहीं। उनकी पुण्यभूमि सुदूर अरब या फिलिस्तीन में है। उनके मिथक, विचारधाराएँ, ईश्वर और नायक इस धरती के नहीं हैं। इसीलिए उनके नाम और नज़रिये में विदेशी मूल की महक आती है। उनका प्रेम बँटा हुआ है।

इसीलिए सावरकर लिखते हैं कि यदि आप हिन्दू नहीं हैं ऐसे में आपका केवल भारतीय राष्ट्रवादी होने का दावा करना पर्याप्त नहीं होगा। उन्होंने इस बात को स्पष्ट ढंग से बता दिया कि राष्ट्रवाद धार्मिक आस्था पर आधारित होता है। आपको पहले हिन्दू होना होगा, राष्ट्रवादी बाद में।

राष्ट्र और राष्ट्रवाद की इसी समझ को गुरु गोलवलकर एक विचारक के रूप में आगे ले गए और तीन दशक से ज़्यादा वक़्त तक आरएसएस प्रमुख के अपने ओहदे पर उन्होंने इसे बरता। उन्होंने न केवल संकीर्ण अर्थों में राष्ट्र और राष्ट्रवाद को परिभाषित किया बल्कि साथ ही उसके बाहरी और अन्दरूनी दुश्मनों की भी पहचान की। उनकी पुस्तक 'बंच ऑफ़ थॉट्स' के एक अध्याय 'हिन्दू राष्ट्र और उसके दुश्मन' में उन्होंने साफ़ कर दिया है कि अपने शत्रु के बिना राष्ट्रवाद अधूरा है। अन्दरूनी दुश्मनों में भारतीय मुसलमान, ईसाई और कम्युनिस्ट उन्होंने शामिल किए जबकि बाहरी दुश्मनों में मोटे तौर पर वे पश्चिम को दुश्मन मानते थे। इस तरह हम पाते हैं कि आज जिस शत्रुतापूर्ण राष्ट्रवाद की बात की जा रही है उसका इतिहास कुछ ही दशक पुराना है। यह तथाकथित राष्ट्रवाद दरअसल सम्प्रदायवाद था जिसे पलने-बढ़ने के लिए एक ऐसी चीज़ चाहिए थी जिससे नफ़रत की जा सके। सम्प्रदायवाद अपने आपमें नहीं टिक पाता, उसे हमेशा एक दुश्मन की ज़रूरत पड़ती है।

यह खंड भारतीय राष्ट्रवाद की त्रिमूर्ति लाल-बाल-पाल से शुरू होता है। लाला लाजपत राय, बाल गंगाधर तिलक और बिपिन चन्द्र पाल, तीनों ही भारतीय राष्ट्र और राष्ट्रवाद की परिकल्पना सदियों से चले आ रहे हिन्दू धर्म को केन्द्र में रखकर करते थे। फिर अरबिन्दो घोष आते हैं जिनके राष्ट्रवाद में भी हिन्दू धर्म की आध्यात्मिक भावना प्रबल है। इन सबके यहाँ भारतीय राष्ट्र और राष्ट्रवाद के सन्दर्भ में उपनिवेशवाद के लिए कोई जगह ही नहीं थी क्योंकि इनके हिसाब से भारतीय

राष्ट्र वैदिक काल से अस्तित्व में था जहाँ हिन्दू धर्म बहुसंख्यक का धर्म था जिसने इसे प्रेरित किया और बनाए रखा।

बाल गंगाधर तिलक ने भारत को पुनरुत्थानवाद के सन्दर्भ में परिभाषित किया और रानाडे, गोखले व अन्य सुधारकों का आक्रामक तरीक़े से विरोध किया। वे वैदिक काल के भारत राष्ट्र का सपना देखते थे : "वैदिक काल में भारत एक आत्मनिर्भर देश था। यह महान राष्ट्र एक था। यह एकता अब ग़ायब हो गई है जिससे हमारा महान पतन हुआ है इसलिए यह नेताओं का कर्तव्य है कि वे उस एकता को दोबारा हासिल करें।" 'टाइम्स ऑफ़ इंडिया' में प्रकाशित एक लेख 'फेज़ेज़ ऑफ़ हिन्दू नेशनलिज़्म' पर प्रतिक्रिया देते हुए तिलक ने एक लेख लिखा जो यहाँ सम्मिलित है। इसमें उन्होंने दावा किया कि सुधारवादी लोग पुनरुत्थानवादियों पर राष्ट्रवाद को नुक़सान पहुँचाने का आरोप लगाते हैं। तिलक को पुनरुत्थानवाद में कुछ भी ग़लत नहीं दिखता था और वे इसे हर एक धर्म में प्रोत्साहित करते थे। वे पुनरुत्थानवाद को हर धर्म का आन्तरिक मसला मानते थे और उभरते हुए राष्ट्रवाद पर उसका कोई नकारात्मक प्रभाव नहीं देखते थे। अहमदनगर में अपने एक भाषण में तिलक ने भारतीय कौन है और कौन नहीं, इस पर कुछ दिलचस्प बिन्दु उठाए थे। यह ख़ासकर मौजूदा भारतीय सन्दर्भ में प्रासंगिक है जब कुछ 'राष्ट्रवादी' दूसरे नागरिकों को राष्ट्रविरोधी या आक्रान्ताओं के वंशज कहते हैं और सच्चा भारतीय नहीं मानते। उन्होंने दलील दी थी कि "जो मोहम्मडन शासक यहाँ अहमदनगर पर राज किए (मैं मोहम्मडनों को ग़ैर नहीं मानता) वे यहाँ आए और इस देश में रह गए और कम-से-कम उन्होंने यह चाहा कि स्थानीय कारोबार फले-फूले। उनका धर्म अलग हो सकता है...ग़ैर से मेरा आशय अलग धर्म से नहीं है।"

लाला लाजपत राय ने आधुनिक और पश्चिम से पढ़े-लिखे हिन्दुओं को चुनौती दी "जो पश्चिम से राष्ट्रीयता और देशभक्ति की नई भावना सीखकर आने का दावा करते हैं...वे वैदिक साहित्य के कुछ अध्यायों को ग़ौर से पढ़ें और मुझे विश्वास है कि इससे हमारा नज़रिया तमाम नये विचारों के लिए खुलेगा।" वे मानते थे कि हिन्दू आस्था की मूल भावना तमाम कर्मकांडों और उत्सवों में दबकर रह गई है इसीलिए यह देख पाना मुश्किल होता है कि राष्ट्रीयता का विचार हमेशा से यहाँ मौजूद रहा है। राय के लिए राष्ट्रवाद का वजूद दरअसल एक संगठित आस्था के रूप में यहाँ सदियों से मौजूद हिन्दू धर्म के यथार्थ के समानान्तर है। वे व्यापक राष्ट्रवाद के यथार्थ के सामने तमाम क़िस्म के विभाजनकारी और संकीर्ण मुद्दों को नज़रअन्दाज़ करने या अप्रासंगिक मान लेने को तैयार थे। उनके मुताबिक़ यह मानना कि राष्ट्रवाद या राष्ट्रीयता के विचार के लिए धार्मिक, सामाजिक, आर्थिक और राजनैतिक जीवन के सभी पहलुओं की सम्पूर्ण एकता ज़रूरी है या फिर इसके लिए तमाम संकीर्ण झगड़ों, टकरावों और विद्वेषों से मुक्ति ज़रूरी है, यह समझ ग़लत है। फिर इसमें

कोई आश्चर्य नहीं कि राय वापस इतिहास में जाते और मध्यकालीन हिन्दू राजाओं को महान नायकों के रूप में प्रदर्शित करते हैं जो विदेशी शत्रुओं से लड़ रहे थे।

वे कहते कि तमाम क़िस्म की परस्पर सांघातिक हिंसा और जाति/समुदाय आधारित भेदभावों के बावजूद भारतीय शासक तब तक राष्ट्रवादी कहे जा सकते थे जब तक वे किसी विदेशी आक्रान्ता से लड़ रहे थे। इतिहास के ऐसे पाठ के माध्यम से वे बड़ी आसानी से उन अध्यायों को नज़रअन्दाज़ कर रहे थे जहाँ मुस्लिम शासक दौलत ख़ान लोदी और हिन्दू राजा राणा सांगा ने 1526 में एक साथ मुग़ल शासक बाबर को न्योता दिया कि वह आए और उनके साझा दुश्मन दिल्ली के सुल्तान इब्राहिम लोदी को हराए। इस उदाहरण में राय के अनुसार, केवल राणा सांगा को ही राष्ट्रवादी माना जा सकता है। यह वर्तमानवाद का एक विशिष्ट मामला है जहाँ समकालीन राजनीतिक सरोकारों को अतीत से समझकर एक राष्ट्र और राष्ट्रवादियों की निर्मिति की जा रही है। ऐसा लगता है कि इतिहास और संस्कृति पर राय की समझदारी उस दौर में आर्य समाज द्वारा समझाए गए हिन्दू-मुस्लिम तनाव से निकल रही है। एली केदोरी सही कहते हैं कि "राष्ट्रवादी वर्तमान को विकृत करने के लिए अतीत का इस्तेमाल करते हैं।"

आर्य समाज और उसके राष्ट्रवाद के हिन्दू संस्करण के प्रति अपनी प्रारम्भिक प्रतिबद्धता के बावजूद लाला लाजपत राय मानते थे कि उपनिवेश-विरोधी संघर्ष में हिन्दू और मुसलमान साथ आ सकते हैं। उन्होंने सामासिक भारतीय राष्ट्रवाद की अवधारणा को भी स्वीकार किया जब वे 1914 में लिखते हैं : "आर्य समाज को याद रखना होगा कि आज का भारत सिर्फ़ हिन्दू नहीं है। उसकी समृद्धि और भविष्य कहीं ज़्यादा व्यापकवाद, यानी भारतीय राष्ट्रवाद के साथ हिन्दू धर्म के सामंजस्य पर निर्भर करता है—यही भारत को अन्य देशों के बीच उसकी सही जगह दिलवा सकता है। जो भी चीज़ इस निष्पत्ति में अवरोधक बनेगी, इसे रोकेगी, वह पाप होगी और उसका कोई प्रायश्चित्त नहीं हो सकता।" अपनी इस शुरुआती स्थापना से राय ने 1920 के दशक में प्रस्थान किया जब ख़िलाफ़त आन्दोलन (1919 से 1924) के दौरान भारतीय राजनीति का सम्प्रदायीकरण हो गया और 1922 में असहयोग आन्दोलन के अचानक वापस लिये जाने के बाद हिन्दू-मुस्लिम हिंसा भड़क गई। ख़िलाफ़त के नेताओं द्वारा शुरू की गई इस साम्प्रदायिक हिंसा ने साबित कर दिया कि उन्होंने गांधीवादी तरीक़ों को केवल रणनीति के तौर पर स्वीकार किया था, आस्था के रूप में नहीं। मालाबार का 1921 का मोपला विद्रोह हिन्दू ज़मींदारों के ख़िलाफ़ उभरा जिसके बाद फैली व्यापक हिंसा ने अंग्रेज़ों सहित सभी को झकझोर दिया। इसके बाद 1922 और 1923 के बीच समूचे उपमहाद्वीप में साम्प्रदायिक दंगे फैले जिनके चलते हिन्दू-मुस्लिम सन्धि का तक़रीबन अन्त ही हो गया। तुर्की में 1924 में हुई युवा तुर्क क्रान्ति और ओटोमन साम्राज्य के पतन के बाद ख़िलाफ़त

आंदोलन तो समाप्त हो गया लेकिन मुस्लिम साम्प्रदायिकता लगातार उभार पर रही जिसके समानान्तर बराबर हिंसक और सैन्य हिन्दू कट्टरवाद/राष्ट्रवाद ने भी अपने क़दम बढ़ाए। 1920 का दशक उबाल वाला रहा जिसने 1923 में हिन्दुत्व को जन्म दिया और उसके बाद 1925 में आरएसएस व 1927 में तबलीग़ी जमात को पैदा किया। इन तीनों ने ही मिलकर दोनों समुदायों के बीच बँटवारे की भावना को मज़बूत करने में निर्णायक भूमिका निभाई और प्रतिस्पर्धी 'राष्ट्रवादों' को परिभाषित करने का काम किया।

राष्ट्रवाद और संस्कृति के साथ बिपिन चन्द्र पाल की संलग्नता दार्शनिक स्तर पर रही। उनकी जड़ें विरासत में थीं फिर भी वे हिन्दू धर्म का अतिक्रमण करने में सक्षम रहे। वे भारतीय राष्ट्र की अपनी परिकल्पना में हिन्दू सभ्यता को केन्द्रीय मानते थे लेकिन इस बात पर ज़ोर देते थे कि 'हम इस बात से इनकार नहीं कर सकते कि हमारी संस्कृति और सभ्यता सार्वभौमिक मानवीय संस्कृति और सभ्यता के केवल एक अंश की नुमाइंदगी करती है और ज़्यादा से ज़्यादा इसने सार्वभौमिक मानवता के कुछ ही मूल्यों को प्रतिध्वनित किया है जिसमें दुनिया की विविध नस्लें और संस्कृतियाँ शामिल हैं।' उन्होंने दक्षिणपंथ और उसके आक्रामक राष्ट्रवाद से एक स्पष्ट दूरी बना ली, जो एक काल्पनिक शत्रु, या तो किसी राष्ट्र अथवा धर्म, पर आधारित था, जब उन्होंने कहा कि 'हिन्दू राष्ट्रवाद का अर्थ दुनिया के दूसरे राष्ट्रों के साथ न तो गौरवपूर्ण अलगाव है और न ही स्वार्थमय टकराव।' पाल ने हमारे राष्ट्रवाद के सांस्कृतिक आधार को भी सूत्रबद्ध किया, जिसे सामासिक राष्ट्रवाद के अधकचरे संस्करण के रूप में देखा जा सकता है जो आज प्रचारित किए जा रहे अलगाववादी सांस्कृतिक राष्ट्रवाद से बिलकुल अलहदा है। उन्होंने कहा :

> मुसलमानों के राज में हमारे यहाँ एक साझा सरकार हुआ करती थी जिसने हिन्दू संस्कृति की अखंडता को नष्ट नहीं किया। हमने अपने मोहम्मडन पड़ोसियों से बहुत कुछ लिया और उन्हें अपना भी कुछ दिया लेकिन विचारों और संस्थानों का यह विनिमय हमारी विशिष्ट प्रकृति या संस्कृति को नष्ट नहीं कर सका। और वही विशिष्ट चरित्र और संस्कृति उस चीज़ की मूल आत्मा और सत्त्व है जिसे आज हम राष्ट्रवाद समझते हैं।

यह समझदारी बहुसंख्यकों के हिन्दू धर्म के अलावा दूसरे धर्मों और संस्कृतियों को भी जगह देती है और मानती है कि हमारे राष्ट्रवाद की मूल आत्मा परस्पर लेन-देन से होनेवाली समृद्धि से बनती है। आज हमारे ऊपर जो अलगाववादी सांस्कृतिक राष्ट्रवाद थोपा जा रहा है वह आरम्भिक प्रवर्तकों के समावेशी और समायोजनकारी राष्ट्रवाद के साथ मेल नहीं खाता। इस राष्ट्रवाद पर कुछ साल बाद 1920 के दशक में सावरकर ने सवाल उठाया, फिर बाद में और संगठित तरीक़े से आरएसएस ने,

हालाँकि इनकी स्वीकार्यता और असर आनेवाले कुछ दशकों तक सीमित ही रहा जब तक कि सत्तर के दशक में इमरजेंसी नहीं लगा दी गई।

श्री अरबिन्दो घोष ने 1907 तक भारत की उपनिवेशवाद-विरोधी राजनीति को दो शब्द दिए—राष्ट्रधर्म और राष्ट्रवाद का धर्म। इससे उनका आशय किसी धर्म-विशेष पर आधारित राष्ट्रवाद नहीं था बल्कि ऐसा राष्ट्रवाद जो धार्मिक तीव्रता वाला हो। उन्होंने धर्म को आध्यात्मिक तरीक़े से परिभाषित किया और इस बात पर ज़ोर दिया कि उनका आशय हिन्दू धर्म से बिलकुल नहीं है बल्कि 'राष्ट्रधर्म' से है, जिसमें मातृभूमि की सेवा 'धार्मिक उत्साह और भावना से की जाती है'। ऐसे सूत्रीकरण आज भले ही पुराने जान पड़ें, लेकिन हमें याद रखना चाहिए कि इनकी बात उस दौर में की जा रही थी जब भारत और दुनिया के बड़े हिस्से औपनिवेशिक दासता में थे। अरबिन्दो ने सांस्कृतिक राष्ट्रवाद और राष्ट्रवाद पर विपुल लेखन किया। उन्नीसवीं और बीसवीं सदी में उनका जो अर्थ था, आज उससे बिलकुल उलट अर्थों में उसे समझा जाता है। इसमें कोई शक नहीं कि सन्दर्भ निर्णायक रूप से बदल चुका है लेकिन इसका मतलब यह नहीं है कि 'अरबिन्दो के राजनीतिक और सामाजिक लेखन का आज कोई मूल्य नहीं है।' उन्होंने 1908 में जो कहा था उसकी प्रासंगिकता हम आज के समकालीन राष्ट्रवाद और उसके उपयोग और दुरुपयोग के सन्दर्भ में बड़ी आसानी से देख सकते हैं। उन्होंने दलील दी : "ख़बरदार जो किसी ने ख़ुद को महज़ बौद्धिक अहंकार में केवल इसलिए राष्ट्रवादी कहा कि वह ख़ुद को दूसरे से ज़्यादा देशभक्त मानता है और उन लोगों से श्रेष्ठ है जो ख़ुद को यह नाम नहीं देते हैं।" उनके लिए राष्ट्रवाद महज़ राजनीतिक मत नहीं था। यह उनके लिए 'एक धर्म था जिसके रास्ते हम राष्ट्र में, राष्ट्रवासियों में ईश्वर का साक्षात्कार करते हैं। तीस करोड़ लोगों में हम उसके माध्यम से परम सत्ता को साकार करते हैं।" अरबिन्दो के लिए राष्ट्र और राष्ट्रवाद दोनों पवित्र थे, आध्यात्मिक संज्ञाएँ थीं न कि संकीर्ण राजनीतिक जोड़-तोड़ के औज़ार।

यहाँ मैं दुहराना चाहूँगा कि बीसवीं सदी के आरम्भ से ही हमारे यहाँ राष्ट्रवाद पर एकाधिक दृष्टिकोण मौजूद थे। मुख्यधारा का भारतीय राष्ट्रवाद धीरे-धीरे भारतीय राष्ट्रीय कांग्रेस ने 1885 के बाद सूत्रबद्ध किया। इसी के साथ हम देखते हैं कि बीसवीं सदी की शुरुआत में मुस्लिम साम्प्रदायिक पहचान उभार लेने लगी और 1906 में मुस्लिम लीग का जन्म हुआ। कांग्रेस जिस मुख्यधारा के राष्ट्रवाद का प्रचार करती थी उसे 'भारतीय समाज के भीतर से लगातार चुनौती मिल रही थी' और इसकी प्रतिक्रिया में 'हिन्दू राष्ट्रवाद' का जन्म हुआ जो दरअसल साम्प्रदायिकता थी, जैसा कि हमने पहले देखा। कांग्रेस के बहुलतावादी राष्ट्रवाद को चुनौती देनेवाला 'इस्लामिक राष्ट्रवाद' हालाँकि थोड़ी देर से उभरा। यह भी साम्प्रदायिकता ही थी और इस पर इस संकलन में हम इसलिए चर्चा करेंगे क्योंकि

इसकी परिणति अन्ततः 1947 में भारत के विभाजन में हुई। इसे कुछ मुस्लिम बौद्धिकों, कारोबारियों और स्थानीय आभिजात्यों की 'मिथ्या चेतना' कहकर ख़ारिज कर देना इस बात को नहीं समझा पाएगा कि आख़िर सर मोहम्मद इक़बाल जैसे प्रभावशाली मुस्लिम बौद्धिकों ने 'इस्लामिक राष्ट्रवाद' का सूत्रीकरण क्यों किया। इस मसले पर इक़बाल की देवबन्द के मौलाना हुसैन अहमद मदनी से गम्भीर बहस हुई थी। मदनी कांग्रेस के समर्थक थे और मुस्लिम लीग व उसकी राजनीति के आलोचक थे। वे उस सामासिक राष्ट्रवाद के बारे में खुलकर बोलते थे जहाँ हिन्दू और मुसलमान एक साथ मिलकर ब्रिटिश उपनिवेशवाद के ख़िलाफ़ लड़ सकते थे। मौलाना मदनी एक व्यावहारिक शख़्स थे जो मौजूदा उपनिवेश-विरोधी संघर्ष और उसके साथ जुड़े लोगों की राय के सन्दर्भ में राष्ट्रवाद की केन्द्रीयता को समझते और स्वीकार करते थे।

मौलाना मदनी ने अविभाजित भारत में हिन्दुओं और मुसलमानों के लिए एक साझा राष्ट्रवाद की अवधारणा को विकसित करने के लिए 'मदीना' के मुहावरे का आह्वान किया। यह 'मुत्ताहिदा क़ौमियत' यानी सामासिक राष्ट्रवाद हिन्दुओं, मुसलमानों और अन्य भारतीय समुदायों का साझा था। उनके मुताबिक़ ऐसे राष्ट्रवाद की नज़ीर पैगम्बर के दौर में मिलती है जब मदीने में मुसलमानों और यहूदियों ने एक साझा राष्ट्रवाद का ऐलान किया था। वे कहते थे कि जिस तरह पैगम्बर के समय मदीना में मुसलमानों और यहूदियों ने अपना साझा राष्ट्रवाद विकसित किया, उसी तरह हिन्दुओं के साथ मिलकर मुसलमान भी ऐसा कर सकते हैं। इस तरह मदनी, मुस्लिम लीग के पाकिस्तान सम्बन्धी इस्लामिक नज़रिये को ख़ारिज कर रहे थे। अहम बात यह है कि उन्होंने मदीना का मुहावरा एक ऐसे वक़्त में विकसित किया जब मुस्लिम लीग ने दबे-छुपे यह दावा करना शुरू कर दिया था कि हिन्दू और मुसलमान अलहदा राष्ट्र हैं। मौलाना मदनी ने सामासिक राष्ट्रवाद की अपनी परिभाषा में 'क़ौम' का जैसा प्रयोग किया था, उसे लेकर अल्लामा इक़बाल के साथ उनकी बहस चली। उन्होंने भौगोलिक सन्दर्भ में भी एक राष्ट्र और राष्ट्रवाद की परिभाषा दी थी। अल्लामा इक़बाल को मौलाना की इन दोनों स्थापनाओं से दिक़्क़त थी। उन्होंने क़ुरान और अरबी भाषाविज्ञान के सन्दर्भ में मौलाना मदनी को इसे समझाने की चुनौती दी तथा भौगोलिक सीमाओं के भीतर इस्लाम की परिकल्पना पर भी सवाल उठाया चूँकि इस्लाम एक वैश्विक मज़हब था जिसे सीमाओं में नहीं बाँधा जा सकता। वे यूरोप में उभरे संकीर्ण राष्ट्रवाद और उसके बुरे निहितार्थों को लेकर भी आलोचना कर रहे थे, जिसने अन्ततः जंग और खूँरेज़ी को जन्म दिया।

इक़बाल से दो दशक पहले रवीन्द्रनाथ ठाकुर ने भी इसी तरीक़े से राष्ट्रवाद की परिकल्पना की थी। उन्होंने किसी भी नस्ली, भाषायी, धार्मिक या सांस्कृतिक

कट्टरता के विभाजन को परे रखते हुए मानवता को एक माना था। इस्लाम को इक़बाल हालाँकि एक सार्वभौमिक आस्था के रूप में प्रस्तुत करते थे जो राष्ट्रवादी भौगोलिक सीमाओं से परे है। अगर हम इस दलील को मानते हैं, तो यह समझा पाना मुश्किल हो जाता है कि दुनिया-भर में 50 से ज़्यादा मुस्लिम-बहुल देश क्यों हैं जिनमें ज़्यादातर एक-दूसरे के साथ जंग में मुब्तिला हैं। यह देखना भी दिलचस्प होगा कि कैसे मौलाना मदनी ने अरबी व्याकरण और भाषाविज्ञान में गहरे उतरकर इक़बाल के गम्भीर इल्जामों—क़ौम और मिल्लत के मायने और यहाँ तक कि उनकी तुलना पैगम्बर के दुश्मन अबू लहाब से किए जाने—का जवाब दिया। मौलाना ने स्पष्ट किया कि उन्होंने मिल्लत की परिभाषा नहीं दी थी बल्कि क़ौम की दी थी और दोनों ही शास्त्रों में अलग-अलग तरीक़े से इस्तेमाल किए गए हैं। मिल्लत का आशय दीन या शरिया से है जबकि क़ौम का मतलब पुरुषों या स्त्रियों के किसी समूह से है। अपने एक भाषण में उन्होंने टिप्पणी की :

> क़ौम का इस्तेमाल किसी भी ऐसे समूह के लिए किया जाता है जिसमें समग्रता या साथ या साझेपन के लक्षण पाए जाएँ। यह साझापन धर्म, देश, नस्ल, भाषा, काम-धन्धे, रंग या अन्य किसी भी भौतिक या अभौतिक गुण में हो सकता है। उदाहरण के लिए अरब राष्ट्र, अजम राष्ट्र, मिस्र राष्ट्र, पख्तून राष्ट्र, फ़ारसी बोलनेवाले राष्ट्र या फिर सैयद, शेख, मोची, काला, गोरा, सूफ़ी, दुनिया के राष्ट्र, इत्यादि। अरबी भाषा और इस्लामिक ग्रन्थों में इस क़िस्म के प्रयोग अक्सर दिखाई देते हैं।
>
> भारतीय राष्ट्र एक ऐसा ही प्रयोग है। विदेशी मुल्कों में भारत के रहनेवालों को एक भारतीय राष्ट्र के रूप में देखा जाता है, चाहे वह बांग्ला बोलनेवाले हों, उर्दू बोलनेवाले हों, काले हों, गोरे हों, हिन्दू हों, मुसलमान हों, पारसी या सिख। इन सबके लिए एक ही शब्द इस्तेमाल किया जाता है 'भारतीय'। भाईचारा और बराबर के बर्ताव का मसला एक बिलकुल दूसरी बात है जिसका फ़र्क़ ग्रन्थों में भी देखा जा सकता है। मैंने उसका इस्तेमाल इस्लामिक शिक्षा या विचारधारा के सन्दर्भ में नहीं किया था।"

सामासिक राष्ट्रवाद के अपने अभियान में मौलाना भारतीय राष्ट्रवाद को परिभाषित करने के लिए धर्म और संस्कृति से भी परे चले जाते हैं, जब वे कहते हैं :

> हम भारत के लोगों में एक बात समान है और वह है भारतीयपन, जो धर्म और संस्कृति के तमाम अन्तर के बावजूद हमारी साझा मानवता के रूप में ज़िन्दा है और जाति, गुण, रंग या आकार के फ़र्क़ से इस पर असर नहीं पड़ता है। इसी तरह हमारे धार्मिक व सांस्कृतिक अन्तर भी

हमारे साझा राष्ट्रवाद की राह में नहीं आते हैं। हम सभी को देश से प्यार है और इसलिए हम सभी भारतीय हैं।"

इन दोनों विद्वानों के बीच शुरू हुई बहस कभी सुलझ नहीं पाई क्योंकि 1938 में अल्लामा इक़बाल की मौत हो गई। लेकिन इस संकलन में शामिल किए गए दो अंश हमें यह समझने में मदद करेंगे कि दो राष्ट्र के सिद्धान्त का उभार कैसे हुआ और इस राष्ट्रवाद के केन्द्र में इस्लाम कैसे केन्द्रीय था, जैसा इक़बाल समझते थे। इस सन्दर्भ में एक और ज़रूरी बयान जो यहाँ शामिल किया गया है वह 1930 में इलाहाबाद में आयोजित मुस्लिम लीग के सत्र में बतौर अध्यक्ष इक़बाल का दिया भाषण है। इक़बाल ने भारत और इस्लाम के लिए जो अपने निष्कर्ष निकाले थे, उन पर यूरोप और वहाँ के सामाजिक, धार्मिक व राजनीतिक विकास का गहरा असर था जिससे वे वाबस्ता थे। मुस्लिम राष्ट्रवाद की अधिकतर स्थापनाएँ 1930 के दशक में ही दी गईं। यह दशक साझा राष्ट्रवाद की सम्भावनाओं से प्रस्थान और अलगाववादी राष्ट्रवाद के उभार व मुस्लिम लीग के नेतृत्व में बढ़ते कट्टरपंथ का दौर था। इक़बाल तक़रीबन उसी रास्ते पर थे जिस रास्ते पर हिन्दू राष्ट्रवादी थे, जो भारत में बहुसंख्यक हिन्दू धर्म और राष्ट्रवाद को एक-दूसरे का पर्याय मानते थे। उन्होंने जवाहरलाल नेहरू को लिखा था :

> मुस्लिम बहुसंख्या वाले देशों में राष्ट्रवाद और इस्लाम तक़रीबन एक समान हैं लेकिन जिन देशों में मुसलमान अल्पसंख्यक हैं वहाँ सांस्कृतिक एकीकरण के लिए आत्मनिर्णय की उनकी माँग पूरी तरह जायज़ है।

इसके बावजूद हम पाते हैं कि इक़बाल की राष्ट्र और राष्ट्रवाद की राजनीति की अवधारणा में कई अन्तर्विरोध और टकराव मौजूद हैं। कहीं-कहीं तो हर चीज़ के ऊपर इस्लाम प्रमुख हो जाता है जबकि कुछ और जगहों पर एक राष्ट्र के बतौर भारत उनके लिए अहम है। अपनी आख़िरी रचना 'ज़र्ब-ए-कलीम' में, जिसमें एक कविता 'गिला' शीर्षक से है, वे भारत के कष्टों पर मज़ाहिया अन्दाज़ में अपना क्षोभ प्रकट करते हैं। यह कविता उनकी मौत से दो साल पहले 1936 में प्रकाशित हुई थी जब वे इस्लामिक राष्ट्रवाद के विचार के प्रचार-प्रसार में लगे थे।

मालूम किसे हिन्द की तक़दीर कि अब तक
बेचारा किसी ताज का ताबिन्दा नहीं है
दहक़ाँ है किसी क़ब्र का उगला हुआ मुर्दा
बोसीदा कफ़न जिसका अभी ज़ेरे-ज़मीं है
जाँ भी गिराव-ए-ग़ैर, बदन भी गिराव-ए-ग़ैर,
अफ़सोस के बाक़ी न मकाँ है न मकीं है!

यूरोप की ग़ुलामी पे रज़ामन्द हुआ तू!
मुझको तो गिला तुझ से है, यूरोप से नहीं है।

इक़बाल के राजनीतिक दर्शन में इस अस्पष्टता का ग़लत इस्तेमाल और व्याख्या आज पाकिस्तान में इस्लामिक विचारधारा के लोग करते हैं और उनके उस पक्ष को उभारते हैं जिससे इस्लाम-केन्द्रित राष्ट्रवाद को परिभाषित करने में सहजता हो। उनकी नज़्म का अनुवाद करनेवाले के.जी. सैयदेन इस बात पर अचरज ज़ाहिर करते हैं कि "क्या यह कहना सही होगा कि एक शायर जो राष्ट्रीय जीवन को विकृत करनेवाले टकरावों पर इतने दर्द के साथ लिख रहा हो, उसके भीतर देशभक्ति का अभाव है?" ऐसा लगता है कि जनता की राय को भ्रमित करने के लिए ख़ालिस राष्ट्रवाद के उभार के इस वैश्विक दौर में ऐसी तमाम अस्पष्टताएँ अब ग़ायब हो चुकी हैं।

III

विश्वबन्धुत्व का नज़रिया और राष्ट्रवाद

राष्ट्रवाद और विश्वबन्धुत्व के अगले अध्याय में प्रवेश करते ही हम परिप्रेक्ष्य और दृष्टि में अचानक एक बदलाव पाते हैं, जो नारेबाज़ राष्ट्रवाद के साथ गुरुदेव टैगोर के बढ़ते मोहभंग पर केन्द्रित है। उन्होंने उन्नीसवीं सदी के आख़िरी दिन एक कविता लिखी थी 'सदी का ढलता सूरज', जिसमें क्षोभ भी था और उम्मीद भी। उन्होंने लिखा :

पश्चिम के रक्ताभ बादलों और नफ़रती बवंडर के बीच डूबता सदी का आख़िरी सूरज

फ़ौलादी टकरावों और प्रतिहिंसा के नारों पर लालसा की मदमस्त नीमबेहोशी में डूबे आत्मरत राष्ट्रों का नुमाइशी नंगा नाच

दुनिया को निगल जाने की बेशर्म भूख के मारे स्वार्थी राष्ट्र फट पड़ेंगे एक दिन हिंसा की विभीषिका में

चाटते, चबाते, निगलते बड़े-बड़े निवाले जो फूलते जा रहे हैं और इस फूहड़ और अपवित्र महाभोज पर जब तक गिर न जाए अज़ाब और चीर दे इस घटियापने को।

उन्नीसवीं सदी के अवसान पर रवीन्द्रनाथ टैगोर राष्ट्रवाद को विपत्ति, विनाश और नफ़रत के कारण के रूप में देख रहे थे। उन्होंने यह भावना अपनी कई रचनाओं, पत्रों और ख़ासकर तीन उपन्यासों में व्यक्त की है : 'गोरा', 'घरे बाइरे' और 'चार अध्याय'। वे इस उभरती हुई सनक के नतीजों को तभी देख पा रहे थे, जिसने अन्तत: विश्वयुद्ध को जन्म दिया जिसके चलते दुनिया के मुल्क बँट गए और तबाह हो गए। वे संवाद पर आधारित एक जगत के हामी थे और रोज़मर्रा की राजनीति में उस राष्ट्रवाद और अतिराष्ट्रवाद से नफ़रत करते थे जो थुसिडाइड के प्राचीन कथन को साकार करता था कि "बड़े राष्ट्र जो मन करता है करते हैं जबकि छोटे राष्ट्र उन्हें स्वीकार करते हैं।"

दुनिया-भर में गहराती धार्मिक, राष्ट्रीय और भाषायी पहचानों से वे अवाक् थे। 1015 में 'घरे बाइरे' के प्रकाशन के बाद पश्चिम में उन्हें कई लोगों ने ख़ारिज किया और उनका मखौल उड़ाया। इनमें मार्क्सवादी आलोचक जॉर्ज लुकाच और अंग्रेज़ी के लेखक डी.एच. लॉरेन्स भी शामिल थे। लुकाच ने टैगोर को "पूरी तरह महत्त्वहीन व्यक्ति क़रार दिया जो अपनी रचनाओं में नीरसता के बोझिल प्रवाह के बीच में उपनिषदों और भगवद्‌गीता के पैबन्द लगाकर ख़ुद को बचाए हुए है।" दूसरी ओर लॉरेन्स टैगोर की प्रवृत्ति पर आक्रोशित थे जिसे वे 'टैगोर प्रवृत्ति की शैतान पूजा' का नाम देते थे। वे मानते थे कि टैगोर "एक भयावह रूप से पतित व्यक्तित्व है जो तमाम घटिया तरीक़ों से हर क़िस्म के बर्बरतावाद को पोषित करता है।" टैगोर किपलिंग की जिस दुई वाली परिकल्पना से सहमत नहीं थे, लॉरेन्स उसी हम/वे, पूरब/पश्चिम की दुई को उभारते हुए कहते, "हमारी यूरोपीय सभ्यता पूरब, भारत या फारस के मुक़ाबले कहीं श्रेष्ठ है जिसकी इन्होंने परिकल्पना भी नहीं की होगी।" लुकाच और लॉरेन्स की अपमानजनक निन्दा और कुछ दूसरों द्वारा भावनात्मक भयोत्पादन का आरोप लगाते हुए ख़ारिज कर दिए जाने के बावजूद राष्ट्रवाद पर टैगोर का प्रत्याख्यान दो विश्वयुद्धों ने सही साबित कर दिया। राष्ट्रवाद पर 1917 में लिखे अपने लेख में, जिसके अंश यहाँ शामिल किए गए हैं, टैगोर यूरोप में प्रचारित गौरवबोध और अहंकार से अपनी विमुखता ज़ाहिर करते हैं, जब वे कहते हैं कि "हर क़िस्म का गौरव अन्त में अन्धा बनाकर छोड़ता है। सभी नकली उत्तेजकों की तरह यह भी शुरू में चेतना को ऊपर ले जाता है, फिर बढ़ती हुई ख़ुराक के साथ यह चेतना में दख़ल देकर उसे दिग्भ्रमित कर देता है। यूरोप अपने आन्तरिक और बाहरी आचारों में अपने गर्वबोध को लेकर धीरे-धीरे कट्टर हुआ है। वह न सिर्फ़ भूल जाता है कि वह पश्चिमी है बल्कि दूसरों को शर्मिंदा करने के लिए उन पर यही तथ्य उछालने का कोई मौक़ा नहीं छोड़ता।" उसी निबन्ध में वे भारत के बारे में आलोचनात्मक टिप्पणी करते हैं। उनके शब्द एक पूर्व चेतावनी की तरह जान पड़ते हैं जब वे कहते हैं, "भारत के पास कभी

भी वास्तव में राष्ट्रवाद का सच्चा बोध नहीं रहा। बचपन से भले ही मुझे सिखाया गया हो कि भगवान और मानवता के मुक़ाबले राष्ट्र की पूजा बेहतर होती है, लेकिन मैं मानता हूँ कि इस शिक्षण से मैं काफ़ी आगे निकल चुका हूँ और यह मेरी दृढ़ मान्यता है कि मेरे देशवासी वास्तव में अपने भारत को तभी हासिल कर पाएँगे जब वे उस शिक्षा के ख़िलाफ़ संघर्ष करेंगे जो उन्हें सिखाती है कि मानवता के आदर्शों से बड़ा देश होता है।"

यह गहरा और विद्रूप विभाजन हमारे समय में भी बरक़रार है, जहाँ राष्ट्रीय गौरव को राज्य द्वारा परिभाषित और प्रचारित किया जाता है। यह एक ही सम्प्रभु राष्ट्र के नागरिकों को बाँटने का औज़ार बन चुका है। इस गौरवबोध का सबसे विकृत रूप इस्लाम में देखा जा सकता है जिसे एक राजनीतिक विचारधारा में लाकर तब्दील कर दिया गया है और नये दुश्मन गढ़े जा रहे हैं। अज्ञात के भय पर खड़ा इस्लामिक स्टेट अपनी कल्पना के एक अश्लील इस्लाम पर आधारित राष्ट्र का वादा कर रहा है। आज हम 'नेशन फ़र्स्ट' को एक वैध और सम्मानजनक नारे के रूप में देख रहे हैं जिसकी अनुगूँजें भारत से अमेरिका तक हैं। इस आक्रामक राष्ट्रवाद के बरक्स देखें तो टैगोर अपनी स्थापनाओं में एक सच्चे यथार्थवादी के रूप में हमारे सामने आते हैं, रूमानवादी के रूप में नहीं जिसके चलते उनकी आलोचना की जाती रही है।

IV

समावेशी राष्ट्रवाद और समन्वयवादी संस्कृति

इस अध्याय का प्रतिनिधित्व करने के लिए महान कवयित्री और देशभक्त सरोजिनी नायडू से ज़्यादा उपयुक्त कोई नहीं हो सकता। हमारे स्वाधीनता संघर्ष की सर्वाधिक अग्रणी महिला होने के बावजूद (हालाँकि और कई महिलाएँ भी थीं) उनका योगदान उस तरह से सार्वजनिक रूप में परिचित नहीं है जितना होना चाहिए। वह साझापन की सच्ची भावना की नुमाइंदगी करती थीं। उनकी देशभक्ति 'हिन्दुओं के महान आध्यात्मिक रहस्यवाद और मुसलमानों के जन्मसिद्ध अधिकार, कर्म की ताक़त का एक मिश्रण थी तथा देशभक्ति की राष्ट्रीय दृष्टि को जगाने में देश की सभी सन्तानों को मिली इन नेमतों की ज़रूरत है।' जैसा कि मुम्बई के महान मज़दूर नेता यूसुफ़ मेहर अली ने कहा था, वे उन लोगों में से नहीं थीं जो 'मेरा देश सही है या ग़लत है' की तर्ज पर देशभक्त हों। उनका राष्ट्रवाद व्यापक अन्तरराष्ट्रीय प्रवाह के साथ जुड़ा हुआ था। उनके लिए राष्ट्रवाद किसी समुदाय-विशेष या फिर बहुसंख्यक हिन्दू

की विशिष्ट पहचान का मामला नहीं था। इसके बजाय जैसा कि उन्होंने अपने एक भाषण में कहा था—जो यहाँ शामिल किया गया है—राष्ट्रवाद "सभी समुदायों का एक मिश्रित नज़रिया है जो राष्ट्रीय दृष्टि पर सही मायने में एकाग्रचित्त था और यह राष्ट्रीय दृष्टि ही है जो देश को पुनरुज्जीवित करेगी।"

हैदराबाद में जन्मीं और वहीं पली-बढ़ीं सरोजिनी नायडू ने शहर की समन्वयवादी संस्कृति को आत्मसात् किया था और आजीवन भारत के लिए इस साझा दृष्टि के प्रति वे कटिबद्ध रहीं। उन्होंने उन लोगों पर सवाल किया जो भारत के 'स्वर्णिम अतीत' का हल्ला मचा रहे थे और इस अलगाववाद को उन्होंने निराधार व अनैतिहासिक क़रार दिया। उनके मुताबिक़ प्रत्येक सांस्कृतिक परिपाटी की अपनी विशेषताएँ और क्रिया-कलाप होते हैं और हर सभ्यता का फल पूरी दुनिया के लिए उपलब्ध होना चाहिए। इलाहाबाद में बोलते हुए उन्होंने उस गंगा-जमुनी तहजीब की बात कही थी जिस पर बहुत-सी बातें हुई हैं और आज भी उसका आह्वान किया जाता है और जो भारत की समन्वयवादी संस्कृति का द्योतक है। उन्होंने अपने भाषण में कहा था कि "गंगा और जमुना मिलकर संगम बनाती हैं लेकिन दोनों नदियाँ अपनी विशेषता और गुण त्याग नहीं देतीं। इसके बावजूद यह संगम आदर्श होता है और यही हिन्दू और मुस्लिम एकता का प्रतीक भी होना चाहिए जहाँ प्रत्येक अपनी-अपनी संस्कृति, अपनी विशेषता, अपनी शुद्धता, अपने विशिष्ट वर्ण, अपने कर्म को संगम के बिन्दु तक अक्षुण्ण रख सके। राष्ट्रीय जीवन में संगम का अर्थ यही होना चाहिए। महानुभावो, हिन्दू-मुस्लिम एकता का सच्चा अर्थ यही है।" इस भाषण को भी इस संकलन में शामिल किया गया है।

इस अध्याय में जिस दूसरी शख़्सियत को शामिल किया गया है उनका ऐसे मुद्दों पर शायद ही कहीं ज़िक्र मिलता हो। आपमें से कुछ पाठकों को भी प्रसिद्ध केमिस्ट और आधुनिक विज्ञान के प्रवर्तक आचार्य प्रफुल्ल चन्द्र रे का इस संकलन में शामिल किया जाना शायद असामान्य जान पड़े, हालाँकि यह दुख की बात है कि इतिहासकारों और यहाँ तक कि समाजविज्ञानियों ने भी पीसी रे, जेसी बोस या एमएन साहा जैसे वैज्ञानिकों की समझ के माध्यम से भारत, उसकी संस्कृति और राष्ट्रवाद की व्याख्या करने की फ़िक्र शायद ही की है। मैंने इस अध्याय में पीसी रे को शामिल करने का फ़ैसला हमारे सांस्कृतिक अतीत पर उनके सामाजिक और बहुलतावादी नज़रिये तथा समावेशी राष्ट्रवाद के कारण लिया। अलीगढ़ के जामिया मिलिया में 1923 में दीक्षांत समारोह में दिया गया उनका एक भाषण यहाँ शामिल किया गया है जो भारत के सामाजिक अतीत और एक साझा परियोजना के तहत आधुनिक राष्ट्र के निर्माण के प्रति उनकी प्रतिबद्धता को ईमानदार श्रद्धांजलि है। विश्वविद्यालय में भाषण देते हुए उन्होंने कहा था कि "भारत आज की तारीख़ में एक मिश्रित राष्ट्रीयता है—बाहरी लोग भले कहें कि यहाँ की आबादी बँटी हुई है

लेकिन यहाँ की जनता की जो यौगिक संरचना है वह मातृभूमि से साझा वफ़ादारी के स्वर्णिम धागे में बिंधकर एकीकृत और सूचित है। छोटी-मोटी अन्य चीज़ों को छोड़ दिया जाए तो इस समूचे समग्र में सबसे अहम दो घटक हैं, हिन्दू और मुसलमान, और यदि यह दो तत्त्व आपस में मज़बूती से बँधे रहे तो भारतीय राष्ट्रीयता सुनिश्चित है। और इसकी कोई वजह नहीं दिखती कि यह एक साथ क्यों नहीं बँधे रह सकते।"

अन्दरूनी और बाहरी की मौजूदा बहस के बीच यह देखना दिलचस्प होगा कि कैसे रे मुसलमानों को देखते-समझते थे। उनके मुताबिक़ सम्भव है कि अलग-अलग समय पर अलग-अलग कारणों से मुसलमान भारत आए हों लेकिन आज यहाँ उनको रहते सदियाँ हो गई हैं और उन्होंने भारत को अपना घर बना लिया है इसलिए उनकी वफ़ादारी यहीं से है। एक दिलचस्प तुलना करते हुए उन्होंने कहा, "बिलकुल उसी कारण से आज के इंग्लैंड में राजा विलियम के वंशज फ्रांस के प्रति वफ़ादार होने चाहिए और मेरे ख़याल से बिलकुल उसी कारण से आर्यों के वंशज आज के हिन्दू मध्य एशिया में हिजरत करने जाने चाहिए। यह विचार ही हास्यास्पद है।" आज के राष्ट्रवादी द्विजों को रे के विचार धर्मद्रोही लग सकते हैं क्योंकि वे साथी भारतीयों की पहचान और राष्ट्रवाद को अपने संकीर्ण और अलगाववादी मानकों पर तौलते हैं। बाद के दिनों में रे गांधीवादी हो गए और उन्होंने चरखे का दर्शन अपना लिया।

V

समानुभूति और राष्ट्रवाद

महात्मा गांधी ने 1909 में ही 'हिन्द स्वराज' में अंग्रेज़ों के ख़िलाफ़ लड़ाई के अपने एजेंडे को परिभाषित कर दिया था। उन्होंने इस पुस्तक में 'आधुनिक सभ्यता' की निन्दा की लेकिन यह किताब नफ़रत और निन्दा पर केन्द्रित नहीं थी। वास्तव में यह उन लोगों के प्रति गहरे प्रेम और सहानुभूति का एक दस्तावेज़ है जो 'आधुनिक सभ्यता' की आग में जल रहे हैं। 'हिन्द स्वराज' समकालीन विचार का एक दुर्लभ दस्तावेज़ है जो उत्पीड़क के अन्त की आकांक्षा नहीं करता बल्कि उनकी मुक्ति की बात करता है। गांधी ने यह पुस्तक केवल 40 साल की उम्र में लिखी थी जब वह दक्षिण अफ्रीका में थे। नस्ली उत्पीड़न और नफ़रत के जो हिलानेवाले अनुभव उनको वहाँ हुए उन्होंने कालान्तर में गांधीवादी दर्शन को सूत्रबद्ध करने में निर्णायक भूमिका निभाई, जो बाद में उनके उपनिवेश-विरोधी संघर्ष का केन्द्र बन गया।

वे एक मेधावी लेखक थे जो विभिन्न मुद्दों पर लिखते थे, लेकिन प्रस्तुत विषय पर उनका कोई एक प्रासंगिक लेखन खोज पाना इतना आसान काम नहीं

था। राष्ट्रवाद पर उनका सबसे प्रासंगिक विचार 1925 में कोलकाता के क्लब में दिया गया भाषण है जहाँ उन्होंने पूछा था, "क्या राष्ट्रवाद के लिए नफ़रत ज़रूरी है?" वे मानते थे कि अंग्रेज़ों के ख़िलाफ़ हमारा राष्ट्रवादी संघर्ष इस बात की माँग नहीं करता कि हम उनसे नफ़रत करें। हमारी लड़ाई उस साम्राज्यवाद और उसके उत्पीड़न के विचार से है जिसका वे सिर्फ़ प्रतिनिधित्व करते हैं। उन्होंने कहा, "मेरा विनम्र विचार है कि अंग्रेज़ों के ख़िलाफ़ नफ़रत का एक भी पल मनुष्यता और भारत की प्रतिष्ठा के लिए अपमानजनक है।" हमारे नवराष्ट्रवादी आख़िर गांधी के राष्ट्रवाद की ओर देखने की ज़हमत क्यों नहीं उठाते जिसके मूल में प्रेम था, नफ़रत नहीं? वे राष्ट्रवाद की अवधारणा को सूत्रबद्ध करते हुए इस बात को लेकर बहुत सतर्क थे कि "राष्ट्रवाद पर मेरा विचार यह है कि मेरा देश स्वतंत्र हो जाए—भले ही उसके लिए पूरे देश को मरना पड़े तो क्या—ताकि मनुष्य की नस्ल बची रह सके। यहाँ नस्ल की नफ़रत के लिए कोई जगह नहीं है। यही हमारा राष्ट्रवाद होना चाहिए।"

इसी साल गांधी ने राष्ट्रवाद और अन्तरराष्ट्रीयतावाद पर अपना निष्कर्ष दिया कि अन्तरराष्ट्रीयतावादी होने के लिए ज़रूरी है कि पहले राष्ट्रवादी हुआ जाए क्योंकि ये दोनों पक्ष परस्पर बेमेल नहीं हैं। यूरोपीय राष्ट्रों और उनके राष्ट्रवाद के सन्दर्भ में उन्होंने टिप्पणी की थी, "राष्ट्रवाद में कोई बुराई नहीं है, बुराई उस संकीर्णता, स्वार्थ और अलगाव में है जो आधुनिक राष्ट्रों के लिए शाप बन गया है।" वे 1925 में काफ़ी आशावान थे कि भारतीय राष्ट्रवाद दूसरी राह पकड़ चुका है। दुर्भाग्यवश, गांधी ने इतने साल पहले हमें जो चेतावनी दी थी आज हम ज़्यादातर उन्हीं बुराइयों का सामना राष्ट्रवाद के नाम पर कर रहे हैं।

VI

विखंडनकारी ताक़तों का मुक़ाबला और राष्ट्र-निर्माण

सरदार वल्लभ भाई पटेल शब्दों के नहीं, कर्म के व्यक्तित्व थे इसलिए उनका बहुत कुछ लिखा हुआ नहीं मिलता। उनके कई खंडों में संकलित लेखन में ज़्यादातर नेताओं, अंग्रेज़ अफ़सरों, राजाओं और अन्य के साथ उनका पत्राचार शामिल है। मैं इस संग्रह में पटेल को शामिल करना चाहता था हालाँकि अपने विषय से जुड़ा उनका लिखा या बोला कुछ भी खोज पाना मुश्किल था। 1949 में मद्रास में दिया उनका एक भाषण इस विषय के कुछ क़रीब जान पड़ा। आज़ाद हो चुके भारत के गृहमंत्री के बतौर उनकी ज़िम्मेदारी तमाम संवेदनशील और महत्त्वपूर्ण रियासतों का एकीकरण करके इस राष्ट्र को अन्तिम आकार देने की थी। उन्हें उन तमाम समूहों

द्वारा प्रस्तुत की जा रही सियासी और सांस्कृतिक चुनौतियों से भी निपटना था जो गांधी, पटेल, नेहरू आदि की भारत की परिकल्पना से सहमत नहीं थे।

पटेल ने अपना भाषण यह कहते हुए शुरू किया कि हमें भारतीय होने के नाते एक रहना है और जाति व पंथ के अन्तरों को मिटा देना है। आज़ाद भारत में एक मनुष्य और दूसरे मनुष्य के बीच का फ़र्क़ नहीं होना चाहिए। वह इस बात को समझते थे कि 'इसे व्यवहार में हासिल करना मुश्किल है लेकिन हमें लगातार उस दिशा में कोशिश करनी चाहिए।' उन्होंने नई बनी सरकार को वाम और दक्षिण दोनों तरफ़ के समूहों से ख़तरे का ज़िक्र किया। उन्होंने कम्युनिस्टों से अपील की कि वे हिंसा को भूल जाएँ और उन्हें कांग्रेस में आने का न्योता दिया। आरएसएस से उन्होंने कहा कि वे मुख्यधारा में आएँ, तिरंगे का सम्मान करें और सरकार को ब्लैकमेल करना बन्द करें। आज के सन्दर्भ में यदि हम इस अपील को देखते हैं तो पाते हैं कि जो लोग आज ख़ुद को कट्टर राष्ट्रवादी कह रहे हैं उन्हें तो गृहमंत्री को कहना पड़ता कि वे तिरंगे का सम्मान करें। इस लिहाज से देखें तो आज का झंडा लहरानेवाला राष्ट्रवाद बहुत खोखला जान पड़ता है।

VII

राष्ट्रवाद और संस्कृति की एक सारग्राही दृष्टि

जवाहरलाल नेहरू उस सारग्राही संस्कृति का सबसे बढ़िया उदाहरण हैं जो दुनिया के प्रति खुली हुई है फिर भी भारत के सामासिक चरित्र में निबद्ध है। हमनेहरूवादी का प्रयोग उस भारतीय राष्ट्रवाद के वाहकों के लिए करते हैं जो सेकुलर, सहिष्णु, समावेशी और भेदभाव रहित हो। ऐसा इसलिए क्योंकि नेहरू जिस राष्ट्रवाद की वकालत करते थे उनमें ये सभी लक्षण थे। नेहरू का राष्ट्रवाद का विचार कई स्तरों पर टैगोर के क़रीब था। वैसे तो वे टैगोर को अपना बौद्धिक गुरु ही मानते थे। 1 जनवरी, 1961 को टैगोर के जन्म के सौवें साल के समारोह का उद्घाटन करते हुए नेहरू ने टैगोर के साथ अपनी दार्शनिक निकटता का हवाला देते हुए कहा था, "मेरा दिमाग़ टैगोर के ज़्यादा क़रीब था हालाँकि मेरे कर्म गांधी जी द्वारा प्रेरित रहे।" यही वजह थी कि बेंजामिन ज़कारिया ने टिप्पणी की है कि "यदि राष्ट्रवाद एक ऐसी विचार परम्परा है जिसका आधार एक 'राष्ट्र' से दूसरे के बीच फ़र्क़ बरतना हो, तो नेहरू और उनके क़रीबियों ने जैसा अलगावरहित राष्ट्रवाद प्रतिपादित किया वह वास्तव में राष्ट्रवाद की श्रेणी में अब नहीं आता।" नेहरू हमेशा राष्ट्रवाद को लोगों से जुड़ी बड़ी समस्याएँ सुलझाने के लिहाज से अपर्याप्त

मानते थे क्योंकि वह संकीर्ण और तंग था। यूरोप में 1930 के दशक के घटनाक्रम के बाद उनका राष्ट्रवाद से और मोहभंग हो गया था। वे उसकी आलोचना में और मुखर हो गए, इसे अमेरिकी पत्रिका 'एशिया' के लिए 1938 में लिखे उनके लेख में देखा जा सकता है :

> आज पश्चिम में राष्ट्रवाद दुर्गंध मार रहा है और आक्रामकता, असहिष्णुता और बर्बर हिंसा का स्रोत बन चुका है। हर प्रतिक्रियावादी चीज़—चाहे फासीवाद हो, साम्राज्यवाद या नस्ल, पाखंड अथवा मुक्त अन्वेषण की भावना का दमन जिसने उन्नीसवीं सदी में यूरोप को महानता बख़्शी—उसके नाम पर उसके नीचे पनाह लेती है। उसके हमले का संस्कृति शिकार हो जाती है और सभ्यता सड़ जाती है। उसे लोकतंत्र और आज़ादी से ख़ास नफ़रत है और उसके नाम पर स्पेन में मासूम पुरुषों, स्त्रियों और बच्चों पर बम बरसाए जा रहे हैं, भीषण नस्ली नरसंहार जारी है।
>
> इसके बावजूद राष्ट्रवाद ही था जिसने सौ साल पहले यूरोप के राष्ट्रों को गढ़ा और उस सभ्यता को एक पृष्ठभूमि प्रदान की जिसका अन्त क़रीब जान पड़ता था। यही राष्ट्रवाद आज पूरब के देशों में चालक बल का काम कर रहा है जो विदेशी वर्चस्व के तले आज़ादी चाह रहे हैं। इनके लिए यह एकता और ताक़त का बायस है जो ग़ुलामी से दबी रूह पर से बोझ को हटाने का काम करता है। एक ख़ास चरण तक इसके ये गुण पाये जाते हैं जब तक यह एक प्रगतिगामी ताक़त के रूप में इनसानी आज़ादी को मज़बूत बनाता है। इसके बावजूद तब भी यह संकीर्ण पंथवादी और राष्ट्रप्राप्ति की आकांक्षा वाली आज़ादी ही होती है, जैसे एक बीमार व्यक्ति जो अपनी बीमारी और संघर्ष के पार बहुत कुछ सोच नहीं पाता।
>
> भारत इस मामले में अपवाद नहीं रहा है। अकसर अपने संघर्ष की तीव्रता में उसने दुनिया को विस्मृत कर दिया है और केवल अपने बारे में सोचा है। लेकिन जैसे ही उसके पास ताक़त आई और कामयाबी से उपजा आत्मविश्वास आया, उसने अपनी सरहदों के पार देखना शुरू किया।

आमतौर से यह प्रचार किया जाता है, ख़ासकर आजकल, कि नेहरू का इतिहास और संस्कृति पर नज़रिया दूसरों को नीचा दिखानेवाला था। यह क़तई सच नहीं है। वे अतीत को आलोचनात्मक नज़रिये से देखते थे और दुनिया में जहाँ कहीं से जो कुछ काम का मिले उसे लेने के पैरोकार थे। 1934 में जेल प्रवास के दौरान उन्होंने एक लेख लिखा, 'द पास्ट एंड द प्रेज़ेंट'। इसमें उन्होंने सूत्रबद्ध किया कि अतीत पर विचार करना और उसकी महान शख़्सियतों से ताक़त व साहस लेना क्यों

ज़रूरी है। वे हालाँकि इस बात से अच्छी तरह वाकिफ़ थे कि हम अपने अतीत के बारे बहुत ज़्यादा सोचने के आदी हैं और हर प्राचीन चीज़ को महान मान लेते हैं। हम उससे बहुत कुछ सीख सकते हैं लेकिन हमें यह भान होना चाहिए कि दुनिया पिछले कुछ हज़ार वर्षों के दौरान रुकी नहीं रही है। भले कुछ रुकावटें और पीछे जाने के दौर आएँ, लेकिन मोटे तौर पर दुनिया ज्ञान और संस्कृति के मामले में तरक़्क़ी ही करती है। नेहरू अच्छे से जानते थे कि अतीत की किन चीज़ों को छोड़ देना श्रेयस्कर है और क्या वहाँ से उधार लेकर आगे बढ़ा जा सकता है।

VIII

राष्ट्रवाद परिभाषित

डॉ. बी.आर. आंबेडकर ने विभिन्न विषयों पर विपुल लेखन किया है। वे उन लोगों में थे जो लिखित शब्द में यक़ीन करते थे क्योंकि 'लिखित शब्द उन्हें वह विशिष्टता प्रदान करता है जो उच्च जातियों और ख़ासकर ब्राह्मणों ने हड़पने का काम किया है।' राष्ट्रवाद पर उन्होंने बहुत कुछ नहीं लिखा, बस कुछ सरसरी टिप्पणियाँ की हैं। वास्तव में राष्ट्रवाद का उनका विचार उनकी राजनीति में ही पैबस्त था, जो इस देश और इसके लोगों की आत्मप्रतिष्ठा की उनकी भावना की उपज थी। वे मानते थे कि राष्ट्रवाद और यहाँ तक कि राष्ट्र की आज़ादी भी उन लोगों के लिए बहुत मायने नहीं रखती जो सदियों से मूलभूत मानव अधिकारों और सम्मान से वंचित हैं। यदि भेदभावकारी सामाजिक मूल्यों को कोई चुनौती नहीं मिली और वे स्वतंत्र भारत का हिस्सा बने रह गए तो ऐसी आज़ादी केवल उच्च जाति के सम्पन्न लोगों तक सीमित रह जाएगी, अस्पृश्यों को मुक्त नहीं कर पाएगी जो सदियों से हाशिये पर हैं। आंबेडकर के अनुसार जब तक भारत की जनता के हाथ में सत्ता नहीं आ जाती और जब तक यह सत्ता भारतीय समाज में दबाए गए लोगों के हाथ में केन्द्रित नहीं हो जाती, तब तक तमाम सामाजिक, क़ानूनी और सांस्कृतिक अक्षमताओं का पूरी तरह उन्मूलन करना मुमकिन नहीं हो पाएगा जिनके तहत इस तबक़े को कष्ट झेलना पड़ा है। अरुण शौरी ने 1997 में उनके राष्ट्रवाद और आज़ादी की लड़ाई में उनकी भागीदारी पर सवाल उठाया था, जिस पर दलित विद्वानों और कार्यकर्ताओं की ओर से भीषण प्रतिक्रियाएँ आई थीं। इतना ही नहीं, आज राष्ट्रवाद पर बहस के वर्तमान सन्दर्भ में चुनावी राजनीति की मजबूरियाँ न होतीं तो आंबेडकर राष्ट्रविरोधी ठहरा दिए जाते। उनका राष्ट्रवाद पर नज़रिया और भारत की परिकल्पना को उन्होंने बॉम्बे असेंबली में अपने एक भाषण में समझाया था, जहाँ उन्होंने कहा था :

> मैं नहीं मानता कि इस देश में किसी संस्कृति विशेष के लिए कोई ख़ास जगह है, चाहे वह हिन्दू संस्कृति ही क्यों न हो, या फिर मोहम्मडन संस्कृति, कन्नड़ संस्कृति या गुजराती संस्कृति। कुछ चीज़ें हैं जिनसे हम इनकार नहीं कर सकते, लेकिन उन्हें फ़ायदों के रूप में पोषित नहीं किया जाना चाहिए, उन्हें नुक़सान माना जाना चाहिए जो हमारी वफ़ादारी को बाँटती हैं और हमें अपने समान लक्ष्य से दूर ले जाती हैं। वह समान लक्ष्य यह है कि हमें अपने भारतीय होने की एक भावना निर्मित करनी है। मैं यह बात पसन्द नहीं करता जब कुछ लोग कहते हैं कि हम भारतीय पहले और हिन्दू या मुस्लिम बाद में। मैं इससे सन्तुष्ट नहीं हूँ। मैं नहीं चाहता कि भारतीय होने की हमारी वफ़ादारी किसी भी अन्य वफ़ादारी के साथ प्रतिस्पर्धा में हो, चाहे वह वफ़ादारी हमारे धर्म से निकलती हो, संस्कृति से या भाषा से। मैं चाहूँगा कि हर कोई सबसे पहले भारतीय हो और सबसे अन्त में भारतीय हो, और भारतीय के अलावा कुछ भी न हो...

मुस्लिम लीग जब 1940 में अलग निर्वाचन क्षेत्र की माँग लेकर आई तब जाकर आंबेडकर ने राष्ट्रीयता के मुद्दे पर बात करना शुरू की। राष्ट्रवाद के सन्दर्भ में आंबेडकर ने स्वेच्छा पर काफ़ी ज़्यादा ज़ोर दिया था। उन्हें लगता था कि एक बार जब बहुत सारे लोगों को महसूस होना शुरू हो जाए कि वे एक राष्ट्रीयता हैं, तब जाकर उन्हें एक अलग राष्ट्र के रूप में अपनी पहचान की ज़रूरत होगी। यहाँ हमने जो लेख लिया है वह 1940 में आई उनकी पुस्तक 'पाकिस्तान ऑर पार्टीशन ऑफ़ इंडिया' के एक अध्याय (ए नेशन कॉलिंग फॉर ए होम) से लिया गया हैं। वे इसकी शुरुआत हिन्दुओं पर हमले से करते हैं जो मानते थे कि भारत हमेशा से एक राष्ट्र रहा है और राष्ट्रवाद यहाँ सदियों से मौजूद है। उनके अनुसार यह प्रतिक्रिया उन्नीसवीं सदी के यूरोप में राष्ट्रवाद के उभार पर थी। एचजी वेल्स ने कहा था, "जिस तरह एक व्यक्ति के लिए भीड़-भरी सभा के बीच बिना वस्त्रों के होना अनुपयुक्त है, वैसे ही भारत के लिए एक राष्ट्रीयता के बग़ैर रहना ठीक नहीं होगा।" इसके बाद ही बहुत से भारतीय राष्ट्रवाद के बारे में सोचने लगे थे।

आंबेडकर ने यह किताब पाकिस्तान की माँग और धार्मिक पहचान के इर्द-गिर्द राष्ट्रवाद के उभार के सन्दर्भ में लिखी थी, लेकिन उनके कई निष्कर्ष आज राष्ट्रवाद की आक्रामक राजनीति के बीच बहसतलब और प्रासंगिक हैं। मसलन, यह टिप्पणी कि राष्ट्रीय भावना दुधारी तलवार होती है क्योंकि यह "एक ओर तो अपने भाई-बन्धुओं के लिए अपनापे की भावना होती है तो दूसरी तरफ़ उनके लिए ग़ैर की भावना जो अपने नहीं हैं। यह 'एकरूपता की चेतना' से उपजी वह भावना होती है जो एक तरफ़ तो उन सबको जोड़ती है जो एक जैसे हों, और इतनी मज़बूती से कि आर्थिक व सामाजिक संस्तरों व टकराव से उपजे अन्तरों को भी भुला दिया

जाता है। दूसरी तरफ़ यही भावना उन्हें अलग कर देती है जो अपने जैसे नहीं होते। यह किसी और समूह का न होने और अपने जैसे समूह का होने की एक आकांक्षा है। जिसे हम राष्ट्रीयता या राष्ट्रीय भावना कहते हैं, उसका मूल यही है।"

आंबेडकर ने 1930 के दशक के अन्त में इंडियन लेबर पार्टी का गठन किया और राष्ट्रवाद की अवधारणा पर एक छोटा-सा लेख लिखा जिसमें लेबर पार्टी की दृष्टि को अभिव्यक्त किया। इस लेख के कुछ अंश हमने पुस्तक में शामिल किए हैं, जहाँ आंबेडकर राष्ट्रवाद पर सामान्य टिप्पणियाँ करते हैं जो आज राष्ट्रवाद की सनक के दौर में प्रासंगिक जान पड़ती हैं। उन्होंने इतने बरस पहले हमें चेताया था यह कहते हुए कि "अगर राष्ट्रवाद का अर्थ प्राचीन अतीत की पूजा करना है—जो कुछ भी स्थानीय स्रोत और वर्ण का न हो उसकी उपेक्षा करना है—तब लेबर पार्टी ऐसे राष्ट्रवाद को अपनी राह नहीं मान सकती। लेबर मरे हुए लोगों की जीवित आस्था को जीवित लोगों की मृत आस्था नहीं बना सकती।" उनके लिए राष्ट्रवाद अपने आप में कोई साध्य नहीं था, बल्कि साधन था। वे इसे एक पवित्र रास्ते के रूप में नहीं देखते थे, जैसा कि कुछ लोग आजकल देखते हैं।

IX

संस्कृति और राष्ट्रवाद का उदार दक्षिणपंथी नज़रिया

सी. राजगोपालाचारी उर्फ़ सीआर उर्फ़ राजा जी दक्षिणपंथ के सबसे विद्वान कांग्रेसियों में थे। राजा जी इतने जटिल थे कि उन्हें किसी स्पष्ट विचारधारात्मक खाँचे में डालना सम्भव नहीं था। मैं उन्हें उदार दक्षिणपंथी मानता हूँ जबकि राम गुहा ने थोड़ा सकुचाते हुए उन्हें रूढ़िपंथी माना है। वह गांधी और पटेल के क़रीबी थे लेकिन नेहरू के साथ उनका रिश्ता नरम-गरम था। राजा जी 1970 के दशक में अपने निधन से पहले तक लगातार कांग्रेस की सरकार की आलोचना करते रहे। अपनी पत्रिका 'स्वराज्य' में समाजवाद के प्रति नेहरू के मोह और उनकी अन्य नीतियों के ख़िलाफ़ वे लगात़ार लिखते रहे। तमाम विषयों पर राजा जी का लेखन प्रभावशाली था और हालाँकि किसी एक लेखन को चुनना अपने विषय के हिसाब से बहुत आसान नहीं था लेकिन हमने यहाँ उनके तीन छोटे अंश शामिल किए हैं। ये अंश राष्ट्रवाद/देशभक्ति, संस्कृति और भाषायी राष्ट्रवाद के मुद्दों से जुड़े हैं। 1950 और 60 के दशक के दौरान भाषा से जुड़ी बहसों और विवादों में राजा जी बहुत शिद्दत से शामिल रहे और उन्होंने राष्ट्रीय भाषा के रूप में हिन्दी को थोपे जाने यानी हिन्दी साम्राज्यवाद का विरोध किया। उनके मुताबिक़ भारतीय संस्कृति का

विशिष्ट लक्षण "पहनावे, संगीत, व्यवहार और पूजा-अर्चना सहित तमाम चीज़ों के सन्दर्भ में यहाँ के लोगों की सकारात्मक सहिष्णुता है।" वे स्पष्ट रूप से मानते थे कि केवल सहिष्णुता ही पर्याप्त नहीं है, बल्कि असल चीज़ उसकी सकारात्मकता है और यह बात आज सहिष्णुता और असहिष्णुता की शाश्वत बहस के बीच बहुत प्रासंगिक है। अलग-अलग क़िस्मों की यह समान सहिष्णुता ही भारत को तनावों से मुक्त एक सहज भूमि बनाती है और हमें किसी भी ख़तरे की सूरत में कभी भी इसकी रक्षा करने की ज़रूरत है।

X

राष्ट्रवाद की क्रान्तिकारी दृष्टि

इस किताब में शामिल तीन इंक़लाबी शख़्सियतों में से दो ऐसे हैं जिन पर मौजूदा राष्ट्रवाद पर बहस के सन्दर्भ में लगातार बात होती है। सुभाषचन्द्र बोस और भगत सिंह दोनों ने ही सीधे तौर पर इस मसले पर नहीं लिखा था, फिर भी राष्ट्र और राष्ट्रवाद को लेकर उनकी एक दृष्टि अवश्य थी जिसे उन्होंने अपने लेखन और कई सार्वजनिक भाषणों में ज़ाहिर किया है। सुभाषचन्द्र बोस एक रूमानी क्रान्तिकारी थे जिनके व्यक्तित्व के साथ एक रहस्य जुड़ा हुआ है, हालाँकि भारत के बारे में उनके विचारों पर या आज़ादी की लड़ाई में विभाजनकारी राजनीति के प्रति उनके द्वेष पर ज़्यादा चर्चा नहीं हुई है। उनके ज़्यादातर लेखन और भाषणों में उनका समावेशी राष्ट्रवाद और साम्प्रदायिकता के प्रति उनकी नापसन्दगी झलकती है। बोस ने बहुत स्पष्ट रूप से कहा था, "साम्प्रदायिकता तब जाएगी जब साम्प्रदायिक मानसिकता जाएगी। इसलिए साम्प्रदायिकता को नष्ट करने का काम उन सभी भारतीयों—मुसलमानों, सिक्खों, हिन्दुओं और ईसाइयों व अन्य—का है जो साम्प्रदायिक दृष्टि से ऊपर जा चुके हैं और जिन्होंने सच्ची राष्ट्रवादी मानसिकता विकसित कर ली है।" जिन लोगों ने आज़ादी की लड़ाई से दूर रहना चुना था और आज वे ख़ुद को राष्ट्रवादी बुलाते हैं, उनके लिए बोस ने साफ़ शब्दों में कहा था कि "राष्ट्रीय स्वतंत्रता के लिए जो लोग जंग छेड़ते हैं उनकी मानसिकता निस्सन्देह सच्ची राष्ट्रवादी होती है।"

भगत सिंह को भी एक साहसी क्रान्तिकारी माना जाता है लेकिन कम लोगों को ही उनके राष्ट्रवादी नज़रिये से सरोकार है। इन महापुरुषों को बड़ी आसानी से महज़ राष्ट्रवादी या 'शहीद' का तमग़ा देकर सिमटा दिया जाता है और इनकी राजनीति व विचार का कोई सन्दर्भ नहीं दिया जाता ताकि इन्हें नारों और राष्ट्रवाद

की मौजूदा दक्षिणपंथी राजनीति में आसानी से फिट किया जा सके। भगत सिंह का राष्ट्रवाद जाति-व्यवस्था, अस्पृश्यता और साम्प्रदायिकता की उनकी तीखी आलोचना से निकलता था। यह तीनों ही आज तक गम्भीर ख़तरा बने हुए हैं। उनका राष्ट्रवाद केवल मुहावरेबाजी नहीं था बल्कि इसमें उस भारत की परिकल्पना थी जिस पर केवल दो फ़ीसदी सम्पन्न—देसी भारतीय या अंग्रेज़—नहीं बल्कि 98 फ़ीसदी भारतीयों का राज होगा। उनके लिए आज़ादी का मतलब केवल अंग्रेज़ों को भगाना नहीं था बल्कि वह अस्पृश्यता से आज़ादी, साम्प्रदायिक विभाजन से आज़ादी और किसी भी अन्य शोषण व भेदभाव से आज़ादी की बात करते थे। 3 मार्च, 1931 को अपनी शहादत से महज़ 20 दिन पहले भगत सिंह ने युवाओं को एक सन्देश भेजा था :

> भारत में तब तक संघर्ष जारी रहेगा जब तक मुट्ठी-भर शोषक अपने फ़ायदे के लिए आम लोगों की मेहनत को लूटते रहेंगे। इससे कोई फ़र्क़ नहीं पड़ता कि ये शोषक विशुद्ध पूँजीवादी अंग्रेज़ हैं, अंग्रेज़ और भारतीय दोनों हैं या फिर केवल भारतीय हैं।

दुनिया-भर में लाखों लोग जो भगत सिंह को मानते हैं उन्हें इनके राष्ट्रवाद और इंक़लाबी नज़रिये को समझने की ज़रूरत है। वे समाज के हाशिये पर पड़े लोगों के लिए राष्ट्रवाद की प्रासंगिकता को समझ रहे थे जिनके पास न तो अधिकार थे न ही प्रतिष्ठा। भगत सिंह राष्ट्रवाद की इस कमज़ोरी के प्रति सचेत हैं जबकि उन्हीं के समकालीन कई और लोग थे जो इसे आगे बढ़ाने में समय दे रहे थे। उन्होंने जाति, वर्ग और लैंगिकता के उन आन्तरिक अन्तर्विरोधों को महसूस किया और राष्ट्रवाद की मुख्यधारा से बाहर हाशिये के सताए गए लोगों के अधिकारों को बहाल करने की दिशा में काम किया। राष्ट्रीय आन्दोलन के प्रति ईवी रामास्वामी पेरियार और आंबेडकर का आलोचनात्मक रवैया भी मोटे तौर पर इसी नज़रिये से निर्देशित था। उपनिवेशवाद-विरोधी राष्ट्रवाद की सीमाओं पर सवाल उठाते हुए पेरियार ने एक सवाल पूछा था जो बहुत प्रसिद्ध हुआ : "क्या ब्राह्मण का स्वराज पराए के लिए होगा? क्या बिल्ली का स्वराज चूहे के लिए होगा? क्या ज़मींदार का स्वराज खेतिहर के लिए होगा? क्या मालिक का स्वराज मज़दूर के लिए होगा?"

भगत सिंह का प्रसिद्ध लेख 'मैं नास्तिक क्यों हूँ' भी इस पुस्तक में शामिल किया गया है। इसे शामिल करना संकलन के विषय से विचलन लग सकता है लेकिन ऐसा नहीं है। एक ऐसे देश में जहाँ राष्ट्रवाद के ज़्यादातर प्रवर्तक राष्ट्रवाद पर अपने नज़रिये को किसी एक या दूसरे धर्म के हिसाब से परिभाषित करते रहे हैं वहाँ भगत सिंह ने दिखाया कि राष्ट्रवादी होने या राष्ट्रवाद के लिए धर्म अनिवार्य आलम्बन नहीं है। भगत सिंह इस निबन्ध में समझाते हैं कि वे शुरुआत में एक

आस्तिक थे जो गायत्री मंत्र पढ़ते थे लेकिन धीरे-धीरे उन्हें धर्म की व्यर्थता का एहसास हुआ और उन्होंने जीवन में काफ़ी पहले ही इसे त्याग दिया। वे लिखते हैं, "मेरी नास्तिकता हाल की नहीं है, मैंने भगवान को मानना किशोरावस्था में ही छोड़ दिया था।" इस तरह हम पाते हैं कि भगत सिंह का अनिवार्यत: क्रान्तिकारी राष्ट्रवाद किसी धार्मिक आस्था के साथ नत्थी नहीं था।

भगत सिंह पर आज बात करने की एक और वजह तर्कवाद और आलोचनात्मक चिन्तन के प्रति उनकी प्रतिबद्धता है। वे झंडा फहरानेवाले अन्धराष्ट्रवाद के पैरोकार नहीं थे, जैसा कि उनका नाम लेते हुए आज तमाम नारेबाज करते हैं। उनका राष्ट्रवाद प्रगति के विचार से जुड़ा था जहाँ आलोचना करने, सन्देह करने और पुरानी आस्था वाली हर एक चीज़ पर सवाल उठाने के सामर्थ्य के लिए जगह है। वह इस बात को लेकर दृढ़ संकल्पित थे कि "केवल आस्था और अन्धी आस्था ख़तरनाक है; यह दिमाग़ को सुस्त कर देती है और आदमी को प्रतिक्रियावादी बना देती है। जो यथार्थवादी होने का दावा करते हैं उन्हें तमाम पुरानी आस्थाओं को चुनौती देनी होगी। अगर तर्क के सामने वे आस्थाएँ खड़ी नहीं हो सकीं तो ढह जाएँगी।" यह निबन्ध इसीलिए ईश्वर के ख़िलाफ़ एक टिप्पणी-भर नहीं है, बल्कि यह युवाओं के लिए और प्रगतिशील राष्ट्रवाद के विचार के लिए अनजाने में ही एक ख़ाका प्रस्तुत करता है।

इस खंड में तीसरी शख़्सियत हैं एम.एन. रॉय, वामपंथ के एक अग्रणी विचारक जो राष्ट्रीय व वैश्विक राजनीति व आन्दोलनों पर सशक्त लेखन करते थे। हममें से कुछ लोग संगठित मार्क्सवाद को आज पुराना मान सकते हैं और उसकी वजहें भी हैं, लेकिन इसने उपनिवेशवाद-विरोधी संघर्षों में दुनिया-भर में अहम भूमिका निभाई थी। ख़ुद हमारा अपना राष्ट्रवाद विविध क़िस्म का है जैसा कि हमने ऊपर देखा। इन्हीं में एक नज़रिया मार्क्सवादी भी है। 1920 और 1930 के दशक में सुभाषचन्द्र बोस की राजनीति कांग्रेस के भीतर वाम का प्रतिनिधित्व करती थी जबकि भगत सिंह मार्क्सवादी विचारधारा में काफ़ी गहरे उतर चुके थे। एम.एन. रॉय अन्तरराष्ट्रीय सम्पर्कों वाले कम्युनिस्ट इंक़लाबी थे। भारत में कम्युनिस्ट पार्टी की स्थापना से दो साल पहले 1923 में उनके लिखे दो छोटे लेख इस पुस्तक में शामिल किए गए हैं। हमें यह ध्यान रखना होगा कि रॉय का अपना विचारधारात्मक विकास क्रान्तिकारी राष्ट्रवाद से शुरू होता है, साम्यवाद तक पहुँचता है और अन्तत: उसकी परिणति वैज्ञानिक व उग्र परिवर्तनकारी मानववाद में होती है। अपने एक लेख में रॉय कहते हैं कि देशभक्ति की जगह क्रान्तिकारी भावना को रख देना बेहतर होगा क्योंकि उन्होंने देखा है कि चौरस देशभक्ति ग़रीबों के हित में नहीं बोलती। हमें मध्यवर्ग की आध्यात्मिक देशभक्ति और ग़रीब मज़दूरों-किसानों की क्रान्तिकारी देशभक्ति के बीच फ़र्क़ करने की ज़रूरत है।

XI

अविभाज्य राष्ट्रवाद

मौलाना अबुल कलाम आज़ाद और ख़ान अब्दुल ग़फ़्फ़ार ख़ान उर्फ़ सीमान्त गांधी दो ऐसी राष्ट्रवादी शख़्सियतें हैं जो संकीर्ण राष्ट्रवाद के नाम पर मुल्क को तकसीम कर दिए जाने के बावजूद अविभाज्य राष्ट्रवाद के प्रति कटिबद्ध रहीं। इन्होंने मुस्लिम लीग के आस्था आधारित राष्ट्रवाद और बहुसंख्यकवादी राष्ट्रवाद का विरोध किया तथा अलगाववादी मुस्लिम राष्ट्रवाद पर सवाल उठाया। मौलाना आज़ाद ख़ुद को एक मुस्लिम के रूप में देखते थे लेकिन उससे कहीं ऊपर वे ख़ुद को गर्व से भारतीय और भारतीय राष्ट्रवाद की अविभाज्य एकता का हिस्सा मानते थे। उनके अस्तित्व का यह बहुमूल्य अंश था जिसे वे किसी भी क़ीमत पर त्यागने को तैयार नहीं थे। आज़ाद ने 1921 में घोषणा की थी कि "वक़्त की माँग है कि भारत में रहनेवाले सात करोड़ मुसलमान 22 करोड़ हिन्दुओं के साथ इतने क़रीबी रिश्ते विकसित कर लें कि उन्हें आगे से एक देश और राष्ट्र कहा जा सके, एक समग्र और समुच्चय के अविभाज्य अंग।" वे हिन्दुओं और मुसलमानों को एक समूह 'उम्मते-वाहिदा' (एक राष्ट्र) का हिस्सा बनाना चाहते थे। रामगढ़ में 1940 में कांग्रेस के अध्यक्ष के रूप में भाषण देते हुए उन्होंने भारत में मुसलमानों की सदियों से मौजूदगी का हवाला देते हुए कहा कि "बरसों के साझा इतिहास ने भारत को कई साझा उपलब्धियों से समृद्ध किया है। हमारी भाषाएँ, हमारी नज़्में, हमारा साहित्य, हमारी संस्कृति, हमारी कला, हमारा पहनावा, हमारी प्रथाएँ और परम्पराएँ, हमारी रोज़मर्रा की ज़िन्दगी की अनगिनत बातें, हर चीज़ पर हमारी साझा कोशिशों की मुहर लगी है।" आज़ादी के ठीक बाद 1947 में आज़ाद ने पटना यूनिवर्सिटी के दीक्षांत समारोह में अपना सम्बोधन दिया और राष्ट्रवाद के प्रति आगाह करते हुए बोले, "हमें दिमाग़ में रखना होगा कि उन्नीसवीं सदी में यूरोप में जो राष्ट्रवाद आया था वह बिखर चुका है और इस संकीर्ण राष्ट्रवाद के दायरे में दुनिया बीमार हो चुकी है। यूरोप बेड़ियों को तोड़ने को बेचैन है। छोटे-छोटे राष्ट्रवादों के बजाय यह दुनिया अब एक परम राष्ट्रवाद गढ़ने के चक्कर में है। ज़ाहिर है इस आधुनिक युग में तंगदिमाग़ी के लिए कोई जगह नहीं है। हम अन्तरराष्ट्रीय मानसिकता वाले और सहिष्णु लोग होंगे, केवल तभी राष्ट्रों की बिरादरी में अपनी महफ़ूज़ जगह बना पाएँगे।" आज़ाद उस वक़्त आस्था आधारित राष्ट्रवाद के परिणामों को देख पा रहे थे, जिसने देश को बाँट दिया था और मज़हब के नाम पर लाखों की जान ले ली थी। अलीगढ़ मुस्लिम यूनिवर्सिटी में छात्रों को 1949 में सम्बोधित करते हुए आज़ाद ने अविभाज्य राष्ट्रवाद के लिए अपनी प्रतिबद्धता को दुहराया, "मुझे कोई

शुबहा नहीं है कि अगर आप इस प्रगतिशील राष्ट्रवाद की भावना को आत्मसात् कर सकें, जो कि हमारे सेकुलर जनतांत्रिक राज्य का मोटो है, तो ज़िन्दगी में ऐसा कोई क्षेत्र नहीं होगा जहाँ कोई भी मंज़िल आपकी पहुँच से दूर होगी।"

ख़ान अब्दुल ग़फ़्फ़ार ख़ान दूसरे स्वतंत्रता सेनानी थे जो अविभाज्य राष्ट्रवाद के प्रति समर्पित थे और भारत के विभाजन के बाद भी बने रहे। संकीर्ण राष्ट्रवाद के अपने विरोध के चलते उन्हें पाकिस्तान में उत्पीड़न झेलना पड़ा। इस संकलन में उनका लिखा कोई अहम लेख तो शामिल करने को नहीं मिला हालाँकि भारतीय संसद के संयुक्त सत्र में 1969 में उनका एक सम्बोधन ज़रूर मिला जो प्रासंगिक है। बादशाह ख़ान का दौरा एक ऐसे वक़्त में हुआ जब गुजरात साम्प्रदायिक हिंसा की आग में जल रहा था और उन्होंने दोनों समुदायों से अमन और चैन की अपील की। भारत की संसद में उनके सम्बोधन में भी वह दर्द झलकता है :

> देश ख़ुद में राष्ट्रवाद का आधार हो सकता है, मज़हब नहीं। बदक़िस्मती से भारत में धर्म को राष्ट्रवाद समझ लिया गया है। इसी वजह से देश का बँटवारा हुआ। अब सवाल बस इतना है कि क्या आप इस मानसिकता को दूर करने की कोशिश करेंगे या फिर अपने कर्मों से बिलकुल उसी मानसिकता को समर्थन देने और बढ़ावा देने का काम करेंगे जिसकी पैदाइश द्विराष्ट्र का सिद्धान्त था?

दुर्भाग्यवश, हमने अतीत से बहुत कुछ नहीं सीखा। आज जो तमाम हो-हल्ला हम सुन रहे हैं वह उसी विभाजनकारी मानसिकता के चलते है जो धर्म और राष्ट्रवाद को एक-दूसरे का पर्याय मानकर चलती है।

XII

एकीकृत राष्ट्रवाद

ख़्वाजा अहमद अब्बास का नाम भारत की पत्रकारिता में उनके विपुल लेखन से विशिष्ट है, ख़ासकर 'ब्लिट्ज़' में सबसे लम्बे समय तक चले उनके राजनीतिक स्तम्भ 'द लास्ट पेज' के कारण। वे फ़िल्म आलोचक, फ़िल्मकार, कथाकार और निर्देशक भी थे। स्तम्भों से लेकर फ़िल्म और किताबों तक उन्होंने जो कुछ भी रचा, सबके माध्यम से उन्होंने एकीकृत राष्ट्रवाद के विचार को ही आगे बढ़ाने का काम किया। अब्बास अपने दौर के ईमानदार और जुनूनी लेखक थे। अपने स्तम्भ 'द लास्ट पेज' के माध्यम से, जो सबसे पहले 1935 में 'बॉम्बे क्रॉनिकल' में छपा

और बाद में 'ब्लिट्ज़' में, अपना सन्देश उन्होंने सबसे सशक्त रूप से प्रसारित किया। उनका निधन 1987 में हुआ। मैंने उनके दो स्तम्भ चुने हैं। एक विभाजन के तुरन्त बाद लिखा गया था और दूसरा साठ के दशक के अन्त में। ये दोनों ही स्तम्भ नाज़ुक और संजीदा विषयों से उनके संवाद की अनोखी शैली का उदाहरण हैं। इनमें से एक में वे एक सम्पूर्ण भारतीय चरित्र की खोज में हैं जो जाति, धर्म, भाषा और वर्ग से ऊपर हो। इस सम्पूर्ण भारतीय के लिए ज़रूरी पूर्वशर्तों की पहचान के बाद वे अन्त में लिखते हैं :

> सम्पूर्ण भारतीय वह है जो भारत को और भारत की हर चीज़ को हर भारतीय का मानता है।

दूसरे लेख में अब्बास साठ के दशक की सियासत पर प्रतिक्रिया देते हैं जब कई मुसलमानों के राष्ट्रवाद को सन्देह से देखा जाता था और उनकी वफ़ादारी का इम्तिहान लिया जाता था। साम्प्रदायिक राजनीति कर रहे तमाम मुसलमानों से उन्होंने मज़बूत अपील की कि वे हर हाल में भारतीयों की तरह बरताव करें। साम्प्रदायिक हिन्दुओं के लिए भी उन्होंने कठोर शब्द लिखे : "वफ़ादारी के इन इम्तिहानों का अन्धानुकरण, हिन्दू कट्टरता फैलाने के मक़सद से इसे बढ़ाने के तौर पर इस्तेमाल करना, स्थापित राष्ट्रवादी मुसलमानों के ख़िलाफ़ कुत्सा अभियान और कानाफूसी, मुसलमानों के ख़िलाफ़ गुंडई और उत्पीड़न का बचाव करना, बिलकुल राष्ट्रवाद नहीं है। यह पाकिस्तानवाद के सबसे बुरे लक्षणों की भोंड़ी नक़ल है।" आज हम वापस नफ़रत और सन्देह की उसी राजनीति पर लौट आए हैं जहाँ स्वयंभू राष्ट्रवादी उन सभी के ख़िलाफ़ फ़तवे सुना रहे हैं जिन्हें वे राष्ट्रविरोधी मानते हैं, चाहे वे मुस्लिम हों या उदार सेकुलर हिन्दू।

XIII

राष्ट्र और राष्ट्रीयता परिभाषित

जयप्रकाश नारायण उर्फ़ जेपी समाजवादी थे जिनके राष्ट्रवाद के बारे में विचार बहुत स्पष्ट थे और इस मसले पर वे कई दशक तक लिखते रहे थे। वर्तमान में जो पार्टी सत्ता में है, उसे सत्तर के दशक में आपातकाल-विरोधी गठबन्धन के माध्यम से मुख्यधारा की राजनीति में लाने का श्रेय भी जेपी को ही जाता है। इस गठबन्धन में वाम और दक्षिण के दलों का संगम हुआ जिसमें बीजेपी का पुराना अवतार जनसंघ भी शामिल था। हमें इस बात को नहीं भूलना चाहिए कि आपातकाल के ख़िलाफ़

संघर्ष जेपी की आख़िरी लड़ाई थी। उन्होंने बेशक 1942 और 1974 के दो जन आन्दोलनों में भड़काऊ भाषण दिए लेकिन अलग-अलग मुद्दों पर उनका ज़्यादा गम्भीर लेखन पचास और साठ के दशक में सामने आया। उन्होंने भारतीय राष्ट्रवाद को परिभाषित किया, उसके स्रोतों पर टिप्पणी की और टैगोर के विश्वबन्धुत्व पर ज़ोर देते हुए राष्ट्रवाद के अपने विचार का भी सूत्रीकरण किया। जेपी को इमरजेंसी के ख़िलाफ़ खड़ा होनेवाला मसीहा माननेवाले तमाम 'राष्ट्रवादियों' को राष्ट्रवाद पर उनके विचारों को जानना चाहिए। उन्होंने कहा था कि 'अंग्रेज़ी राज के तजुर्बे से पहले हम आधुनिक अर्थों में कभी भी एक राष्ट्र नहीं थे। बेशक एक क़िस्म की अपरिभाषित एकता रही जिसे हमारे पुरखे साझा करते थे, यहाँ तक कि भारतवर्ष की भौगोलिकता की भी एक अवधारणा थी जो उत्तर में हिमालय और दक्षिण में सागर से परिमित था लेकिन रवीन्द्रनाथ ने जिस एकताबोध के बारे में इतनी स्पष्टता से बोला है वह कोई राष्ट्रवादी भावना नहीं थी बल्कि एक आध्यात्मिक और सांस्कृतिक भावना थी जो जीवन की एक साझा दृष्टि—जिसे टैगोर 'भावों की एकता' कहते थे—और सामाजिक जीवन की एक समान परिपाटी पर आधारित थी। उन्होंने राष्ट्र और राष्ट्रवाद की परिभाषा में धर्म को केन्द्र में रखनेवालों पर भी सवाल उठाया और द्विराष्ट्र व एकल राष्ट्र के सिद्धान्तकारों को भी चुनौती दी। "द्विराष्ट्र का सिद्धान्त ग़लत बुनियाद और विचार पर खड़ा था क्योंकि राष्ट्रों की पैदाइश और विकास का इतिहास यदि किसी एक बात को साबित करता है तो वो यह है कि धर्म अकेले कभी भी राष्ट्रीयता को तय नहीं करता।"

साठ के दशक में जेपी आक्रामक राष्ट्रवाद और जनतंत्र के लिए उसके ख़तरों पर बोल रहे थे। छात्रों से इस पर बात करते हुए उन्होंने कहा कि हमारे सामने दो रास्ते हैं, जिनमें से हमें एक चुनना है, एक जिसे गांधी जी और गुरुदेव ने रखा था और दूसरा जिसे गांधी के हत्यारे गोडसे ने। जेपी ने कहा कि यह दुर्भाग्य की बात है कि नफ़रत और हिंसा के इस तनावपूर्ण माहौल में हम पहले वाले को भूल गए हैं। मुझे लगता है कि जेपी ने शत्रुतापूर्ण राष्ट्रवाद और उसके आसन्न ख़तरों पर जो कुछ कहा था, उसे पढ़ने का सबसे उपयुक्त समय भारत में यही है। इस संकलन को समाप्त करने के लिए राष्ट्रवाद पर जेपी के विचारों से उपयुक्त और कोई चीज़ नहीं है।

निष्कर्ष

राष्ट्रवाद और संस्कृति पर केन्द्रित इस संकलन का उद्देश्य एक ऐसे वक़्त में इस विषय पर किए गए महत्त्वपूर्ण लेखन को सामने लाना है जब राष्ट्रवाद का केवल एक राज्य प्रायोजित संस्करण प्रचारित किया जा रहा है और इससे किसी भी विचलन

को राष्ट्रविरोधी क़रार दिया जा रहा है। जैसा कि इस संकलन में चुने गए अंश दर्शाते हैं, राष्ट्रवाद का हमारा विचार उस महान मन्थन की उपज था जो उन्नीसवीं सदी के अन्त में शुरू हुआ और आज़ादी के संघर्ष के दौरान कई दशक तक जारी रहा। जैसे-जैसे यह मन्थन आगे बढ़ता गया हमारा राष्ट्रवाद एक समावेशी विचारधारा में विकसित होता गया, जो किसी धार्मिक, सांस्कृतिक, जातीय या भाषायी पहचान के इर्द-गिर्द कसा हुआ नहीं था। यहाँ तक कि द्विराष्ट्र के सिद्धान्त के आधार पर मुस्लिम लीग द्वारा उभारे गए इस्लामिक राष्ट्रवाद की छाया के बाद भी सभी धर्मों में बहुसंख्य भारतीय एक समावेशी भारत के प्रति ही संकल्पित रहे। इतने विविध और विशाल देश में राष्ट्र का एक विचार गढ़ना अत्यधिक जटिल काम है। भारत "एक राष्ट्र से कहीं ज़्यादा एक सभ्यता है। एक सभ्यता के भीतर कई राष्ट्र और कई विचार हो सकते हैं जो कभी-कभार विरोधाभासी भी होंगे फिर भी इन्हें समेटने में एक विशिष्ट पहचान ज़रूर होगी।" यह बात इस संकलन के विविध खंडों में साफ़ दिखाई देगी। राष्ट्रवाद के अलगाववादी संस्करण ज़रूर रहे हैं जो धर्म और संस्कृति पर केन्द्रित थे। यहाँ तक कि इन राष्ट्रवादों में धर्म को भी अलग-अलग तरीक़ों से बरता गया—कुछ ने उसका राजनीतिक इस्तेमाल किया जबकि दूसरों ने आध्यात्मिक और दार्शनिक। उनका लक्ष्य चाहे जो रहा हो, वे सभी अपनी प्रकृति में संकीर्ण थे और इसीलिए तमाम भारतीय इन राष्ट्रवादों के दायरे से बाहर धकेल दिए गए।

अपने विरोधाभासों के मामले में भारतीय राष्ट्रवाद अपने आप में विशिष्ट है और इतनी विविधिताओं के बावजूद एक सभ्यता के रूप में भारत हज़ारों वर्षों से बचा रहा है। जो कोई इसे कमज़ोरी मानता या भारत के वजूद के लिए ख़तरा मानता है, वे या तो इसकी ताक़त से अनजान हैं या फिर जान-बूझकर देश को कमज़ोर दिखाना चाह रहे हैं। हमारी सदियों पुरानी धार्मिक और सांस्कृतिक विविधता की क़ीमत पर वे एकरूपता को एक गुण मानते हैं। ख़ासकर दक्षिणपंथ ने पूरी बहस को बहुसंख्यकवाद और प्रतीकवाद तक लाकर समेट दिया है। इसने एक प्रभावशाली औज़ार का इस्तेमाल करके आबादी के कुछ तबक़ों को राजनीतिक रूप से एकजुट किया है और राष्ट्रवादी व राष्ट्रद्रोही के बीच के चुनाव तक सब कुछ सीमित करके व्यवस्थित विमर्श के लिए कोई जगह नहीं छोड़ी है। यह चालाक दुई उनके लिए कोई जगह नहीं छोड़ती जो इस ग़लत व्याख्या पर सवाल उठाना चाहते हैं। इस तरह राष्ट्रवाद के इर्द-गिर्द मुहावरेबाज़ी का यह खेल इस धारणा को फैलाने में कामयाब हो गया है कि उदार, जनतांत्रिक, सेकुलर राष्ट्रवाद असफल हो चुका है, कम-से-कम अभी तो ऐसा ही दिख रहा है।

इस संकलन का उद्‌देश्य आइडिया ऑफ़ इंडिया और राष्ट्रवाद के विकासक्रम को उन्नीसवीं सदी के अन्त से आगे की ओर पहचानना है। मुझे उम्मीद है कि यह

हमें मौजूदा अतिराष्ट्रवादी पक्ष की जड़ों को समझने में मदद देगा। यह संकलन इसमें शामिल कुछ अंशों के माध्यम से वर्तमान बीमारी की प्रारम्भिक चेतावनियों को भी प्रकाशित करेगा। हम जानते हैं कि इसमें से ज़्यादातर लेखन तक पहुँच मुश्किल है।

लेखों के इस संग्रह से एक बात साफ़ है कि राष्ट्रवाद सार्वभौमिक और एकायामी नहीं होता। हमारा स्वाधीनता संघर्ष और उसके महान सेनानी इसे आश्वस्तिकारी ढंग से साबित करते हैं। गांधीवादी राष्ट्रवाद भगत सिंह और सुभाषचन्द्र बोस के राष्ट्रवाद से भीषण रूप से असहमत था और नेहरू का राष्ट्रवाद इन धाराओं से एकदम अलहदा था। इनमें कोई एकरूपता नहीं थी, सिवाय एक समान लक्ष्य के। इनके बीच आलोचनात्मक बहसें होती थीं लेकिन ये एक-दूसरे के ऊपर राष्ट्रद्रोही होने का आरोप नहीं लगाते थे। गांधी, नेहरू, आंबेडकर, पटेल, आज़ाद और अन्य ने भारतीय राष्ट्रीयता के विचार को स्पष्टता के साथ रेखांकित करते हुए उसके चार स्तम्भों के रूप में जनतंत्र, बहुलतावाद, धर्मनिरपेक्षता और सामाजिक न्याय को स्थापित किया। इन बरसों में ये चारों खम्भे कमज़ोर हुए हैं और अब वे ढहने की कगार पर हैं। चुनाव में किसी एक की जीत और दूसरे की हार से यह नतीजा नहीं निकाल लेना चाहिए कि हमारे राष्ट्रवाद के असल मूल्य अप्रासंगिक हो गए हैं।

संकलन में दिए गए चयन सम्पूर्ण नहीं हैं। इसमें कई व्यक्ति और यहाँ तक कि वैचारिक धाराएँ भी छूट गई हैं। इसके बावजूद यह इस विषय पर ज़्यादा-से-ज़्यादा प्रतिनिधि स्वरों को समाहित करने का एक प्रयास है। मुझे उम्मीद है कि यह उन लोगों के मानस को प्रकाशित करने में मदद करेगा जो भारतीय राष्ट्रवाद और संस्कृति के संकीर्ण और सनकी संस्करण में फँसे हुए हैं। अब वक़्त प्रतीकों और नारों से आगे चलने का है। राष्ट्रवाद इससे कहीं ज़्यादा व्यापक चीज़ है।

अनुवाद : **अभिषेक श्रीवास्तव**

राष्ट्र और संस्कृति की प्रारम्भिक उदार दृष्टि

हमारा प्रारम्भिक उदार राष्ट्रवाद उन्नीसवीं सदी के अन्तिम वर्षों में उभरा। यह राष्ट्रवाद संवैधानिक सुधारों और सरकारी निकायों में भारतीयों का प्रतिनिधित्व बढ़ाने की माँगों में मौजूद था। यह नस्लवादी घृणा नहीं था, बल्कि यह भारत की समावेशी और बहुलतावादी सोच और कल्पना पर ज़ोर देता था।

इस उदार राष्ट्रवाद में सदियों पुरानी परम्पराओं और प्रथाओं में सुधार लाने का उत्साह भी शामिल था, जो कुछ सुधारकों की समझ में बेमेल और असंगत था। उन्होंने सामाजिक, सांस्कृतिक और धार्मिक मुद्दों को साथ लेते हुए एक भारतीय राष्ट्र को साकार करने का प्रयास किया। मिले-जुले राष्ट्रवाद के आरम्भिक एवं अविकसित विचार की तरफ़ इशारा करते हुए उन्होंने विभिन्न समुदायों वाले एक आधुनिक राष्ट्र की कल्पना की थी। सांस्कृतिक-वैचारिक संघर्ष, जिसका सुधारवादियों ने प्रतिनिधित्व किया, राष्ट्रीय चेतना के विकास के केन्द्र में था।

राष्ट्रवाद के इस दौर में पूरे भारत में सुधारवादियों की एक पूरी मंडली सामने आई, लेकिन महादेव गोविन्द रानाडे सबसे महत्त्वपूर्ण सुधारकों में से एक थे। उन्होंने कई संगठनों की स्थापना की जिनमें सबसे प्रसिद्ध प्रार्थना समाज रहा। रानाडे बाल गंगाधर तिलक की राजनीति का विरोध करनेवाले शुरुआती व्यक्ति रहे और गोपाल कृष्ण गोखले के राजनीतिक गुरु भी। वे पारम्परिक सामाजिक संरचना में सुधार के पक्षधर थे और इसीलिए वे राष्ट्रीय पुनर्निर्माण के प्रति आशावान थे। उन्होंने अपने सुधारवादी सोच के ज़रिये एक भारत की कल्पना की। यहाँ दिए गए अंश में, रानाडे ने हिन्दू धर्म में सुधार और उसके पुनरुत्थान के विचार को रखा है।

सुरेन्द्रनाथ बनर्जी हमारे सबसे प्रारम्भिक उदार राष्ट्रवादियों में से एक थे जिन्होंने इस संकलन की हमारी विषयवस्तु से सम्बन्धित मुद्दों पर जमकर लिखा और बोला। उन्होंने कुछ दिनों तक रिपन कॉलेज में अंग्रेज़ी विषय पढ़ाया, लेकिन जल्द ही सार्वजनिक जीवन की तरफ़ मुड़ गए। आनन्द मोहन बोस के साथ मिलकर बनर्जी ने इंडियन एसोसिएशन क़ी नींव रखी, जो सबसे प्रारम्भिक राजनीतिक संगठनों में से एक था, और समाचार-पत्र 'द बेंगाली' की स्थापना की। अधिक उग्र राष्ट्रवाद के उभार के साथ बनर्जी ने स्वयं को स्वतंत्रता संग्राम के हाशिये पर पाया। 1925 में उन्होंने एक बहुचर्चित पुस्तक 'ए नेशन इन द मेकिंग' लिखी, जिसमें उन्होंने अपनी शानदार ज़िन्दगी की स्मृतियों का विस्तार से वर्णन किया है। यहाँ 1888 में ढाका में दिए गए उनके भाषण के अंश शामिल हैं; ये अंश भारत, उसने इतिहास और राष्ट्रवाद के बारे में उनके विचारों को संक्षेप में प्रस्तुत करते हैं।

महादेव गोविन्द रानाडे

पुनरुत्थान या सुधार : एक नये राष्ट्र की कल्पना

...हमारे कुछ रूढ़िवादी मित्रों को ग़लती हममें ही दिखती है, इसलिए नहीं कि हम कुछ ख़ास सुधारों की बात करते हैं, बल्कि उनको ऐसा हमारे आचार-विचार के कारण लगता है। जहाँ नये धार्मिक सम्प्रदाय हमारी निन्दा करते हैं कि हम बहुत रूढ़िवादी हैं, वहीं अतिवादी रूढ़िवादी सम्प्रदाय हम पर अपने तौर-तरीक़ों में अति क्रान्तिकारी होने का आरोप लगाते हैं। इनके अनुसार हमारे प्रयास पुनरुत्थान की दिशा में होने चाहिए, और सुधार के लिए नहीं होने चाहिए। इस अति रूढ़िवादी शिविर में हमारे कई मित्र हैं, और उनका कहना है कि सुधार नहीं, बल्कि पुनरुत्थान ही हमारा नीति वाक्य होना चाहिए। वे पुराने दिनों की तरफ़ लौटने की वकालत करते हैं, वे पुरानी सत्ताओं, और पुराने प्रतिबन्धों के लिए अनुरोध करते हैं। यहाँ भी, उपरोक्त मामले की तरह, लोग अपने स्वयं के शब्दों की पूरी सार्थकता समझे बिना बोलते हैं। जब हमसे हमारी पुरानी संस्थाओं और प्रथाओं को पुनर्जीवित करने के लिए कहा जाता है, तब मुझे लोग इस बात को लेकर बहुत ही भ्रमित दिखते हैं कि वे किस चीज़ को पुनर्जीवित करना चाहते हैं। इतिहास की किस ख़ास अवधि को पुराना माना जाए, वेदों के काल को, स्मृतियों के काल को, पुराणों के काल को, या मुसलमानों के काल को या आधुनिक हिन्दू काल को? विकास की धीमी प्रक्रिया के द्वारा समय-समय पर हमारे व्यवहार बदलते रहे हैं, और आप सम्पूर्ण की निरन्तरता को बाधित किए बिना किसी ख़ास अवधि पर नहीं रुक सकते हैं। जब मेरा पुनरुत्थानवादी मित्र अपने तर्क को मेरे ऊपर थोपता है तो वह कुछ दाँव-पेंच का सहारा लेता है जो उसके अपने ही प्रश्न का कोई समाधान नहीं देता। हम क्या पुनर्जीवित करेंगे? क्या हम अपने लोगों की पुरानी आदतों को पुनर्जीवित करेंगे, जबकि हमारी सबसे पवित्र जातियाँ, जैसा कि हम आज उनको समझते हैं, मांसाहार और नशे जैसे हर तरह के घिनौने कार्यों में डूबी हुई हैं, और जिन्होंने देश के जीव-जन्तुओं और वनस्पतियों को समाप्त कर दिया है? उन पुराने दिनों के

मनुष्यों और देवताओं ने निषिद्ध वस्तुओं का कुछ इतना अधिक उपभोग किया है कि एक तरह से देखें तो अब कोई पुनरुत्थानवादी इनकी अनुशंसा नहीं कर पाएगा। क्या हम बारह प्रकार के पुत्रों और आठ प्रकार के विवाहों को पुनर्जीवित करेंगे, जिनमें उठाकर ले जाने और मान्यता-प्राप्त मिश्रित और अवैध सम्भोग शामिल है? क्या हम अपने भाइयों की पत्नियों के विधवा होने के बाद उनसे पुत्र पैदा करने की नियोग पद्धति को पुनर्जीवित करेंगे? क्या हम ऋषियों और ऋषियों की पत्नियों द्वारा वैवाहिक सम्बन्धों से सम्बन्धित पुरानी स्वतंत्र सुविधाओं को पुनर्जीवित करेंगे? क्या हम एक वर्षांत से दूसरे वर्षांत होनेवाले पशु बलि के महायज्ञों को पुनर्जीवित करेंगे, जिनमें ईश्वर को समर्पित की जानेवाली आश्वस्तिदायक वस्तुओं के रूप में मनुष्य तक को नहीं बख़्शा जाता था? क्या हम वाममार्गियों की शक्तिपूजा को उसकी लम्पटता और व्यभिचार के साथ पुनर्जीवित करेंगे? क्या हम सती और शिशु-हत्या की प्रथाओं, या ज़िन्दा पुरुषों को नदी में डूबोने और चट्टानों से फेंकने, पीठ में हुक धँसाकर झुलाने (हुक-स्विंगिंग), या जगन्नाथ के रथ के नीचे कुचलने को पुनर्जीवित करेंगे? क्या हम ब्राह्मणों और क्षत्रियों के बीच के आपसी युद्धों या आदिवासियों के उत्पीड़न और दुर्दशा को पुनर्जीवित करेंगे? क्या हम उस प्रथा को पुनर्जीवित करेंगे जिसमें कई पतियों की एक पत्नी या कई पत्नियों का एक पति होता है? क्या हम चाहेंगे कि हमारे ब्राह्मण ज़मींदार और भद्रलोक न रहें, और वे भिखारी बन जाएँ और राजाओं पर निर्भर रहें जैसा कि पुराने समय में होता रहा है? ये उदाहरण यह दर्शाने के लिए पर्याप्त हैं कि प्राचीन व्यवहारों और प्रथाओं का पुनरुत्थान करने की योजना हमारी मुक्ति के काम नहीं आएगी और यह व्यावहारिक भी नहीं है। यदि ये व्यवहार अच्छे और लाभकारी थे तो हमारे बुद्धिमान पूर्वजों द्वारा क्यों बदले गए? यदि वे बुरे और नुक़सानदेह थे तो इतने युगों बाद कोई क्यों उनकी पुनर्स्थापना के लिए पहल करने का दावा कर सकता है? इसके अलावा, लगता है कि लोग यह भूल गए हैं कि समाज की तरह ही, एक जीव में कोई पुनर्जीवन सम्भव नहीं है। जो एक बार मृत हो गया और दफ़ना दिया गया, वह सदा के लिए चला गया है, और इसलिए पुरानी सामग्री को नये व्यवस्थित अस्तित्व में पुनर्निर्मित करने के अलावा और किसी तरह से मृत अतीत को पुनर्जीवित नहीं किया जा सकता है।

यदि पुनर्जीवन असम्भव है तो समझदार लोगों के लिए पुनर्निर्माण ही एकमात्र विकल्प उपलब्ध है, और अब यह पूछा जा सकता है कि वह सिद्धान्त क्या है जिस पर पुनर्निर्माण को आधारित होना ही चाहिए। इस विषय के बारे में लोगों के विचार बहुत स्पष्ट नहीं हैं। कई लोगों को लगता है कि यह बाहरी रूप है जिसे बदलना है, और यदि यह बदलाव किया जा सके तो वे सोचते हैं कि हमारी राह की सारी कठिनाइयाँ दूर हो जाएँगी। यदि हम अपने बाहरी आचार-विचार और प्रथाओं को बदल देते हैं, अपने खान-पान और वस्त्रों को बदल देते हैं, एक ख़ास

तरीक़े से बैठते हैं, या एक ख़ास तरह से टहलते हैं तो उनके अनुसार हमारा काम सम्पन्न हो जाता है। मैं इसे नहीं मानता, बल्कि मैं मानता हूँ कि सुधारकों के विरोध में अधिकांश पूर्वग्रह इसी ग़लत समझ के कारण हैं। वास्तविक पुनर्निर्माण करने के लिए जिसे बदलना है वह, बाहरी रूप नहीं, बल्कि आन्तरिक रूप है। अब देखें कि वे आन्तरिक रूप या विचार क्या रहे हैं जिसने पिछले तीन हज़ार वर्षों के दौरान हमारे पतन को तेज़ किया है? इन विचारों को संक्षेप में अलगाव के रूप में, आन्तरिक चेतना की आवाज़ से अधिक बाहरी ताक़त या सत्ता के वश में हो जाने के रूप में, आनुवंशिकता और जन्म के कारण आदमी और आदमी के बीच कृत्रिम अन्तर की समझ रखने के रूप में, नियतिवाद से लगभग चिपके हुए पाप और ग़लत कार्यों के मामले में एक निष्क्रिय मौन स्वीकृति और धर्मनिरपेक्ष भलाई के प्रति आम उदासीनता के रूप में रखा जा सकता है। ये विचार हमारी सामाजिक व्यवस्था के मूल विचार रहे हैं। अपनी स्वाभाविक परिणति के अनुसार, ये विचार पारिवारिक व्यवस्थाओं के कारण हैं, जहाँ महिलाएँ पूरी तरह से पुरुष के अधीन हैं, निचली जातियाँ ऊँची जातियों के अधीन हैं। यह अधीनता इस हद तक है कि आदमी को मानवता के आधार पर मिलनेवाले उसके स्वाभाविक सम्मान से भी वंचित कर देती है। जिन बुराइयों से हम लड़ने की सोचते हैं, वे इन्हीं विचारों के प्रसार से जन्म लेती हैं...आजकल हर व्यक्ति की महत्त्वाकांक्षा सबसे लघु समुदाय, जिसकी कल्पना की जा सके, का सदस्य होकर गर्व करने की है, और जिनके साथ आप खान-पान करते हैं या वैवाहिक सम्बन्ध बनाते हैं या मिलकर काम करते हैं, उनकी संख्या जितनी कम हो, उतनी ही अधिक शुद्धता और पूर्णता आपको मिलती है। सबसे शुद्ध व्यक्ति वह है जो अपना भोजन स्वयं बनाता है, और अपने द्वारा पकाये गए भोजन पर अपने निकटतम मित्र का साया भी पड़ने नहीं देता है। इस तरह व्यावहारिक जीवन में हर जाति और हर सम्प्रदाय में अपने को और अधिक छोटी जातियों और छोटे सम्प्रदायों में विभाजित करने का एक रुझान होता है। यहाँ तक कि दर्शनशास्त्र में भी, यह एक मान्य कहावत है कि ज्ञान और मुक्ति केवल कुछ गूढ़ लोगों के लिए ही सम्भव है, और केवल उनके पास ही सही बुद्धिमत्ता और शक्ति है, और शेष मानवजाति को केवल तथाकथित धर्म के रंग में रँगकर, अन्धविश्वास और बुराइयों में लिथड़ने के लिए छोड़ देना चाहिए।

अब इन सबको बदल ही देना चाहिए। जैसा कि ऊपर बताया गया है, विचारों के एक नये साँचे को भाईचारे, या आकर्षित करनेवाली हर तरह की व्यापकता और समाज में एकजुटता के साथ गढ़ना चाहिए। अगर आप कर पाएँ तो धीरे-धीरे और सतर्कता के साथ अपने मित्रों और सहयोगियों के दायरे को बढ़ाएँ, लेकिन इच्छा ऐसी हो जो हमें आदमी और आदमी के बीच सहज समानता की आम स्वीकृति की तरफ़ मुख़ातिब कर दे। इससे सहानुभूति और शक्ति मिलेगी। यह आपके मानस को

इस अर्थ में मज़बूती प्रदान करेगा कि लोग आपके साथ खड़े होंगे, आपके विरोध में नहीं, या आपके नीचे नहीं, जैसा कि आप मूर्खतापूर्ण तरीक़े से कल्पना करते हैं। हमारी असहायता की जड़ में मौजूद रहनेवाला अगला विचार यह है कि हम हमेशा बच्चे बने रहना चाहते थे, जिनको बाहर से नियंत्रित किया जाए, और हम अपनी चेतना और अपनी तर्कबुद्धि को अपने आचरण का एकमात्र दिशा-निर्देशक बनाते हुए, कभी आत्मनियंत्रण की गरिमा तक नहीं उठ पाये। अतीत का हमारा सारा इतिहास इस ग़लत धारणा के कारण हुए सर्वनाश का गवाह बन चुका है। नि:सन्देह हम बच्चे हैं, लेकिन हम ईश्वर के बच्चे हैं, और मनुष्य के बच्चे नहीं हैं, और ईश्वर की वाणी हमारे अन्दर है, और यही एकमात्र वाणी है जिसे सुनने के लिए हम बाध्य हैं...

...मुझे लगता है कि जिसका हमें पुनर्निर्माण करना है, उसके बारे में आपके चिन्तनशील मानस को समझाने के लिए मैंने पर्याप्त रूप से समझा दिया है। सभी मानते हैं कि हम विकृत और विरूपित हो चुके हैं। हम अपनी महानता खो चुके हैं, हम सैकड़ों जगहों पर झुके हैं, हमारी आँखें निषिद्ध चीज़ों का पीछा करती रहती हैं, हमारे कान अपने पड़ोसियों के बारे में स्कैंडल सुनने को आतुर रहते हैं, हमारी जीभ निषिद्ध फल को चखना चाहती है, दूसरे मनुष्य की सम्पत्ति को लेकर हमारे हाथों में खुजली होती रहती है, हमारा पेट अपाच्य खान-पान के कारण बिगड़ चुका है। यही हमारी वर्तमान सामाजिक राजनीति है, और अब हम इस विरूपता को हटाना चाहते हैं, और इसे हटाने का एकमात्र रास्ता है कि हम स्वयं को बेहतर विचारों, जैसे वे विचार जिनके बारे में मैंने ऊपर बताया है, और रूपों के अनुशासन के अन्तर्गत रखें। तो यही एक सुधारक का काम है...जैसा कि मैंने पहले कहा है, पुनरुत्थान, उतना ही असम्भव है, जितना असम्भव व्यापक जनता का अन्य विश्वासों में रूपान्तरण करना है...

अनुवाद : **श्रीप्रकाश**

सुरेन्द्रनाथ बनर्जी

हम सभी भाई-भाई हैं

मैं यह मानने से इनकार करता हूँ कि इस विशाल महादेश में रहनेवाली और साथ मिलकर भारतीय राष्ट्र बनानेवाली दो महान नस्लों के बीच चाहे जो भी हो, कोई वैर-भाव है। मैं अपने देशवासियों के इस शानदार सम्मेलन से अपील करूँगा और मैं सर सय्यद अहमद ख़ान से भी अपील करूँगा! इस मामले में वह मेरे गुरु हैं। सर सय्यद अहमद ख़ान अपनी अर्थपूर्ण भाषा में जो कहते हैं, वह दुखद है क्योंकि उनका यह वर्तमान नज़रिया उनके जीवन-भर की शिक्षाओं के विरोध में खड़ा है। भारत के इस सम्मानित व्यक्ति के शब्दों में भारत दो आँखों वाली एक सुन्दर लड़की की तरह है। उसकी एक आँख हिन्दुओं का प्रतिनिधित्व करती है तो दूसरी आँख मुस्लिम समुदाय का प्रतिनिधित्व करती है। क्या हम—हिन्दू और मुसलमान—जो उसकी सन्तानें हैं, उसको एक सही दृष्टि देने से इनकार करते हैं? क्या उसे केवल एक ही आँख का उपयोग करना है, जबकि उसके पास दोनों आँखें मौजूद हैं? नहीं, भारत की तरक़्क़ी का मतलब एक समुदाय की तरक़्क़ी, शेष समुदाय को छोड़कर करना नहीं है। इसका अर्थ हिन्दुओं और मुसलमानों की एक समान तरक़्क़ी है जो सद्भाव और मित्रता के घनिष्ठ सम्बन्धों के कारण एक-दूसरे से बँधे हुए हैं, और जिनकी नज़र में उनके एक कॉमन देश के हितों की तरक़्क़ी है। हमारा सम्बन्ध बीते वर्षों की प्रगति के कारण नहीं है। हमारे पीछे 800 वर्षों का सद्भाव और मेलजोल है। दुनिया के इतिहास में ऐसा कोई अभिलेख नहीं मिलता जो बताए कि अपनी प्रजा के हितों के लिए अकबर से अधिक बुद्धिमान, परोपकारी और समर्पित राजा कोई और रहा हो। आइए, मुगल इतिहास से सम्बन्धित एक अलिखित अध्याय पर नज़र डालते हैं। राजगद्दी पर स्वयं को स्थापित कर लेने के बाद अकबर ने राजपूताने के एक राज परिवार की बेटी से विवाह करने का प्रस्ताव भेजा। प्रस्ताव अनोखा था, लेकिन दिल्ली के शहंशाह की तरफ़ से आया था, इसलिए राजपूत राजाओं के पास इस पर गम्भीरता से विचार करने के अलावा और कोई विकल्प

नहीं था। काफ़ी विचार-विमर्श के बाद उन्होंने प्रस्ताव स्वीकार कर लेने का निर्णय लिया, लेकिन इसके साथ उन्होंने कुछ शर्तें भी लगा दीं, जिनको लेकर उनका पूरा विश्वास था कि वे तिरस्कार के साथ ठुकरा दी जाएँगी। वे मुस्लिम राजा के साथ इस असामान्य वैवाहिक सम्बन्ध के लिए निम्नलिखित शर्तों के साथ तैयार थे : (1) विवाह से पैदा हुई सन्तान प्रत्यक्ष उत्तराधिकारी होनी चाहिए, और (2) उस सन्तान की सुन्नत नहीं होना चाहिए (जहाँगीर, शाहजहाँ और दारा शिकोह की सुन्नत नहीं हुई थी) और अन्तिम शर्त थी कि मुग़लों को सिर पर पहननेवाला ख़ास क़िस्म का वस्त्र, जिससे हिन्दुओं को एतराज़ था, छोड़ना होगा। तो वैवाहिक सम्बन्ध बनाने के लिए कुछ ऐसी शर्तें थीं, और अकबर ने इन शर्तों को बेहिचक मान लिया, और इस तरह से अकबर ने हिन्दू और मुसलमान हितों की पूरी एकता की राह बनाई, जो उनके शासन की सर्वोच्च कीर्ति बन गई, क्योंकि इसने उनके राज को स्थिरता प्रदान करने में मदद की। इस तरह भलाई और परोपकारिता के आधार पर मुग़ल साम्राज्य की आलीशान इमारत खड़ी हुई जो 800 वर्षों तक और टिकी रही, और अगर औरंगज़ेब की कट्टरता नहीं होती, वह अगले 800 वर्षों तक टिकी रहती। राजा मान सिंह ने मुग़लों के मोर्चे को उत्तर-पश्चिम में अफ़ग़ानिस्तान के सीमान्तों, पूर्व में असम के वनाच्छादित प्रदेशों और दक्षिण में उड़ीसा के जंगलों तक फैला दिया। राजा मान सिंह को, जो जन्म से हिन्दू थे, उनके मुस्लिम राजा ने मुसलमान प्रजा पर शासन करने की अनुमति दे दी थी। एक अन्य हिन्दू राजा टोडरमल ने साम्राज्य या एक तरह के वित्तीय आधार को संगठित किया, जबकि बीरबल अकबर के अन्तिम दिनों तक प्रिय सहचर बने रहे। अकबर की नीति मुग़ल साम्राज्य और उसकी मुसलमान प्रजा की नीति बन गई। मुसलमानों ने हिन्दुओं से प्रेम किया और उन पर भरोसा जताया, और हिन्दुओं ने भी अपनी दयालुता को उत्साहपूर्वक कृतज्ञता के साथ प्रदर्शित किया। मुग़ल साम्राज्य धूल-धूसरित हो गया। मुस्लिम प्रभुता भारत से हमेशा के लिए चली गई। लेकिन हिन्दुओं और मुसलमानों के बीच का सौहार्द साम्राज्य के तहस-नहस होने के बाद और एक महान और शाही शासन के पतन के बाद भी बचा रह गया। सही ही कहा गया है कि राष्ट्र व्यापार और वाणिज्य के व्यस्त केन्द्रों और बड़े शहरों से दूर अन्दर के अंचलों में निवास करता है। यदि ऐसा है तो मैं आपसे बंगाल के गाँवों के हिन्दुओं और मुसलमानों के बीच के सम्बन्धों पर ध्यान देने के लिए कहूँगा। घरेलू सम्बन्धों की पसन्दीदा शर्तें मुक्त भाव से आपस में बदलती जाती थीं। हिन्दू मुसलमानों के लिए भाई, चाचा जैसे शब्द प्रयोग करते थे और मुसलमान हिन्दुओं के लिए। फिर भी, इन तथ्यों के बावजूद, सारे स्पष्ट विरोधाभासी साक्ष्यों के बावजूद हमें बताया जाता है कि इन दो समुदायों के बीच रिश्ते सन्तोषजनक स्थिति से बहुत दूर हैं, और उनके बीच अलगाव की बढ़ती हुई भावना व्याप्त है। लेकिन ऐसी कोई बात नहीं है। हम भाई-भाई हैं जो ऐसे घनिष्ठ

सम्बन्धों से बँधे हुए हैं जो आदमी को आदमी से जोड़ते हैं, और किसी आदमी को वह रिश्ता तोड़ने न दें जिसे प्रकृति ने अपने हाथों से मज़बूती प्रदान की है...

...आइए, हम केवल शब्दों को लेकर न लड़ें। जो बीत गया उसे बीत जाने दें। मैं आपसे भूल जाने और क्षमा कर देने के लिए कहूँगा। हिन्दुओ और मुसलमानो! हम भाई-भाई हैं, और भाइयों में जैसे कभी-कभी झगड़े हो जाते हैं, और वे हमेशा परिवार के बड़े हितों के लिए अपने झगड़ों का निपटारा भी कर लेते हैं। मैं आप हिन्दुओं और मुसलमानों से कहता हूँ कि आप अपने एक कॉमन देश के नाम पर और उसके बहुमूल्य हितों के प्रसार के लिए अपनी ईर्ष्याओं और अपने छोटे-छोटे मतभेदों को भुला दें।

अनुवाद : **श्रीप्रकाश**

धर्म-केन्द्रित राष्ट्रवाद

उन्नीसवीं सदी का उत्तरार्द्ध और बीसवीं सदी का पूर्वार्द्ध राष्ट्रवाद की व्याख्या हेतु धर्म और संस्कृति के महत्त्वपूर्ण उपकरण के रूप में उद्भव का गवाह है। धार्मिक और ऐतिहासिक चरित्रों का इस्तेमाल राजनीतिक गोलबन्दी के लिए किया गया। इस प्रकार के राष्ट्रवाद के कारण भारतीयों का एक बड़ा तबक़ा उपेक्षित महसूस कर रहा था। यह राष्ट्रवाद कुछ पुनरुत्थानवादी प्रवृत्तियों से भी निकटता से जुड़ा हुआ था, जहाँ भारत की परिकल्पना में धर्म ने केन्द्रीय स्थान हासिल कर लिया था। यह हिन्दू धार्मिक प्रतीकों के साथ-साथ इतिहास के पाठ में भी परिलक्षित हुआ। मुस्लिमों के बीच भी ऐसे ही रुझान थे, जो इस्लामी राष्ट्रवाद के रूप में आरम्भ हुए, लेकिन जिनका अन्त द्विराष्ट्रवाद के सिद्धान्त के आधार पर राष्ट्र के विभाजन के रूप में हुआ।

यह महत्त्वपूर्ण खंड हमारे सबसे प्रतिष्ठित राष्ट्रवादियों में से एक, बाल गंगाधर तिलक से आरम्भ होता है जिनकी प्रसिद्ध उक्ति है—'स्वराज्य मेरा जन्मसिद्ध अधिकार है और मैं उसे लेकर रहूँगा' उन्होंने दक्कन कॉलेज से पढ़ाई की जहाँ मराठी, संस्कृत और अंग्रेज़ी का एक मज़बूत आधार बना। अपने मित्र गोपाल गणेश अगरकर के साथ तिलक ने 1884 में दक्कन एजुकेशन सोसायटी बनाई लेकिन राजनीति में और अधिक प्रत्यक्ष भागीदारी के लिए जल्दी ही इसे छोड़ दिया। वह महिलाओं की शिक्षा के सम्बन्ध में अगरकर के अधिक प्रगतिशील विचारों से असहमत थे और महिलाओं को मुख्यत: गृहिणी के रूप में ही देखते थे। तिलक का आरम्भिक मुख्य कार्य वेदों की प्राचीनता को स्थापित करना और यह सिद्ध करना था कि जब बाक़ी दुनिया, ख़ासतौर पर योरोपीय अभी बर्बर ही थे, भारतीय सभ्य हो चुके थे। उनके राजनैतिक-सामाजिक जीवन के आरम्भिक दौर का अधिकतर हिस्सा हिन्दूवाद और यहाँ तक कि जातिवादी व्यवहारों के आक्रामक बचाव में सुधारवादियों के ख़िलाफ़ बहस-मुबाहिसे में गुज़रा।

राष्ट्रवाद के अगले महत्त्वपूर्ण स्तम्भ हैं लाला लाजपत राय। अपने आरम्भिक जीवन में ही वह ब्रह्म समाज के प्रभाव में आ गए लेकिन वहाँ बहुत समय तक नहीं रुके। गवर्नमेंट कॉलेज, लाहौर में उनकी दो उत्साही आर्यसमाजियों, पंडित गुरु दत्त विद्यार्थी और लाला हंसराज से दोस्ती हो गई, जिन्होंने बाद में उनके जीवन को काफ़ी निर्णायक रूप से प्रभावित किया। लाजपत राय ने अपने रूपान्तरण के बारे में लिखा है, 'उस साल (1882) के आरम्भ में स्वर्गीय पंडित से मेरी दोस्ती निकटता में बदल गई। एक परिणाम यह था कि मेरा दृष्टिकोण राष्ट्रवादी होने लगा। उस आत्मा में, जिसे बचपन में इस्लाम सिखाया गया था और जिसके बालिग़ होने की

शुरुआत ब्रह्म समाज में शरण ढूँढ़ने में हुई थी, अब गुरु दत्त और हंसराज की संगत में प्राचीन हिन्दू संस्कृति के प्रति प्रेम विकसित होने लगा।' लाजपत राय द्वारा राष्ट्रवाद का सूत्रीकरण उनके जीवन के काफ़ी आरम्भिक दौर में हुए इस परिवर्तन के रंग में रँगा था।

बिपिन चन्द्र पाल लाल-बाल-पाल की इस तिकड़ी के तीसरे सदस्य थे। वह एक आक्रामक राष्ट्रवाद के प्रणेता थे और क्रान्तिकारी समूहों से जुड़े थे। पाल पूर्ण स्वराज्य तथा स्वदेशी के साथ-साथ विदेशी वस्तुओं के बहिष्कार के समर्थक थे। हिन्दू राष्ट्रवाद की उनकी व्याख्या अधिक दार्शनिक थी जो इस खंड में शामिल किए गए दो उद्धरणों से स्पष्ट रूप से सामने आती है। अरबिन्दो ने उन्हें 'राष्ट्रवाद के सबसे शक्तिशाली पैगम्बरों' में से एक कहा था।

अरबिन्दो घोष ख़ुद भी इस काल के एक महत्त्वपूर्ण व्यक्ति थे और उन्होंने राष्ट्रवाद तथा धर्म की भूमिका पर विस्तार से लिखा और कहा। उनके पिता पूरी तरह से अंग्रेज़ीदाँ चिकित्सक थे जिन्होंने अरबिन्दो और उनके दो भाइयों को मिशनरी स्कूलों में पढ़ने भेजा। बाद में अरबिन्दो उच्च शिक्षा के लिए लन्दन गए। वह बड़ौदा के महाराजा के प्रशासन में काम करने के लिए 1893 में भारत लौटे लेकिन जल्द ही राजनीति में रुचि लेने लगे। उन्होंने कोलकाता में अंग्रेज़ों के ख़िलाफ़ क्रान्तिकारी संघर्ष शुरू करने के लिए गोपनीय सभाएँ स्थापित कीं। 1905 के बाद अरबिन्दो घोष ने योग करना आरम्भ कर दिया और आध्यात्मिक हिन्दूवाद में गहरी रुचि लेने लगे। उनका राष्ट्रवाद आध्यात्मिक हिन्दूवाद की ओर झुका है जैसा कि इस संकलन में शामिल उनके लेखों से प्रतिबिम्बित होता है।

मौलाना हुसैन अहमद मदनी इस बात पर ज़ोर देते हुए कि इस्लाम क्षेत्रीय राष्ट्रवाद के विचार के साथ सुसंगत है, राष्ट्रवाद की बहस में मिले-जुले प्रणेता के रूप में शामिल हुए। मदनी ने 18 वर्ष मदीना में अरबी व्याकरण और अन्य इस्लामी विज्ञान पढ़ाते हुए बिताए। उन्हें आज़ादी की लड़ाई में उनके गुरु मौलाना महमूद हसन लाए जो राजनीति और भारतीय राष्ट्रीय कांग्रेस की राष्ट्रवादी विचारधारा के प्रति समर्पित थे। मदनी का मानना था कि राष्ट्रों और राष्ट्रवाद को धर्म या नस्लीयता की नहीं, एक वतन की ज़रूरत है। वह मिले-जुले राष्ट्रवाद के प्रति समर्पित रहे और मुस्लिम लीग के द्विराष्ट्र सिद्धान्त के मुख़ालिफ़ रहे।

मदनी के मिले-जुले राष्ट्रवाद के विचार को सर मुहम्मद इक़बाल ने प्रश्नांकित किया, जिसके परिणामस्वरूप उन दोनों के बीच एक अविरत बहस शुरू हुई। इक़बाल को पाकिस्तान के विचार के प्रवर्तक के रूप में जाना जाता

है। इसलिए पाकिस्तान में उन्हें इस्लामी राष्ट्र के महान राजनैतिक विचारक के रूप में सम्मान मिलता है। हालाँकि भारत में 'सारे जहाँ से अच्छा' के साथ इक़बाल मिले-जुले राष्ट्रवाद के सर्वश्रेष्ठ प्रतीक हैं और ऐसे व्यक्ति के रूप में जाने जाते हैं जिसने इस्लाम में क्षेत्रीय राष्ट्रवाद के मूल आधार को प्रश्नांकित किया। इक़बाल ने बड़े प्रभावशाली ढंग से राष्ट्रवाद के विचार को ही एक पश्चिमी अवधारणा बताया जिसे इस्लाम में कोई स्वीकृति नहीं मिली है। इक़बाल को पढ़ते हुए उनके राजनैतिक दर्शन की अस्पष्टताओं के प्रति हमें सचेत रहने की आवश्यकता है।

बाल गंगाधर तिलक

एक हिन्दू राष्ट्र की तलाश में

वैदिक काल में भारत एक आत्मनिर्भर देश था। यह एक महान राष्ट्र के रूप में संगठित था। वह एकता ग़ायब हो गई जिसकी वजह से हमारा अधोपतन हुआ और यह नेताओं का कर्तव्य है कि उस एकता को पुनर्जीवित करें। इस स्थान का एक हिन्दू उतना ही हिन्दू है जितना मद्रास या बम्बई का। सम्भव है आप अलग वेश पहनते हों, अलग भाषा बोलते हों, लेकिन आपको याद रखना चाहिए कि वह आन्तरिक भावना जो आप सबको संचालित करती है वह समान है। गीता, रामायण और महाभारत का अध्ययन पूरे देश में समान विचार उत्पन्न करता है। क्या वेदों, गीता और रामायण के प्रति समान सम्बद्धता हमारी साझा विरासत नहीं है? अगर हम विभिन्न पंथों में जो छोटे-मोटे अन्तर हैं उन्हें भूलकर इस पर ज़ोर देंगे तो ईश्वर के सम्पूर्ण आशीर्वाद से हम विभिन्न पंथों को एक शक्तिशाली हिन्दू राष्ट्र में संगठित करने में सक्षम होंगे। यह प्रत्येक हिन्दू की महत्त्वाकांक्षा होनी चाहिए। अगर आप एकता के लिए ऐसे काम करें तो आप पाएँगे कि कुछ ही वर्षों में पूरे देश में सभी लोगों को एक भाव और एक विचार प्रेरित तथा प्रभावित करेगा। यह वह काम है जो हमें करना होगा। हमारे धर्म की वर्तमान स्थिति वह नहीं है जो कि वांछनीय है। हम अपने आपको विभाजित महसूस करते हैं और एकता का वह भाव जो प्राचीन काल में हमारी प्रगति के मूल में था, जा चुका है। यह निश्चित रूप से एक दुर्भाग्यपूर्ण स्थिति है कि हमारे बीच इतने खंड और उप-खंड हैं। यह भारत धर्म महामंडल जैसी संस्थाओं का कर्तव्य है कि उस खोई हुई तथा भुला दी गई एकता को पुनर्स्थापित करने के लिए काम करें। एकता के अभाव में भारत दुनिया के राष्ट्रों के बीच अपने स्थान का दावा नहीं कर पाएगा।

हमारे पास भव्य और अविनाशी प्रतिज्ञा है। श्रीकृष्ण ने गीता में कहा है कि जब भी धर्म का क्षय होता है वह इसकी पुनर्स्थापना करने धरती पर आते हैं। जब एकता के अभाव के कारण यहाँ क्षय होता है, जब अच्छे व्यक्तियों को सताया

जाता है तो श्रीकृष्ण हमारी रक्षा करने के लिए धरती पर आते हैं। धरती पर हिन्दू धर्म के अलावा कोई ऐसा धर्म नहीं है जहाँ हमें ऐसी आशा से भरी प्रतिज्ञा मिलती हो, एक प्रतिज्ञा कि जितनी बार आवश्यक होगा ईश्वर धरती पर आएँगे। मोहम्मद के बाद किसी पैग़म्बर की प्रतिज्ञा नहीं है और ईसा मसीह सिर्फ़ एक बार के लिए आए। किसी धर्म की आशा से भरी ऐसी प्रतिज्ञा नहीं है। यह वह कारण है जिसकी वजह से हिन्दू धर्म कभी ख़त्म नहीं होता। हम कभी नाउम्मीद नहीं होते। नास्तिकों को जो कहना है कहने दीजिए, एक वक़्त आएगा जब हमारे धार्मिक विचार और हमारे अधिकार सही साबित होंगे। हर व्यक्ति अपनी ओर से सर्वश्रेष्ठ कर रहा है और चूँकि यह संस्था अपना सर्वश्रेष्ठ कार्य कर रही है इसे अपने लक्ष्य तक ले जाने के लिए हर हिन्दू का स्वागत है। अगर हमें ऐसे पुरुष नहीं मिलते जो आगे आएँ तो हमें उम्मीद करनी चाहिए कि अगली पीढ़ी में वे ऐसा नहीं करेंगे। हम कभी नाउम्मीद नहीं होते, कोई दूसरा धर्म हमसे प्राचीन नहीं है और श्रीकृष्ण के पवित्र वचन के साथ हमारा धर्म सत्य पर आधारित है और सत्य कभी नहीं मरता।

पुनरुत्थानवाद और राष्ट्रीयता

कुछ दिनों पहले 'टाइम्स ऑफ़ इंडिया' में 'हिन्दू राष्ट्रवाद के चरण' शीर्षक से एक लेख प्रकाशित हुआ। यह स्पष्ट है कि यह उन लोगों में से एक द्वारा लिखा गया है जिनका दिमाग़ आक्रामक सामाजिक सुधारों से ओत-प्रोत है और इसलिए यह बताने की कोशिश की गई है कि प्रतिक्रिया और पुनरुत्थानवाद की एक लहर इस देश के लोगों के बीच चल रही है जो धीमी गति से विकसित हो रहे राष्ट्रवाद के विचार को नुक़सान पहुँचा सकती है। यह भय प्रकट किया गया था कि यदि पुनरुत्थानवाद को अपनी वर्तमान गति से विकसित होने दिया गया तो भारत में विभिन्न उप-राष्ट्रीयताओं के बीच की मौजूदा दरार और गहरी होगी, देश की राजनैतिक स्थिति की उन्नति के लिए संयुक्त कार्यवाही का उद्देश्य बाधित होगा। हम यह स्वीकार करते हैं कि हम ऐसा कुछ नहीं करना चाहते हैं जो हमारे राजनैतिक आदर्श की सफलता की सम्भावनाओं को तनिक भी नुक़सान पहुँचाए; लेकिन ठीक उसी समय हमें यह भी घोषित करना चाहिए कि पुनरुत्थानवाद हमारे मस्तिष्क पर वैसी निराशाजनक छाया नहीं डालता जिसने, ऐसा लगता है कि टाइम्स के लेखक की दृष्टि को धुँधला कर दिया है। हम पुनरुत्थानवाद के विरुद्ध जो तर्क दिया गया है उसे पूरी तरह समझते हैं, लेकिन ऐसा लगता है कि पुनरुत्थानवाद को उसके सामाजिक प्रभाव के सन्दर्भ में ग़लत समझा गया है। पुनरुत्थानवाद और सुधार के बीच तब से संघर्ष चल रहा है

जब हमारी सोशल कॉन्फ्रेंस हुई, लेकिन इस झगड़े का अधिकतर हिस्सा एक रेडिकल ग़लतफ़हमी के कारण ऊर्जा की बर्बादी को प्रदर्शित करता है। दुर्भाग्य से, ऐसा प्रतीत होता है कि यह मान लिया गया है कि पुनरुत्थानवाद का उद्‌देश्य, यहाँ तक कि हमारे मौजूदा वातावरण में भी एक ऐसे स्वर्ण युग की एकदम हूबहू प्रतिकृति पैदा करना है, जिसे एकदम सटीक तरीक़े से लोकेट किया जा सके। लेकिन इस तरह की मान्यता से पुनरुत्थानवाद के सिद्धान्त के प्रति किए गए अन्याय की तुलना समाज सुधारकों के प्रति कुछ व्यक्तियों द्वारा किए गए समान अन्याय से की जा सकती है जहाँ उन्हें एक वर्ग के रूप में एक ऐसी सामाजिक व्यवस्था के प्रति आसक्त दिखाया जाता है जो इतिहास के सभी पड़ावों से पूरी तरह कटी हुई होगी और जिसमें सामाजिक समस्याओं का निदान ठीक वैसे ही किया जा सकेगा जैसे वे किसी प्रयोगशाला के प्रयोग के नमूने हों। बहरहाल, दोनों ही विचार वस्तुतः सही नहीं हैं। अगर यह सही है, जैसा कि स्वर्गीय श्री रानाडे ने कहा कि एक समाज सुधारक के पास लिखने के लिए ख़ाली स्लेट नहीं होती, आपका स्वप्नदर्शी लगता हुआ पुनरुत्थानवादी कभी समाज को अपने सपनों के स्वर्णयुग में ले जाने की कभी उम्मीद नहीं कर सकता।

शायद पुनरुत्थान का अर्थ है, हमारे उन धार्मिक रीति-रिवाजों और संस्थाओं को पुनर्जीवित करना जो कभी अस्तित्व में थे और एक प्रतिबद्धता कि उनके पुनरारम्भ की उपयोगिता को हमारे समक्ष सफलतापूर्वक सिद्ध किया गया है। शायद, एक धार्मिक दृष्टिकोण से इनमें से कुछ परम्पराओं और संस्थाओं की ख़ूबियों पर मतभिन्नता हो सकती है। लेकिन हमारी देशभक्ति की अपील के तहत उन पर हमला करने का प्रयास घृणित है। पहली बात यह कि किसी भी धर्म की सर्वश्रेष्ठ परम्पराएँ असहिष्णुता से सम्बद्ध नहीं हैं और किसी भी धर्म के अनुयायियों द्वारा उन्हें पुनर्जीवित करने का प्रयास अन्य धर्मों के अनुयायियों को रुष्ट नहीं कर सकता है। आर्य समाजी, जिन्होंने बलिदान प्रणाली पर अपने धार्मिक सुधार को आधारित करके पुनरुत्थानवाद में सबसे निर्णायक पहल की है, ग़लत हो भी सकते हैं और नहीं भी। लेकिन यह तय है कि यह मुसलमानों के लिए नाराज़गी का कारण नहीं हो सकता, जिनका अपनी सर्वश्रेष्ठ धार्मिक परम्पराओं की पुनर्स्थापना का प्रयास भी राजनीति पर उतना ही अहानिकर प्रभाव डालेगा। हम शायद हिन्दुओं के बीच उपजातियों के एक संघ की वकालत की भावना को समझ सकते हैं। लेकिन जब न तो हिन्दू और न ही मुसलमान अपने धर्म बदलना चाहते हैं या यहाँ तक कि कोई तीसरा धर्म भी स्वीकार नहीं करना चाहते हैं तो हम यह नहीं समझ पाते कि क्यों उनमें से किसी का भी अपने धर्म की वैयक्तिकता का दावा या उस पर ज़ोर देना दूसरे को कुपित करेगा? फिर यह आसानी से देखा जा सकता है कि एक विदेशी सरकार के अधीन हमारे साझा कष्टों और अशक्तताओं के बन्धन इतने मज़बूत हैं कि उन पर हमारे अलग धर्मों के होने का कोई प्रभाव नहीं पड़ता। लेकिन भारत में सभी धर्मों और जातियों का एक

सम्मिश्रण उतना ही ग़ैरज़रूरी है जितना कि असम्भव। यह केवल तभी हो सकता है जब राजनैतिक विशेषाधिकार धर्म पर आधारित होते। लेकिन यह तय है कि ब्रिटिश सरकार भारत में मुट्ठी भर ईसाइयों के हाथ में देश का राजनैतिक अधिकार देने की नहीं सोच सकती, और हिन्दूवाद उनके लिए उतना ही पराया है जितना इस्लाम। धार्मिक मामलों में ब्रिटिश सरकार की तटस्थता स्पष्ट है और यह चिरस्थायी रहेगी। हिन्दू और मुसलमान उनकी अधीनता और अराष्ट्रीयकरण की दृष्टि से एक समान रूप से शासित होते हैं और होते रहेंगे; और राजनैतिक सत्ता और प्रगति की भूख को हमेशा ख़ुद को इतना सर्वसमावेशी होना होगा कि अपनी निजी वैयक्तिकता को बनाए रखने की इच्छा रखनेवाले हिन्दुओं और मुसलमानों के झगड़ों के लिए उसमें कोई जगह न बचे। समाज की एक इकाई द्वारा अपनी वैयक्तिकता का दावा कभी भी समाज की दूसरी इकाई के असन्तोष के लिए तार्किक आधार नहीं हो सकता। लेकिन अगर यह मान भी लिया जाए कि भारत के विभिन्न लोगों में अतार्किक होने की क्षमता है, लेकिन उनके पास अब इसके लिए आवश्यक अवकाश नहीं है। चूँकि अंग्रेज़ी शासन के आने के पहले हिन्दू और मुसलमानों ने आपस में झगड़े किए इसलिए वे फिर से ऐसे झगड़े कर सकते हैं अगर किसी ईश्वरीय कृपा से वे फिर से दो स्वतंत्र राजनैतिक इकाइयाँ बन जाएँ। लेकिन तब तक नहीं। इस बीच, हिन्दुओं और मुसलमानों में जो सबसे अधिक विचारशील लोग हैं इस तथ्य को पूरी तरह स्वीकारते हैं कि यदि वे अपने राजनैतिक आदर्शों को हासिल करना चाहते हैं तो उन्हें पुनर्जीवन का अनुगमिक नियम अपनाना पड़ेगा, यानी विशिष्ट से सामान्य की ओर चलना। इसे हमेशा दिमाग़ में रखना होगा कि दुनिया में कहीं भी राजनीति ने धर्म पर आधिपत्य हासिल नहीं किया है न उसे निर्दिष्ट किया है। यह तथ्य कि कई धार्मिक राष्ट्रीयताएँ एक राजनैतिक नेतृत्व के तहत लाई गई हैं, जैसा कि भारत के मामले में है, केवल एक संयोग है, और यह केवल उनकी संकुचित सोच की पराकाष्ठा है जो यह सुझाव देते हैं कि पुनर्जीवन और अवयवों को सुधारने की अनुगमिक प्रविधि को उस प्रविधि के पक्ष में त्याग देना चाहिए जिसके तहत सम्पूर्ण के पुनर्जीवन का प्रयास इसके अवयवों से पहले किया जाना चाहिए।

विदेशी कौन है?

...हालत ऐसी हो गई है कि कुछ चीज़ें जो देश के लिए लाभदायक होंगी, नहीं की जा पा रही हैं। शुरुआत में हमने सोचा कि बावजूद इसके कि प्रशासन 'विदेशी' था इसे बर्दाश्त किया सकता है। चूँकि अंग्रेज़ी प्रशासन वस्तुतः 'विदेशी' है, और इसे

कहना कोई राजद्रोहिता नहीं है, जो चीज़ें विदेशी हैं उन्हें विदेशी कहने में न तो कोई राजद्रोह है, न ही अपराध। विदेशी होने का परिणाम क्या है? विदेशियों और हममें जो अन्तर है वह यह है कि उनके विचार विदेशी हैं, और उनका आम आचरण ऐसा है कि उनके दिमाग़ उन विशिष्ट व्यक्तियों के लाभ की ओर प्रवृत्त नहीं हैं जिन्हें वे विदेशी समझते हैं। यहाँ अहमदनगर में जो मुस्लिम शासक राज करता है (मैं मुसलमानों को विदेशी नहीं कहता) यहाँ आया और इस देश में रहा और कम-से-कम यह चाहता है कि स्थानीय उद्योग प्रगति करें। धर्म अलग हो सकता है। जो भारत में रहना चाहता है उसके बच्चे भी भारत में रहना चाहते हैं। उन्हें रहने दीजिए। वो विदेशी नहीं हैं जो उन बच्चों, उस आदमी का और भारत के अन्य निवासियों का भला करना चाहते हैं। विदेशी से मेरा अर्थ अलग धर्म नहीं है। वह जो ऐसा काम करता है जो इस देश के लिए लाभदायक है, चाहे हिन्दू हो या मुसलमान या अंग्रेज़, विदेशी नहीं है। 'विदेशीपन' का वास्ता सरोकारों से है। विदेशीपन का निश्चित रूप से सफ़ेद या काली चमड़ी से लेना-देना नहीं है। विदेशीपन का धर्म से लेना-देना नहीं है। विदेशीपन का व्यापार या व्यवसाय से लेना-देना नहीं है। मैं ऐसे व्यक्ति को विदेशी नहीं मानता जो ऐसी व्यवस्था करना चाहता है जिससे वह देश अच्छे दिन देख सके और लाभान्वित हो सके जिसमें उसे रहना है, उसके बच्चों को रहना है और उसकी भविष्य की पीढ़ियों को रहना है। सम्भव है कि वह मेरे साथ उसी मन्दिर में ईश्वर की पूजा करने न जाए, सम्भव है उसके साथ मेरा खान-पान या शादी-ब्याह का सम्बन्ध न हो। ये सब छोटे-मोटे सवाल हैं। लेकिन यदि एक पुरुष भारत के भले के लिए उद्यम कर रहा है और उस दिशा में प्रयास करता है, तो मैं उसे विदेशी नहीं मानता। यदि किसी ने इस प्रशासन पर विदेशी होने का आरोप लगाया है उसने ऐसा उल्लिखित सन्दर्भ में किया है। शुरू में मैं सोचता था कि इसमें कुछ ख़ास नहीं है। पेशवा का शासन ख़त्म हो गया और मुस्लिम शासन ख़त्म हो गया। देश अंग्रेज़ों के अधिकार में आ गया। राजा का कर्तव्य वह सब करना है जिससे देश सम्माननीय बन सके, लाभान्वित हो सके, प्रगति कर सके और दूसरे राष्ट्रों के बराबर बन सके। वह राजा जो अपना यह कर्तव्य निभाता है, विदेशी नहीं है। उसे विदेशी माना जाएगा जो यह कर्तव्य नहीं निभाता बल्कि केवल अपना लाभ, अपनी नस्ल का लाभ और अपने मूल देश का लाभ देखता है...

अनुवाद : **अशोक कुमार पांडेय**

लाला लाजपत राय

हिन्दू राष्ट्रवाद की पड़ताल

मेरे ख़याल से 'राष्ट्रीयता' और 'देशभक्ति' की अवधारणाएँ उतनी ही पुरानी हैं, जितने कि ये अलग-अलग देश, जिनमें हमारी धरती बँटी हुई है, जाति-धर्म के भेद जितनी ही पुरानी, जो अनन्त काल से इस दुनिया में मौजूद हैं और उस दौर जितनी पुरानी कि जब इतिहास लिखा जाना शुरू भी नहीं हुआ था। सम्भव है कि किसी एक युग में दूसरे युग के मुक़ाबले वे ज़्यादा दृष्टिगोचर रहे हों। अलग नस्लों और राष्ट्रों में उनकी गहनता का असर या विस्तार भिन्न हो सकते हैं, लेकिन मेरा दृढ़ विश्वास है कि ये विचार हमेशा से रहे हैं, वैसे ही अडिग और स्थापित जैसे कि सत्य और असत्य। हालाँकि, राष्ट्रीयता और देशभक्ति की भावनाओं की उत्पत्ति को लेकर 'हिन्दू राष्ट्रवादी' से किसी काल्पनिक या ऐतिहासिक विवाद में पड़ने की मेरी मंशा बिलकुल नहीं है। इतना कहना काफ़ी होगा कि मैं उनके ज़्यादातर निष्कर्षों से सहमत हूँ और आमतौर पर सुझाए गए उपायों का समर्थन करने के लिए तैयार हूँ। सच तो यह है कि उनके लेख में आए कुछ विचार ऐसे थे, कि जैसे अक्टूबर 1901 के 'समाचार' में कांग्रेस पर छपे अपने लेख में मैंने उनके भावी संकेत दे दिए हों। यह सन्दर्भ इसलिए नहीं दे रहा हूँ कि 'हिन्दू राष्ट्रवादी' में उद्धृत विचार कोई उधार के हैं, बल्कि यह बताने के लिए कि ये विचार अभी ऐसे सभी हिन्दुओं के दिमाग़ में सबसे ऊपर हैं, जो अपने लोगों से प्रेम करने और उनकी तरक़्क़ी के तरीक़ों के बारे में सोचने का दावा करते हैं।

'राष्ट्रवादी' हिन्दुओं में राष्ट्रीयता के विचार के अभाव पर रुदन से बात शुरू करता है, और हमारे अतीत और वर्तमान की सारी दुर्गतियों के लिए इसी एक तथ्य को दोषी ठहराता है। वह कहता है, 'हिन्दू बिना राष्ट्रीयता की भावना वाले लोगों का विलक्षण उदाहरण हैं।' इस तरह की प्रस्थापना देने के बाद अपने निष्कर्ष के पक्ष में वह इतिहास के पन्नों की तरफ़ देखता है और ऐसा आभास देता है कि उसने मज़बूती से अपना पक्ष रख दिया है। लेकिन वह इस तथ्य पर

ग़ौर करने से चूक गए कि उनकी अपनी प्रस्थापना उभयनिष्ठ नाम वाले ऐसे लोगों का अस्तित्व स्वीकार करती है, जिन्होंने उस नाम से इतिहास रचा है। वह जब राजपूतों और मराठों के विदेशियों को उखाड़ फेंकने और हिन्दू साम्राज्य बनाने की नाकाम कोशिशों की बात करते हैं, तो अनजाने में ही वह हिन्दू राष्ट्रीयता का अस्तित्व भी मान लेते हैं। उनकी जो शिकायत है, वो यह है कि कभी-कभार भावावेश में होनेवाली ऐसी कोशिशों को जनसामान्य का समर्थन हासिल नहीं था और इसलिए वे पूरी तरह राष्ट्रीय नहीं थीं, लेकिन परोक्ष में यह भी स्वीकार करते हैं कि एक राष्ट्र था, जो एकजुट होकर कोशिश कर सकता था, उसे कोशिश करनी चाहिए थी। अन्यथा उनके यह कहने का क्या मतलब हो सकता है कि 'हिन्दुओं की निर्णायक लड़ाई लड़ने के लिए मराठों को अकेला छोड़ दिया गया था, और सिसोदिया या राठौरों ने उनकी कोई मदद नहीं की?' वह स्वीकार करते हैं कि 'अगर बेरोक-टोक तरक़्क़ी का मौक़ा मिला होता तो मराठा संघ एक राष्ट्रीय साम्राज्य के रूप में विकसित हो सकता था।' इन तथ्यों पर ग़ौर करें तो एक राष्ट्र के अस्तित्व को हम सिर्फ़ इसलिए नहीं नकार सकते कि वहाँ के सारे बाशिंदे राष्ट्र की रक्षा के संघर्ष में शामिल नहीं थे, या कि उनमें से कुछ पीछे हट गए या देशद्रोही साबित हुए, या दुश्मन के ख़ेमे में चले गए थे। और न ही राष्ट्रीयता की भावना के अस्तित्व को हम इसलिए नकार सकते हैं कि वह भावना इतनी मज़बूत नहीं थी कि उस राष्ट्र में अलग-अलग जातीयता वाले लोग आपस के सभी मतभेद भुला पाते ताकि एकजुट होकर एक व्यक्ति के रूप में राष्ट्र की रक्षा के लिए खड़े हो सकते। और फिर महमूद गजनवी के चौथे हमले को विफल करने के लिए हिन्दुओं के सभी वर्गों के संयुक्त मोर्चे की उपेक्षा क्यों करें और पांडवों या अशोक के साम्राज्य को कैसे भूल जाएँ, सिलादित्य, विक्रम, भोज और ऐसे ही दूसरे साम्राज्यों को भी क्यों भूलें? यहाँ तक कि आख़िरी हिन्दू सम्राट और थानेश्वर के युद्ध में अपना सर्वस्व गँवा देनेवाले अभागे पृथ्वीराज ने अपने साम्राज्य और पितृभूमि की शानदार और वीरतापूर्ण ढंग से रक्षा में तक़रीबन पूरे देश की एकजुट सेनाओं की दो बार अगुवाई की। कौन जानता है कि उस भ्रातृहन्ता जयचन्द ने विश्वासघात न किया होता, तो कोई अलग इतिहास रचा गया होता? मगर जयचन्द की ग़द्दारी और पृथ्वीराज की हार से विदेशियों के ख़िलाफ़ राष्ट्र की बहादुरी की प्रतिष्ठा को कोई आँच नहीं पहुँचती। जीत और हार पूरी तरह से आदमी के बस में नहीं होतीं, बल्कि कई ऐसी वजहों के अधीन होती हैं, युद्धरत पक्षों का जिन पर कोई अख़्तियार नहीं होता। विधि ने अगर 1193 में हिन्दुओं के पतन का फ़ैसला दे दिया, तो यह अकेली वजह जायज़ और काफ़ी नहीं है कि हम उस दौर के हिन्दुओं को राष्ट्रीयता की भावनाओं से पूरी तरह हीन ठहराते हुए कोसने लगें। फिर, जैसा कि मैं पहले ही संकेत दे चुका हूँ, दूसरे लोगों के

बीच हमारे लोगों की एक विशिष्ट नाम वाली पहचान का तथ्य, हिन्दू राष्ट्रीयता के अस्तित्व का साक्ष्य है।

यह मानते जाने के लिहाज़ से अब मैं बहुत बूढ़ा हो गया हूँ कि हमारे मुस्लिम आक्रान्ताओं ने गाली, अपमान और तिरस्कार के तौर पर पहली बार हमें हिन्दू कहकर पुकारा था। बल्कि, मेरा मानना है कि हमारी अधोगति और मानभंग की वजह से भी इस शब्द का पतन हुआ, और भाषाशास्त्र के इतिहास पर एक निगाह डालें तो शायद यह साबित हो सके कि फ़ारसी शब्दकोश में अब इस एक शब्द को जितने बुरे और अनुपयुक्त अर्थ दिए गए हैं, वे सारे अपेक्षाकृत बाद की उत्पत्ति हैं, और यह हिन्दू राष्ट्र के पतन का नतीजा है। मुसलमानों के हमलों से बहुत पहले, और शायद इस्लाम के पैग़म्बर के अवतरण के भी काफ़ी पहले से दूसरे देशों के लोगों के बीच हम हिन्दुओं के रूप में जाने जाते थे। अगर ऐसा है तो इस नाम का तात्पर्य क्या है? क्या यह कोई आदिवासी वैशिष्ट्य था? मैं कहता हूँ, नहीं, क्योंकि हिन्दू कई क़बीलों के थे। क्या यह जातीय नाम था? मैं फिर कहता हूँ, नहीं, क्योंकि ईरान के फ़ारसी भी उसी जाति के थे। क्या तब यह कोई धार्मिक पदनाम था? हाँ, आंशिक रूप से यह धार्मिक ज़रूर था, पर मुख्य रूप से राष्ट्रीय था, और इसके साक्ष्य के तौर पर मैं पुराने यूनानी इतिहासकारों और मुसलमान लेखकों की रचनाओं से तमाम उद्धरण दे सकता हूँ। उदाहरण के तौर पर, फ़ारस के होमर कहे जानेवाले फ़िरदौसी, जिन्होंने ईरानियों और तूरानियों के बीच वर्चस्व के संघर्ष को अमर कर दिया, अपनी महान कृति 'शाहनामा' के कुछ छंदों में हिन्दू का प्रयोग आख़िर किन अर्थों में करते हैं।

इसके अलावा पारसियों के पवित्र ग्रन्थों, 'वेंडिडाड' और दूसरी पुस्तकों में हमें अपने लोगों के लिए हिन्दू नाम से तमाम सन्दर्भ मिलते हैं। जहाँ तक नाम का सम्बन्ध है, हमें एकमात्र मुश्किल तब पेश आती है, जब हम अपने ही साहित्य में इसका कोई निशान नहीं खोज पाते, जिसमें बिना अपवाद हमारे लोगों को आर्य कहा गया है। मगर यहाँ फिर से हम उन अंशों में राष्ट्रीयता की भावना के यथेष्ट निशान पाते हैं, जिनमें ऋषियों ने सभी आर्यों को दस्युओं, चांडालों और म्लेच्छों के हमलों के ख़िलाफ़ एकजुट होने का हुक्म दिया था। इन आक्रान्ताओं से हिफ़ाज़त के लिए अक्सर देवों का आह्वान किया जाता। जहाँ तक हिन्दुओं में साम्राज्यवादी भावना के संकेत की बात है, तो रामायण और महाभारत ऐसे साक्ष्यों से भरे पड़े हैं। राजा युधिष्ठिर का राजसूय यज्ञ क्या था और जरासंध की महत्त्वाकांक्षी योजना को आप क्या नाम देंगे?

सच तो यह है कि आर्यों के वर्चस्व का सबसे नायाब और सबसे यशस्वी काल अब भी हमारे लिए एक बन्द अध्याय है। बौद्ध धर्म के पहले का लगभग पूरा काल ही रहस्य से घिरा हुआ है। यहाँ तक कि जो साहित्य हमें मिलता है, वह

संकेतों, पहेलियों, चिह्नों और नामों से इस क़दर भरा हुआ है और इतनी प्राच्य भाषा में लिखा हुआ है कि सब कुछ रहस्य लगने लगता है। यूरोप के श्रेष्ठ विद्वानों का मत है कि वेदों की भाषा कालविरुद्ध, पुरातन रूपों और अभिव्यक्तियों से इतनी भरी हुई है कि यह गूढ़लेख मालूम देता है, और इसे समझने की अथक कोशिशों के बावजूद इसमें वर्षों लग सकते हैं। फिर भी राष्ट्रीय साहित्य के रूप में हमारे 'बर्बर' (?) पुरखों से वंश परम्परा में हमें मिली वैभवशाली विरासत पर गर्व करने लायक तो हम जानते-समझते ही हैं। और यही उस प्रभावशाली ताक़त का आधार होना चाहिए, जिसके बूते एक राष्ट्र के रूप में हमें ऊपर उठना है। अपने पुरखों के साथ अन्याय और राष्ट्रभक्ति के उनके विचार को नकारना मुनासिब नहीं होगा। नहीं, अपनी समझ के हिसाब से वे देशभक्त थे। हिन्दू दृष्टिकोण से हमारे देश का इतिहास लिखा जाना अभी बाक़ी है और जब तक ऐसा नहीं हो जाता, तब तक मूल्यांकन हमें स्थगित रखना चाहिए, हमें यह याद रखना चाहिए कि जिन लोगों के बारे में हम फ़ैसला देना चाहते हैं, कभी-कभार हड़बड़ी में हम जिनको दोषी ठहराने (अक्सर अनसुना कर देते हैं) के लिए उद्धत होते हैं, वे आला दिमाग़ लोग थे, जिनके सृजन और शिक्षाएँ समस्त लिखित या ज्ञात विचारों में सबसे बुलन्द हैं। हम आज के दौर के अंग्रेज़ी शिक्षा वाले हिन्दू, जिन्हें गुमान है कि उन्होंने पश्चिम से राष्ट्रीयता और देशभक्ति की नई भावना आत्मसात् कर ली है, अच्छा होता अगर थोड़ी एहतियात और लगन से वैदिक साहित्य के कुछ अध्यायों का अध्ययन कर लेते, तो मुझे विश्वास है कि यह अध्ययन हमारी अवधारणा के क्षितिज को अपरिमित विस्तार और नये विचार देता। मुझे यक़ीन है कि इस तरह के अध्ययन से हम यह समझ पाने में समर्थ होंगे कि बुद्ध के पहले के वैदिक धर्म का मूल भाव सबके लिए सर्वस्व का त्याग था। यह सच है कि ईर्ष्यालु और विकृत, कभी-कभी भ्रष्ट और स्वार्थी, पुरोहितवाद की प्रकृति ने विधि-विधान और रूढ़ियों का इतना व्यापक और विस्मयकारी ढाँचा बना डाला, जो कर्मकांडों और अनुष्ठानों की अन्तहीन भूलभुलैया थी, और जिसमें धर्म की सच्ची भावना सचमुच खो गई, और जहाँ राष्ट्र का मक़ाम नहीं हो सकता।

प्राचीन हिन्दू धर्म की सच्ची भावना का रूढ़ अनुष्ठानों और दिखावटी कर्मकांडों के बोझ तले दब जाना ही हिन्दुओं का अभिशाप रहा है, न कि राष्ट्रीयता के विचार का सरासर अभाव। मगर आप कह सकते हैं कि हम बलिदानी पैदा करते आए हैं और आस्था की ताक़त के बिना कोई बलिदानी नहीं हो सकता। आस्थारहित राष्ट्र शहीद कैसे पैदा कर सकता है? क्या कोई ऐसा राष्ट्र है, जहाँ अपने धर्म में, अपने व्यक्तित्व में, अपने पवित्र क़ानूनों में हिन्दुओं से ज़्यादा आस्था दिखाई देती है? वरना धर्म के स्वरूपों में उनका दृढ़ विश्वास, रीति-रिवाजों से चिपके रहने के उनके हठ की व्याख्या आप कैसे कर सकते हैं? मैं जान-बूझकर धर्म के स्वरूप कहता

हूँ क्योंकि सच्चा धर्म, ऐसा धर्म जो किसी व्यक्ति या राष्ट्र को राह दिखाता है और उसे गढ़ता है, जो उन्हें उन्नत और उदात्त बनाता है, आदर्शों की ऊँचाइयों तक ले जाता है, जो सर्वोच्च बलिदानों का आह्वान करता है, वह धर्म तो हमारे बीच से बहुत पहले ही तिरोहित हो चुका है। सच तो यह है कि बौद्ध काल के बाद हमारे हृदय मन्दिर में यह अपनी वेदी पर कभी बहाल ही नहीं हुआ था...ठीक है कि हम हमेशा ही और कभी-कभी बड़ी तादाद में शहीद पैदा करते रहे हैं, लेकिन जब मैं हिन्दुओं में आस्था की कमी का दोष देता हूँ तो मेरा तात्पर्य निजी आस्था से नहीं बल्कि उस सामाजिक आस्था से होता है, जो जीत की जननी है; वह आस्था जो जन-साधारण को जागृत करती है; अपने भाग्य में, अपने स्वयं के ध्येय में और युग लक्ष्य में आस्था; वह आस्था जो संघर्ष के लिए प्रेरित करती है; वह विश्वास जो लोगों को जगाकर उन्हें ईश्वर और मनुष्यता की राह में निडरता से आगे बढ़ने का स्रोत बनता है, ऐसे लोग जिनके हृदय में धर्म, और भविष्य की उन्नति जिनका लक्ष्य होती है। यही वह आस्था है, बुद्ध के समय से ही हम जिसकी कामना करते आ रहे हैं और यही वह आस्था है, हमें फिर से एक राष्ट्र बनने के लिए जिसकी आवश्यकता है।

अब मैं श्री माधो राम की टिप्पणियों पर चर्चा करूँगा और मैं शुरू में ही यह कह देना चाहता हूँ कि बहस की ख़ातिर उनके सारे बयानों और तथ्यों को एकदम सटीक, और उनसे निकाले गए उनके निष्कर्षों की शुद्धता स्वीकार करते हुए भी मैं सिद्धान्त के एक मामले में उनसे असहमत हूँ। मेरे सम्मानित मित्र को लगता है कि आपस के ये सारे झगड़े, कलह और साम्प्रदायिक संघर्ष, जो उन्होंने अपने लेख में ख़ासे विस्तार से दर्ज किए हैं, व्यापक रूप से 'हमारे देश में हिन्दू राष्ट्रवाद की प्रगति के अवसर छीन लेते हैं', या और प्रामाणिक होने के लिए मैं उन्हीं का कहा हुआ उद्धृत करूँ, तो वह हिन्दू राष्ट्रवादी से सवाल करते हैं कि उनके द्वारा बताई गई परिस्थितियों में क्या 'हमारे देश में हिन्दू राष्ट्रवाद की प्रगति की बहुत सम्भावना है।' मेरा जवाब है कि हाँ। मैं बताना चाहता हूँ कि इन झगड़ों और संघर्षों का अस्तित्व न तो हिन्दू राष्ट्रवाद की प्रगति में कोई बाधा है और न ही ये हिन्दुओं के बीच राष्ट्रीयता के विचार की कमी का पर्याप्त साक्ष्य है। और इसका सीधा-सा कारण यह है कि राष्ट्रीयता के विचार को लेकर यह बिलकुल ज़रूरी नहीं कि राष्ट्र के सभी लोगों में, सभी मुद्दों पर, सामाजिक, धार्मिक या राजनीतिक मामलों में पूरी तरह एकता हो; और न ही यह अपने लोगों या नेताओं के बीच सर्वोत्तम सामंजस्य और सद्भाव की स्थिति के अस्तित्व का पता देता है, या कि इसके नेता अपने व्यक्तित्व के ओज, आपस में या एक-दूसरे के प्रति अपमानजनक या यहाँ तक कि अभद्र भाषा के इस्तेमाल जैसी सभी मानवीय कमज़ोरियों से मुक्त हैं। क्या अतीत में कोई ऐसा राष्ट्र रहा है, या अब कोई ऐसा राष्ट्र है, जो इन मतभेदों या

झगड़ों से मुक्त रहा हो या अब है? यक़ीनन, रोमन, यूनानी और मुस्लिम इतिहास को राष्ट्रीयता और राष्ट्रवाद का शानदार और महान नमूने के तौर पर स्वीकार किया जाना चाहिए, और वर्तमान में अंग्रेज़ी, जर्मन और अमेरिकी और फ्रेंच की तुलना में बेहतर और महान राष्ट्रीयता का कोई और उदाहरण नहीं हो सकता है। इसमें उन दूसरों का ज़िक्र नहीं करते जो इतने ही महान मगर अपेक्षाकृत कम असरदार और ताक़तवर हैं, जैसे कि स्विस, इतालवी और डच। धार्मिक और सामाजिक मतभेदों ने इन राष्ट्रों के इतिहास में एक प्रमुख भूमिका निभाई है और इससे वे अब भी मुक्त नहीं हैं। अंग्रेज़ी और आयरिश अख़बारों पर निगाह डालने, संसद के भीतर और संसद के बाहर राजनीतिज्ञों की वक्तृता पर ग़ौर करने, पश्चिम में विभिन्न धार्मिक धाराओं के साहित्य का अध्ययन और इन देशों के मशहूर लोगों की जीवनी पढ़ने से मालूम हो जाएगा कि मेरे मित्र ने जिन घटनाओं का ज़िक्र किया है, यूरोपीय दुनिया के इन विशिष्ट लोगों के बीच कहीं ज़्यादा निंदापूर्ण और कभी-कभी तो बेहद अपमानजनक मतभेदों और झगड़ों को देखते हुए, वे अपना महत्त्व और वज़न पूरी तरह खो देती हैं। सच तो यह है कि राष्ट्रीयता के बेहतर विकास और उन्नति के लिए निष्कपट मतभेद, विवादास्पद बहसें और सार्वजनिक लोगों द्वारा सार्वजनिक लोगों की आलोचना नितान्त आवश्यक है। तब हमें ऐसी बहसों और विवादों में इनसानी कमज़ोरियों, पक्षपातों, ईर्ष्याओं, व्यक्तित्वों, कटाक्षों, वक्रोक्तियों, आक्षेपों, और सख़्त भाषा के इस्तेमाल आदि का सामना करने के लिए तैयार रहना चाहिए। एक निश्चित परिमाण और सीमा के बाद, वे राष्ट्रवाद का विकास रोक सकते हैं, या राष्ट्रीयता के पहले से ही बने प्रासाद को ध्वस्त कर सकते हैं। हालाँकि, मैं यह मानने के लिए तैयार नहीं हूँ कि वर्तमान में शिक्षित हिन्दुओं के विभिन्न वर्गों के बीच मतभेद और विवाद इस सीमा का अतिक्रमण करते हैं। यह मान लेना ग़लत है कि राष्ट्रवाद या राष्ट्रीयता के विचार के लिए धार्मिक, सामाजिक, आर्थिक या राजनीतिक जीवन के सभी अंगों में सम्पूर्ण एकता ज़रूरी होती है या इसके लिए साम्प्रदायिक झगड़ों या विवादों या ईर्ष्या से पूरी तरह मुक्त होने की ज़रूरत होती है। ऐसी प्रत्याशा करना असम्भवता की अपेक्षा करना है और यह मानव-प्रकृति की पूरी तरह अनदेखी करना है। मेरी विनम्र राय में राष्ट्रीयता के विकास के लिए इतना काफ़ी है कि इसके आग्रही विभिन्न अंगों में एकता की भावना हो, यही उन्हें साझे दुश्मन और साझे ख़तरे के ख़िलाफ़ एकजुट करने के लिए पर्याप्त है। धर्म के कुछ बुनियादी सिद्धान्तों पर, किसी पवित्र भाषा वाले धर्म-सम्प्रदाय, और आपसी हितों वाले समाज पर, हिन्दुओं को राष्ट्रीय भावना के विकास को बढ़ावा देना चाहिए, जो उन्हें 'सर्वजन हिताय' के उद्देश्य से अलग-अलग तरीक़ों से काम करने लायक़ बनाने के लिए ख़ूब मज़बूत हो। हम अपने सामने एक ध्येय रखें। हमारा आदर्श इतना ऊँचा होना चाहिए कि सब उसमें समाहित हो जाएँ, इतना उदार और व्यापक

कि जिसमें उन सभी को जोड़ा जा सके, जो साझा नाम, समान वंश-परम्परा, समान इतिहास, समान धर्म, समान भाषा और एक समान भविष्य पर गर्व करते हैं।

साम्प्रदायिकता और राष्ट्रवाद

यह एक आम मानवीय कमज़ोरी है कि जिसे ख़ुद साफ़ नहीं दिखाई देता, वह भी दूसरे की आँख में पड़ा धूल का कण आसानी से देख सकता है। इसलिए, मेरे पास उस बर्ताव के बारे में शिकायत की वजह नहीं है, जो कुछ अख़बारों ने मेरे साथ किया है। मुझे उम्मीद नहीं थी कि वे मुझसे आँख मिलाकर देखेंगे और मैं जानता था कि मेरे इस्तीफ़े का वह हिस्सा उन्हें सबसे ज़्यादा आलोच्य लगेगा और उनकी निगाह में एतराज़ की वजह होगा, जिसमें हिन्दू मतदाताओं के दृष्टिकोण से 'वॉक-आउट' को समझने की कोशिश की गई थी।

मेरी राय है कि इस देश में, या यों कहें कि किसी भी देश में, बहुत थोड़े राष्ट्रवादी ऐसे हैं, जो किसी-न-किसी रूप में साम्प्रदायिक नहीं हैं—हालाँकि यह ज़रूरी नहीं कि वे धार्मिक रूप से साम्प्रदायिक हों। लेकिन वह सब एक तरफ़, इस देश में भी, जो शुद्ध राष्ट्रवादी होने का दिखावा करते हैं, वे भी साम्प्रदायिकता के कलंक से पूरी तरह मुक्त नहीं हैं। तक़रीबन, कोई मुसलमान ऐसा नहीं है, जिसमें संस्कार से मिले या फिर अर्जित साम्प्रदायिक पूर्वग्रह न हों। उनमें ऐसे लोग भी हैं, जो साम्प्रदायिकता से ऊपर उठकर व्यापक राष्ट्रीय दृष्टिकोण अपना सकते हैं। लेकिन उनमें से बेहतरीन लोग भी अनजाने ही या तो अपने समुदाय के पक्ष में या फिर दूसरे समुदायों के ख़िलाफ़ पूर्वग्रह रखते हैं, और इसके लिए उन्हें दोषी ठहराने का कोई फ़ायदा नहीं है। ऐसे लोगों के लिए देशबंधु दास समझौते में बहुत ज़ोरदार अपील की गई, और वह उचित समाधान लगती है। हिन्दुओं में ऐसे लोग हैं, जिन्होंने हिन्दू समाज की ख़ातिर सारे पूर्वग्रह त्याग दिए—जब तक कि वे पूर्वग्रह उनके अपने स्वार्थ के चलते फिर से जाग नहीं जाते, मसलन, जब उनको लगता है कि प्रशासन या किसी मुसलमान मंत्री के मुस्लिम समर्थक पूर्वग्रह से ख़ुद उन्हें या उनके किसी क़रीबी का कोई नुक़सान हुआ है या कोई नुक़सान हो सकता हो। फिर ऐसे लोग हैं, जो हिन्दुओं के प्रति पक्षपातपूर्ण रवैया या पूर्वग्रह रखते हैं। वे हिन्दुओं के ख़िलाफ़ यह पूर्वग्रह अपने राष्ट्रवाद के निर्णायक साक्ष्य के तौर पर प्रचारित करते हैं, जो उनके अतीत और मौजूदा परिवेश का नतीजा है। यह एक ऐसा दावा है, जिसे मानने के लिए कोई तैयार नहीं है। हिन्दू राष्ट्रवादियों की तीसरी श्रेणी में वे लोग शामिल हैं, जो ख़ुद अपने समाज के प्रति अपने चेतन या अचेतन

पूर्वग्रह ज़ाहिर नहीं कर सकते, लेकिन जो चाहते हैं कि दूसरे ऐसा करें। मद्रास के तमाम ब्राह्मण राष्ट्रवादी इस श्रेणी के हैं। ग़ैर-ब्राह्मणों के साथ ख़ुद अपने संघर्ष में, उनका नज़रिया कमोबेश वही है, जो उत्तर भारत में हिन्दुओं का मुसलमानों के साथ अपने रिश्तों में है। साथ ही, उन्हें हिन्दुओं की चीज़ों को उसी तरह से देखने पर भी सख़्त एतराज़ है कि जैसे कि वे मद्रास में चीज़ों को देखते हैं। वे जस्टिस पार्टी का विरोध कर रहे हैं, क्योंकि उनके ख़याल से वह एक राष्ट्र-विरोधी पार्टी है, लेकिन अगर कोई हिन्दू उत्तर भारत के मुसलमानों के बारे में यही बात कहता है, तो वे इसका विरोध करते हैं। उत्तर भारत में किसी हिन्दू की बात पर जिस तरह वे एतराज़ करते हैं, दक्षिण में एक ब्राह्मण के ग़ैर-ब्राह्मणों के बारे में कहे जाने पर वही काफ़ी मज़ेदार और जायज़ लगती है। यह उस इनसानी कमज़ोरी के प्रदर्शन के सिवाय और क्या है, जिसका ज़िक्र मैंने इस लेख के शुरुआती वाक्य में किया है? इन मित्रों को, मेरा यह कहना कि 'वाक-आउट' हिन्दुओं के लिए ख़ासतौर पर हानिकारक था, बचकाना और बेतुका लगता है क्योंकि यह बिना किसी ऐसे छलावरण के तथ्यों का बेबाक बयान है, जिसमें कुछ लोगों को मज़ा मिलता है। खुला सच उन्हें आहत करता है। मैं उन्हें आहत करने के अपराध का दोषी हूँ। मुझे कड़वा सच बोलने की 'बुरी' आदत पड़ गई है। यह सामाजिक नैतिकता के उन सिद्धान्तों के ख़िलाफ़ है, जो दोहरे अर्थ वाले मुहावरों और सूक्तियों से लबरेज़ हैं, और अनातोल फ्रांस जिसे एक घिनौना नाम देता है। जहाँ तक मेरी बात है, मैं यह बात सौ बार दोहरा सकता हूँ कि मैं एक हिन्दू हूँ और पूर्वग्रहों से पूरी तरह मुक्त नहीं हूँ। लेकिन मैं ख़ुद को मुसलमानों की स्थिति में रखने और चीज़ों को उनके नज़रिये से देखने के लिए हमेशा तैयार हूँ। इन मतभेदों के बारे में सुझाए अपने समाधानों में मैंने हमेशा विशुद्ध राष्ट्रवादी दृष्टिकोण अपनाया है, पूरे मनोयोग से अपने दिमाग़ को उस पूर्वग्रह से मुक्त रखने की कोशिश है, जो हिन्दुओं की तरफ़दारी करता है। मेरे समाधान मेरे देश के मुसलमानों को नहीं भाते क्योंकि वे अपने दिमाग़ को साम्प्रदायिक पूर्वग्रह से मुक्त रख पाने में असमर्थ हैं। अब यह हासिल करना बहुत मुश्किल है, लेकिन मैं उन लोगों की तुलना में सच बोलनेवालों का आदर करता हूँ, जो चालाक, शातिर और अस्पष्ट पदावली में सच्चाई छिपा ले जाते हैं, और जो हमेशा सन्देह के साथ बोलते हैं।

मैं हिन्दू हितों की पूरी तरह अवहेलना नहीं कर सकता, लेकिन मुझे इस आरोप से इनकार है कि हिन्दुओं की ख़ातिर मैं किसी दूसरे समुदाय के न्यायोचित अधिकारों की बलि चाहता हूँ। मेरे इस्तीफ़े के पत्र में भी यही मन्तव्य था। ऐसा लगता है कि 'साम्प्रदायिकता' के सन्दर्भ में मेरे पत्र को कुछ लोगों ने किसी वजह से ग़लत समझा है। मैं इन मित्रों को याद दिला दूँ कि दिल्ली हिन्दू महासभा में मैंने महासभा जैसे साम्प्रदायिक संगठनों के चुनाव लड़ने के विचार का बहुत दृढ़ता से

विरोध किया था। और न ही तब से मैंने किसी भी सूरत में विधायिका के चुनावों में ग़ैर-साम्प्रदायिक राजनीतिक दलों की जगह इन संगठनों के आने के विचार की वकालत की है। मेरे पत्र में ऐसा एक शब्द भी नहीं है, जिसका मतलब यह निकलता हो कि मैंने स्वराज पार्टी इसलिए छोड़ी क्योंकि मैं चाहता था कि उम्मीदवारों के चयन का काम हिन्दू सभा अपने हाथ में ले ले।

अपने इस तर्क के बारे में कि 'वॉक आउट' ने हिन्दुओं पर प्रतिकूल प्रभाव डाला था, मुझे यह सफ़ाई और दे देनी चाहिए। कुछ हलक़ों में इसका यह मतलब निकाला गया कि मुझे डर था कि 'वॉक आउट' के बाद अगर हिन्दू विधायकों और मुस्लिम विधायकों के बीच कोई खींचतान हुई, तो हिन्दुओं की ताक़त अपेक्षाकृत कम हो जाएगी। दूसरी ओर, मैं जिस बात पर ज़ोर देना चाहता था, वह एकदम अलग बात थी। सबसे पहले तो, साफ़ शब्दों में कहें तो सरकार का विरोध मुख्य रूप से चुने हुए हिन्दुओं पर टिका है। अगर वे बाहर चले जाते, तो यह विरोध काफ़ी कमज़ोर हो जाता। नया प्रेस बिल सभी समुदायों को प्रभावित करता है, लेकिन विधानसभा में (मुख्य रूप से) मुस्लिम विधायकों ने जैसे-तैसे सरकार का पक्ष लिया। इसके अलावा, मुझे यह बताना है कि ऐसे विधायी अधिनियम हैं, जो ख़ासतौर से सिर्फ़ एक समुदाय पर लागू नहीं होते हैं, लेकिन कुछ समुदायों के लोगों को अन्य समुदायों की तुलना में बहुत ज़्यादा प्रभावित करते हैं। ऐसे विशुद्ध आर्थिक उपायों के बारे में कोई आसानी से कल्पना कर सकता है, जो पारसियों और मारवाड़ियों के हितों को व्यापक रूप से प्रभावित कर सकते हैं, जबकि मुसलमान इससे तक़रीबन अप्रभावित रहते हैं। इसमें हिन्दू-मुस्लिम हितसंघर्ष का कोई सवाल ही नहीं है, लेकिन तथ्य यह है कि इस तरह के मामलों में मुसलमान (वॉक आउट का जिन पर बहुत प्रभाव नहीं पड़ा) इन हितों की समुचित रक्षा नहीं कर सकते हैं, और यह मानना भी अनुचित नहीं है कि ऐसे मामलों में वॉक आउट हिन्दुओं को एक महँगा तजुर्बा समझना चाहिए।

फिर आप इस बात से इनकार नहीं कर सकते कि ऐसे मसले सामने आ खड़े होते हैं, जो साफ़ तौर पर और ख़ासतौर पर सिर्फ़ एक समुदाय को ही प्रभावित करते हैं, हालाँकि यह ज़रूरी नहीं कि इसके चलते वह समुदाय अपने साथी समुदायों के साथ संघर्ष में शामिल हो जाए। ऐसा ही एक विशुद्ध हिन्दू मसला, जो शिमला में उठा वह रामेश्वरम के बारे में था। यहाँ मुसलमानों या किसी दूसरे समुदाय के साथ कोई टकराव नहीं था। (वास्तव में मुसलमानों ने हिन्दुओं के साथ मतदान किया और प्रस्ताव सिर्फ़ एक वोट कम होने की वजह से गिर गया।) लेकिन आपको यह मानना होगा कि इस तरह के सभी मसलों में, जो कभी-कभी सर्वोच्च महत्त्व के हो सकते हैं, केवल हिन्दू सदस्य ही हिन्दू भावनाओं को सही तरीक़े से उठा सकते हैं।

अपने इस्तीफ़े का पत्र लिखते हुए जब मैं इस सवाल के सन्दर्भ का उल्लेख कर रहा था, तो मैं विधानसभा कक्ष को हिन्दू-मुसलमानों के मल्लयुद्ध के बड़े अखाड़े के तौर पर हरगिज़ नहीं सोच रहा था, लेकिन मुझे विश्वास है कि अगर हिन्दू बाहर रहते हैं तो जिस तरह के हिन्दू हितों का उल्लेख मैंने ऊपर किया है, उनकी समुचित देखभाल नहीं हो सकती। मैं इस हद तक साम्प्रदायिकतावादी हूँ, और मुझे इस पर कोई शर्मिंदगी नहीं, क्योंकि यह किसी भी तरह से मेरे राष्ट्रवाद को विकृत नहीं करता है।

अनुवाद : **प्रभात सिंह**

बिपिन चन्द्र पाल

हिन्दू धर्म एवं भारतीय राष्ट्रवाद

मगर अधिकारियों ने शायद ही स्थिति की गम्भीरता को समझा है। वे अशान्ति की बाहरी अभिव्यक्तियों के दमन में जुटे हुए हैं, जबकि उसका उत्स अवाम के आध्यात्मिक अन्तर्बोधों की गहराई में है। सच्ची आध्यात्मिक समझ के अभाव में, वे एक गहरी आध्यात्मिक क्रान्ति की व्याख्या केवल आर्थिक अशान्ति या राजनीतिक उफान के रूप में कर रहे हैं। उन्हें उन ताक़तों की सिफ़त की कोई समझ नहीं है, जो धीरे-धीरे उनके ख़िलाफ़ होती जा रही हैं।

ये ताक़तें दरअसल धार्मिक और आध्यात्मिक हैं। मौजूदा राष्ट्रवादी गतिविधियों के हर क्षेत्र में वे नुमायाँ हैं। पिछले पाँच या छह सालों के दौरान, जिस भी कविता और गीत में नई राष्ट्रवादी भावनाओं की अभिव्यक्ति हुई है, उन सभी में एक उत्कट धार्मिक भावना साँस लेती है। यह हर राष्ट्रवादी वक्ता की प्रेरणा का स्रोत रही हैं, जिन्हें सुनने के लिए राष्ट्रवादी मंचों पर हज़ारों-हज़ार लोग जुटते हैं। इसने नये प्रतीकों का सृजन किया है—मूर्तिपूजा का एक नया रूप, जैसा कि कुछ लोग शायद इसे कहेंगे—जो जाति की भौगोलिक उत्पत्ति के उत्कर्ष की झाँकी है। और यही वह गहन धार्मिक स्वर है, जो वर्तमान परिस्थिति की हक़ीक़त और गम्भीरता की निर्मिति करता है।

यह सोचना एक गम्भीर भूल होगी कि शरारती और कुचक्री राजनीतिक आन्दोलनकारियों ने नई गतिविधियों को यह धार्मिक रंग दिया है ताकि वे जनता को भड़काकर उन्हें अपने पाले में खींच सकें। बहुत सम्भव है कि अजनबी वैचारिक परिवेश में पले-बढ़े और यूरोपीय साहित्य और इतिहास से राजनीतिक प्रेरणा पानेवाले कुछ राजनीतिज्ञ, लोगों की धार्मिक प्रकृति के ऐसे घटिया और कूटनीतिक इस्तेमाल की कोशिश कर रहे हों। लेकिन अगर ऐसा कोई है भी, तो वे पुरानी राजनैतिक विचारधाराओं के अवशेष हैं, और किसी सूरत नई राष्ट्रीय भावना के द्योतक नहीं हैं। आज जनता के असली नेता वे लोग हैं, जो या तो अपने पुरखों की धार्मिक निष्ठा से भटके नहीं या फिर वापस लौट आए हैं। नये समीकरण के चलते जनता

के समर्पित श्रद्धाभाव के मुक़ाबले उनकी निष्ठा कहीं ज़्यादा विशाल और गहरी है। आधुनिक यूरोपीय संस्कृति की पैदावार होने के बावजूद उन्होंने आध्यात्मिक जीवन के रहस्यों को समझाने के लिए यूरोप में विद्यमान आस्तिकता या तर्कवाद की निरी ख़ामियाँ मालूम कर ली हैं। उन्होंने अपने लोगों के प्राचीन प्रतीकों और संस्कारों में नये अर्थ और प्रेरणा की खोज की है। उनके लिए, हिन्दू धर्म ख़त्म नहीं हुआ है, बल्कि अब भी जीवित है; हिन्दू धर्म मूर्तिपूजा नहीं है, यहाँ तक कि विचारधारा भी नहीं; पुराने देवता मिथक-भर नहीं हैं। ब्रह्मांड के विकास ने एककोशीय आदिजन्तु से लेकर इनसानों की उत्पत्ति तक प्राणियों के क्रमिक विकास को आगे बढ़ाया है। वे पूछते हैं, लेकिन विकास की इस प्रक्रिया में मनुष्य क्या चरम बिन्दु है? निस्सन्देह ऐन्द्रिय धरातल पर वो उच्चतम है; लेकिन उसके ऊपर क्या कोई नहीं? क्या इंद्रियों की अनुभूति से परे, इनसान से ऊपर, उससे भी ऊँचा कुछ और नहीं हो सकता? और सृष्टि में यही उच्चतम क्रम है, विधिवत जिसकी सम्भावना से कम-से-कम इनकार नहीं किया जा सकता है, जिसका प्रतिनिधित्व सनातन धर्म के देवता करते हैं। ये देवता हिन्दू धर्म को उस तरह बहुदेववादी नहीं बनाते, जैसे कि कैथोलिक चर्च का देवदूत शास्त्र ईसाई धर्म के ख़िलाफ़ बहुदेववाद के आरोप को सही ठहराता है। ये देवता, अपनी अलौकिक शक्तियों से इनसान की नियति को काफ़ी हद तक संचालित कर सकते हैं, यहाँ तक कि इनसान भी अपने से निम्न कोटि के जानवरों का जीवन और प्रवृत्ति कुछ हद तक संचालित कर सकता है। ये कोई काल्पनिक देवता नहीं हैं, वे कोई लौकिक या काव्यात्मक प्रतीक भर नहीं हैं, बल्कि समाधि की अवस्था में सिद्ध पुरुषों ने उनका अस्तित्व पहचाना है। वे साधारण मनुष्यों की पहुँच के बाहर हैं; मगर सामान्य नश्वर लोग तो उन जीव-द्रव्यी कोशिकाओं को भी नहीं देख पाते हैं, जीवविज्ञानी जिनके आधार पर जैविक विकास के अपने सिद्धान्त बनाते हैं। ये कोशिकाएँ, हालाँकि नंगी आँखों के लिए अदृश्य हैं, फिर भी शक्तिशाली सूक्ष्मदर्शी की मदद से देखी जा सकती हैं। कुछ ख़ास अवस्थाओं में, मनुष्य की अतीन्द्रिय क्षमताओं के ज़रिये देवताओं को भी देखा जाता है, और यह क्षमता लम्बे और श्रमसाध्य मनोशारीरिक और आध्यात्मिक अनुशासन से विकसित होती है। जो अतीन्द्रिय है, वह अलौकिक नहीं। हर मनुष्य में अतीन्द्रिय क्षमताएँ होती हैं, जिनको समुचित अभ्यास और अनुशासन से विकसित करने की ज़रूरत होती है। तो ज़रूरी शर्तें पूरी करके हर मनुष्य देवताओं के दर्शन कर सकता है।

संक्षेप में, सामान्यतः यही वह व्याख्या है, जिसके ज़रिये आधुनिक हिन्दू के विचारों में, कह सकते हैं कि पुराने देवताओं को पुनःस्थापित किया जा रहा है। इस नई व्याख्या के तरीक़े, अगर इसे नया कह सकते हैं, सभी लोगों को पूरी तरह से तर्कसंगत नहीं लग सकते हैं। जो अब भी उन्नीसवीं शताब्दी के तर्कवाद के प्रभाव में हैं, चाहे भारत में हों या कहीं और, उन्हें यह व्याख्या स्वीकार्य नहीं लग सकती है।

लेकिन ऐसी चेतना इनसान की आस्थाओं की सच्ची कसौटी नहीं है। और राजनीति को ऐसे तर्कों से कोई सरोकार नहीं, उसे तो बस लोक आस्थाओं की वास्तविकता से मतलब है। क्योंकि यह वास्तविकता ही है, गम्भीरता और उत्साह किसी धर्म विशेष का आलम्ब होता है, जो ऐतिहासिक आन्दोलनों को जीवन-शक्ति और ताक़त देती है। ईसाइयत और इस्लाम दोनों ने दुनिया के एक बड़े हिस्से का चेहरा बदल दिया है, इनसानी नस्ल के एक बड़े हिस्से के सामाजिक और राजनीतिक जीवन को अनोखी जीवन-शक्ति और निराला रूप दिया है। लेकिन समकालीन इतिहास पर इन धर्मों के ज़बरदस्त प्रभाव को सत्य या तर्क की कसौटी पर नहीं मापा जा सकता है, जो इनमें सन्निहित है, बल्कि सिर्फ़ उस आस्था की ताक़त से मापा जा सकता है, जो उन्होंने गढ़ी है। और आज के भारत में हम जो देखते हैं, वह एक नई व्याख्या की उत्पत्ति है, जो प्राचीन आस्थाओं को पुनर्स्थापित कर रही है और आधुनिक जीवन और विचार की ज़रूरतों के साथ उनका तालमेल बैठाने की कोशिश कर रही है। राष्ट्रीय संस्थाओं और धर्मग्रन्थों में देश के शिक्षित वर्ग के लोगों की यह पुनर्जीवित आस्था तेज़ी से उस खाई को पाट रही है, जो एक समय विदेशी विचारों और आदर्शों की बाढ़ ने उनके और उनके देशवासियों के बीच पैदा कर दी थी। और यह धार्मिक भावना ही है, जो एक वक़्त में ही इस क़दर सच्ची और इतनी अनुदार है, जो नये राष्ट्रीय आन्दोलन को ब्रिटिश भारत के पुराने और विशुद्ध धर्मनिरपेक्ष राजनीतिक आन्दोलनों से अलग करती है।

यह धार्मिक स्वर उद्धारक में भरोसे की उस आकांक्षा में मुखरित होता है, नया आन्दोलन जिससे अपने जन्म से ही जुड़ा रहा है। उद्धारक के विचार की यह विस्तृत अभिव्यक्ति हिन्दू धर्म में सम्भवत: 'श्रीमद्‌भगवद्‌गीता' के सुप्रसिद्ध छंदों में पाई है :

यदा यदा हि धर्मस्य ग्लानिर्भवति भारत।
अभ्युत्थानमधर्मस्य तदात्मानं सृजाम्यहम्॥
परित्राणाय साधूनां विनाशाय च दुष्कृताम्।
धर्मसंस्थापनार्थाय सम्भवामि युगे युगे॥

[हे अर्जुन! जब-जब संसार में धर्म की हानि होती है, और अधर्म बढ़ने लगता है, तब-तब धर्म के उत्थान के लिए मैं अवतार लेता हूँ। सज्जनों की रक्षा के लिए, दुष्टों के विनाश के लिए और धर्म की स्थापना के लिए मैं हर युग में अवतार लेता हूँ।]

वंदे मातरम् गीत के रचयिता बंकिम चन्द्र चटर्जी, उन प्रमुख लोगों में से हैं, जिन्होंने राष्ट्रीय भावनाओं का वर्तमान स्वरूप गढ़ने में मदद की है; और आधुनिक बंगाली साहित्य में अवतार की पुरानी हिन्दू धारणा के पुनरुत्थान के लिए हम उनके ऋणी हैं। यह वही थे, जिन्होंने सबसे पहले अपने देश के शिक्षित लोगों के सामने इसे, अति धार्मिक लोगों की सामाजिक उन्नति में बदलाव के एक महान कारक

के रूप में, प्रस्तुत किया। प्राचीन भारत में एक महान राष्ट्र-निर्माता के रूप में और भविष्य में भी हिन्दुओं के लिए ईश्वरीय प्रतिमान के रूप में श्रीकृष्ण के जीवन और चरित्र की एक नई व्याख्या के लिए हम उनके आभारी हैं। हालाँकि, बंकिम चन्द्र का प्रभाव सिर्फ़ शिक्षित वर्गों तक ही सीमित था। निस्सन्देह, अवाम ने तो हमेशा ही श्रीकृष्ण में विश्वास किया है, और इसलिए, उनकी लुप्त या घटती आस्था को पुनर्जीवित करने के लिए किसी नई व्याख्या या श्रुतिभाष्य की आवश्यकता नहीं है। वे तो अपनी आस्था को अमली तौर पर साकार देखना चाहते थे, सिर्फ़ धार्मिक या आध्यात्मिक ताक़त के रूप में नहीं, बल्कि सामाजिक, और शायद, राजनीतिक प्रेरणा के रूप में भी। कृष्ण वर्तमान से बहुत दूर खड़े थे। ईश्वर के रूप में निस्सन्देह वे आत्मा में सदैव और सर्वत्र विद्यमान रहते हैं। लोगों की उत्कट इच्छा उनके मनुष्य रूप में अवतार की थी। युगों-युगों से, 'सज्जनों की रक्षा के लिए, दुष्टों के विनाश के लिए, पतनोन्मुख धर्म की पुनर्स्थापना के लिए' उन्होंने बार-बार अवतार लिया था। श्रेष्ठ लोगों के हृदय में उद्धारक के नये अवतार की ख़ातिर क्रंदन है। यह क्रंदन, भारत के मौजूदा विक्षोभ और विशेष रूप से बंगाल का, जो एक अर्थ में नये राष्ट्रवादी आन्दोलन की जन्मभूमि है, एक विशिष्ट लक्षण है।

पुराने राजनीतिक आन्दोलनों और नये राष्ट्रवादी आन्दोलन के बीच फ़र्क़ के आधारभूत बिन्दु इस प्रकार हैं—(1) पहले के आन्दोलनों की असन्दिग्ध धर्मनिरपेक्ष भावना की तुलना में इसका गहन आध्यात्मिक और धार्मिक चरित्र; और (2) पहले की पुरानी सामाजिक और राजनीतिक गतिविधियों के अनुकरणीय चरित्र के मुक़ाबले भारतीय जीवन और विचारों की सचाइयों पर इसकी मज़बूत पकड़। राष्ट्रवाद प्रचंड यथार्थवादी है; पुराने राजनीतिक और सामाजिक विचार कमोबेश अनुकरणीय और कल्पनाशील थे। पुरानी पीढ़ियों ने आज़ादी और उन्नति की अपनी प्रेरणा यूरोपीय और विशेष रूप से ब्रिटिश, इतिहास और साहित्य से पाई। पुरानी देशभक्ति भारतीय विचार और जीवन की वास्तविकताओं पर नहीं, बल्कि यूरोप और अमेरिका के आदर्शवाद पर आधारित थी। स्वतंत्रता, धार्मिक और सामाजिक विद्रोह के आन्दोलनों को छोड़कर, जहाँ इसका मतलब केवल व्यक्तिगत स्वतंत्रता था, यह एक अस्पष्ट विचार थी। स्वतंत्रता की अवधारणा का स्वाभाविक विकास दासता की भावना में है, और इसकी जीवन-शक्ति इसी भावना की ताक़त से तय होती है। अंग्रेज़ीदाँ वर्गों में सामाजिक और पौरोहित्यिक प्रतिबन्धों का तीक्ष्ण और गहन बोध था, वे स्वतंत्रता, समानता और बन्धुत्व के आदर्शों से प्रेरित थे, जो उन्होंने फ्रांसीसी क्रान्ति के सिद्धान्तों की अंग्रेज़ी प्रस्तुतियों के ज़रिये आत्मसात् किए थे; और इसके फलस्वरूप सामाजिक मुक्ति की सच्ची इच्छा जागी थी, जाति और रीति-रिवाजों के बन्धनों से मुक्ति की इच्छा। लेकिन राजनीतिक ग़लतियों का शायद ही कोई गहरा और वास्तविक बोध था। इसके विपरीत, आम धारणा यह थी कि अंग्रेज़ों ने जहाँ

उथल-पुथल की थी, वहाँ शान्ति स्थापित की और जहाँ अराजकता थी, वहाँ स्थिर सरकार। ग्रेट ब्रिटेन और भारत के बीच विनाशकारी आर्थिक संघर्ष की अभी तक कोई धारणा भी नहीं थी। नतीजतन, राजनीतिक आज़ादी की चाह बहुत कमज़ोर थी; और यह नौकरशाही में ऊँचे पदों पर नियुक्तियों और देश के क़ानूनों को शक़्ल देने में थोड़ी-बहुत हिस्सेदारी से आगे नहीं बढ़ी। पुरानी देशभक्ति, इसलिए, शिक्षित वर्गों को आधुनिक दुनिया में उनकी हीन स्थिति की चेतना के प्रति जागृत भर कर सकी और इसने उनके कुल के अतीत के गौरव की स्मृतियों को जगाया। यह एक प्रतिक्रिया की शुरुआत-भर थी, लेकिन नवजीवन की शुरुआत अभी तक नहीं हुई थी।

भारतीय देशभक्ति की पुरानी और नई गीतावली पर एक नज़र डालने भर से पुराने राजनीतिक आन्दोलनों और नये राष्ट्रीय उभार के बीच व्यापक और महत्त्वपूर्ण अन्तर तुरन्त साफ़ हो जाता है। पुरानी देशभक्ति के सबसे लोकप्रिय गीतों में से एक यह था :

> हे भारत, मुझे बतलाओ कब तुम दुर्भाग्य का यह सागर पार करोगे? या, कि अपने ही पतन से तुम सिर्फ़ डूबते जाओगे, नीचे और नीचे, जब तक कि अपनी भलाई के मारे तुम रसातल में न मिल जाओ? तुमने ख़ुशी-ख़ुशी अपनी धन-दौलत परदेशियों को सौंप दी है। और आज तुम्हारी छाती पर बस लोहे की एक ज़ंजीर है!
>
> तेरे सब नगरों में परदेशियों की ज्योति चमकती है; लेकिन वहीं तुम तो वैसे ही हो अन्धकार में!

एक और देशभक्ति गीत में ज़ाहिर होता है कि 'विदेशियों के आधिपत्य के कारण भारत दिन-ब-दिन कमज़ोर और दरिद्र होता जा रहा था; एक ऊँचे द्वीप से टिड्डियों का दल, भूमि पर गिरकर, सारा अनाज खा रहा था, और देश के बच्चों के लिए सिर्फ़ भूसी छोड़ रहा था!' दूसरे कई गीतों में अतीत के वैभव-प्रतिष्ठा को लेकर रुदन है। तीस साल पहले भारतीय देशभक्ति के ये प्रमुख स्वर थे; और आज ये शायद ही कभी सुने जाते हैं। नया स्वर घोर यथार्थवादी और परम धार्मिक और आध्यात्मिक है। अब इसमें अपमान और निराशा की पुरानी भावना नहीं झलकती है, बल्कि जाति का एक नया गौरव और लोगों की नियति में चिरजीवी विश्वास दिखता है।

लॉर्ड कर्ज़न ने जब बंगाल की पुरानी शासकीय व्यवस्था को दो हिस्सों में बाँट दिया, और एकजुट जनता की माँगों को बहुत तिरस्कारपूर्वक ख़ारिज करके, पूर्वी हिस्से को काटकर पश्चिमी ज़िलों से अलग कर दिया, तो देश का जवाब था :

> तुम क्या विधाता के बनाए बन्धनों को तोड़ सकोगे? तुम क्या इतने शक्तिशाली हो? हमें तोड़ना और बनाना तेरे हाथ में है; तुझे क्या यह दम्भ है?

तू हमें सदा अपने पीछे घसीटता रहेगा, तू सदा हमें अपने अधीन रखेगा; पर तुझमें इतना बल नहीं, ऐसी आजमाइश से हम थकनेवाले नहीं।

तू अपने दमन की रस्सियों में हमें कितना ही कस दे, मगर यह मत भूल कि कमज़ोरों के पास भी ताक़त होती है। तू कितना ही ताक़तवर सही, कहीं एक ईश्वर भी है।

हमारी ताक़त को ख़त्म करके, तू भी नहीं बचेगा। पाप का घड़ा जब भर जाएगा, फूट जाएगा।

भारत के आधुनिक राजनीतिक संघर्षों में परमात्मा के विधान का यह सन्दर्भ स्पष्ट रूप से एक नया स्वर था। इससे पता चलता है कि शक्ति और प्रेरणा पाने के लिए राष्ट्र का मानस उच्च शक्तियों की ओर मुड़ने लगा था। न्याय या सदाशयता पाने के लिए अब वह मनुष्य से प्रार्थना नहीं कर रहा था, बल्कि प्रकाश और शक्ति के लिए परमेश्वर को पुकार रहा था। कोई भी राजनीतिक जादूगर देश के हृदय से ऐसी पुकार का स्वर नहीं रच सकता।

इन गीतों की अपार लोकप्रियता इस बात का प्रमाण है कि देशभक्ति की नई भावना पूरे देश में कितनी गहराई तक पैठी हुई है। भारत में कोई संगीतशाला नहीं है, कुछ नाट्यशालाएँ ज़रूर हैं, मगर वे भी पूरी तरह से पुलिस की सेंसरशिप के अधीन हैं; और कुछ समय से कार्यकारी सरकार राजद्रोह के ख़िलाफ़ अपने अभियान में, राष्ट्रीय मंच के ज़रिये किसी भी तरह के राष्ट्रवादी विचारों का प्रचार-प्रसार रोकने के लिए सेंसरशिप के इस अधिकार का प्रयोग कर रही है। हालाँकि, पुलिस और मजिस्ट्रेट की सक्रियता के बावजूद राष्ट्रभक्ति के ये गीत व्यापक प्रचलन में हैं। इस तरह अधिकांश नये गीत, जो आधे धार्मिक और आधे राजनीतिक हैं, देश के दूरदराज़ वाले इलाक़ों तक पहुँच चुके हैं। कहीं बरगद के पेड़ के नीचे लेटा हुआ नंगे बदन कोई चरवाहा, अपने देश की महिमा गाता है, धर्म का क्षय रोकने और उसकी पुनर्स्थापना के लिए कृष्ण को पुकारता है, उनसे धरती पर आने का आग्रह करता है। आपस में खेलते हुए छोटी बच्चियाँ समवेत स्वर में गाती हैं :

ज़ोर से बोलो वंदे मातरम्, चालीस करोड़ भाइयों
चालीस करोड़ बहनों, हम क्या किसी से कम हैं?
बोलो वंदे मातरम्!
और पवित्र भिक्षु आते हैं, द्वारे-द्वारे गाते हैं,
दीन भारत तुझे पुकारे, अब तो आओ, हे मुरारी।

मुरारी कृष्ण का एक नाम है, जो मुरा नाम के राक्षस के साथ उनके युद्ध की स्मृति है, अपने लोगों को राक्षस के अत्याचार से निजात दिलाने के लिए कृष्ण ने जिसे मार डाला था।

तो नया राष्ट्रीय आन्दोलन इस तरह से लोगों के हृदय और आत्मा में अपना काम करता रहा है। पुराने संस्कार, जो अपने मूल अर्थ और सार्थकता के साथ ही अपनी जीवन शक्ति खो चुके थे, देशभक्ति के इस नये आवेग के अधीन नया जीवन पाकर गतिमान हो उठे हैं। फ्रांसीसी क्रान्ति के लेखकों ने कैथोलिक धर्म के पुराने संस्कारों को नये से बदलने की हास्यास्पद कोशिशें कीं, और अपने यहाँ वे जिस तरह की नागरिक संहिता स्थापित करने की कोशिश कर रहे थे, उसे ले आए। भारत में, हिन्दुओं के बीच, लोगों के पुराने प्रतीकवाद और कर्मकांड से बाहर, नागरिक धर्म एक आसान और स्वाभाविक प्रक्रिया के ज़रिये आगे बढ़ रहा है। वास्तव में, सभी जातीय व्यवस्थाओं की तरह, पंथ धर्मों से इतर हिन्दू धर्म में फ़ायदा यह है कि इसके प्रतीक और अनुष्ठान, इसके संस्कार और रहस्य, सभी आंशिक रूप से धार्मिक और आंशिक रूप से नागर, आंशिक रूप से सामाजिक और आंशिक रूप से आध्यात्मिक हैं। सच तो यह है कि हिन्दू धर्म में, सामाजिक और आध्यात्मिक तत्त्व विचित्र ढंग से गुँथे हुए हैं। नतीजतन, नई राष्ट्रीय भावना को लोगों के वर्तमान धार्मिक संस्कारों और सूत्रों में ख़ुद को अभिव्यक्त करने के उचित माध्यम मिल गए हैं। यज्ञ-पूजन के लिए जल के शुद्धिकरण का सामान्य हिन्दू सूत्र देखिए :

गंगे च यमुने चैव गोदावरी सरस्वती,
नर्मदे सिन्धु कावेरी जलेस्मिन् सन्निधिम् कुरु।

[हे गंगा, यमुना, गोदावरी, सरस्वती, नर्मदा, सिन्धु, कावेरी नदियो! आप सभी इस जल में प्रवेश करें।]

यह नव राष्ट्रीय जीवन का बपतिस्मा सूत्र बन गया है, जो हिन्दू एकता का संस्कार और प्रतीक है। हर धर्मभीरु हिन्दू रोज़ स्नान करते समय यह श्लोक दोहराता है। एक अरसे तक बहुसंख्य लोगों के लिए यह एक मंत्र मात्र था, इन महान नदियों की पवित्रता का बखान, जिनके किनारों पर कभी हिन्दू जीवन और संस्कृति का विकास हुआ था। कुछ धर्मनिष्ठ लोगों के लिए, यह पूजा-पाठ के साथ अलौकिक महत्त्व का रहा है। लेकिन लोगों के एक बहुत बड़े वर्ग के लिए आज इसमें नये निहितार्थ हैं। कोई मैला-कुचैला स्नानार्थी गन्दे तालाब में घुटनों तक पानी के बीच खड़े होकर, उस मैले पानी से नहाते हुए यह मंत्र दोहराता है, तो उसे भान रहता है कि यह वही पानी है, जिसमें कि भारत के विभिन्न हिस्सों में उसके लाखों-करोड़ों भाई-बहन स्नान कर रहे हैं। और यह चेतना उसे उन तमाम लोगों के साथ अपना नाता जोड़ने और अपने राष्ट्र की एकता का एहसास कराने में मदद करती है।

हिन्दू धर्म की तथाकथित मूर्तिपूजा भी एक बड़े बदलाव से गुज़र रही है। इसकी शुरुआत वास्तव में बंकिम चन्द्र से हुई, जिन्होंने राष्ट्रीय विकास के विभिन्न

चरणों के प्रतीक के रूप में सबसे लोकप्रिय हिन्दू देवी-देवताओं की व्याख्या की। जगधात्री—जो सिंहारूढ़ हैं, और शेर के पंजे के नीचे पाँवों पर गिरे एक हाथी की देह है—जंगलों की सफ़ाई वाले शुरुआती चरण में मातृभूमि की प्रतिनिधि हैं। बंकिम चन्द्र कहते हैं, यह माँ का रूप है, जैसी वह थीं। विकटाकार देवी काली, गले में नरमुंडों की माला धारण किए नग्न और काली—कटे हुए सिर जिनसे ख़ून टपक रहा है—और जो शिव यानी अच्छाई की देह पर पाँव धरे नृत्य कर रही हैं : बंकिम चन्द्र कहते हैं, यह माँ हैं, जैसी कि वह हैं; काली, क्योंकि वह ख़ुद से अनभिज्ञ हैं; ख़ून टपकते सिर उनके अपने बच्चों के हैं, जो अकाल और महामारी की भेंट चढ़ गए; टपकता ख़ून चाटते हुए गीदड़ सामाजिक जीवन की तबाही और पतन का प्रतीक हैं, और पाँवों में पड़ी हुई शिव की देह का अर्थ है कि वह अपनी ही अच्छाई को पैरों तले रौंद रही हैं। दस भुजाओं वाली देवी दुर्गा—जिनके कुछ हाथों में तलवार और भाले हैं, कुछ में गेहूँ का गुच्छा लिये हुए, दूसरों को साहस और शान्ति देनेवाली, सिंह की सवारी करनेवाली, राक्षसों से लड़नेवाली—जिनके साथ ज्ञान और कला की देवी सरस्वती, एक तरफ़ बुद्धि के देवता गणपति, और दूसरी तरफ़ धन की देवी लक्ष्मी, और रक्षा के लिए बैकुंठ की सेना के अधिपति कार्तिकेय : बंकिम चन्द्र कहते हैं, यह माँ हैं, जैसी वह होंगी। देवी-देवताओं की पुरानी छवियों की इस व्याख्या ने देश के वर्तमान उत्सवों और आम लोगों को एक नया अर्थ दिया है, और वे जगधात्री, या काली, या दुर्गा की पूजा करते हुए पूरी श्रद्धा और उत्साह से वंदे मातरम् का प्रेरक उद्‌घोष करके उनका अभिवादन करते हैं। ये सभी भारतीय हिन्दुओं में पूजा के सबसे लोकप्रिय प्रयोजन हैं, ख़ासकर बंगाल में। और इन प्रतीकों का रूपान्तरण यकायक वर्तमान आन्दोलन की गहराई और ताक़त का कारण और प्रमाण बन गया है। पुराने देवी-देवताओं का यह अद्‌भुत रूपान्तरण देश की महिलाओं और अवाम को नये राष्ट्रवाद का सन्देश दे रहा है।

देश के पुराने धार्मिक विचारों और प्रतीकों के इस महान परिवर्तन के पीछे, हालाँकि, जीवन का एक नया दर्शन है। वास्तव में, यह कोई नया दर्शन भी नहीं है, बल्कि इसे जाति के प्रभावशाली दार्शनिक चिन्तन का कुछ नया प्रयोग कह सकते हैं। भारत में नये राष्ट्रवाद के उदय के पीछे हिन्दुओं का पुराना वेदान्तवाद खड़ा है। कई समूहों में बँटे इस प्राचीन भारतीय दर्शन में एक छोर से दूसरे छोर तक एक विचार समान रूप से विद्यमान मिलता है और यह मनुष्य और ईश्वर के अनिवार्य एकात्म का विचार है। इस दर्शन के अनुसार पदार्थ अनेक रूपों में व्यक्त होते हुए भी एक ही है। सच्चाई एक है, हालाँकि इसके अनहद रूप हैं। इस दर्शन की दृष्टि में पदार्थ भौतिक नहीं है, बल्कि अनिवार्य रूप से आध्यात्मिक है; ईश्वर के विचार का मूर्त रूप। मनुष्य परमेश्वर की आत्मा का अवतार है। इस लौकिक जगत के उद्‌भव का अर्थ, ख़ुद इसी में नहीं, बल्कि परम तत्त्व के विचार में पाया

जाना है। यहाँ हेगेल की सूक्ति को अपनाना है, स्वयं को अपने आप से दूर करना, स्वयं में लौटने के लिए, और स्वयं हो जाने के लिए। वह परम तत्त्व या ब्रह्म, इस उद्भव-प्रक्रिया का आरम्भ, मध्य और अन्त है। वही लौकिक विकास में नियामक विचार है। दुनिया की कार्यविधि में वह उत्तरोत्तर स्वयं को प्रकट कर रहा है। ईश्वरीय विचार मनुष्य की चेतना में धीरे-धीरे अपने आप आता है। मानव-विकास का लक्ष्य ईश्वर के साथ मनुष्य की एकात्मकता का सम्पूर्ण बोध है। इतने लम्बे समय तक, ख़ासतौर पर भारत में जिसे मध्य युग कहा जा सकता है, ईश्वर और मनुष्य के बीच इस अनिवार्य एकात्मकता को, सामाजिक और गृहस्थ जीवन त्यागकर, गूढ़ आध्यात्मिक साधना के ज़रिये खोजकर महसूस करने की कोशिश की गई थी। यथार्थ की उपेक्षा के लिए आत्मपरकता और सार्वभौमिकता पर बेवजह ज़ोर दिया गया, भले ही वे वस्तुनिष्ठता और विशिष्टता के कितने ही सापेक्ष हो सकते हों। हालाँकि, इन भिक्षुओं-सी अमूर्तताओं का समय-समय पर विरोध होता रहा, मगर इन विरोधों के बावजूद अमूर्त अद्वैतवाद का प्रभाव बना रहा। नव-वेदान्तवाद, जो दरअसल इसके मानस और तत्त्व का निर्माण करता है और जिसे नव-हिन्दूवाद कह सकते हैं, पुराने जातीय आध्यात्मिक आदर्शों को साकार करने की कोशिश कर रहा है, भिक्षुओं के प्रतिवाद या मध्ययुगीन अमूर्तता के माध्यम से नहीं, बल्कि मूर्त तत्त्वों और जीवन के यथार्थ को आदर्श और आध्यात्मिक स्वरूप देकर। परिणामस्वरूप, यह सामाजिक, आर्थिक और राजनीतिक पुनर्निर्माण की माँग करता है, जो समाज के हर आदमी को उच्चतम आध्यात्मिक जीवन जीने में मददगार हो। भारत में वर्तमान राष्ट्रवादी आन्दोलन का आध्यात्मिक स्वर पूरी तरह से इस पुनर्जीवित वेदान्त के विचार से उत्पन्न हुआ है।

काफ़ी हद तक स्वर्गीय स्वामी विवेकानन्द के नाम से जुड़े इस नव-वेदान्तवाद के प्रभाव में, पुराने सामाजिक विचारों के उदारीकरण की धीमी और ख़ामोश प्रक्रिया चल रही है। पुरानी धर्मान्धिता, जिसमें जाति के बन्धनों, या रीति-रिवाजों की सत्ता में ज़रा-सा भी फेरबदल सम्भव नहीं था, अब खुलेआम नई उदारता की भावना के लिए जगह बना रही है। विशुद्ध आनुष्ठानिक मामलों और जाति के पुराने बन्धनों को छोड़कर राष्ट्रीय संघर्ष और राष्ट्रीय जीवन की अत्यावश्यक ज़रूरतें धीरे-धीरे ख़त्म हो रही हैं। नये आन्दोलन में, पुराने और कट्टर ब्राह्मण भी नास्तिक और ग़ैर-ब्राह्मण गुरुओं को खुला सम्मान दे रहे हैं। इनमें से जिन कुछ लोगों ने पुरानी सामाजिक और पौरोहित्यिक व्यवस्था का उल्लंघन किया है, उसके लिए भी शास्त्रीय और सनातन साक्ष्य खोजने की स्पष्ट बेचैनी है। और जहाँ ऐसा कोई साक्ष्य नहीं मिल पाता है, उनके विचार और कार्य की व्यक्तिगत स्वतंत्रता को इस सिद्धान्त के हवाले से माफ़ी मिल जा रही है कि जो लोग अपने राष्ट्र के रक्षक हैं, वे भिक्षुक और संन्यासियों की तरह, सभी क़ानून से ऊपर हैं। और यह सब उस

अनोखे असर का प्रमाण है, जो नये राष्ट्रवादी प्रचार ने लोगों के मन-मस्तिष्क और उनकी आत्मा पर किया है।

लेकिन इस आन्दोलन ने न केवल मज़बूत आध्यात्मिक स्वर विकसित किया है, और जिससे ख़ुद को लोगों की गहन धार्मिक चेतना से जोड़ा है, राष्ट्रीय धर्म के प्रतीकों और संस्कारों के ज़रिये निर्दिष्ट ध्येय को आगे बढ़ाने यानी देश में मुकम्मल और समेकित राष्ट्रीय जीवन के निर्माण में योगदान किया; बल्कि इसने भारतीय राजनीति में भी सच्चाई की ऐसी मज़बूत छाप छोड़ी है, जो पहले कभी नहीं थी। इसने भारत में ब्रिटिश नीतियों की गहन छानबीन की, और इस तरह क़रीब-क़रीब निर्मम स्पष्टवादिता के साथ उनका असली चरित्र उजागर किया। इसने यह विचार पूरी तरह से ध्वस्त कर दिया है कि इंग्लैंड ख़ासतौर पर भारतीयों की भलाई के लिए भारत में है, और उनकी भलाई के लिए ही यहाँ आया। इन सबसे ऊपर, राष्ट्रवादी आन्दोलन ने भारत में केन्द्रीय राजनीतिक समस्या को एक नये दृष्टिकोण से देखा है, और वह है मनोविज्ञान।

सचमुच, इसने निर्भीकता से घोषणा की है कि भारत में वास्तविक राजनीतिक समस्या विशुद्ध रूप से राजनीतिक नहीं है, दरअसल यह मनोवैज्ञानिक समस्या है। भारत में ब्रिटिश शासन का अचम्भा यह है कि 30,00,00,000 लोगों की सरकार, जो पूरे महाद्वीप में फैली हुई है और जिसे फ़ौजी और ग़ैरफ़ौजी सब मिलाकर कुछ लाख विदेशी सँभालते हैं, न तो भौतिक और न ही बौद्धिक, और न ही शासितों के मुक़ाबले शासकों की नैतिक श्रेष्ठता के चलते है, बल्कि यह ख़ालिस सम्मोहन है। लोगों को विदेशी शासकों की परोपकारिता में विश्वास करने के लिए सम्मोहित किया गया था। सभ्य कूटनीति के कुटिल तरीक़ों से नावाक़िफ़ लोगों ने शासकों की हर बात को ब्रह्मवाक्य मानकर उस पर भरोसा किया, चाहे वे अपने बारे में कुछ कहते या फिर यहाँ के लोगों के बारे में। उन्हें बताया गया था कि भारत के लोग ख़ुद अपने मसले सँभालने के क़ाबिल नहीं हैं, तो उन्होंने इसे सच मान लिया। उन्हें बताया गया कि लोग कमज़ोर हैं और विदेशी सरकार ताक़तवर, और उन्होंने इसे सच मान लिया। उन्हें बताया गया था कि मनुष्यता की सीढ़ी पर भारत सबसे निचली पायदान पर खड़ा है, और इंग्लैंड का लक्ष्य अर्ध-गँवार देशी लोगों को सभ्य बनाना था, और लोगों ने मान लिया कि वे सचमुच ही सभ्यता के पैमाने पर बहुत नीचे हैं। सम्मोहन ने इसी तरह काम किया। राष्ट्रवादी विचारों ने इन सारे मिथ्याभिमानों के खोखलेपन की पोल खोल दी। इसने वह माहौल बनाना शुरू किया, सम्मोहन में जिसे पलटवार कहते हैं, और जिसने एक साथ ही लोगों में ख़ुद अपनी ताक़त का एहसास और अपनी संस्कृति के प्रति आदर भाव जगाया, और उनमें एक नया विश्वास पैदा किया कि दुनिया की दूसरी नस्लों की तरह ही, उनका भी एक विशिष्ट लक्ष्य और नियति है।

भारत में आम धार्मिक और सामाजिक पुनरुत्थान राष्ट्रवादी आन्दोलन से पहले हुआ। यह पुनरुत्थान धार्मिक और सामाजिक विद्रोह के पूर्व में हुए आन्दोलनों के ख़िलाफ़ एक प्रतिक्रिया के रूप में आया, जो निस्सन्देह यूरोपीय विचारों और आदर्शों के प्रभाव में हुए थे। ये विद्रोह, भारत के सामाजिक और धार्मिक जीवन में अठारहवीं सदी के उत्तरार्ध और उन्नीसवीं सदी की शुरुआत के यूरोप के प्रभावशाली तर्कवादी विचारों की कसौटी के इस्तेमाल का प्रत्यक्ष परिणाम थे। कह सकते हैं कि यह आधुनिक भारतीय चेतना की ऊपरी जुम्बिश थी। इसके तुरन्त बाद ज़रूरी जवाबी आन्दोलन हुआ। सामाजिक और धार्मिक पुनरुत्थान का आन्दोलन, जो वर्तमान राष्ट्रवादी आन्दोलन से पहले हुआ, सचमुच राष्ट्रीय चेतना की ख़ुद में वापसी का प्रतीक था। यह भारतीय समाज के प्रगतिशील और रूढ़िवादी तत्त्वों के बीच कोई संघर्ष नहीं था, जैसा कि अगम्भीर पर्यवेक्षकों ने इसे साबित करने कोशिश की, बल्कि आक्रामक यूरोपीय और प्रगतिशील भारतीय संस्कृति के बीच संघर्ष था। यह यूरोप के बौद्धिक और नैतिक वर्चस्व के ख़िलाफ़ भारत का बौद्धिक और नैतिक विरोध था। एक मायने में, यह वास्तव में यूरोप और अमेरिका में पूर्वी और विशेष रूप से हिन्दू, विचारों और आदर्शों की बढ़ती सराहना की पलट कार्रवाई थी। जिस तरह विदेशी ईसाई मिशनों ने दुनिया के उद्धारक और मानवता के हितैषी के रूप में ईसाई राष्ट्रों की आत्म-चेतना विकसित करने में आर्थिक रूप से ख़ूब मदद की है, उसी तरह हिन्दू और बौद्ध धर्म प्रचारकों की गतिविधियों ने यूरोप और अमेरिका में आधुनिक विश्व-संस्कृति के विकास में भारत के उद्यम को रेखांकित किया है। इन सबने मिलकर एक नये जातीय गौरव का सृजन किया; और जाति के इस गौरव से सचमुच देश में नई राष्ट्रीय भावना का जन्म हुआ। इन तमाम तरीक़ों से पुराना सम्मोहन धीरे-धीरे टूट रहा था। इस काम को पूरा करने के लिए सिर्फ़ नये राजनीतिक आदर्श की साहसिक घोषणा की ज़रूरत थी। इस तरह की घोषणा के साथ राष्ट्रवादी दल भारत में एक नई राजनीतिक पार्टी के रूप में अस्तित्व में आया। उन्होंने घोषणा की कि ब्रिटिश नियंत्रण से बिलकुल मुक्त 'राष्ट्रीय स्वायत्तता' उनका राजनीतिक आदर्श था। निस्सन्देह यह एक साहसिक घोषणा थी; ब्रिटिश-भारतीय राजनीति में ऐसा पहले कभी नहीं सुना गया था। इसने सरकार और जनता दोनों को अचम्भे में डाल दिया। मगर सिर्फ़ स्वतंत्रता की इच्छा कोई ऐसा गुनाह नहीं, जिसके लिए सज़ा दी जा सके। राष्ट्रवादी नेताओं ने यह घोषणापत्र तैयार करते हुए और फिर इसके सार्वजनिक एलान के समय भी एहतियात बरती, कहा कि पूर्ण स्वतंत्रता हालाँकि उनका अन्तिम ध्येय है, मगर देश के हालात को देखते हुए, बुद्धिमत्ता का तकाज़ा है कि पूर्ण स्वतंत्रता का न्यायसंगत लक्ष्य हासिल करने के लिए पूरी तरह से शान्तिपूर्ण और विधिसम्मत तरीक़े अपनाए जाएँ। सरकार बेबस थी, वह शान्तिप्रिय लोगों को सिर्फ़ इसलिए सज़ा नहीं दे सकती कि उन्होंने आज़ाद होने की अपनी अभिलाषा

पूरी करने की ठान ली थी। इससे अफ़सरों को ज़रूर धक्का पहुँचा, मगर इसने लोगों की सोच को देश के पुराने राजनीतिक आन्दोलनों के नैतिक और बौद्धिक बन्धनों से आज़ाद कर दिया। जैसे कि धार्मिक और सामाजिक जीवन में, अपने अतीत की रोशनी में, असहनीय विदेशी विचारों और आदर्शों से मुक्त होकर, भारत ने अपने विकास की राह ख़ुद चुनने और तय करने के अपने अधिकार का दावा करना शुरू कर दिया था; उसी तरह, राजनीति में भी, उसने आत्म-नियंत्रण और आत्मनिर्णय के अपने न्यायसंगत अधिकार का दावा किया, ताकि यूरोपीय आर्थिक या राजनीतिक दर्शन के बन्धन से आज़ाद होकर, अपनी मुश्किलों को अपने तरीक़े से निपटा सके। यूरोपीय विचारों और तजुर्बे के लिहाज़ से राजनीतिक स्वतंत्रता के विचार की झलक वाला चाहे औपनिवेशिक या कोई अन्य 'स्वशासन' नहीं, बल्कि 'स्वराज' को नये ध्येय के रूप में घोषित किया गया।

और इस घोषणा का महत्त्व ख़ासतौर से इस तथ्य में निहित है कि स्वराज सिर्फ़ राजनीतिक परिभाषा भर नहीं थी। दरअसल, राजनीति ने इसे अवाम के सर्वोच्च दार्शनिक और धार्मिक शास्त्रों से लेकर उद्धृत किया था। इसलिए, यह अवधारणा स्व-शासन की अभिव्यक्ति से कहीं ज़्यादा बेहतर थी। यह अंग्रेज़ी के शब्द 'फ्रीडम' से ज़्यादा विस्तृत है। स्वतंत्रता दरअसल नकारात्मक है, जबकि स्वराज एक सकारात्मक अवधारणा है। वेदान्त में यह शब्द उच्चतम आध्यात्मिक अवस्था बताने के लिए प्रयोग किया जाता है, ऐसी अवस्था जिसमें व्यक्ति, सार्वभौम सत्ता के साथ अपनी पहचान का अनुभव कर लेता है, और न सिर्फ़ सारे बन्धनों से मुक्ति पा लेता है, बल्कि दुनिया के दूसरे सभी तत्त्वों के साथ उसका सटीक तादात्म्य स्थापित हो जाता है। स्वराज का अर्थ है, सारे संघर्षों का अन्त। राजनीतिक रूप से, इसका अर्थ केवल दासता की अनुपस्थिति नहीं है, बल्कि राष्ट्रीय या अन्तरराष्ट्रीय हितों के टकराव के कारण सारे विवादों का निपटारा भी है। इस अवधारणा में केवल राष्ट्रीय स्वतंत्रता ही नहीं, बल्कि सार्वभौमिक महासंघ भी शामिल है, जिसके बिना राष्ट्र कभी भी एक दूसरे के साथ बेहतर सामंजस्य नहीं बन सकते। यह शब्द, स्वराज, पूरी तरह से भारतीय राष्ट्रवाद की भावना की आवाज़ है।

स्वराज की अवधारणा का मूलतत्त्व और सार यही है कि सार्वभौम के साथ व्यक्ति का तादात्म्य हो, उसकी स्वतंत्रता को मान्यता मिले, उस सकल से अलग निज की स्वतंत्रता नहीं, जिसका वह हिस्सा है बल्कि उस सकल में ही और उसी के माध्यम से। ऐसी स्वतंत्रता केवल उन लोगों के लिए सम्भव है जो बहुरूपता में एकता को पहचानते हैं, जो यह समझते हैं कि दरअसल एक जीवन, एक मन, एक इच्छा, एक आत्मा है, और जो विविध माध्यमों और विविध तरीक़ों से ख़ुद को पूर्ण करती है; और इन सबसे ऊपर, जो इस एकात्मकता की अस्मिता को पहचानते हैं, जैसा कि वेदान्त में कहा जाता है—सभी संघर्षों का ख़ात्मा और सभी

विवादों का पूर्ण समाधान। इस सर्वोच्च आध्यात्मिक दृष्टिकोण से जीवन और उसके तमाम लौकिक सम्बन्धों और क्रियाशीलता को देखते हुए, भारतीय राष्ट्रवादी अपनी सामाजिक अर्थव्यवस्था और राजनीतिक क़ानूनों और संस्थानों में धर्म के आध्यात्मिक सन्दर्भ को उचित मानते हैं। उनके लिए राजनीति उनके विशाल धर्म का अंग है; मुक्ति के दर्शन या विज्ञान का क्षेत्र। और, इसलिए, जो शब्द उच्चतम आध्यात्मिक लक्ष्य का प्रतीक है, वह उच्चतम राजनीतिक ध्येय का भी द्योतक है।

यही भारतीय राष्ट्रवाद का सच्चा भाव है। यह दरअसल धार्मिक भावना है। इसका ध्येय सामाजिक और राजनीतिक जीवन की सक्रियता में और उनके माध्यम से ईश्वरीय जीवन की प्राप्ति है। वह लक्ष्य तो पूरी तरह से तय है, मगर शान्तिपूर्ण तरीक़ों से उस तक पहुँचा जा सकेगा या नहीं, यह भारत में उन समस्याओं के निपटारे में ब्रिटिश राजनीति की क्षमता या अक्षमता से तय होगा, जिनसे वे मुक़ाबिल होते हैं।

हिन्दू राष्ट्रवाद : इसका अर्थ क्या है

हिन्दू जाति-चेतना का सार

...हिन्दू होने के नाते, हमारी ज़रूरी पहचान हमारी विशिष्ट संस्कृति और सभ्यता है; और अपने आदर्शों और समाज के प्रति हमारे भीतर एक क्षमाशील पक्षपात का भाव बहुत स्वाभाविक है। पर साथ ही हम यह भी जानते हैं कि अगर हम विचारों के स्वाभाविक मतभेद का आदर करने में चूक जाते हैं, या इन मतभेदों की वजह से विचारों के अपरिहार्य संघर्षों को बर्दाश्त करने में नाकाम रहते हैं, तो यह हिन्दू संस्कृति की मूल भावना के प्रति ही हमारी निष्ठाहीनता होगी।

हमारी जाति की आध्यात्मिक विशिष्टता ने हमेशा ही आधारभूत समानता को मान्यता दी है, जिसमें विविधताओं और मतभेदों के सभी रूप और वर्ग समाहित हैं। इस एकता की अभिलाषा अतीत में हमारे समूचे विकास-क्रम की ख़ासियत रही है। इस जोश में कुछ लोगों ने मनुष्य के बुद्धि-विवेक के यथार्थ को नकार दिया है, जिस पर मतभेदों और बहुरूपताओं की हमारी चेतना आधारित है, और स्वाभाविक तक़ाज़ों और सामाजिक जीवन के दायित्वों, दोनों को ही भ्रामक बताकर ख़ारिज करने की कोशिश की है। दूसरों ने हमारे सहज सामाजिक जीवन और कार्यकलापों को एक तरह की सशर्त सच्चाई और सापेक्ष यथार्थ की तरह मान लिया है, उनको परम योग की चेतना के विकासक्रम के महत्त्व मात्र के रूप में स्वीकार किया है, या फिर परम यथार्थ के अपनी लीला के प्रयोजन से रची गई भिन्न-भिन्न अभिव्यंजनाएँ।

मगर हमने कभी उस परम सत्ता से निगाह नहीं हटाई है, जहाँ सारी स्वाभाविक विविधताओं और मानसिक या सामाजिक जीवन के सभी संघर्षों की न्यायोचित और सन्तुष्ट करनेवाली व्याख्या हो जाती है। हिन्दुओं के दर्शन में अनन्त रूपाकारों का आभास है मगर परम सत्य एक है। हिन्दू धर्म में अनगिनत देवता हैं लेकिन ईश्वर केवल एक है। हिन्दुओं की सामाजिक अर्थव्यवस्था में कई जातियाँ हैं, लेकिन जैविक सम्पूर्ण समाज एक है, ये जातियाँ जिसके हाथ-पाँव और अंग ही हैं, चाहे वे उच्च जाति हों या निम्न, भले ही परस्पर वे कितने ही अलग या विशिष्ट क्यों न हों। और दूसरी जातियों, दूसरे समुदायों, दूसरे धर्मों और दूसरी संस्कृतियों के बारे में हिन्दू का दृष्टिकोण यह है कि ये सभी, उसकी अपनी जाति या समुदाय या अपने ही धर्म या संस्कृति की तरह ही, उसी एक परमात्मा का अंश हैं, जो ऐसे अनन्त भेद और विविधताओं में स्वयं को व्यक्त करता और पूर्णता पाता है।

इसीलिए, हिन्दू संस्कृति और हिन्दू सभ्यता के पैरोकार होते हुए भी, ख़ुद हिन्दुत्व की शिक्षा के अनुरूप हमें यह मानने में कोई गुरेज नहीं हो सकता कि हमारी संस्कृति और सभ्यता सार्वभौम मानव संस्कृति और सभ्यता का एक अंश है, और अपने सबसे अच्छे स्वरूप में, अभी तक उस सार्वभौमिक मनुष्यता के कुछ सुरों को ही सहेजा है, जिसमें दुनिया की सारी जातियाँ और संस्कृतियाँ शामिल हैं। क्योंकि हम मानते हैं कि परमात्मा ने किसी भी देश या इनसान को अपने अंश या विधि की साख से वंचित नहीं रखा है; और यह कि हर इनसान के पीछे वह सार्वभौम मौजूद है। सार्वभौम मानवता सारे ऐतिहासिक विकास में नियामक सिद्धान्त है। इसलिए किसी भी संस्कृति का इतिहास सार्वभौमिक संस्कृति के इतिहास का ही हिस्सा है और इसी के चलते एक दूसरे से उसके घनिष्ठ सम्बन्ध हैं। उनकी एकता आवश्यक और आधारभूत है। उनके भेद, हालाँकि व्यापक और महत्त्वपूर्ण हैं, पर इनका कारण या तो जातीय चेतना के मतभेद हैं, जो नस्ली विकास में मज़बूती का तत्त्व है, या फिर प्राकृतिक माहौल या ऐतिहासिक साहचर्य या विकसित होने की अवस्था में उनके अलग-अलग ठहराव के कारण।

इसलिए, हिन्दू राष्ट्रवाद का मतलब दुनिया के दूसरे राष्ट्रों से, न तो स्वार्थपरक संघर्ष है और न ही अभिमानी अलगाव।

राष्ट्रवाद का हिन्दू दर्शन

और हम इस दर्शन को बेहतर समझने का दावा करते हैं, क्योंकि प्राचीन काल से ही हमारे संतों-संन्यासियों ने हर इनसान को, चाहे वह किसी रंग, मज़हब, देश या जाति का हो, नारायण का रूप मानकर उसको मान दिया है। हर मनुष्य का, वह चाहे समाज की सबसे निचली या सबसे ऊपर की पायदान पर हो, भारत-भर में

हमारे साधु-संन्यासी नारायण के रूप में बराबर का सम्मान करते हैं। सर्वोच्च हिन्दू मान्यता के मुताबिक़ दुनिया के तमाम क़बीलों, नस्लों और राष्ट्रों के संगठित जीवन को नारायण के विविध स्वरूप और उन्हीं के अंश की तरह माना जाता है। यह नारायण या मानवता पूर्ण इकाई है, दुनिया के विभिन्न राष्ट्र उसी इकाई के हिस्से हैं। नारायण या मनुष्यता देह है, तमाम क़बीले, नस्लें और राष्ट्रीयताएँ उस देह के अंग हैं। इन अंगों की बनावट में वह पूर्ण इकाई अन्तर्निहित है। इसलिए, तार्किक रूप से, नारायण या सार्वभौम मनुष्यता हर क़बीले, जाति और राष्ट्र में निहित है। और इसलिए, इन तमाम सामाजिक इकाइयों के विकास का आशय और लक्ष्य नारायण के इस छिपे हुए स्वरूप को उनके अपने जीवन और क्रियाकलापों में व्यक्त करना होना चाहिए। इन सामाजिक इकाइयों में से सबसे छोटी इकाई की स्वतंत्र आत्म-सन्तुष्टि को ठेस पहुँचाना, चोट पहुँचाना या किसी भी तरह से बाधा डालना, दरअसल, विश्व-प्रगति में और इसके ज़रिये स्वयं नारायण के आत्म-आलोक और आत्मबोध को ठेस पहुँचाना, घायल करना और बाधा डालना है। और दूसरी ओर, श्रेष्ठता या स्वतंत्रता की नकली अवधारणा पालकर, दूसरी जातियों या लोगों से पूरी तरह सामाजिक अलगाव की तलाश करना भी, इसी तरह से, इतिहास और मनुष्यता के स्तर पर नारायण के सम्पूर्ण आत्म-आलोक को विकृत और बाधित करने जैसा ही है। अगर पहले की तुलना हत्या से की जा सकती है, तो दूसरे को आत्महत्या कहा जा सकता है: और दोनों ही नारायण के प्रति बराबर के पाप हैं।

यही राष्ट्रवाद का दर्शन है, जैसा कि सर्वोच्च हिन्दू विचार से ज़ाहिर होता है। यही वजह है कि हम मानते हैं कि हिन्दू राष्ट्रवाद का अर्थ, न तो दुनिया के अन्य राष्ट्रों के साथ स्वार्थों का टकराव है और न ही अहंकारपूर्ण अलगाव।

सच्चा हिन्दू राष्ट्रवाद

और सामाजिक एकीकरण के भविष्य में अपनी आस्था के कारण, हिन्दू राष्ट्रवाद संघीय अन्तरराष्ट्रीयतावाद के उच्च आदर्श का प्रतीक भी है; और संघ की सच्ची समझ विकसित करने में, एक तरफ़ हिन्दुओं के दूसरी भारतीय जातियों से मौजूदा सम्बन्धों, और दूसरी ओर ग्रेट ब्रिटेन और ब्रिटिश साम्राज्य के दूसरे हिस्सों से, इस तरह के टकरावों और समझौतों का भी यथोचित अनुमान लगाया जा सकता है। इसलिए, हिन्दू राष्ट्रवाद न केवल भारत में सच्ची स्वतंत्रता के आन्दोलन को आगे बढ़ाने के लिए कृतसंकल्प है, जिसे मैं, हमारे लोगों, हमारी संस्कृति और हमारी सभ्यता की विशिष्ट निपुणता और किरदार के हरसम्भव विकास के लिए ज़बरदस्त गुंजाइश और मौक़ा समझता हूँ, ताकि हम सार्वभौम मनुष्यता के काम में अपने हिस्से की ज़िम्मेदारी उठाने के लायक़ बनें और जातीय संस्कृति और चरित्र के निर्माण

में अपना विशेष योगदान कर सकें, बल्कि ब्रिटेन से हमारे रिश्तों की निरन्तरता में संघीय अन्तरराष्ट्रीयतावाद का लक्ष्य हासिल करने की अपार सम्भावनाएँ निहित हैं, और इसके मार्फ़त हमारा राष्ट्र आसानी से इसे पूरा कर सकता है।

भारत में राष्ट्रवाद का व्यावहारिक महत्त्व

जैसा व्यक्तियों के साथ होता है, वैसा ही राष्ट्रों के साथ भी होता है। हर राष्ट्र को, सबसे पहले और सबसे आगे, अपने प्रति सच्चा होना चाहिए। निजी तौर पर यह बहुत शुद्ध या परिष्कृत या महान नहीं हो सकता है। लेकिन उसकी उन्नति की अवस्था, या विकास का चरण चाहे जो भी हो, उसे इन सब चीज़ों से ऊपर, उस अवस्था या चरण के विशेष सिद्धान्तों के प्रति सच्चा होना चाहिए। क्योंकि उन्नति के अगले सोपान चढ़ने के मौक़े और सम्भावना उन सिद्धान्तों पर निष्ठापूर्वक चलने पर ही निर्भर करेंगे। 'तू थोड़े में विश्वासयोग्य रहा, मैं तुझे बहुत-सी चीज़ों का अधिकारी बनाऊँगा'—यह सिद्धान्त यहाँ भी लागू होता है। और यही सच्चा राष्ट्रवाद है। यह एक राष्ट्र की अपनी विशिष्टता, अपने स्वरूप, अपने शुद्ध और सच्चे आत्मसम्मान के प्रति निष्ठा है।

व्यक्तियों की तरह, राष्ट्र भी बार-बार न सही, मगर कभी-कभी, प्रलोभन में आकर ख़ुद अपने ही प्रति आस्थाहीन हो जाते हैं। ये प्रलोभन तब ज़ाहिर होते हैं, जब एक राष्ट्र किसी दूसरे राष्ट्र या ऐसे अन्य राष्ट्रों के सम्पर्क में आता है, जिनकी संस्कृति और सभ्यता अलग है, और जिसे अपना लेने पर उन्हें सांसारिक रूप से ज़्यादा श्रेष्ठ होने का दर्जा मिल सकता है। उदाहरण के लिए, ये प्रलोभन अब हमारे सामने भारत में आ गए हैं। हमारे शासकों की सभ्यता की पूरी संरचना, जैसा कि लेकी कहते हैं, 'इस विश्वास पर आधारित है कि बौद्धिक और भौतिक क्षमताओं को, कुछ नैतिक बुराइयों की क़ीमत पर भी, विकसित करना अच्छी बात है, जिनका हम सटीक पूर्वानुमान लगा सकते हैं।' नैतिक और आध्यात्मिक लक्ष्यों पर भौतिक और बौद्धिक लक्ष्यों को वरीयता, इस सभ्यता की मौजूदा दशा का विशिष्ट लक्षण है, जिससे आज हमारा देश जूझ रहा है। इस नई सभ्यता के नुमाइंदे हमारी राजनीतिक सम्प्रभुता नियंत्रित करते हैं। प्रजा द्वारा अपने शासक का अनुसरण करना हमेशा ही स्वाभाविक है। अपने मुस्लिम शासकों की नक़ल करके हमने तमाम विदेशी चीज़ें अपनाईं। हम आज भी यही कर रहे हैं। यह कमोबेश अपरिहार्य है। इसके अलावा, हमारी आम दैहिक ज़रूरतों के स्वाभाविक झुकाव के नाते भौतिकता को नैतिक और आध्यात्मिक अच्छाई पर वरीयता मिलती है। हमारी मध्यकालीन सभ्यता का प्रभाव अलग था। इसने नैतिक और आध्यात्मिक उपलब्धियों को सांसारिक पराक्रम और भोग पर प्राथमिकता दी। वह सीधा रास्ता था। अब हमारे देश में बाहर से जो

नई संस्कृति आई है, वह कहीं ज़्यादा प्रभावशाली, आसान और अधिक लुभावनी है। इसलिए, राष्ट्रवाद का हमारे लिए बहुत सकारात्मक महत्त्व है। हमारे राष्ट्रीय आदर्शों और संस्थाओं के प्रति निष्ठा का मतलब वास्तव में एक भिन्न और विशिष्ट राष्ट्र के रूप में जीने का हमारा एकमात्र मौक़ा है। यह आधुनिक दुनिया के राष्ट्रों के बीच एक विशिष्ट राष्ट्र के रूप में आगे बढ़ने का हमारा एकमात्र अधिकार तय करता है। हमारे लिए यह एक सर्वोच्च व्यावहारिक मसला है। इसका महत्त्व सकारात्मक है, नकारात्मक नहीं।

भारतीय राष्ट्रवाद का सांस्कृतिक आधार

इसलिए, हमारे बीच राष्ट्रीय भेदभाव, केवल क्षेत्रीय हदबन्दियों या फिर राजनीतिक या आर्थिक मुक़ाबलों और संघर्षों की बुनियाद पर नहीं है, बल्कि संस्कृति के भेद पर आधारित है। मुसलमानों के शासन के दौर में, चाहे हिन्दू हों या मुसलमान, एक ही सरकार थी, लेकिन उसने हिन्दू संस्कृति की पवित्रता नष्ट नहीं की। हमने अपने मुस्लिम पड़ोसियों से बहुत कुछ लिया और कुछ अपना उनको दिया भी, मगर ज्ञान और शिक्षा के इस आदान-प्रदान ने हमारे विशेष चरित्र या हमारी विशेष संस्कृति को नष्ट नहीं किया। और वह विशेष चरित्र और संस्कृति ही उसकी आत्मा और सार है, जिसे अब हम राष्ट्रवाद कहते हैं। किसी भी तरह से यह राजनीतिक विचार या आदर्श-भर नहीं है। यह ऐसा कुछ है, जिसका सम्बन्ध हमारे सामूहिक जीवन और कार्यकलाप के हर हिस्से से है। यह हमारी घरेलू, हमारी साम्प्रदायिक, हमारी सामाजिक और हमारी सामाजिक-आर्थिक व्यवस्था में अवस्थित है। वास्तव में, कई दृष्टिकोण से राजनीति हमारे इस राष्ट्र-विचार का सबसे कम महत्त्वपूर्ण घटक है। यूरोप की तथाकथित स्वतंत्र राजनीतिक संस्थाएँ, दरअसल, हमारे वास्तविक राष्ट्रीय जीवन के विकास में मदद करने के बजाय बाधा बन सकती हैं; जबकि बोधगम्य परिस्थितियों में, केवल राजनीतिक परतंत्रता उस जीवन के सबसे बाहरी किनारे को भी छू पाने में समर्थ नहीं हो सकती है।

अनुवाद : **प्रभात सिंह**

श्री अरबिन्दो

राष्ट्रवाद एक 'धर्म' है

आज भारत में एक ऐसा सम्प्रदाय है जो ख़ुद को राष्ट्रवाद कहता है और यह सम्प्रदाय बंगाल से आप तक आया है। यह वह सम्प्रदाय है जिसे आपमें से कई लोगों ने स्वीकार किया है, और जब आप ख़ुद को राष्ट्रवादी कहते हैं तो इसे स्वीकार करते हैं। क्या आपने महसूस किया है, क्या आपने अब भी यह महसूस किया है कि इसके मानी क्या हैं? क्या आपने महसूस किया है कि वह क्या चीज़ है जिसे आपने हाथों में लिया है? या फिर आपने इसे सिर्फ़ उच्चतर बौद्धिक धारणा के गर्व में स्वीकार कर लिया है? आप ख़ुद को राष्ट्रवादी कहते हैं। राष्ट्रवाद क्या है? राष्ट्रवाद केवल एक राजनैतिक कार्यक्रम नहीं है; राष्ट्रवाद एक धर्म है जो ईश्वर से आया है; राष्ट्रवाद एक सम्प्रदाय है जिसमें आपको जीना होगा। किसी व्यक्ति को ख़ुद को राष्ट्रवादी न कहने दीजिए यदि वह ऐसा केवल एक तरह के बौद्धिक गर्व में यह सोचते हुए कह रहा है कि वह अधिक देशभक्त है, यह सोचते हुए कि वह उन लोगों से श्रेष्ठ है जो ख़ुद को उस नाम से नहीं बुलाते। अगर आप एक राष्ट्रवादी बनने जा रहे हैं, अगर आप राष्ट्रवादियों का यह धर्म स्वीकार करने जा रहे हैं तो आपको यह निश्चित तौर पर धार्मिक भावना से करना होगा। आपको यह याद रखना होगा कि आप अपने देश की मुक्ति के लिए ईश्वर के उपकरण हैं। आपको निश्चित रूप से ईश्वर के उपकरण की तरह जीना होगा। जो बंगाल में हुआ वह क्या है? आप ख़ुद को राष्ट्रवादी कहते हैं लेकिन जब ऐसा आपके साथ होगा तो आप क्या करेंगे? यह बंगाल में रोज़ हो रहा है, क्योंकि बंगाल में लोगों तक राष्ट्रवाद एक धर्म के रूप में पहुँचा है, और इसे एक धर्म की तरह स्वीकार किया गया है। लेकिन कुछ ताक़तें जो उस धर्म के ख़िलाफ़ हैं इसकी उभरती हुई शक्ति को कुचल देने की कोशिश कर रही हैं। जब भी एक नये धर्म की शिक्षा दी जाती है, यह हमेशा होता है, जब भगवान लोगों के भीतर जन्म लेते हैं तो ऐसी ताक़तें हाथों में अपने सारे हथियार लिये इस धर्म को कुचल देने के लिए उठ खड़ी

होती हैं। बंगाल में भी एक नया धर्म, एक दैवी और सात्त्विक धर्म का उपदेश दिया जा रहा है और वे इस धर्म को अपने पास उपलब्ध सारे हथियारों से कुचल देना चाहते हैं। किस ताक़त के भरोसे हम बंगाल में बचे रहने में सक्षम हुए हैं? राष्ट्रवाद कुचला नहीं गया है। राष्ट्रवाद कुचला जानेवाला नहीं है। राष्ट्रवाद ईश्वर की ताक़त से जीवित रहेगा और इसे कुचलना सम्भव नहीं है चाहे इसके ख़िलाफ़ जो भी हथियार लाया जाए। राष्ट्रवाद अमर है; राष्ट्रवाद मर नहीं सकता; क्योंकि यह कोई इनसान नहीं है। बंगाल में ईश्वर काम कर रहा है। ईश्वर को मारा नहीं जा सकता, ईश्वर को जेल नहीं भेजा जा सकता। जब ये चीज़ें आपके यहाँ होंगी, मैं पूरी दृढ़ता से पूछता हूँ—आप क्या करेंगे? क्या आप वही करेंगे जैसा बंगाल में किया गया? [लोग चीख़ते हैं—'हाँ'] हाँ मत कहिए। यह एक दृढ़ता का मामला है; और मान लीजिए अगर ईश्वर आपसे यह सवाल कर रहा है, आप कैसे इसका उत्तर देंगे? क्या आपमें एक सच्ची आस्था है? या यह केवल एक राजनैतिक आकांक्षा है? क्या यह केवल एक वृहत्तर तरीक़े का स्वार्थीपन है? या आप केवल दूसरों के दमन के लिए आज़ाद होना चाहते हैं क्योंकि आपका दमन हो रहा है? क्या आप अपने राजनैतिक सम्प्रदाय को किसी उच्चतर स्रोत से मानते हैं? क्या आपमें ईश्वर ने जन्म ले लिया है? क्या आपको यह एहसास हुआ है कि आप सिर्फ़ ईश्वर के एक उपकरण हैं कि आपके शरीर आपके अपने नहीं हैं? आप सर्वशक्तिमान के कार्य के लिए केवल ईश्वर के उपकरण हैं। क्या आपको इसका एहसास हुआ है? अगर आपको इसका एहसास हुआ है तब आप सच्चे राष्ट्रवादी हैं; केवल तभी आप इस महान राष्ट्र का पुनर्निर्माण कर पाएँगे। बंगाल में कुछ लोगों को इसका स्पष्ट एहसास हो गया है, कुछ अन्य लोगों को और भी स्पष्ट, लेकिन इसका एहसास हो चुका है और देश के इस हिस्से में आप लोगों को इसका एहसास होना चाहिए; तब हमारे कार्य को एक वरदान मिलेगा और यह महान राष्ट्र फिर उठ खड़ा होगा और एक बार फिर से वह बन जाएगा जो अपने आध्यात्मिक महानता के दिनों में था। आप भारत की आत्मा को चिरस्थायी ग्रहण और दुर्दशा से बचाने के लिए, प्रकाश को बचाने के लिए ईश्वर के उपकरण हैं।

मैं बताता हूँ आपको कि बंगाल में क्या हुआ है। आप सब जानते हैं कि बंगाल क्या था; आप सब जानते हैं कि 'बंगाली' को राष्ट्रों में एक तिरस्कार के पद के रूप में प्रयोग किया जाता था; जब लोग बंगाल के बारे में बोलते थे वो किस भाव से बोलते थे? क्या यह सम्मान का भाव था? क्या यह प्रशंसा का भाव था? आप अच्छी तरह से जानते हैं कि दूसरे देशों के लोग बंगालियों के बारे में क्या कहा करते थे। आप अच्छी तरह से जानते हैं कि आप ख़ुद बंगालियों के बारे में क्या कहते थे। क्या आप अब भी यह सोचते हैं? अगर किसी ने आपसे कहा होता कि बंगाल भारत के रक्षक की तरह सामने आएगा तो आपमें से कितने लोगों ने इस

पर भरोसा किया होता? आपने कहा होता, 'नहीं। भारत का मुक्तिदाता बंगाल नहीं हो सकता; महाराष्ट्र हो सकता है; पंजाब हो सकता है; लेकिन बंगाल नहीं होगा; यह विचार ही बकवास है।' फिर क्या हुआ? किस कारण से हुआ यह परिवर्तन? बंगालियों को किस चीज़ ने उनके पुराने व्यक्तित्व से इतना अलग बना दिया? एक चीज़ हुई है बंगाल में और वह यह है कि बंगाली भरोसा करना सीख रहा है। एक समय बंगाल योरोपीय सभ्यता और पश्चिम से पाई विशुद्ध बौद्धिक शिक्षा के नशे में डूबा था। इसने बौद्धिकता के अधूरे यंत्र से सभी चीज़ों को देखना, सभी चीज़ों को परखना शुरू कर दिया। जब ऐसा हुआ, बंगाल नास्तिक हो गया, यह सन्देहकर्ताओं और पागलों की भूमि बन गई। लेकिन अब भी बंगाल में शक्ति का एक तत्त्व था। बंगाली जिस भी चीज़ में भरोसा करता है, अगर वह वाक़ई भरोसा करता है तो—बहुत से लोग भरोसा नहीं करते हैं—लेकिन अगर वह भरोसा करता है तो बंगाली के बारे में एक चीज़ है कि वह जिस चीज़ पर भरोसा करता है उसे जीता है। अगर वह ब्रह्मसमाजी था या अगर वह एक समाज सुधारक था, इस बात से कोई फ़र्क़ नहीं पड़ता कि वह जिस चीज़ पर विश्वास करता है वह सही है या नहीं, लेकिन अगर वह विश्वास करता था तो अपने विश्वास को जीता था। अगर उसे यह विश्वास है कि एक चीज़ देश की मुक्ति के लिए आवश्यक है, अगर उसे विश्वास है कि एक चीज़ सही है और इसे किया जाना चाहिए, वह इस पर सोचना बन्द नहीं करता था। वह इसे सभी बौद्धिक दृष्टिकोणों से यह सोचने के लिए नहीं रुकेगा कि इसमें जो सत्य है वह केवल एक आदर्श तो नहीं है या यह समायोजन करने के लिए कि क्या वह उस चीज़ को ईमानदारी से कर सकता है जिसमें उसका विश्वास है या कि वह बिना इसे जिए उस विश्वास को बौद्धिक रूप से मानते रह सकता है बल्कि ख़ुद पर इसके परिणामों की चिन्ता किए बिना वह गया और उसने वह किया जिसमें उसका विश्वास है। और अगर वह ब्रह्मसमाजी नहीं था, अगर वह एक पुरातनपंथी हिन्दू था, फिर भी अगर उसे वास्तव में हिन्दू शास्त्रों की शिक्षा पर विश्वास था तो उसने समाज को भ्रष्ट करने की अपनी कमज़ोरियों की सहायता करने की जगह कभी भी अपने सबसे प्रिय लोगों को दूर करने में हिचक नहीं की। वह कभी भी अपने ऊपर पड़नेवाले परिणामों के बारे में सोचे बिना अपने विश्वास को पूरी तरह से लागू करने से हिचका नहीं।

तो बंगाली स्वभाव में बचानेवाला एक तत्त्व क्या था? बंगालियों में विश्वास करने का एक गुण था। विश्वास केवल एक बौद्धिक प्रक्रिया नहीं है, विश्वास केवल एक मानसिक धारणा नहीं है, विश्वास ऐसी चीज़ है जो हमारे हृदय में होती है, और जिस पर आपका विश्वास है वह आपको ज़रूर करना चाहिए क्योंकि विश्वास ईश्वरीय है। यह उस हृदय से है जो ईश्वर से संवाद करता है, यह उस हृदय में है जहाँ ईश्वर रहता है। इसने बंगालियों की रक्षा की। विश्वास करने की इस क्षमता

के कारण हमें उन व्यक्तियों के रूप में चुना गया जिन्हें भारत की रक्षा करनी है, वे लोग जो सबसे आगे खड़े होते हैं, वे लोग जिन्हें अपने विश्वासों के लिए निश्चित रूप से कष्ट उठाने पड़ेंगे, वे लोग जिन्हें अपने विश्वास के हर प्रत्यय को ऐसे पूरा करना चाहिए कि भगवान उनके साथ है और भगवान उनके भीतर है। ऐसे लोगों को राजनैतिक रूप से मज़बूत होने की आवश्यकता नहीं है, ऐसे लोगों को शारीरिक रूप से बलिष्ठ होने की आवश्यकता नहीं है, और यह आवश्यक नहीं है कि ऐसे लोग सर्वोत्तम बौद्धिक दृष्टिकोण के हों। ये निश्चित रूप से ऐसे लोग होने चाहिए जो विश्वास कर सकें। बंगाल में धार्मिक सत्य की एक बाढ़ आ गई। कुछ ऐसे लोगों ने जन्म लिया, ऐसे लोग जिन्हें शिक्षित समाज मान्यता नहीं देता अगर उनके भीतर का ईश्वर नहीं होता उनकी आँखें खोलने के लिए, ऐसे मनुष्य जिनके जीवन ऐसे जीवन से बहुत अलग रहे जिसकी प्रशंसा करना हमारी शिक्षा, हमारी पश्चिमी शिक्षा ने सिखाया है। उनमें से एक हैं, वह पुरुष जिनका सबसे अधिक प्रभाव है और जिन्होंने बंगाल के पुनरुत्थान के लिए सबसे अधिक काम किया है, जो एक शब्द भी लिख और पढ़ नहीं सकते। वह एक ऐसे पुरुष थे जिन्हें उनके हिसाब से दुनिया के लिए पूरी तरह से अनुपयोगी व्यक्ति कहा गया होता। लेकिन उनके भीतर यह एक दैवीय गुण था, कि उनमें श्रद्धा से भी अधिक कुछ था और उन्होंने ईश्वर का अनुभव किया था। वह एक पुरुष थे जिन्होंने जो ज़िन्दगी जी उसके कई लोग एक पागल आदमी की ज़िन्दगी कहेंगे, एक पुरुष जिसका कोई बौद्धिक प्रशिक्षण नहीं था, एक व्यक्ति जिसमें संस्कृति या सभ्यता का कोई बाहरी चिह्न नहीं था, एक व्यक्ति जो दूसरों की भिक्षा पर जीवित रहा, एक ऐसा पुरुष जिसे अंग्रेज़ी शिक्षित भारतीय आमतौर पर समाज के लिए अनुपयोगी कहेगा; अगर वह उन्हें समाज के लिए विनाशकारी न भी कहे तो वह उन्हें समाज के लिए अनुपयोगी कहेगा। वह कहेगा, 'यह आदमी अज्ञानी है। यह जानता क्या है? वह मुझे क्या सिखा सकता है जिसने यूरोप से वह सब प्राप्त किया है जो यह सिखा सकता है?' लेकिन ईश्वर जानता था जो वह कर रहे थे। उसने इस आदमी को बंगाल भेजा और कलकत्ता के दक्षिणेश्वर मन्दिर में उन्हें स्थापित किया, और उत्तर से, दक्षिण से, पूरब से, पश्चिम से, पढ़े-लिखे आदमी, वे आदमी जो विश्वविद्यालय के गौरव थे, जिन्होंने वह सब पढ़ा था जो यूरोप पढ़ा सकता था, इस साधु के पैरों में गिरने आए। मुक्ति का कार्य, भारत के उत्थान का काम शुरू हो गया था।

उन पुरुषों के बारे में सोचिए जो वास्तव में आन्दोलन का नेतृत्व कर रहे हैं। एक चीज़ मैं आपसे देखने को कहूँगा कि बहुत थोड़े से लोग हैं जो उस साधु के स्पर्श से प्रभावित नहीं हुए हैं। अगर आप पूछें कि बिपिन चन्द्र पाल को किसने प्रभावित किया तो वह एक साधु था। उन दूसरे लोगों में जिन्होंने बंगाल का नेतृत्व किया वह व्यक्ति है जिसने यह अख़बार शुरू किया जिसके ख़िलाफ़ इस समय

मुक़दमा चल रहा है। वह भी नेतृत्वकारी लोगों में से एक है। हो सकता है आप यहाँ उसका नाम न जानते हों लेकिन पूरे बंगाल में वह सुपरिचित नाम है और उसने इस आन्दोलन को आगे बढ़ाने के लिए सबसे अधिक काम किया है; वह एक ऐसा आदमी है जिसने साधु की ज़िन्दगी जी, और अपनी प्रेरणा तथा शक्ति उस इकलौते स्रोत से हासिल की जहाँ से प्रेरणा और शक्ति मिल सकती थी। मैंने आपसे उस दिन राष्ट्रीय शिक्षा के बारे में बात की थी और मैंने एक ऐसे व्यक्ति के बारे में बात की थी जिसने इस काम में अपनी ज़िन्दगी लगाई है, वह व्यक्ति जिसने कलकत्ता में वास्तव में नेशनल कॉलेज स्थापित किया और वह आदमी भी एक संन्यासी का शिष्य है, हालाँकि वह व्यक्ति दुनियावी ज़िन्दगी जीता है लेकिन एक संन्यासी की तरह, और अगर आप बंगाल के युवा कार्यकर्ताओं को लें, वे मर्द जो ईश्वर के काम के लिए सामने आए हैं, आपको क्या मिलेगा? उनकी ताक़त क्या है? वह कौन-सी ताक़त है जो उनकी राह में आनेवाली हर बाधा को बर्दाश्त करने में और हर उस दमन का सामना करने में सक्षम बनाती है जिनका उन्हें ख़तरा होता है। मुझे उनके बारे में एक बात कहने दीजिए। भारत में विचार के कुछ ऐसे क्षेत्र हैं जो राष्ट्रवाद को 'पागलपन' समझते हैं। जो लोग ऐसा सोचते हैं वे महान बौद्धिक क्षमताओं वाले लोग हैं, वे पुरुष जिन्होंने गहराई से अध्ययन किया है, जिन्होंने अर्थशास्त्र पढ़ा है, जिन्होंने इतिहास पढ़ा है, पुरुष जो सम्मान के अधिकारी हैं, ऐसे पुरुष आप स्वाभाविक रूप से जिनका नेतृत्व और मार्गदर्शन पाना चाहेंगे और वे कहते हैं कि राष्ट्रवाद हमारे देश को नष्ट कर देगा। ऐसा क्या है जिसकी वजह से वे ऐसी बातें करते हैं? उनमें से कई देशभक्त हैं, कई पूरी तरह से निष्ठावान और ईमानदार हैं, उनमें से कई देश का भला चाहते हैं। लेकिन उनमें कमी क्या है? उनमें इस चीज़ की कमी है। वे ऐसे लोग हैं जो शुद्ध बौद्धिकता में जीते हैं और वे चीज़ों को विशुद्ध बौद्धिक दृष्टिकोण से देखते हैं। बौद्धिकता क्या सोचती है? यह आपसे क्या कहेगी अगर आप भी केवल बौद्धिकता की सलाह लेंगे तो? आपने एक काम हाथ में लिया है, एक इतना विशाल काम, इतना विलक्षण, जिसके साधन इतने कम हैं, जिसका प्रतिरोध इतना मज़बूत होगा, इतना संगठित, इतना अनुशासित, विज्ञान जिन हथियारों की आपूर्ति कर सकता है उनसे इतना सुसज्जित, जितनी सम्भव है उतनी मानवीय शक्ति और सामर्थ्य वाला और आपके पास अपने इस अपार कार्य को करने के लिए कौन से साधन हैं? अगर आप बौद्धिक रूप से देखें, और ये लोग इसे बौद्धिक दृष्टिकोण से ही देखते हैं, यह हताश करनेवाला है। इन लोगों पर मुक़दमा चलाया जा रहा है। वे कैसे प्रतिरोध करेंगे? वे प्रतिरोध नहीं कर सकते। उन्हें सीधे जेल जाना पड़ेगा। ख़ैर, ये भद्र पुरुष तर्क देते हैं और ये सीधे बौद्धिकता से तर्क दे रहे हैं, वे पूछते हैं, 'आप इस तरह कितनी देर प्रतिरोध कर पाएँगे? यह निष्क्रिय प्रतिरोध कितनी देर चलेगा? आपके सभी नेता, आपके सभी मज़बूत लोग

जेल भेज दिए जाएँगे, आपको कुचल दिया जाएगा और आप केवल कुचल नहीं दिए जाएँगे यह राष्ट्र पूरी तरह कुचल दिया जाएगा।' अगर आप बुद्धि से तर्क करेंगे तो यह सच लगता है। मैं आपको किसी ऐसे भौतिक हथियार के बारे में नहीं बता सकता जिसके सहारे आप उनका मुक़ाबला कर सकें जिन्हें आपके राष्ट्रवाद के धर्म का तब प्रतिरोध करने के लिए नियुक्त किया गया है जब आप उसे जीने की कोशिश करें। अगर आप पूछें कि कौन से भौतिक हथियार हैं हमारे पास, मैं आपसे निश्चित तौर पर यह कहूँगा कि भौतिक हथियार आपकी मदद कर सकते हैं लेकिन निस्सन्देह अगर आप पूरी तरह से भौतिक हथियारों पर निर्भर रहेंगे तो जो वे कहते हैं वह बिलकुल सही है कि राष्ट्रवाद एक पागलपन है।

निस्सन्देह इसका दूसरा पक्ष भी है। अगर आप कहते हैं कि राष्ट्रवाद कुछ हासिल नहीं कर सकता है तो मैं इन लोगों की बौद्धिकता से फिर पूछूँगा, कौन हासिल कर सकता है? बौद्धिक रूप से बोलते हुए, मध्यमार्गी दृष्टिकोण से बोलते हुए, कौन हासिल कर सकता है? वे किस पर निर्भर करेंगे? वे देश में एक विदेशी शक्ति पर निर्भर रहेंगे? अगर आप ईश्वर पर निर्भर नहीं रहते, अगर आप एक ऐसी चीज़ पर निर्भर नहीं रहते जो भौतिक वस्तुओं से अधिक शक्तिशाली है फिर आपको केवल उन चीज़ों पर निर्भर रहना होगा जो दूसरे दे सकते हैं। ऐसे पुरुष हैं जो सोचते हैं कि जो ईश्वर नहीं दे सकता भारत की मुक्ति के लिए वो अंग्रेज़ी सरकार दे सकती है। क्या है जिसकी आप ईश्वर से अपेक्षा नहीं करते और जिसकी आप ब्रिटिश सरकार से अपेक्षा कर सकते हैं। आपकी अपेक्षा बेकार है। ये आपके निजी हित नहीं हैं, ये आपके निजी हितों से बहुत अलग हैं, और वे वह करेंगे जो उनके हित में होगा। आप किसी और चीज़ की अपेक्षा नहीं कर सकते। यह बौद्धिक प्रक्रिया आपको कहाँ ले जाएगी। यह बौद्धिक प्रक्रिया, अगर इसका ईमानदारी से उपयोग किया जाए, अगर इसे इसके अन्त तक पहुँचाया जाए तो आपको निराशा तक ले जाएगी। यह आपको मृत्यु तक ले जाएगी। आपके पास कुछ नहीं जो आपकी सहायता कर सके, क्योंकि वर्तमान में आपके पास कोई ऐसी भौतिक ताक़त नहीं जिसे आपका प्रतिद्वंद्वी कुचल न सके, और आपका विरोधी निश्चित रूप से ऐसा मूर्ख नहीं होगा कि आपकी सहायता करे या बिना किसी बाधा के आपको भौतिक ताक़त विकसित करने दे। फिर निष्कर्ष क्या है? निष्कर्ष केवल एक ही है कि कुछ न किया जाए। केवल एक ही निष्कर्ष है कि यह देश मरणोन्मुख है। यह वह निष्कर्ष है जहाँ बौद्धिक प्रक्रिया आपको ले जाएगी।

मैं इस विषय पर पूना में बोल रहा था और उन्हें मैंने बंगाल के अपने अनुभव के बारे में बताया। जब मैं स्वदेशी आन्दोलन के जन्म के तीन-चार साल पहले यह देखने के लिए बंगाल गया कि पुनरुत्थान की क्या उम्मीद है, लोगों की राजनैतिक स्थिति क्या है, और क्या किसी वास्तविक आन्दोलन की कोई सम्भावना है, मैंने

पाया कि लोगों के बीच उदासीनता और निराशा का माहौल था। लोग यह मानते थे कि पुनरुज्जीवन केवल बाहर से आ सकता है, कि कोई दूसरा राष्ट्र हमारा हाथ पकड़कर ऊपर उठाएगा और हम अपने लिए ख़ुद कुछ नहीं कर सकते। अब, यह मान्यता पूरी तरह भंग की जा चुकी है। वे यह महसूस करने लगे हैं कि सहायता इस स्रोत से नहीं आ सकती और फिर उनके पास कुछ नहीं जिस पर निर्भर रह सकें। उनकी बौद्धिकता उन्हें किसी दूसरे स्रोत के बारे में नहीं बता सकी जहाँ से सहायता मिल सकती थी, और इसका परिणाम यह हुआ कि उदासीनता और निराशा हर तरफ़ फैल गई थी, और ज़्यादातर कार्यकर्ता जो वास्तव में स्वयं के प्रति ईमानदार थे कह रहे थे कि इस राष्ट्र के लिए कोई मदद नहीं है और हम सब अभिशप्त हैं। ख़ैर, यह निराशा की स्थिति वह सर्वश्रेष्ठ चीज़ थी जो बंगाल के लिए हो सकती थी, क्योंकि इसका मतलब था कि बौद्धिकता अपना सर्वश्रेष्ठ कर चुकी थी, कि बौद्धिकता वह सब कुछ कर चुकी थी जो इसके लिए सम्भव था और असहाय बौद्धिकता का काम बंगाल में समाप्त हो चुका था। बौद्धिकता कुछ न दे सकने की स्थिति में निष्क्रिय हो गई और जब बौद्धिकता ने काम करना बन्द कर दिया तो बंगाल का हृदय खुल गया और ईश्वर जब भी आवाज़ दे, उसका स्वागत करने के लिए तैयार हो गया। जब अन्त में वह सन्देश आया बंगाल उसके स्वागत के लिए तैयार था और उसने एक क्षण में इसे स्वीकार किया और एक क्षण में पूरा राष्ट्र उठ खड़ा हुआ और पूरे राष्ट्र से ख़ुद को विभ्रम और निराशा से बाहर निकाला और यह अचानक हुआ उभार था, और इस अचानक के उभार से, स्वप्न से इस अचानक जागरण से कश्मीर ने मुक्ति की राह पाई और पूरे भारत में यह घोषणा की कि सनातन जीवन, अमरता और अधोपतन का शीघ्र नाश हमारा भाग्य है। बंगाल उस विश्वास में जिया। उसने एक ऐसे सच का एहसास किया जो धरती द्वारा दिए जा सकनेवाले किसी भी सच से अधिक शक्तिशाली था क्योंकि उसने वह विश्वास ईश्वर से हासिल किया और उस विश्वास को जीने में सक्षम हुआ।

फिर वह हुआ जो हमेशा ही होता है जब ईश्वर स्वयं द्वारा प्रेरित शक्तियों के ख़िलाफ़ लड़ने के लिए अन्य शक्तियों को लाते हैं। क्योंकि यह हमेशा ज़रूरी है कि ईश्वर द्वारा नियुक्त की गई ताक़तें कष्ट उठाकर आगे बढ़ें, बिना निःस्वार्थता की शिक्षा के, बिना आत्मोत्सर्ग की नैतिक शक्ति के हमारे भीतर का ईश्वर विकसित नहीं हो सकता। श्रीकृष्ण तब तक पुरुषार्थ नहीं पा सकते थे जब तक उन्हें दूसरों के लिए काम करने के लिए नहीं पुकारा जाता, जब तक दुनिया की आसुरी ताक़तें उनके विरुद्ध काम नहीं करतीं और उन्हें अपनी शक्ति का एहसास नहीं करातीं। इसलिए बंगाल में एक समय आया विजयिनी आशा के पहले विस्फोट के बाद जब वे भौतिक शक्तियाँ जो राष्ट्रवाद के विरुद्ध लाई जा सकती थीं धीरे-धीरे सक्रिय की गईं और बंगाल से यह सवाल पूछा गया कि 'क्या तुम कष्ट उठा सकते हो? क्या

तुम झेल सकते हो?' बंगाल के नौजवान जो उस क्षण की उत्तेजना में सामने आए थे, उस नये सिद्धान्त की प्रेरणा से जिसे उन्होंने हासिल किया था, इस उम्मीद से नई पाई ताक़त की ख़ुशी मनाते सामने आए कि मार्ग में आनेवाली हर बाधा का सामना कर लेंगे और अब उनसे कष्ट सहने के लिए कहा गया। उन्हें विजय नहीं बल्कि शहादत का ताज पहनने को कहा गया। उन्हें अपनी नई ताक़त की वास्तविक प्रवृत्ति सीखने को कहा गया। यह केवल उनकी अपनी शक्ति नहीं थी बल्कि यह वह शक्ति थी जो उनके माध्यम से कार्य कर रही थी और उन्हें उस शक्ति का उपकरण होना सीखना पड़ा।

फिर हमने क्या सीखा? तब हमने क्या सीखा? हालात की वे ज़रूरतें क्या हैं जिनके बारे में आज मुझे आपको बताना है? यह एक राजनैतिक कार्यक्रम नहीं है। मैंने आपसे कई चीज़ों के बारे में कहा है। मैंने कई चीज़ों के बारे में लिखा है, स्वदेशी के बारे में, बायकाट के बारे में, राष्ट्रीय शिक्षा, मध्यस्थता और दूसरे विषयों के बारे में। लेकिन एक ऐसा सच था जिसे मैंने और मेरे साथ काम करनेवालों ने हमेशा अपनी शिक्षा की बुनियाद के तौर पर प्रस्तुत करने का प्रयास किया है। केवल राजनैतिक कार्यक्रम, केवल स्वदेशी, केवल बायकाट के सहारे यह देश बचाया नहीं जा सकता। केवल स्वदेशी थोड़ी और समृद्धि की तरफ़ ही ले जा सकती है, और जब वह आएगी तो समृद्धि की चकाचौंध में, उसके आकर्षण में और उसे सुरक्षित रखने की चाह में आप उस वास्तविक चीज़ को अनदेखा कर सकते हैं जो आप करना चाहते थे। अन्य ग़ुलाम देशों में भी समृद्धि थी; रोमन साम्राज्य में भौतिक विकास हुआ था, औद्योगिक प्रगति हुई थी लेकिन औद्योगिक प्रगति और भौतिक विकास ने राष्ट्र में प्राण नहीं फूँके। जब परीक्षा की घड़ी आई यह पाया गया कि ये राष्ट्र जो औद्योगिक रूप से विकसित हो रहे थे, ज़िन्दा नहीं थे। ना, वे मृत थे और एक बाहरी स्पर्श से टुकड़ों में बिखर गए। इसलिए, यह मत सोचिए कि कोई ख़ास कार्यक्रम या कोई ख़ास विधि हालात की ज़रूरत है। ये केवल काम करने के तरीक़े हैं, ये केवल वे स्पष्ट रेखाएँ हैं जिनसे ईश्वरीय भाव कार्य कर रहा है, लेकिन वे अपने आपमें एक आवश्यक चीज़ नहीं हैं। वह एक आवश्यक चीज़ क्या है? वह क्या है जिसने जेल गए बुज़ुर्ग लोगों की मदद की? वह क्या था जो उनकी शक्ति बना और जिसने उन्हें सभी प्रलोभनों और ख़तरों तथा बाधाओं के विरुद्ध खड़ा रखा? उनके पास एक शक्ति थी और उन सभी में सचेतन रूप में या अचेतन रूप में एक सबसे बड़ा विचार था, एक विचार जिसे कोई हिला नहीं सकता था और यह विचार था कि एक महान शक्ति भारत की सहायता के लिए सक्रिय है और ये कि हम उसमें वह कार्य कर रहे हैं जो हमें दिया गया है। वे हमेशा यह नहीं महसूस करते कि कौन उन्हें निर्देशित कर रहा है या वे कहाँ से निर्देशित हो रहे हैं; लेकिन उनके भीतर बुद्धि में नहीं बल्कि

हृदय में दृढ़ निश्चय है कि जो शक्ति उन्हें निर्देशित कर रही है वह अपराजेय है, वह सर्वशक्तिमान है, वह अमर्त्य और अप्रतिरोध्य शक्ति है और वह अपना कार्य करेगी। उन्हें कुछ नहीं करना है। उन्हें केवल उस शक्ति के आदेश मानने हैं। उन्हें केवल उधर जाना है जिधर वह ले जाए। उन्हें केवल वे शब्द बोलने हैं जिन्हें बोलने के लिए वह कहती है और वे कार्य करने हैं जिन्हें करने के लिए वह कहती है। यदि अँगुली जेल जाने की ओर इंगित करती है, वे जेल जाएँगे। वह उन्हें जो भी बर्दाश्त करने के लिए कहेगी वे ख़ुशी से बर्दाश्त करते हैं। वे नहीं जानते कि यह बर्दाश्त करना कैसे मदद करेगा, और दुनियादार लोग उन्हें कह सकते हैं कि यह अविवेकपूर्ण है, कि ऐसा करके वे देश की ताक़त को बर्बाद करेंगे, वे सर्वश्रेष्ठ कार्यकर्ताओं को बेकार कर रहे हैं, वे देश की ताक़तों को बचा नहीं रहे। लेकिन हम जानते हैं कि देश की ताक़तें बाहरी ताक़तों से अलग हैं। केवल एक ताक़त है, मैं आवश्यक नहीं हूँ, तुम आवश्यक नहीं हो, वह आवश्यक नहीं है। न तो मैं न कोई और न बिपिन चन्द्र पाल न वे सभी कार्यकर्ता जो जेल गए हैं। उनमें से कोई ज़रूरी नहीं है। उन्हें बेकार की चीज़ों की तरह फेंक दिए जाने दो, देश का नुक़सान नहीं होगा। सब ईश्वर कर रहा है। हम कुछ नहीं कर रहे। वह जो भी बर्दाश्त करने को कहता है हम बर्दाश्त करते हैं क्योंकि कष्ट सहना दूसरों को शक्ति देने के लिए आवश्यक है। जब वह हमें फेंक देता है तो वह ऐसा इसलिए करता है कि अब हमारी कोई ज़रूरत नहीं है। अगर चीज़ें और बिगड़ती हैं हमें न केवल जेल जाना पड़ेगा बल्कि अपने प्राण भी देने होंगे और अगर वे जो सामने खड़े नज़र आते हैं या एकदम अपरिहार्य हैं उन्हें अपना बलिदान करने को कहा जाता है, तब हमें पता चलेगा कि इसकी भी आवश्यकता है, कि वह कार्य है जो ईश्वर ने हमें करने को कहा है और यह कि जिनको बलिदान करने के लिए कहा गया है ईश्वर उनकी जगह पर और अधिक लोगों को ले आएगा। वह ख़ुद हमारे पीछे खड़ा है। वह स्वयं ही कार्य है और कार्यकर्ता। वह अपने लोगों के हृदय में अमर्त्य है। फिर बंगाल में हमारे पास जो थी वह है आस्था। हममें से कुछ में यह सचेतन तौर पर नहीं थी; सम्भव है कि कुछ लोग इसे इस ख़ास नाम से न सम्बोधित करें। जैसा मैंने कहा, हमने बौद्धिकता को विकसित किया, हमने इसे महत्त्वपूर्ण रूप से विकसित किया और अब भी हम इससे काफ़ी आक्रान्त हैं। इस भरोसे तक कई अपने देशवासियों के लिए जीने, अपने देशवासियों के लिए कष्ट उठाने की लालसा के कारण पहुँचे, क्योंकि ईश्वर यहाँ केवल मुझमें नहीं है। वह आप सबमें है, ईश्वर है वह जिसे मैं प्यार करता हूँ, ईश्वर है वह जिसके लिए मैं कष्ट उठाना चाहता हूँ। इस तरह अनेक लोग वह काम करने के लिए आए जो ईश्वर ने उन्हें दिया था और वह जानता है कि मनुष्य को किस राह पर ले जाना है। जब उसकी इच्छा होगी, वह उसे सही राह पर ले जाएगा...

एक और बात, जो आस्था का ही दूसरा नाम है, निःस्वार्थता है। बंगाल में यह आन्दोलन, राष्ट्रवाद का यह आन्दोलन अपने हृदय-स्थल में किसी निजी स्वार्थ से प्रेरित नहीं था। जो कुछ भी कुछ लोगों के दिमाग़ में हो सकता है हो, वह इसके हृदय में कोई ऐसा राजनैतिक निजी हित नहीं था, जिसको हम लेकर चल रहे हों। यह एक धर्म है जिसे हम जीने की कोशिश कर रहे हैं। यह एक धर्म है जिससे हम राष्ट्र में, अपने साथी देशवासियों में ईश्वर का एहसास करने की कोशिश कर रहे हैं, हम उसे अपने तीन करोड़ लोगों में एहसास करने की कोशिश कर रहे हैं। हम कोशिश कर रहे हैं, हममें से कुछ सचेतन तौर पर कोशिश कर रहे हैं कि हम अपने हितों के लिए न जिएँ बल्कि दूसरों के लिए काम करें और प्राण दे दें। जब बंगाल में एक युवा कार्यकर्ता को जेल जाना पड़ता है, जब उसे पीड़ा सहने को कहा जाता है, वह उस पीड़ा में कोई वेदना नहीं महसूस करता, उसे कष्ट सहने से डर नहीं लगता। वह ख़ुशी से सामने आता है। वह कहता है, 'मेरे अभिषेक का समय आ गया है, और मुझे अब ईश्वर को धन्यवाद देना है कि उसकी वेदी पर ख़ुद को रखने का समय आ गया है और मुझे अपने देशवासियों की भलाई के लिए चुना गया है। यह मेरे जीवन की सबसे बड़ी ख़ुशी का और मेरे जीवन की परिपूर्णता का समय है।' यह हमारे धर्म का दूसरा पक्ष है, और यह है एक व्यक्ति के अलग स्व का पूर्ण निषेध और एक व्यक्ति के उच्चतर अविनाशी स्व की उन तीन करोड़ लोगों में तलाश जिनमें ईश्वर ख़ुद निवास करता है।

तीसरी चीज़, जो पुनः आस्था और निःस्वार्थता का ही दूसरा नाम है, साहस है। जब आप ईश्वर में विश्वास रखते हैं, जब आप यह विश्वास रखते हैं कि ईश्वर आपका मार्गदर्शन कर रहा है, विश्वास करते हैं कि ईश्वर ही सब कर रहा है और आप कुछ नहीं कर रहे, फिर किस बात का भय हो सकता है? आप कैसे डर सकते हैं जब यह आपका पंथ है, जब यह आपका धर्म है कि ख़ुद को बलिदान कर दें, अपने धन का बलिदान कर दें, अपनी देह, अपना जीवन और वह सब कुछ जो आपके पास है दूसरों के लिए आहूत कर दें? क्या है वह जिसके लिए आपको डरना है? डरने की कोई वजह नहीं है। यहाँ तक कि जब आपको इस दुनिया के न्यायालयों के समक्ष बुलाया जाएगा, आप उनका साहस के साथ सामना कर सकते हैं। क्योंकि आपके धर्म का ही अर्थ है कि आप साहसी हों। क्योंकि यह आप नहीं हैं, यह आपके भीतर कुछ है। ये सारे न्यायालय, दुनिया की सारी ताक़त उसका क्या कर सकती है जो आपके भीतर है, वह अजर-अमर, वह अजन्मा और अमर्त्य, जिसे तलवार काट नहीं सकती, जिसे अग्नि जला नहीं सकती, जिसे जल डुबो नहीं सकता? उसे जेल गिरफ़्तार नहीं रख सकती, फाँसी के तख़्ते ख़त्म नहीं कर सकते। क्या है जो आपको डरा सकता है जब आप अपने भीतर उसके अस्तित्व के प्रति चेतन हैं? तब साहस एक आवश्यकता है, साहस स्वाभाविक है और साहस

अपरिहार्य है। यदि आप दूसरी ताक़तों पर भरोसा करेंगे, मान लीजिए आप योरोपीय अर्थों में राष्ट्रवादी हैं, मतलब एक शुद्ध भौतिकवादी अर्थ में, कहने का अर्थ है कि आप एक विदेशी के शासन को किसी और के शासन से प्रतिस्थापित करना चाहते हैं, यह पूरी तरह से एक भौतिक परिवर्तन है; यह एक धर्म नहीं है, यह अपने तीन करोड़ देशवासियों के लिए महसूस करना नहीं है कि आप उनका उन्नयन करना चाहते हैं कि आप उन सबको आज़ाद और प्रसन्न महसूस कराना चाहते हैं। यह ऐसा नहीं है, लेकिन आपको कुछ अन्दाज़ा है कि आपका राष्ट्र दूसरे राष्ट्र से भिन्न है और ये लोग बाहरी हैं और उनकी जगह आपका शासन होना चाहिए। आप जो चाहते हैं वह अपने देशवासियों के लिए स्वतंत्रता नहीं है, बल्कि आप दूसरों के शासन को अपने शासन से प्रतिस्थापित करना चाहते हैं। अगर ऐसे भाव से आप जाएँगे तो जब इम्तहान का वक़्त आएगा तो क्या होगा? क्या आपमें साहस होगा? क्या आप उसका सामना करेंगे? आप पाएँगे कि आपके पास जो है वह केवल एक बौद्धिक प्रतिबद्धता है, वह केवल एक तर्क है जो आपका बाह्य मस्तिष्क आपको सुझाता है। ख़ैर, जब इसे परीक्षा देनी होती है तब आपका मस्तिष्क आपसे क्या कहता है? आपकी बौद्धिकता आपसे क्या कहेगी? यह कहेगी, 'देश के लिए काम करना, यह सब बहुत अच्छा है, लेकिन इस बीच मैं मरने जा रहा हूँ या कम-से-कम मुझे बहुत सारा कष्ट दिया जानेवाला है, और जब फल तैयार होगा, मैं उसे चखने के लिए यहाँ नहीं हूँगा। एक सपने के लिए कैसे मैं इतना सारा कष्ट सह सकता हूँ?' आपके पास यह आपका घर है, आपके पास यह आपकी सम्पत्ति है, आपके पास इतनी सारी चीज़ें हैं जिन पर हमला होगा, और आप कहेंगे, 'यह मेरी राह नहीं है।' अगर आप में आस्था और निःस्वार्थता की दैवी शक्ति नहीं है, आप दूसरे लगावों से बच नहीं पाएँगे, आप केवल एक ऐसे परिवर्तन के लिए कष्ट नहीं सहेंगे जिससे आपका लाभ नहीं होनेवाला। ऐसे किसी स्रोत से साहस कैसे आ सकता है? लेकिन जब आपके पास एक उच्चतर विचार है, जब आपने यह एहसास कर लिया है कि आपके पास कुछ नहीं है, कि आप कुछ नहीं हैं और इस देश के तीन करोड़ लोग राष्ट्र में ईश्वर हैं, कुछ ऐसा जो इतनी ज़मीन से नहीं मापा जा सकता या इतने धन या इतनी ज़िन्दगियों से नहीं मापा जा सकता, तब आपको यह महसूस होगा कि यह कुछ अजर-अमर चीज़ है, कि आप जिस विचार के लिए काम कर रहे हैं कोई अजर-अमर विचार है और यह कि एक अजर-अमर शक्ति है जो आपके भीतर काम कर रही है। दूसरे सारे लगाव कुछ नहीं हैं। कोई भी दूसरा विचार आपके मस्तिष्क से ग़ायब हो जाएगा, और जैसा कि मैंने कहा, इस साहस को विकसित करने की आवश्यकता नहीं है। आप उस शक्ति से प्रेरित होंगे। आप जो जीवित बचेंगे उनसे जीवन और मृत्यु में रक्षित रहेंगे। मृत्यु के क्षण में, आप अपना अमरत्व महसूस करते हैं। सबसे भयानक उत्पीड़न के समय आप महसूस करते हैं कि आप अजेय हैं।

अब मैं आपको उन तीन चीज़ों के बारे में बता चुका हूँ जिनकी वर्तमान स्थिति में आवश्यकता है, क्योंकि, जैसा मैंने कहा, स्थिति यह है : आपने एक काम हाथ में लिया है, आपने ख़ुद को एक ऐसी चीज़ के लिए समर्पित किया है जो भौतिक रूप से असम्भव लगती है। आपने एक ऐसा काम हाथ में लिया है जो इस धरती के सबसे शक्तिशाली सम्भव शत्रुओं को जगा देगी। जैसे प्राचीन काल में, जब अवतार आते थे, तो सबसे शक्तिशाली दैत्य और असुर भी अवतारों का सामना करने के लिए पैदा होते थे, तो ऐसा हमेशा से है। आप जब राष्ट्रवाद के धर्म को अपनाते हैं तो आप इस बात को लेकर एकदम निश्चिन्त हो जाते हैं कि आपको ऐसी शक्तिशाली ताक़तों का सामना करना पड़ेगा जिसका सामना कोई भौतिक शक्ति नहीं कर सकती। परीक्षा की घड़ी बहुत दूर नहीं, बल्कि परीक्षा की घड़ी आपके सामने पहले ही आ चुकी है। आपकी बौद्धिक प्रतिबद्धता का क्या उपयोग होगा? आपके बाहरी उत्साह का क्या उपयोग होगा? आपके 'वंदे मातरम्' चिल्लाने का क्या उपयोग होगा? क्या उपयोग होगा उस केवल बाहरी प्रदर्शन का जब परीक्षा की घड़ी आएगी? अपने आपको उन लोगों की जगह रखिए जो बंगाल में कष्ट उठा रहे हैं, और सोचिये कि क्या उनमें शक्ति है और, अगर आप पर वह पड़े तो उसका सामना करने की शक्ति आपमें है? किस शक्ति से हम उसका सामना करेंगे? हम अपराजेयता के साथ कैसे काम कर सकते हैं? कैसे हम इसका सामना करके जीवित रह सकते हैं? क्या आप इस सवाल का उत्तर दे सकते हैं? मैंने आपको यह दिखाने की कोशिश की है कि आप अपनी भौतिक शक्ति से इसका सामना नहीं कर सकते हैं। क्या आप में वह दूसरी ताक़त है? क्या आपने महसूस किया है कि राष्ट्रवाद क्या है? क्या आपने महसूस किया है कि यह एक धर्म है जिसे आप गले लगा रहे हैं? अगर आपने किया है तब ख़ुद को राष्ट्रवादी कहिए; और जब आप ख़ुद को राष्ट्रवादी कहते हैं तो अपने राष्ट्रवाद को जीना सीखिए। अपने भीतर की शक्ति का एहसास करने की कोशिश कीजिए। इसे बाहर लाने की कोशिश कीजिए, इसे सामने लाने की कोशिश कीजिए ताकि जो कुछ आप करें वह सिर्फ़ आपका किया न रह सके बल्कि आपके भीतर के सत्य का किया हुआ हो जाए। यह कोशिश कीजिए कि हर क्षण जो आप जिएँ वह उस उपस्थिति से आलोकित हो, कि आपका हर विचार प्रेरणा के उस एक स्रोत से संचालित हो, कि आपमें उपस्थित हर गुण और योग्यता आपके भीतर उपस्थित उस अमर शक्ति की सेवा में लग जाए। तब आप वह नहीं कहेंगे जैसा मैंने अनेक लोगों को कहते हुए सुना है, कि लोग काम करने में इतने सुस्त हैं कि आपके पास कोई ढंग का नेता नहीं है, कि आपके सभी महान लोग अलग-अलग बातें करते हैं और उनमें से कोई इस निर्दिष्ट राह पर आपका नेतृत्व करने के लिए आगे आने को तैयार नहीं है। आप दूसरों से कोई शिकायत नहीं करेंगे, क्योंकि तब आपको किसी नेता

की ज़रूरत नहीं पड़ेगी। नेता आपके भीतर ही है। अगर आप केवल उसे पा सकें और उसकी आवाज़ सुन सकें, तब आपको ऐसा नहीं लगेगा कि लोग आपकी बात नहीं सुन रहे, क्योंकि लोगों के भीतर एक आवाज़ होगी जो ख़ुद को सुनवा लेगी। वह आवाज़ और वह शक्ति आपके भीतर है। अगर आप इसे अपने भीतर महसूस करते हैं, अगर आप इसकी उपस्थिति में रहते हैं, यदि वह आप बन चुकी है, तब आप पाएँगे कि आपका एक शब्द लोगों के भीतर उत्तर देनेवाली आवाज़ को जगा देगा, कि जिस पंथ की आप शिक्षा दे रहे हैं वह फैल जाएगा और सभी लोगों द्वारा स्वीकार किया जाएगा और इसमें भी बहुत देर नहीं लगेगी, जैसे बंगाल में एक सदी या पचास वर्ष नहीं लगे, केवल तीन साल लगे पूरे राष्ट्र को बदल देने में, एक नई आत्मा और एक नया हृदय देने में और इसे सारी भारतीय नस्लों के सम्मुख प्रस्तुत करने में। बंगाल से राष्ट्रवाद का पंथ आया है, और बंगाल से राष्ट्रवाद का उदाहरण आया है। बंगाल, जिसका सबसे कम सम्मान था और जो अपनी कमज़ोरी के कारण सभी भारतीय नस्लों द्वारा अपमान की दृष्टि से देखा जाता था, इन तीन वर्षों में इतना अधिक बदल गया है, सिर्फ़ इसलिए कि जिन पुरुषों को अपने भीतर ईश्वर को ग्रहण करने के लिए कहा गया था वे उसे ग्रहण करने में सक्षम हो सके, बर्दाश्त करने, कष्ट सहने में सक्षम हो सके और उस शक्ति में जीने के कारण वे इसे कर पाने में सक्षम हुए। और इसलिए तीन वर्षों में बंगाल की पूरी नस्ल बदल गई, और आप आश्चर्यचकित होकर पूछ रहे हैं, 'क्या हो रहा है बंगाल में?' आप एक आन्दोलन देखते हैं जिसे कोई बाधा रोक नहीं सकती, आप एक महान गतिविधि देखते हैं जिसका कोई शक्ति सामना नहीं कर सकती, आप उस अवतार का राष्ट्र में जन्म देखते हैं और अगर आपने ईश्वर को अपने भीतर ग्रहण किया है, यदि आपने उस शक्ति को अपने भीतर ग्रहण किया है आप देखेंगे कि ईश्वर शेष भारत को और भी कम समय में बदल देगा क्योंकि वह शक्ति पहले ही आगे जा चुकी है और स्वयं की संघोषणा कर रही है और जब एक बार घोषणा हो जाएगी, यह अपना काम और तेज़ी से जारी रखेगी। यह अपना काम परिपक्व दैवी शक्ति से जारी रखेगी जब तक पूरी दुनिया उसे देख नहीं लेती और जब तक पूरी दुनिया उसे समझ नहीं लेती, जब तक श्रीकृष्ण जिन्होंने ख़ुद को अब तक गोकुल में छिपाए रखा है जो कि अभी दुनिया के ग़रीब और घृणित स्थानों में से है, जो अभी वृन्दावन की गायों में छिपा है, ख़ुद को प्रकट नहीं करेगा, ख़ुद को सर्वश्रेष्ठ देव घोषित करेगा और पूरा राष्ट्र जाग जाएगा, इस महान देश के सभी लोग जाग जाएँगे, दैवी शक्ति से भरे हुए, सर्वशक्तिमान की प्रेरणा से भरे हुए, और धरती की कोई शक्ति इसका सामना नहीं कर सकेगी, और कोई ख़तरा या परेशानी इसके अग्रगमन को नहीं रोक सकेगी। क्योंकि ईश्वर वहाँ है, और यह उसका उद्देश्य है, और उसे हमसे कुछ कराना है। उसके पास अपने महान और प्राचीन देश के लिए

एक काम है। इसलिए वह इसे करने के लिए फिर जन्मा है। इसलिए वह ख़ुद को तुम्हारे सामने प्रकट कर रहा है, ऐसा नहीं कि तुम दूसरे राष्ट्रों जैसे हो, ऐसा नहीं है कि तुम केवल मानवीय शक्ति से कमज़ोर लोगों को कुचलने के लिए उठ खड़े होंगे, बल्कि इसलिए कि तुम्हारे भीतर से कुछ ऐसा निश्चित रूप से आना चाहिए जो सारी दुनिया की रक्षा के लिए है। वह 'कुछ' वह है जो प्राचीन ऋषि जानते थे और बताते थे, और उसे आज फिर से जाना है और प्रकट करना है, इसे अखिल विश्व के सम्मुख प्रकट करना है, और इसके लिए कि ईश्वर ख़ुद को प्रकट कर सके, तुम्हें सबसे पहले उसे स्वयं के भीतर महसूस करना होगा, तुम्हें निश्चित तौर से अपने जीवन को आकार देना होगा, तुम्हें निश्चित रूप से इस महान देश के जीवन को आकार देना होगा ताकि यह उसे प्रकट करने लायक़ हो सके और तब तुम्हारा काम पूरा होगा, और तुम यह महसूस करोगे कि तुम जो आज कर रहे हो वह केवल राजनैतिक उभार नहीं है, केवल राजनैतिक बदलाव नहीं है बल्कि तुम्हें ईश्वर का कार्य करने के लिए कहा गया है।

अनुवाद : **अशोक कुमार पांडेय**

अल्लामा इक़बाल

क्या मुत्तहिदा क़ौमियत इस्लाम में मुमकिन है?

सरूद बरसर-ए-मिम्बर कि मिल्लत अज़ वतन अस्त
च बेख़बर ज़ मुक़ाम-ए-मुहम्मद-ए-अरबी अस्त

(मस्जिद के मिम्बर पर खड़े होकर वह कहता है कि मिल्लत (क़ौम) वतन से है। वह कैसा बेख़बर है कि मुहम्मद के मक़ाम को नहीं जानता।)

अपनी इन पंक्तियों में मैंने 'क़ौम' (राष्ट्र) के अर्थ में 'मिल्लत' का इस्तेमाल किया है। बेशक, अरबी में 'मिल्लत' का अर्थ क़ानून और मज़हब से लगाया जाता है, ख़ासकर क़ुरान पाक में, लेकिन आधुनिक अरबी, ईरानी और तुर्की भाषाओं में यह दिखाने के पर्याप्त सुबूत मौजूद हैं कि 'मिल्लत' का राष्ट्र के अर्थ में इस्तेमाल किया जाता है। मैंने भी अपने लिखे में आमतौर से इसी अर्थ में इसका उपयोग किया है। फिर भी, 'मिल्लत' के मायने से यहाँ मौजूदा मुद्दे की सेहत पर चूँकि किसी हद तक कोई फ़र्क़ नहीं पड़ता, इसके मद्देनज़र मैं इस बहस को बिलकुल परे रखते हुए फ़िलहाल मौलाना हुसैन अहमद के इस बयान पर ग़ौर करूँगा कि 'क़ौमें वतन से बनती हैं'। वास्तव में, मुझे मौलाना के इस बयान के ख़िलाफ़ भी कुछ नहीं कहना, हालाँकि इस पर एतराज़ तो उठाना ही होगा चूँकि हिन्दुस्तानी मुसलमानों को यह मानने को कहा जा रहा है कि आधुनिक दौर में क़ौमें वतन से बनती हैं। इस क़िस्म की सलाह हमारे ज़ेहन में पश्चिमी राष्ट्रवाद के मॉडर्न नज़रिये को सामने लाती है और एक मुसलमान को इसके एक पहलू पर सवाल करना तो कम-से-कम बनता ही है। अफ़सोस है कि मेरे एतराज़ को मौलाना ने इस रूप में लिया कि मैं किसी सियासी दल के प्रचार की जानिब से ऐसा कह रहा हूँ। यह दूर की कौड़ी है, बल्कि मैं तो तब से क़ौमियत (राष्ट्रवाद) की अवधारणा से इनकार करता आ रहा हूँ जब हिन्दुस्तान में और मुस्लिम जगत में यह उतना प्रचलित नहीं

था। बहुत शुरुआत में ही योरोपीय लेखकों के लिखे को पढ़कर मैं इस बात से मुतमइन हो चुका था कि योरप की सामराजी साज़िशों को एक ऐसे असरदार हथियार की दरकार थी—मुस्लिम देशों में राष्ट्रवाद की योरोपीय सोच का प्रसार—जिससे इस्लाम की मज़हबी एकता को वे टुकड़ों में बाँट सकें। महायुद्ध के दौरान उनकी योजना वास्तव में कामयाब रही। आज वह अपने उरूज़ पर पहुँच चुकी है, इस मायने में कि हिन्दुस्तान के कुछ धर्मगुरुओं ने भी उस सोच पर अपनी मुहर लगा दी है। वक़्त भी कितने अजीब रंग दिखाता है। कहाँ तो पढ़े-लिखे आधे मग़रिबज़दा मुसलमान ही कभी योरप के असर में हुआ करते थे, अब यह लानत मौलानाओं के ऊपर भी आ गिरी है। हो सकता है कि योरप के जदीद तसव्वुर उन्हें ज़्यादा पुरकशिश जान पड़ रहे हों, पर अफ़सोस!

> क़ाबे के भीतर अगर इंग्लैंड से मँगाकर बुत रख दिए जाएँ तो उससे
> काबा नया नहीं हो जाएगा!

मैंने अभी कहा कि मौलाना का यह कथन कि क़ौमें वतन से बनती हैं, एतराज़ के लिए खुला नहीं है। इसकी वजह है। बहुत पुराने समय से ही क़ौमों का लेना-देना वतन से रहा है और वतन को क़ौम समझा जाता रहा है। हम सब हिन्दुस्तानी हैं और हमें सही कहा जाता है क्योंकि हम दुनिया के उस हिस्से में रहते हैं जिसे हिन्दुस्तान के नाम से जाना जाता है। इसी तरह चीनी, अरब, जापानी, ईरानी, इत्यादि हैं। लिहाज़ा उनके कथन में जो 'वतन' आया है वह महज़ भौगोलिक इकाई है, इसलिए उसका इस्लाम से कोई टकराव नहीं है। उसकी हदें समय के साथ बदलती हैं। हाल तक बर्मा में रहने वाले लोग हिन्दुस्तानी होते थे लेकिन आज वे बर्मी हैं। इस मायने में देखें तो हर इनसान अपनी पैदाइश की धरती से प्यार करता है और अपनी क़ुव्वत के हिसाब से उसके लिए ख़ुद को क़ुरबान करने का जज़्बा भी रखता है। कुछ बददिमाग़ लोग इसे पैग़म्बर की परम्परा बताते हुए इसका समर्थन करते हैं कि 'अपने देश से प्यार व्यक्ति की आस्था का ही हिस्सा है' पर इसकी बहुत ज़रूरत नहीं है। अपनी जन्म की धरती से प्यार होना एक स्वाभाविक बात है और उसे सही ठहराने के लिए किसी दलील की ज़रूरत नहीं है। आज के राजनीतिक साहित्य के लिहाज़ से हालाँकि 'वतन' का मतलब केवल भौगोलिक नहीं रह गया है। यह एक राजनीतिक अवधारणा है। इस्लाम चूँकि इनसानी समाज का क़ानून भी है, अत: जब 'वतन' को राजनीतिक अवधारणा के तौर पर इस्तेमाल किया जाता है तो यह इस्लाम के साथ टकराव में आ जाता है। और मौलाना हुसैन अहमद से बेहतर इस बात को कोई नहीं जानता कि इनसानी रिश्तों के मामले में इस्लाम किसी अन्तरिम व्यवस्था पर विश्वास नहीं करता और न ही इनसानी समाज को चलाने वाले किसी और क़ानून के साथ उसका कोई समझौता मुमकिन है। इस्लाम तो कहता है कि

उसके अलावा कोई भी दूसरा क़ानून अपर्याप्त और अस्वीकार्य है। भारत के सम्बन्ध में यह सिद्धान्त सियासी विवादों का सबब बन जाता है। मसलन, क्या मुसलमान दूसरी क़ौमों के साथ मिलकर नहीं रह सकते? क्या विभिन्न क़ौमें और बिरादरियाँ वतन के हित में एकजुट नहीं हो सकतीं? और ऐसे ही तमाम सवाल। मैं हालाँकि जान-बूझकर इन सवालों को दरकिनार रखूँगा क्योंकि फ़िलवक़्त मेरा लक्ष्य केवल मौलाना के बयान के मज़हबी हिस्से की आलोचना करना है।

इस्लाम के उपर्युक्त दावे केवल अक़्ली दलीलों से नहीं, तजुर्बों से भी साबित होते हैं। अव्वल तो यह, कि यदि इनसानी समाज का मक़सद क़ौमों के लिए अमन और हिफ़ाज़त तय करना है और उनकी मौजूदा समाजी बनावट को एक समाजी तरतीब में ढालना है, तो इस्लाम के अलावा आप किसी और व्यवस्था के बारे में सोच नहीं सकते। ऐसा इसलिए, क्योंकि क़ुरान की मेरी समझ के मुताबिक़, इस्लाम केवल एक व्यक्ति में अख़्लाकी तब्दीली की बात नहीं करता बल्कि उसका लक्ष्य इनसान की समाजी ज़िन्दगी में धीरे-धीरे ऐसा बुनियादी बदलाव लाना है, जो कुल मिलाकर अन्त में उसके क़ौमी और नस्ली नज़रिये को बदल सके और उसकी जगह एक शुद्ध इनसानी ज़ेहनियत को पैदा कर सके। मिस्त्रियों, ग्रीकों और ईरानियों के यहाँ मज़हब का इतिहास क़ौमी था। बाद में, जैसा कि यहूदियों के मामले में हुआ, यह नस्ली हो गया। यह ईसाइयत ने सिखाया कि मज़हब एक निजी और व्यक्तिगत मामला है। एक बार मज़हब निजी ईमान का पर्याय बन गया, तब योरप यह मानने लगा कि इनसान के समाजी जीवन के लिए अकेले स्टेट ज़िम्मेदार है। ऐसे में इस्लाम अकेला था जिसने पहली बार इनसानियत को यह सन्देश दिया कि मज़हब न तो क़ौमी होता है न ही नस्ली, न तो व्यक्तिगत होता है न निजी, बल्कि विशुद्ध मानवीय होता है जिसका उद्देश्य सभी को एकजुट और संगठित करना होता है, भले ही इनसानों के बीच कैसे भी कुदरती फ़र्क़ हों। ऐसी व्यवस्था अकेले अक़ीदत से नहीं बनाई जा सकती। और यह इकलौता रास्ता है जिससे आदमी के दिलो-दिमाग़ में मेल-जोल और भाईचारे के बीज डाले जा सकते हैं। बिरादरी की बनावट और बुनावट को क़ायम रखने के लिए यह हम-आहंगी ज़रूरी है। क्या ख़ूब मौलाना रूमी ने कहा है :

> महज़ एक ज़बान बोलने के बजाय आपसी प्यार और एकता कहीं बेहतर है।

इसके अलावा अन्य कोई भी तरीका अधार्मिक और इनसानी प्रतिष्ठा के ख़िलाफ़ होगा। योरप का उदाहरण दुनिया के सामने है। जब योरप की धार्मिक एकता टूटी और वहाँ की सारी क़ौमें अलग-अलग बँट गईं, तब योरोपियों ने क़ौमी जीवन के एक नये आधार की तलाश शुरू कर दी। ज़ाहिर है, ईसाइयत इसका आधार नहीं हो सकती थी। उन्हें राष्ट्रवाद यानी क़ौमियत के विचार में यह आधार दिखा। उनके

इस चुनाव का अन्तिम नतीजा क्या निकला? लूथर के सुधार, अपुष्ट तर्कवाद का दौर और धर्म व राज्य के बीच अलगाव—वास्तव में जंग—ये ताक़तें यूरोप को कहाँ लेकर गईं? अधार्मिकता, धार्मिक सन्देहवाद और आर्थिक टकरावों तक। क्या मौलाना हुसैन अहमद यही चाहते हैं कि यह प्रयोग एशिया में दुहराया जाए? मौलाना को लगता है कि आज की दुनिया में ज़मीन ही क़ौम का अनिवार्य आधार है। बेशक, आजकल सबको यही लगता है लेकिन यह भी साफ़ है कि यह आधार अपने आप में अपर्याप्त है। क़ौम के निर्माण के लिए कुछ दूसरी ताक़तों की भी ज़रूरत होती है। मसलन, धर्म के प्रति उदासीनता, दिन-प्रतिदिन राजनीतिक मसलों में मसरूफ़ियत, इत्यादि। इसके अलावा राजनेताओं को उस क़ौम में एकता और सौहार्द क़ायम रखने के लिए कुछ और तरीक़े अपने तईं जान पड़ते हैं। मौलाना इस बात से गाफ़िल हैं कि अगर अलहदा समुदायों और मज़हबों को लेकर क़ौम का निर्माण होता है, तो बिरादरियाँ अपने आप ख़त्म हो जाती हैं और उस क़ौम के बन्दों के बीच केवल एक चीज़ समान रूप से बच जाती है, वह है अधार्मिकता। धर्मगुरुओं को तो छोड़ दें, एक आम इनसान भी जो ज़िन्दगी में धर्म को एक ज़रूरी तत्त्व मानता हो, कभी नहीं चाहेगा कि भारत में ऐसी स्थिति आवे। जहाँ तक मुसलमानों का लेना-देना है, वे इतने सीधे हैं कि अफ़सोस होता है कि उन्हें राष्ट्रवाद के इस नज़रिये के नतीजों के बारे में पूरी तरह पता नहीं है। अगर कुछ मुसलमान वाक़ई इस गफ़लत में हैं कि मज़हब और क़ौमियत एक राजनीतिक अवधारणा के तौर पर साथ-साथ चल सकते हैं, तो मैं वक़्त रहते उन्हें चेताना चाहूँगा कि यह रास्ता अन्ततः अधार्मिकता की ओर ले जाएगा। और यदि ऐसा नहीं हुआ, तो इस्लाम कुल मिलाकर एक नैतिक आदर्श बनकर रह जाएगा। इसका अपरिहार्य नतीजा यह होगा कि इस्लाम के भीतर मौजूद सामाजिक व्यवस्था की उपेक्षा हो जाएगी।

इसलिए मौलाना के बयान में छुपी खुराफ़ात पर क़रीब से नज़र डालना लाज़िमी है। मैं उम्मीद करता हूँ कि इसे पढ़ने वाले आगे की लाइनों पर तवज्जो देंगे। मौलाना हुसैन अहमद एक अदीब हैं, इसलिए उन्होंने मुहम्मद के अनुयायियों के लिए जो ख़तरनाक नज़रिया पेश किया है उसके नतीजों से भी वे अनजान नहीं होंगे। उन्होंने 'क़ौम' कहा है या 'मिल्लत', यह मायने नहीं रखता। उनके हिसाब से जो समूह मुहम्मद के अनुयायियों का है, उसके लिए एक शब्द का इस्तेमाल करना और कहना कि उस समूह के होने का आधार ज़मीन है, बहुत खेदजनक और बदक़िस्मती वाली बात है। उनके बयान से ऐसा लगता है कि वे अपनी ग़लती के प्रति सचेत हैं लेकिन उस हद तक नहीं कि उसे स्वीकार कर लें या दुरुस्त कर लें। विशुद्ध भाषाविज्ञान सम्बन्धी दलील और ज़बानी जमाख़र्च केवल वाग्जाल है। क़ौम और मिल्लत के बीच भाषाविज्ञान सम्बन्धी अन्तर बताना तसल्लीबख़्श काम नहीं है। शायद उन्हें तसल्ली पड़ सकती है जो इस्लाम से अनजान हैं पर जानकार लोग इससे नहीं छले जाएँगे।

मौलाना को अन्दाज़ा नहीं है कि अपनी इस व्याख्या से उन्होंने मुसलमानों के सामने दो ग़लत और ख़तरनाक नज़रिये रख दिए हैं। पहला, कि एक क़ौम के तौर पर मुसलमान मिल्लत से इतर कुछ और भी हो सकते हैं। दूसरे, क़ौम के तौर पर चूँकि वे हिन्दुस्तानी हैं, तो अपने ईमान को दरकिनार कर उन्हें दूसरे हिन्दुस्तानियों की क़ौमियत यानी हिन्दुस्तानी होने में अपनी पहचान गँवा देनी चाहिए। यह कुल मिलाकर क़ौम और मिल्लत जैसे शब्दों पर ज़बानी जमाख़र्च है। अन्यथा यह वही बात है जिसे इस देश की बहुसंख्यक बिरादरी (हिन्दू) और उनके नेता रोज़ हिन्दुस्तानी मुसलमानों से अपना लेने की ज़िद करते रहते हैं कि मज़हब और राजनीति दो अलहदा चीज़ें हैं और अगर मुसलमानों को इस देश में रहना है तो उन्हें समझना होगा कि मज़हब एक निजी मसला है, जिसे व्यक्तिगत दायरे तक ही सीमित रखा जाना चाहिए। राजनीतिक रूप से उन्हें ख़ुद को अलग क़ौम नहीं समझना चाहिए, बल्कि बहुसंख्यक के भीतर ख़ुद को समाहित कर देना चाहिए।

ऐसा कहकर कि उन्होंने अपने भाषण में 'मिल्लत' का इस्तेमाल नहीं किया, मौलाना बहाना बनाते नज़र आते हैं कि वे मिल्लत को राष्ट्र से कुछ ऊँची चीज़ मानते हैं। वे कहते हैं कि 'दोनों में दुनिया-जहान का फ़र्क़ है और यदि राष्ट्र को धरती मानें तो मिल्लत जन्नत जैसी है।' व्यवहार में हालाँकि उन्होंने आठ करोड़ मुसलमानों को देश में यानी बहुसंख्यकों में अपनी पहचान खो देने का उपदेश देकर मिल्लत के लिए कोई जगह ही नहीं छोड़ी है और वे राष्ट्र को ही जन्नत बनाये दे रहे हैं और इस बात से अनजान बन रहे हैं कि ऐसा करके वे इस्लाम को कम करके ज़मीन के बराबर लाये दे रहे हैं।

मौलाना ने मेरे ऊपर इल्ज़ाम लगाया है कि मुझे अरबी नहीं आती। वे मानकर चल रहे हैं कि नज़्म (शुरू में उद्धृत) लिखने से पहले मैं क़ौम और मिल्लत के अर्थ के अन्तर से अनजान था और न तो मैंने उनकी तक़रीर की प्रेस रिपोर्टें देखी हैं और न ही क़ामूस को पढ़ा। मैं इस इल्ज़ाम का स्वागत करता हूँ, लेकिन क्या अच्छा होता कि अगर मेरी ख़ातिर नहीं तो आम मुसलमानों की ख़ातिर शब्दकोश से गुज़रकर मौलाना क़ुरान-ए-हकीम से भी सम्पर्क कर लेते और इस ख़तरनाक ग़ैर-इस्लामी दृष्टिकोण को मुसलमानों के सामने रखने से पहले ख़ुदा-ए-पाक की भेजी हुई पवित्र किताब से भी साक्ष्य देते। तो मैं स्वीकार करता हूँ कि मैं दीन का आलिम नहीं हूँ और न अरबी भाषा का माहिर।

क़लन्दर जुज़ दो हर्फ़-ए-लाइलाहा कुछ नहीं रखता
फ़क़ीह-ए-शहर क़ारूँ है लुग़त-हा-ए-हिजाज़ी का

(फ़क़ीर के पास क़लमे के दो शब्द ला-इलाहा के सिवा कुछ भी नहीं जबकि शह भर का जाना-माना धर्म-ज्ञाता अरबी भाषा की सारी शब्दावली से मालामाल है)

आख़िर मौलाना क़ामूस से ही क्यों सन्तुष्ट हो गए? क्या क़ुरान में 'क़ौम' का प्रयोग सैकड़ों बार नहीं हुआ है? और क्या 'मिल्लत' बार-बार क़ुरान में नहीं आया है? क़ुरान की आयतों में क़ौम और मिल्लत का अर्थ क्या है? क्या इन दो शब्दों के अलावा पैग़म्बर के अनुयायियों के लिए 'उम्मत' का भी प्रयोग नहीं किया गया है उसमें? इन शब्दों के अर्थ में क्या इतना ज़्यादा फ़ासला है कि केवल इस फ़र्क़ के चलते एक वाहिद क़ौम के अलहदा पहलू हो सकते हैं, वो भी इस हद तक कि मज़हब और क़ानून के मामलों में तो वह इलाही के बताए फ़र्ज़ का पालन करे जबकि क़ौमियत के मद्देनज़र वह एक ऐसी व्यवस्था को माने जो उसके मज़हबी तरीक़ों के ख़िलाफ़ जा सकती हो?

मौलाना ने अगर क़ुरान से साक्ष्य लिये होते, तो मुझे भरोसा है कि इस समस्या के इलाज का उन्हें इलहाम हो जाता। मौलाना के बताए शब्दों के भाषिक अर्थ बहुत हद तक सही हैं। 'क़ौम' का शाब्दिक अर्थ वास्तव में 'औरतों के बिना लोगों का एक समूह' होता है। इसका मतलब कि औरतें क़ौम में शामिल नहीं हैं। लेकिन ज़ाहिर है कि जब क़ुरान पाक में मूसा और आद के क़ौम का ज़िक्र आता है तो क़ौम में औरतें शामिल रहती हैं। मिल्लत का अर्थ मज़हब और क़ानून है। पर सवाल शब्दकोश के मुताबिक़ दोनों शब्दों के अर्थ में अन्तर का नहीं है। असल सवाल यह है : पहला, क्या मुसलमान एक ख़ुदा और पैग़म्बर के अन्तिम होने के आधार पर निर्मित एक वाहिद, एकजुट और तयशुदा समूह हैं, या फिर वे ऐसा समूह हैं जो नस्ल, रंग और राष्ट्र की ज़रूरतों के मुतल्लिक़ अपनी मज़हबी एकता को दरकिनार करके अलहदा क़ानून पर आधारित कोई और सामाजिक व्यवस्था अपना सकते हैं? दूसरे, क्या क़ुरान ने इस बात को कहने के लिए कभी 'क़ौम' शब्द का प्रयोग किया है? या फिर वह 'उम्मत' की बात करता है? या फिर 'उम्मत' और 'मिल्लत' दोनों की? तीसरे, इस सम्बन्ध में वही किस शब्द का इस्तेमाल करता है? क्या क़ुरान की कोई आयत कहती है कि 'बन्दों या अल्लाह के बन्दों, मुसलमानों की क़ौम में शामिल हो और इसके पीछे चलो?' या फिर यह कहा गया है कि मिल्लत को मानो और उम्मत में शामिल हो?

जितना मैं फ़िलहाल समझ सका हूँ, क़ुरान जहाँ कहीं लोगों को मुस्लिम समुदाय में शामिल होने और उसे मानने को कहता है, वहाँ 'मिल्लत' या 'उम्मत' शब्द का इस्तेमाल हुआ है। किसी ख़ास राष्ट्र को मानने और उसमें शामिल होने का आह्वान नहीं किया गया है। मसलन, क़ुरान कहता है :

> उस आदमी से बेहतर ज़िन्दगी का तरीक़ा और किसका हो सकता है जिसने अल्लाह के आगे फ़रमाँबरदारी के साथ सिर झुका दिया और अच्छे से अच्छा रवैया अपनाया और यकसू [एकाग्र] होकर इब्राहीम के

> तरीक़े की पैरवी की, उस इब्राहीम के तरीक़े की जिसे अल्लाह ने अपना दोस्त बना लिया था। (4:125)

यहाँ मिल्लत के अनुसरण और अनुपालन का आह्वान किया गया है क्योंकि मिल्लत दीन, शरीअत और प्रोग्राम तीनों से आशय रखती है। अनुसरण और अनुपालन करने का आह्वान इस कारण से है कि क़ौम (राष्ट्र) दीन और शरीअत नहीं है, और इसीलिए इसे धारण करने का आह्वान और सलाह व्यर्थ थी। चाहे कोई भी समूह हो, चाहे वह एक ही क़बीले का हो, चाहे एक ही नस्ल का हो, डाकुओं का हो, व्यवसायियों का हो, एक ही शहर वालों का हो, किसी देश या भौगोलिक क्षेत्र के लोगों का हो, वह इनसानों या आदमियों का केवल एक समूह है। अल्लाह के भेजे हुए पैग़ाम ('वही') और पैग़म्बर के ख़याल के अनुसार यह समूह रास्ता पाया हुआ नहीं होता। अगर 'वही' या नबी उस समूह में आए तो नबी का सम्बोधन उस समुदाय से ही होता है। इसलिए उस पैग़म्बर का नाम उसी समुदाय से जोड़ा भी जाता है। जैसे क़ौम-ए-नूह (नूह के लोग), क़ौम-ए-लूत, क़ौम-ए-मूसा आदि। हालाँकि, यदि एक ही समूह का लीडर कोई राजा या सरदार हो तो उससे भी उस समूह को पहचाना जाएगा। जैसे, क़ौम-ए-आद (आद के लोग), क़ौम-ए-फ़िरऔन आदि। अगर किसी देश में दो प्रतिद्वंद्वी समूह जमा हो जाएँ और अगर वे दो परस्पर विरोधी लीडरों के समूह हों, तो दोनों के साथ उनके नाम लिये जा सकते हैं। मसलन जहाँ क़ौम-ए-मूसा थी, वहाँ क़ौम-ए-फ़िरऔन भी थी :

> फ़िरऔन की क़ौम के प्रमुखों ने कहा : (हे राजा), क्या आप मूसा और उसके लोगों को बर्दाश्त करेंगे? (7:127)

हर जगह पर, जहाँ कहीं भी क़ौम शब्द आया है, वहाँ उस समूह की ओर इंगित किया जा रहा है जो राह पाए हुए और भटके हुए सब लोगों पर आधारित था। जिन लोगों ने पैग़म्बर के सन्देश को स्वीकार किया और ख़ुदा की वहदत, यानी एकेश्वरवाद को माना, वे मुहम्मद की मिल्लत और धर्म का हिस्सा बन गए यानी वे मुसलमान बन गए। याद रहे कि आस्था और मिल्लत काफ़िरों की भी हो सकती है :

> मैंने उस क़ौम के धर्म को त्याग दिया है जो अल्लाह में और परलोक के जीवन में विश्वास नहीं करती है। (12: 37)

एक क़ौम की एक मिल्लत या उसका मिन्हाज (रास्ता) तो हो सकता है, लेकिन मिल्लत की क़ौम का कभी उल्लेख नहीं किया गया है। इसका अर्थ है कि वे लोग जो विभिन्न राष्ट्रों और धर्मों के हैं और जिन्होंने मिल्लत-ए-इब्राहीमी (इब्राहीम के धर्म) को अपना लिया है, उसके बाद उन्हें पाक क़ुरान में क़ौम (राष्ट्र) नहीं कहा

गया है। बल्कि उन्हें उम्मत कहकर सम्बोधित किया गया है।

इस शब्द (उम्मा/उम्मत) के प्रयोग से मेरा इरादा यह समझाने का था कि जहाँ तक मेरी जानकारी है, मुसलमानों के लिए पाक क़ुरान में उम्मत के अलावा किसी अन्य शब्द का प्रयोग नहीं किया गया है। यदि कोई अन्य शब्द प्रयोग किया गया हो तो कृपया बताएँ। क़ौम का मतलब है आदमियों का एक समूह, और यह समूह हज़ारों जगहों पर हज़ारों रूपों में कबीले, नस्ल, रंग, ज़बान, ज़मीन और नैतिक संहिताओं के आधार पर वजूद में हो सकता है। इसके उलट मिल्लत सभी समूहों के बीच से एक नये और साझा समूह को बनाने की बात है। दूसरे शब्दों में, मिल्लत या उम्मत के भीतर क़ौमें समाहित होती हैं, ये ख़ुद क़ौमों के भीतर समाहित नहीं हो सकते।

हालात ऐसे हुए हैं आजकल कि उलेमा क़ुरान की ऐसी व्याख्या करने को मजबूर हैं जो पैग़म्बर और क़ुरान की मंशा नहीं थी। कौन नहीं जानता कि इब्राहीम पहले पैग़म्बर थे जिनकी इल्हाम में क़ौमों, नस्लों और ज़मीनों के फ़र्क़ को दरकिनार कर दिया गया था? तब इनसानियत में केवल दो ही धड़े थे—मुवह्हिद (एकेश्वरवादी) और मुशरिक (बहुईश्वरवादी)। तब से ही दुनिया में केवल दो उम्मतें थीं, तीसरी नहीं थी। काबा के सरपरस्तों ने आज इब्राहीम और इस्माइल के सन्देश की उपेक्षा कर दी है। जिन्होंने भी राष्ट्रवाद का चोला पहन लिया है, वे अब काबा को बनाने वाले दोनों पैग़म्बरों की मिल्लत के बारे में नहीं सोचते जो उन्होंने उसकी बुनियाद रखते वक़्त दुआ में बुदबुदाई थी :

> और याद करो इब्राहीम और इस्माइल जब उस घर की दीवारें उठा रहे थे, तो दुआ करते जाते थे, "ऐ हमारे रब! हमसे ये ख़िदमत क़बूल कर ले, तू सबकी सुननेवाला है। ऐ रब! हम दोनों को अपना मुस्लिम [फ़रमाँबरदार] बना, हमारी नस्ल से एक ऐसी क़ौम उठा जो तेरी मुस्लिम हो, हमें अपनी इबादत के तरीक़े बता और हमारी कोताहियों को माफ़ कर, तू बड़ा माफ़ करनेवाला और रहम करनेवाला है। (2:127-28)

अल्लाह के दरबार से मुस्लिम उम्मत के नाम आने के बाद क्या समाज को अरबी, ईरानी, अफ़ग़ानी, इंग्लिश, मिस्री या हिन्दुस्तानी क़ौम में बाँटने की कोई जगह बच जाती है? समूची मुस्लिम बिरादरी के सामने केवल एक मिल्लत खड़ी है, और वो है सारे ग़ैर-मुसलमानों की।

मुस्लिम बिरादरी जिस ईमान को मानती है उसका नाम है 'दीन-ए-क़ायिम'। इस शब्द के भीतर क़ुरान का एक अहम बिन्दु छुपा हुआ है, कि यही ऐसा इकलौता मज़हब है जिसके ऊपर यह जिम्मेदारी आयद है कि वह ऐसे लोगों के समूह की

मौजूदा और मुस्तक़बिल की ज़िन्दगी को क़ायम रखे जो अपने इन्फ़िरादी और समाजी जीवन को उसके सुपुर्द करते हैं। दूसरे शब्दों में, क़ुरान के मुताबिक़ अकेला इस्लाम ही वह मज़हब है जो एक क़ौम को उसकी सच्ची तहज़ीब या सियासी मायनों में क़ायम रख सकता है। यही कारण है कि क़ुरान खुलेआम ऐलान करता है कि इस्लाम के अलावा और किसी भी निज़ाम को रद्द और ख़ारिज किया जाना चाहिए। (3:84)

एक और महीन बात है जिस पर मुसलमानों को सोचना चाहिए। यदि राष्ट्रवाद का एहसास इतना ही अहम और अनमोल था, तो पाक पैग़म्बर के ख़ानदान, नस्ल और ज़मीन के कुछ लोग क्यों उनके ही ख़िलाफ़ खड़े हो गए? पैग़म्बर ने इस्लाम को ही इकलौती मिल्लत क्यों नहीं माना और क़ौमियत के लिहाज़ से अबू जहल और अबू लहब को अपनाये रखा और प्रोत्साहित किया? सवाल है कि अरब के सियासी मामलात में उन्होंने इनके साथ क़ौमियत का रिश्ता क़ायम क्यों नहीं रखा? इस्लाम यदि मुकम्मल आज़ादी का बायस था तो मक्का के कुरैश के सामने भी वही आदर्श रहा होगा। यह बदक़िस्मती है कि मौलाना इस तथ्य को नहीं पहचानते कि अल्लाह का पैग़म्बर इस्लाम और मुस्लिम बिरादरी के ईमान की आज़ादी को लेकर चिन्तित था। मुसलमानों को नज़रअन्दाज़ करना या किसी दूसरे समाजी निज़ाम के मातहत किसी दूसरे क़िस्म की आज़ादी की उनकी तलाश का कोई मतलब नहीं बनता था। इसीलिए पैग़म्बर को अबू जहल और अबू लहब के ख़िलाफ़ बचाव के लिए जंग लड़नी पड़ी क्योंकि वे आज़ादी के साथ इस्लाम को फैलता हुआ बरदाश्त नहीं कर पा रहे थे।

पैग़म्बरी से पहले मुहम्मद (सल्लल्लाहु अलैहि वसल्लम) की क़ौम बिला शक एक क़ौम थी और आज़ाद भी थी, लेकिन मुहम्मद की उम्मत जब बनने लगी तो एक क़ौम के रूप में उसके बाशिन्दों का दर्जा दोयम होने लगा। जिन्होंने भी मुहम्मद की क़यादत मंजूर की, वे मुस्लिम या मोहम्मडन बिरादरी का अंग बन गए, इस बात से इतर कि वे उनकी क़ौम से आते थे या दूसरी। पहले वे नस्ल और ज़मीन के ग़ुलाम हुआ करते थे लेकिन अब ज़मीन और नस्ल उनकी ग़ुलाम थी :

बामुस्तफा बरसां खुवेश रा के दीं हिमा ओस्त
अगर ये ओ नरसैयदी, तमाम बुलहबी अस्त

(कोई भी, जो अपने 'देश' और 'नस्ल' को तरजीह देता है, इस्लाम के सच्चे एहसास को नहीं समझ सकता। यदि एक क़ौम केवल अपने देश से प्यार के भरोसे टिकी रह सकती तो मुहम्मद ने 'अबू लहब' को इस्लाम में न्योता नहीं दिया होता!)

मुहम्मद साहब के लिए तो यह आसान रास्ता होता कि वे अबू लहब, अबू जहल या मक्का के काफ़िरों को कह देते कि वे अपनी बुतपरस्ती से चिपके रहें जबकि वे ख़ुद ख़ुदा की बन्दगी करते रहते और फिर सब मिलकर साझा नस्ल और देश के योग से अरबी एकता क़ायम कर सकते थे। ख़ुदा खैर करे, यदि उन्होंने यह रास्ता अपनाया होता तो बेशक उन्हें हुब्बुल-वतन यानी देशप्रेमी का दर्जा तो मिल गया होता पर वे आख़िरी पैग़म्बर नहीं होते। मुहम्मद (सल्लल्लाहु अलैहि वसल्लम) की पैग़म्बरी का अन्तिम मक़सद एक ऐसा समाज क़ायम करना है जिसकी बनावट उस फ़र्ज़ का पालन करे जो पैग़म्बर मुहम्मद को अल्लाह से हासिल हुआ। दूसरे शब्दों में, मक़सद यह है कि दुनिया की क़ौमों को देश, काल, ज़मीन, क़बीले, नस्ल, वंश, देश आदि से जुड़ी बुराइयों से निजात दिलाकर उन्हें पाक बनाया जाए, हालाँकि साथ ही में उन क़ौमों, क़बीलों, रंगों और ज़बानों के फ़र्क़ को भी ज़ेहन में रखा जाए। यानी इनसान के ऊपर ऐसी रूहानियत आयद हो जो उसे हरसू अपनी ज़िन्दगी में शाश्वत के साथ जोड़े रख सके। कोई नहीं कह सकता कि इस ऊँचाई पर पहुँचने में आदमी को कितनी सदियाँ लगेंगी, लेकिन इसमें कोई शक नहीं है कि क़ौम, क़बीले, रंगों और ज़बानों के मामले में फ़र्क़ के बावजूद दुनिया के राष्ट्रों के बीच क़ायम भौतिक अन्तरों को दूर करके और उनके बीच सौहार्द क़ायम करके इस्लाम ने तेरह सौ साल में वह कर दिखाया जो बाक़ी मज़हब तीन हज़ार साल में नहीं कर सके। मेरी बात समझें कि मज़हब के तौर पर इस्लाम एक अगोचर और अगम्य जैविक-मनोवैज्ञानिक सरगर्मी है जो बिना किसी मिशनरी मुहिम के ही इनसानी ख़याल और कृत्यों पर असर डालने में सक्षम है। ऐसी सरगर्मी पर आज के सियासी अदीबों की करामातों से मुहर लगवाना न सिर्फ़ इनसानियत के साथ बल्कि उस पैग़म्बरी मिशन की सार्वभौमिकता के साथ भी ज़्यादती होगी जिसने इसे जन्म दिया।

मौलाना हुसैन अहमद के बयान का वह हिस्सा जिसमें उन्होंने एहसान के संपादक से कहा है कि वे इस विचार के समर्थन में एक प्रामाणिक आवाज़ को ले आवें, कि इस्लाम की मिल्लत इनसानी प्रतिष्ठा और भाईचारे पर टिकी है, कई मुसलमानों के लिए हैरतनाक बात हो सकती है। मेरा मानना है कि बदक़िस्मती या ग़लती अकेले नहीं आती। जब किसी मुसलमान के दिलो-दिमाग़ पर वैसा राष्ट्रवाद हावी हो जाता है जैसा मौलाना प्रचार कर रहे हैं, तब यह अपरिहार्य हो जाता है कि उसके दिमाग़ में इस्लाम की बुनियाद को लेकर तमाम क़िस्म के सन्देह पैदा होने लगें। राष्ट्रवाद से शुरू करके आदमी अपने आप सोचने लग जाता है कि इनसानियत राष्ट्रों में इतना गहरे बँटी हुई है कि उसके बीच एकता क़ायम करना तकरीबन नामुमकिन है। राष्ट्रवाद से पैदा होने वाली यह दूसरी ग़लती धर्मों की सापेक्षता के विचार को पैदा करती है यानी किसी एक धरती का मज़हब उसी धरती तक महदूद

होता है और दूसरे राष्ट्रों के मिज़ाज के हिसाब से अनुकूल नहीं है। यह तीसरी ग़लती निश्चित रूप से अधार्मिकता और संशय को जन्म देती है।

यह उस बदक़िस्मत मुस्लिम का मनोवैज्ञानिक विश्लेषण है जो आध्यात्मिक पक्षाघात का शिकार हो चुका है। जहाँ तक प्रामाणिकता वाला सवाल है, ख़ुद समूचा क़ुरान ही अपने आप में एक प्रामाणिक आदेश है। 'इनसानी प्रतिष्ठा' को लेकर कोई गफ़लत नहीं होना चाहिए। इस्लामिक विचार में इसका अर्थ यह है कि इनसान के दिलो-दिमाग़ का जो भीतरी ढाँचा और हक़ीक़त है वह दैवीय क़ानून की देन है और उसकी प्रतिष्ठा अपने वजूद के भीतर समाहित उस वाहिद ख़ुदा के नाम पर उसे क़ायम रखने में है।

इनसानियत का इतिहास आपसी टकरावों और उम्मीद-भरी जंगों का एक अन्तहीन सिलसिला है। ऐसे हालात में क्या इनसानों के बीच एक ऐसी बनावट मुमकिन है जिसका सामाजिक जीवन अमन और हिफ़ाज़त पर टिका हो? क़ुरान इसका जवाब हाँ में देता है, बशर्ते इनसान अपने आचार और विचार में ख़ुदा की वहदत में भरोसा रखे और उसे फैलाए। ऐसे एक आदर्श की तलाश को क़ायम रखना किसी सियासी क़वायद का चमत्कार नहीं है। यह पाक पैग़म्बर की महानता है कि दुनिया के राष्ट्रों की स्वयंभू श्रेष्ठता और विशिष्टता अपने आप नष्ट हो जाती है और एक ऐसी बिरादरी वजूद में आती है जहाँ क़ौमें समाहित होती हैं और जिनके आचार और विचार पर रूहानी पैग़ाम आयद होते हैं।

हक़ीक़त यह है कि मौलाना हुसैन अहमद और उनके जैसे सोचने वालों के दिमाग़ पर राष्ट्रवाद का विचार उसी तरह हावी है जिस तरह क़ादियानी पाक पैग़म्बर के अन्तिम पैग़म्बर होने को ख़ारिज करते हैं। राष्ट्रवाद के ये झंडाबरदार कहते हैं कि आज की ज़रूरतों के हिसाब से मुसलमानों को हमेशा के लिए सुझाए गए रूहानी फ़र्ज़ के अलावा एक और ईमान को बरतना चाहिए। ठीक वैसे ही, जैसे क़ादियानी नई पैग़म्बरी की ईजाद करके क़ादियान के ख़यालात को एक ऐसे रास्ते पर डाल देते हैं जो अन्त में मुहम्मद की पैग़म्बरी को ही ख़ारिज कर देता है। सामने से देखें तो राष्ट्रवाद एक सियासी कॉन्सेप्ट है जबकि क़ादियानियों द्वारा मुहम्मद के अन्तिम पैग़म्बर होने को ख़ारिज किया जाना दीनी प्रश्न है। दोनों के बीच हालाँकि भीतर-ही-भीतर एक गहरा क़रीबी रिश्ता है। एक अन्तर्दृष्टि प्राप्त मुस्लिम इतिहासकार यदि अलग-अलग सक्रिय मज़हबी सिलसिलों के विचारों के विशिष्ट सन्दर्भ में भारतीय मुसलमानों के इतिहास को संकलित करे, तो यह रिश्ता खुलकर सामने आ सकता है।

इस लेख का अन्त मैं ख़ाक़ानी की दो पंक्तियों से करना चाहूँगा जिनमें उन्होंने अपने समकालीन मुस्लिम चिन्तकों को सम्बोधित किया था, जो सोचते थे कि इस्लाम की हक़ीक़त को ग्रीक दर्शन के आईने में देखने पर ही उनका ज्ञान पूरा

होगा। थोड़े से अर्थ के हेर-फेर के साथ, ये पंक्तियाँ आज के मुस्लिम सियासी चिंतकों का बख़ूबी वर्णन करती हैं :

> इस्लामी मज़हब का घोड़ा अरब में पैदा हुआ। अब उस पर यूनान की मुहर न लगाएँ। इसी तरह पतन की तालिका चन्द ऐसे बच्चों (मुस्लिम) के ज़िम्मे न छोड़ें जिनकी तालीम अभी शुरू ही हुई है।

राष्ट्रवाद इस्लाम के विरुद्ध है

इससे इनकार नहीं किया जा सकता कि इस्लाम—जो एक नैतिक आदर्श के साथ एक ख़ास क़िस्म की राजनीति के रूप में भी लिया जाता है, और ऐसा कहने का मेरा आशय एक ऐसी सामाजिक व्यवस्था से है जो एक क़ानूनी क़ायदे से संचालित हो और जिसमें एक विशिष्ट नैतिक आदर्श परिलक्षित होता हो—हिन्दुस्तान के मुसलमानों के जीवन-इतिहास का निर्माण करने वाला एक प्रमुख कारक रहा है। इसने उन बुनियादी एहसासात और वफ़ादारियों को पोषित किया है जो धीरे-धीरे बिखरे हुए व्यक्तियों और समूहों को एकजुट करता है और अन्ततः उन्हें एक सुपरिभाषित जन में तब्दील करता है। यह कहना अतिशयोक्ति नहीं होगी कि हिन्दुस्तान शायद दुनिया का इकलौता देश है जहाँ इस्लाम ने जन के निर्माण के एक बल के रूप में सबसे बेहतर ढंग से काम किया है। हिन्दुस्तान में, जैसा कि बाक़ी जगहों पर है, एक समाज के रूप में इस्लाम का ढाँचा तकरीबन पूरी तरह इस्लाम की उस कार्यपद्धति से जुड़ा है जो एक ख़ास नैतिक आदर्श से प्रेरित संस्कृति है। मेरे कहने का आशय यह है कि मुस्लिम समाज अपनी ज़बरदस्त एकरूपता और आन्तरिक एकता के साथ इस्लामी संस्कृति से जुड़े क़ानूनों और संस्थाओं के दबाव में भी इतना विकसित हुआ है। आज हालाँकि भारत और भारत के बाहर के मुसलमानों की मौजूदा पीढ़ी का नज़रिया योरोपीय राजनीतिक विचारों के साये में काफ़ी तेज़ी से बदल रहा है। हमारे युवा ऐसे विचारों से प्रेरित होकर उन्हें अपने देश के भीतर साकार होता देखने को उत्सुक हैं जबकि योरप में उन विचारों का विकास कैसे हुआ, उसके पीछे मौजूद तथ्यों पर उनकी आलोचनात्मक नज़र नहीं है। योरप में ईसाइयत को एक विशुद्ध मठवादी व्यवस्था माना जाता था जो धीरे-धीरे चर्च नियंत्रित विशाल संगठन में तब्दील हुआ। इसी चर्च के ख़िलाफ़ लूथर का विरोध था, न कि किसी सेकुलर प्रकृति की राजनीति के ख़िलाफ़, ज़ाहिर तौर पर इसलिए क्योंकि ईसाइयत से जुड़ी ऐसी कोई राजनीति थी ही नहीं। लूथर की इस संगठन के ख़िलाफ़ बग़ावत बिलकुल जायज़ थी, हालाँकि मेरे ख़याल से

उसे एहसास नहीं था कि योरप की विशिष्ट परिस्थितियों में उसकी बग़ावत का अर्थ होगा ईसा के सार्वभौमिक नैतिक आदर्शों का पूर्णत: लोप और उसकी जगह राष्ट्रीय बहुलताओं का उभार, यानी नैतिक व्यवस्था का और सँकरा होते जाना। इस तरह हम देखते हैं कि रूसो और लूथर जैसे बौद्धिकों की बग़ावत का परिणाम यह हुआ कि एकवचन कई बेरतीब बहुवचनों में बदल गया, मानवीय नज़रिया राष्ट्रीय नज़रिये में तब्दील हो गया, जिसे आधार के लिए किसी और ठोस चीज़ की ज़रूरत थी, जैसे देश की अवधारणा, और जिसकी अभिव्यक्ति राष्ट्रीय तर्ज़ पर उभरी अलहदा क़िस्म की राजनीति के माध्यम से हुई, यानी उस तर्ज़ पर जो सियासी यकज़हनी के सिद्धान्त में केवल इलाक़े (टेरिटरी) को मानता था। यदि आप मज़हब को किसी दूसरी दुनिया की चीज़ मानकर शुरुआत करते हैं तो जो योरप में ईसाइयत के साथ हुआ वही स्वाभाविक है। ईसा के सार्वभौमिक नैतिक आदर्शों की जगह नैतिकता और राजनीति की राष्ट्रीय व्यवस्थाओं ने ले ली। योरप इसके माध्यम से इस नतीजे पर पहुँचा के धर्म एक निजी मामला है और इसका मनुष्य की रोज़मर्रा की ज़िन्दगी से कोई लेना-देना नहीं है। इस्लाम मनुष्य की अखंडता को पदार्थ और चेतन की दो परस्पर विरोधी दुई में बाँटकर नहीं देखता है। इस्लाम में ईश्वर और ब्रह्मांड, पदार्थ और चेतन, चर्च और राज्य, एक दूसरे के अवयव हैं। मनुष्य किसी लौकिक जगत का नागरिक नहीं है जिसे कहीं और स्थित किसी अलौकिक जगत के हित में बलिदान कर दिया जाए। इस्लाम में पदार्थ ही चेतना है, जो ख़ुद को देश और काल में साकार करता है। योरप ने पदार्थ और चेतना के द्वैध को सम्भवत: मनीशियन विचारों से बिना कोई सवाल किए उठाया था। वहाँ के बेहतरीन चिन्तकों को अब इस ग़लती का एहसास हो रहा है, लेकिन वहाँ के नेता इसे एक रूढ़ि की तरह स्वीकार करने का दुनिया पर दबाव डाल रहे हैं। दरअसल यही लौकिक और अलौकिक के बीच किए गए अलगाव की ग़लती है जिसने बड़े पैमाने पर योरोप में धार्मिक और राजनीतिक विचार को प्रभावित किया और योरोपीय राज्यों के जीवन से व्यवहार में ईसाइयत को पूरी तरह बाहर निकाल डाला। इसका नतीजा परस्पर बेमेल राज्यों का एक समूह बचा जो इनसानी नहीं, राष्ट्रीय हितों से संचालित होता है। इन परस्पर असंगत राज्यों ने पहले ईसाइयत की नैतिकता और संकल्पों को रौंदा था, आज इन्हें एक योरोपीय संघ की ज़रूरत महसूस हो रही है यानी उस एकता की, जो ईसाई चर्च ने शुरुआत में इन्हें बख़्शी थी लेकिन इन्होंने ईसा के सार्वभौमिक बन्धुत्व के मिशन के आलोक में उसे पुनर्गठित करने के बजाय लूथर की प्रेरणा से उसे नष्ट कर डाला। इस्लामी जगत में ऐसे किसी लूथर की परिकल्पना असम्भव है क्योंकि यहाँ मध्ययुगीन चर्च जैसा कोई संगठन नहीं है जो किसी विनाशक को न्योता दे सके। इस्लामी जगत में एक सार्वभौमिक राजनीतिक विचार है जिसके बुनियादी तत्त्व माने जाते हैं कि ज़ाहिर

हैं लेकिन जिसका ढाँचा आधुनिक जगत से हमारे सम्पर्क की चाह के मद्देनज़र ताज़ा संयोजनों के माध्यम से नई ऊर्जा की तलाश में खड़ा है। मैं नहीं जानता कि इस्लामी जगत में राष्ट्र के विचार की अन्तिम नियति क्या होनी है। अन्दाज़ा लगाना कठिन है कि इस्लाम इसे समाहित करके रूपान्तरित कर देगा जैसा कि इसने अतीत में बहुत से विचारों के साथ किया है या फिर इसके दबाव में अपने ही ढाँचे के भीतर कोई इंक़लाबी बदलाव लाएगा। हॉलैंड के लीडेन के प्रोफ़ेसर वेन्सिक ने मुझे लिखा था : "मुझे ऐसा लगता है कि इस्लाम आज उस संकट में प्रवेश कर रहा है जिससे ईसाइयत एक सदी से ज़्यादा समय तक गुज़रती रही है। सबसे बड़ी समस्या है कि तमाम पुरानी धारणाओं को तिलांजलि देते हुए धर्म की बुनियाद कैसे बचाई जाए। मेरे लिए यह कहना तकरीबन असम्भव है कि ईसाइयत के लिए इसका अन्तिम परिणाम क्या होगा, फिर इस्लाम के मामले में तो और भी मुश्किल है। फ़िलहाल स्थिति यह है कि राष्ट्र का विचार मुसलमानों के नज़रिये को नस्ली बना रहा है और इस तरह इस्लाम के मानवीय कामों के ख़िलाफ़ जा रहा है। और नस्ली चेतना के उभार का अर्थ होगा ऐसी कसौटियों का उदय जो इस्लाम के मानकों से अलहदा और ख़िलाफ़ तक जा सकती हैं।"

आप मुझे इस अकादमिक बातचीत के लिए माफ़ करेंगे, ऐसी उम्मीद है। ऑल इंडिया मुस्लिम लीग के इस सत्र को सम्बोधित करने के लिए आपने एक ऐसे शख़्स को चुना है जो मनुष्य को उसकी भौगोलिक सीमाओं से आज़ाद करने में इस्लाम की ज़िन्दा ताक़त से अभी निराश नहीं हुआ है, जो मानता है कि धर्म व्यक्तियों और राज्यों की ज़िन्दगी में सबसे ज़्यादा मायने रखता है और जो मानता है कि इस्लाम ही अपने आप में नियति है, इसकी कोई और नियति नहीं। ऐसा शख़्स फिर अपने ही नज़रिये से चीज़ों को देखेगा। ये मत सोचिएगा कि मैं जिस समस्या की ओर इशारा कर रहा हूँ वह विशुद्ध सैद्धान्तिक है। यह बिलकुल ज़िन्दा और व्यावहारिक समस्या है जो जीवन और आचार की एक व्यवस्था के तौर पर इस्लाम के ताने-बाने को प्रभावित करती है। इसके एक उचित समाधान के ऊपर ही हिन्दुस्तान में एक विशिष्ट सांस्कृतिक इकाई के तौर पर आपका मुस्तक़बिल टिका हुआ है। इस्लाम को अपने इतिहास में कभी भी ऐसे कठघरे में नहीं खड़ा होना पड़ा जैसा आज है। इसके सामाजिक ढाँचे के बुनियादी सिद्धान्त संशोधन और पुनर्व्याख्या या इनकार के लिए लोगों के लिए बेशक खुले हैं, लेकिन कोई भी ताज़ा प्रयोग करने से पहले उन्हें साफ़-साफ़ देखना ज़रूरी है कि वे कर क्या रहे हैं। जिस तरह मैं इस समस्या को देख रहा हूँ, उससे किसी को यह नहीं लगना चाहिए कि मैं दूसरी तरह से सोचने वालों से झगड़ने की मंशा रखता हूँ। यह मुसलमानों का जुटान है और मैं मानकर चल रहा हूँ कि आप सब इस्लाम के आदर्शों और भावना के प्रति सच्चे होंगे। इसलिए मेरी इकलौती चाह यह है कि मैं आपसे खुलकर बताऊँ कि

मौजूदा हालात के बारे में मैं वास्तव में क्या सोच रहा हूँ। यही एक तरीक़ा है कि मैं अपनी समझदारी के आलोक में आपकी राजनीतिक कार्रवाइयों की सम्भावनाएँ प्रकाशित कर सकता हूँ।

तो समस्या क्या है और उसके परिणाम क्या हो सकते हैं? क्या धर्म निजी मामला है? आप इस्लाम को एक नैतिक और राजनीतिक आदर्श के रूप में देखना चाहेंगे जिसका हश्र योरप में ईसाइयत की तर्ज़ पर हो? क्या यह मुमकिन है कि इस्लाम को एक नैतिक आदर्श के रूप में क़ायम रखा जाए और राष्ट्रीय राजनीति के हित में काम करने वाले राजनीतिक विचार के रूप में ख़ारिज कर दिया जाए, चूँकि वहाँ धार्मिक वृत्तियों को अपनी भूमिका निभाने की जगह नहीं है? हिन्दुस्तान में यह सवाल अहम हो जाता है जहाँ मुसलमान अल्पसंख्यक हैं। मज़हब एक निजी मसला है, यह बात किसी योरोपीय के मुँह से सुनने में अचरज नहीं होगा। योरप में ईसाइयत की अवधारणा मठवादी व्यवस्था वाली थी जहाँ भौतिक जगत को तुच्छ मानकर पूरा ध्यान रूहानी जगत पर लगाया जाता था और इसकी बाक़ायदा एक तर्क प्रणाली है। इसके बरअक्स क़ुरान में आयद पैग़म्बर पाक के मज़हबी तजुर्बे की प्रकृति बिलकुल अलहदा है। यह महज़ एक जैविक घटना के तौर पर होने वाला अनुभव नहीं है जो केवल भीतर घटता है और जहाँ सामाजिक वातावरण पर किसी प्रतिक्रिया की दरकार नहीं होती। यह निजी अनुभव एक सामाजिक व्यवस्था की प्रतिक्रिया में होता है। इसका तात्कालिक परिणाम एक ऐसी राजनीति की बुनियाद है जिसके कुछ अन्तर्निहित क़ानूनी तत्त्व होते हैं, जिनके नागरिक आयामों की उपेक्षा महज़ इसलिए नहीं की जा सकती कि उसका स्रोत रूहानी है। इसीलिए इस्लाम का धार्मिक आदर्श उस समाज-व्यवस्था के साथ जैविक रूप से जुड़ा हुआ है जिसे उसने बनाया है। एक को ख़ारिज करने का मतलब अपने आप दूसरे को ख़ारिज करना होगा। इसीलिए, राष्ट्रीय तर्ज़ पर राजनीति का निर्माण, यदि यकज़हनी के इस्लामी विचार को विस्थापित करता हो, तो एक मुसलमान के लिए यह अकल्पनीय है। यही वह मसला है जो फ़िलहाल भारत के मुसलमानों के लिए विचारणीय है। रेनान कहते हैं, 'मनुष्य अपनी नस्ल का, धर्म का ग़ुलाम नहीं है, न ही वह नदियों की धारा या पहाड़ों की दिशा का ग़ुलाम है। मोटे तौर पर विवेकवान और गर्मदिल मनुष्यों का औसत समूह एक नैतिक चेतना को विकसित करता है जिसे राष्ट्र कहते हैं।' ऐसा एक सूत्रीकरण बेशक मुमकिन होगा, हालाँकि इस लम्बी और श्रमसाध्य प्रक्रिया में व्यावहारिक रूप से शानदार लोगों की दरकार होगी जिनमें ताज़ा एहसासों को भरा जा सके। हो सकता है कि हिन्दुस्तान में ऐसा रहा हो जहाँ कबीर के सबद और अकबर के दीन-ए-इलाही ने इस देश के लोगों के मानस पर असर डाला हो। हालाँकि अनुभव दिखाता है कि भारत की अलहदा जातियों और धर्मों ने कभी भी एक व्यापक इकाई के भीतर अपनी पहचान को डुबोने की मंशा नहीं जताई। हर

समूह दूसरे के सामूहिक वजूद से जलता है। रेनान जिस क़िस्म की नैतिक चेतना की बात करते हैं जो एक राष्ट्र का सत्त्व होता है, उसके लिए क़ीमत चुकानी पड़ती है और हिन्दुस्तान के लोग अभी उसके लिए तैयार नहीं हैं। इसलिए भारतीय राष्ट्र की एकता एक-दूसरे के प्रति नकारात्मकता में नहीं बल्कि सभी के बीच परस्पर सौहार्द और सहकारिता में तलाशी जानी चाहिए। हक़ीक़त चाहे कितनी ही अप्रिय हो, सच्चे नेता को उसकी उपेक्षा नहीं करनी चाहिए। इकलौता व्यावहारिक तरीक़ा यह है कि जो नहीं है उसे जबरन मान न लिया जाए बल्कि जो है उसे वैसे ही देखा जाए और अपने फ़ायदे में उसका इस्तेमाल किया जाए। हिन्दुस्तान और एशिया की नियति इसी तर्ज़ पर हिन्दुस्तान की एकता की तलाश पर टिकी है। हिन्दुस्तान एक छोटा एशिया है। इसके कुछ लोगों की सांस्कृतिक समानताएँ पूरब के राष्ट्रों के साथ हैं और कुछ की एशिया के मध्य और पश्चिम के राष्ट्रों के साथ। हिन्दुस्तान में यदि सहकारिता का एक व्यावहारिक सिद्धान्त खोज निकाला जाए, तो इस प्राचीन धरती पर यह अमन और परस्पर सद्भाव को क़ायम करेगा जिसने इतने लम्बे समय तक पीड़ा झेली है—अपने लोगों की किसी आन्तरिक अक्षमता के चलते नहीं बल्कि ऐतिहासिक जगत में अपनी विशिष्ट स्थिति के चलते। और एक झटके में यह पूरे एशिया की समूची राजनीतिक समस्या को हल कर डालेगा।

यह हालाँकि पीड़ादायक बात है कि अब तक आन्तरिक सद्भाव का सिद्धान्त तलाशने का हमारा ऐसा कोई प्रयास नाकाम ही हुआ है। यह नाकामी क्यों मिली? शायद हमें एक-दूसरे की मंशा पर शक है और भीतर से हम दूसरे पर प्रभुत्व क़ायम करने का सोचते रहते हैं। ऐसा लगता है कि शायद सहयोग और सहकारिता के हित में हम सब अपने-अपने एकाधिकारों को छोड़ना नहीं चाहते जो परिस्थितियों के संयोग से हमारे हाथ लगे हैं और अपने अहं को हम राष्ट्रवाद के आवरण में छुपा लेते हैं, जो बाहर से काफ़ी भव्य देशभक्ति की तरह दिखाई देता है लेकिन भीतर किसी जाति या क़बीले जैसा तंगदिमाग़ है। शायद हम यह मानने को तैयार ही नहीं हैं कि हर समूह के पास अपनी-अपनी सांस्कृतिक परम्परा के अनुरूप उन्मुक्त ढंग से विकसित होने की आज़ादी है। हमारी नाकामी के चाहे जो भी कारण हों, मैं अब भी आशावान हूँ। ऐसा लगता है कि घटनाक्रम एक क़िस्म के भीतरी सौहार्द की दिशा में बढ़ रहा है। और मैंने जितना मुसलमानों के मन को पढ़ने की कोशिश की है, मुझे यह कहते हुए कोई संकोच नहीं होता कि यदि स्थायी साम्प्रदायिक निपटारे के आधार के तौर पर इस सिद्धान्त को मान्यता दे दी जाए कि हिन्दुस्तानी मुसलमान अपनी हिन्दुस्तानी धरती पर अपनी संस्कृति और परम्परा के मुताबिक़ पूरी तरह उन्मुक्त रूप से अपना विकास करने को आज़ाद है, तो वह हिन्दुस्तान की आज़ादी के लिए अपना सब कुछ दाँव पर लगाने को तैयार हो जाएगा। यह सिद्धान्त, कि हर समूह अपनी-अपनी सांस्कृतिक परम्परा के अनुरूप उन्मुक्त ढंग

से विकसित होने को आज़ाद है, किसी संकीर्ण साम्प्रदायिकता की भावना से प्रेरित नहीं है। साम्प्रदायिकता और साम्प्रदायिकता में फ़र्क़ होता है। जो सम्प्रदाय दूसरे सम्प्रदायों के प्रति विद्वेष की भावना से प्रेरित हो वह हेय है। मैं दूसरे समुदायों की परम्परा, क़ानून, प्रथाओं, धार्मिक और सामाजिक संस्थाओं को ऊँचा सम्मान देता हूँ। इतना ही नहीं, क़ुरान की शिक्षाओं के मुताबिक़ यह मेरा कर्तव्य है कि ज़रूरत पड़ने पर मैं उनके पूजा स्थलों की रक्षा भी करूँ। इसके बावजूद मैं अपने सम्प्रदाय को प्यार करता हूँ, जो मेरी ज़िन्दगी और मेरे आचार का स्रोत है, जिसने मुझे मेरा धर्म और साहित्य दिया है, उसके विचार दिए हैं, उसकी संस्कृति दी है, और इस तरह मेरी मौजूदा चेतना में अपने समूचे अतीत को एक ज़िन्दा कारक के रूप में उसने पुनर्निर्मित किया है...

...साम्प्रदायिकता अपनी उच्च अवस्था और आयामों में हिन्दुस्तान जैसे देश में सौहार्द और सद्‌भाव क़ायम करने के लिए अपरिहार्य है। भारतीय समाज की इकाइयाँ योरोपीय देशों के जैसी भूखंडित नहीं हैं। हिन्दुस्तान उन इनसानी समूहों का एक महाद्वीप है जो अलहदा नस्लों, ज़बानों और धर्मों को मानने वाले हैं। इनका व्यवहार किसी साझा नस्ली चेतना से संचालित नहीं है। यहाँ तक कि हिन्दू भी कोई एकरंगा समूह नहीं हैं। इसलिए साम्प्रदायिक समूहों की सच्चाई को संज्ञान में लिए बग़ैर योरोपीय लोकतंत्र के सिद्धान्त भारत पर जस के तस लागू नहीं किए जा सकते। इसलिए भारत के भीतर एक 'मुस्लिम भारत' के निर्माण की मुसलमानों की माँग पूरी तरह जायज़ है...

...हज़रात, मैं अपनी बात ख़त्म कर चुका हूँ। नतीजे के तौर पर मैं आपसे इतना ही कहना चाहूँगा कि हिन्दुस्तान के इतिहास में मौजूदा संकट मुस्लिम समुदाय के भीतर उद्‌देश्य और इच्छाशक्ति के स्तर पर सम्पूर्ण एकता और संगठन की माँग कर रहा है—एक समुदाय के तौर पर आपके अपने हित में और समूचे भारत के हित में भी। भारत की राजनीतिक ग़ुलामी समूचे एशिया के लिए अनंत पीड़ा का स्रोत रही है। इसने पूरब की ताक़त को दबाया है और आत्माभिव्यक्ति के सुख से वंचित कर दिया है, जिसने किसी ज़माने में इसे महान और भव्य संस्कृति का निर्माता बनाया था। यहाँ जीना और मरना हमारी नियति है, तो भारत के प्रति हमारा कर्तव्य बनता है। एशिया, ख़ासकर मुस्लिम एशिया के प्रति भी हमारा कर्तव्य है। और चूँकि एक देश के भीतर मौजूद 7 करोड़ मुसलमान समूचे एशिया के देशों के मुसलमानों के मुक़ाबले इस्लाम की कहीं ज़्यादा अनमोल थाती हैं, तो हमें हिन्दुस्तान की समस्या को सिर्फ़ मुसलमानों के नज़रिये से नहीं बल्कि हिन्दुस्तानी मुसलमानों के नज़रिये से भी देखना चाहिए। एशिया और भारत के प्रति हमारा कर्तव्य तब तक वफ़ादारी से पूरा नहीं हो सकता जब तक एक ख़ास उद्‌देश्य पर हम अपनी संगठित इच्छाशक्ति को केन्द्रित न कर दें। भारत की दूसरी राजनीतिक इकाइयों की तरह आपके भी

अपने हित में यह एक अपरिहार्य ज़रूरत है। हमारी बिखरी हुई स्थिति ने सामुदायिक जीवन से जुड़े अहम सियासी मसलों पर भ्रम क़ायम किया हुआ है। मैं समुदायों के बीच की आपसी समझदारी को लेकर नाउम्मीद नहीं हूँ, लेकिन मैं आपसे यह एहसास छुपा नहीं सकता कि निकट भविष्य में मौजूदा संकट से निपटने के लिए हमारे समुदाय से एक स्वतंत्र कार्रवाई करने का आह्वान किया जा सकता है। और ऐसे संकट के बीच एक स्वतंत्र राजनीतिक कार्रवाई तभी सम्भव होगी जब लोग संकल्पित हों और एक साझा उद्देश्य के प्रति उनकी इच्छाशक्ति सक्रिय हो। क्या आपके लिए सामूहिक इच्छाशक्ति क़ायम करना मुमकिन होगा? जी, बेशक होगा। धड़ेबाज़ी, उसके हितों व निजी महत्त्वाकांक्षाओं से ऊपर उठिए और अपनी निजी व सामूहिक कार्रवाई के मूल्य को पहचानिए, जो चाहे जितना भी भौतिक रूप से संचालित हो लेकिन उस आदर्श की रोशनी में रहे जिसकी नुमाइंदगी आपको करनी है। पदार्थ से चेतना तक जाइए। पदार्थ में विविधता है लेकिन चेतना में रोशनी है। चेतना ही जीवन और एकता है। मुसलमानों के इतिहास से मैंने एक सबक़ सीखा है। अपने इतिहास के निर्णायक पलों में इस्लाम ने मुसलमानों को बचाया है, मुसलमानों ने इस्लाम को नहीं। अगर आज आप इस्लाम पर अपनी दृष्टि केन्द्रित कर लें और अपने भीतर हमेशा ऊर्जावान रहने वाले इस आदर्श से प्रेरणा लें, तो आप अपनी बिखरी हुई ताक़त को समेट पाएँगे और अपनी टूट चुकी अखंडता को बहाल कर पाएँगे और इस तरीक़े से ख़ुद को सम्पूर्ण विनाश से बचा पाएँगे। क़ुरान पाक में एक महान आयत हमें सिखाती है कि समूची इनसानियत का जन्म और पुनर्जन्म दरअसल एक व्यक्ति के जन्म और पुनर्जन्म की तरह होता है। फिर आप क्यों नहीं, जो एक समुदाय के तौर पर इनसानियत की इस शानदार अवधारणा के पहले व्यावहारिक प्रणेता हो सकते हैं, एक व्यक्ति के रूप में जी और रह सकते हैं। मैं जब कहता हूँ कि भारत में चीज़ें वैसी नहीं हैं जैसी दिखती हैं तो मैं कोई पहेली नहीं बुझा रहा हूँ। इसका अर्थ हालांकि आपको तभी पकड़ में आएगा जब आप इसे देखने का एक सच्चा सामूहिक अहं हासिल कर पाएँगे। क़ुरान पाक के शब्दों में : "ऐ लोगों जो ईमान लाए हो, अपनी फ़िक्र करो। किसी दूसरे की गुमराही से तुम्हारा कुछ नहीं बिगड़ता, अगर तुम ख़ुद सीधे रास्ते पर हो।" (5:105)

अनुवाद : **अभिषेक श्रीवास्तव**

मौलाना हुसैन अहमद मदनी

मुत्तहिदा क़ौमियत और इस्लाम

जनाब डॉक्टर साहिब मरहूम (अल्लामा इक़बाल) को मेरे कुछ दोस्तों के ख़तों के ज़रिये मालूम हुआ कि दिल्ली की तक़रीर में किसी को सलाह देना मेरा उद्देश्य न था और न कोई ऐसा शब्द प्रयोग किया गया था। मैं उस तक़रीर में उन बड़े नुक़सानों को बयान कर रहा था जो अंग्रेज़ी हुकूमत से सारे हिन्दुस्तानियों और विशेषत: मुसलमानों को पहुँचे हैं। उन्हीं में से यह बात भी है कि चूँकि हर युग में क़ौमें वतन से बनती हैं, इसलिए हिन्द के सारे बाशिन्दे, चाहे वे मुसलमान हों या हिन्दू, सिख हों या पारसी, बाहर के सारे देशों में बहुत तुच्छ समझे जाते हैं। उनकी इज़्ज़त और ताक़त एक ग़ुलाम की इज़्ज़त से ज़्यादा नहीं है। वे निहायत हेय दृष्टि से देखे जाते हैं, और उनकी बातों और उनकी माँगों को कोई महत्त्व नहीं दिया जाता। इस वतन के निवासी होने की हैसियत से सब एक ही क़ौम या एक ही राष्ट्र शुमार होते हैं। हिन्दुस्तान से बाहर या अन्य देशों में हिन्दुस्तानियों को नागरिक अधिकारों से ही नहीं बल्कि मानव-अधिकारों से भी वंचित किया जा रहा है और किसी प्रकार का प्रतिरोध बग़ैर भी प्रभावी नहीं होता। यह मेरे ख़याल से, सिर्फ़ ग़ुलामी का असर है।

बर्तानिया के जन्म-जन्मान्तर के वफ़ादारों को ऐसी बात कब बर्दाश्त हो सकती थी! उन्होंने राई का पहाड़ बना दिया। बहरहाल, शायद इसी में कुछ भला छिपा हो! इस स्तर पर यक़ीनन बहस ख़त्म हो जाती है, मगर दूसरे स्तर पर जनाब डॉक्टर साहिब (अल्लामा इक़बाल) हिन्द के मुसलमानों को मुत्तहिदा क़ौमियत या राष्ट्रीय एकता का मशविरा देना धर्म के विरुद्ध समझते हैं और यह बात चूँकि मेरे नज़दीक ठीक नहीं है इसलिए मुझको कुछ अर्ज़ करना ज़रूरी है। इसके सम्बन्ध में कुछ और भी ज़रूरी गुज़ारिशें होंगी, जिनका पिछले बयान में इशारा था, या जिनके विषय में दूसरे लोगों की तहरीरों में माँग की गई थी।

> क़ुरान की भाषा और हदीसों की बातों का समाधान केवल अरबी शब्दकोश के अनुसार होगा।

पैग़म्बरों को अल्लाह ने, जो बड़े नाम वाला है, कोई नया शब्दकोश बनाने के लिए नहीं भेजा, अलबत्ता जिनकी तरफ़ वे भेजे गए उनके ग़लत आचार-व्यवहार के ख़िलाफ़ नई सुधारवादी संहिता को ज़रूर बनवाया। उन्होंने आकर अपनी-अपनी क़ौम को उसी भाषा में सम्बोधित किया जिसको वे क़ौमें दिन और रात प्रयोग करती थीं।

पहली दलील

अल्लाह क़ुरान पाक में कहता है :

> 'हमने नहीं भेजा कोई रसूल (पैग़म्बर), मगर उसकी क़ौम की ज़बान में।' (14:4)

दूसरी दलील

> 'ऐ लोगो! यह रसूल तुम्हारे परवरदिगार से सच्चाई लेकर आया है, इसलिए ईमान लाओ। तुम्हारे लिए यही बेहतर है।' (4:170)

चुनाँचे ख़ुदा के सारे सम्बोधनों को और रसूलों के संवादों को उन्हीं की शब्दावली और भाषा में तलाश करना ज़रूरी होगा। उन्हीं के समझाने की भाषा के अनुसार उनको काम करना पड़ेगा।

कोई ऐसे मायने निकलना, जो कि उस ज़माने की क़ौम की बोलचाल में न पाए जाते हों, सख़्त ग़लती होगी। (शरीअत (इस्लामी क़ानून) का कुछ शब्दों में कोई क़ैद वग़ैरह कर देना इसके विरुद्ध नहीं है) इसी बिना पर हमने क़ौम और मिल्लत के अर्थों में अरबी शब्दकोशों से संक्षेप में कुछ नक़ल कर दिया था और फिर स्पष्ट कह दिया था कि आयतों और हदीसों को टटोलिये। मगर चूँकि इस पर सन्तोष नहीं किया गया, इसलिए अब और अधिक विस्तार से बात कहता हूँ।

मुख़्तसर-अल-सिहाह में लिखा है (अध्याय *लाम, मीम* और *नून*) कि लफ़्ज़ मिल्लत दीन और शरीअत (धर्म) है।

और अध्याय *मीम* के हिस्सा क़ाफ़ में कहा गया है : *क़ौम* शब्द मर्दों के लिए (औरतों के बिना) बोला जाता है, और इस शब्द में कोई एकवचन नहीं होता। ज़ुहैर कहता है कि मैं नहीं जानता, और न ही ख़याल करता हूँ कि जानूँगा, कि हिस्न की औलाद *क़ौम* हैं या औरतें।

अल्लाह तआला फ़रमाता है : 'कोई क़ौम दूसरी क़ौम को उपहास या मज़ाक़ का पात्र न समझे और न औरतें औरतों का मज़ाक़ उड़ाएँ।' (49:11)

और कभी औरतें अनुसरण के कारण क़ौम में दाख़िल हो जाती हैं क्योंकि हर नबी की क़ौम में मर्द और औरत दोनों ही हैं।

क़ामूस (अध्याय *लाम,* हिस्सा *मीम*) में और ज़ुबैदी की *ताजुल-उरूस शरह*

क़ामूस में है : *मिल्लत* का अर्थ *शरीअत* या *दीन* है। जैसे कहते हैं, मिल्लत-ए-इस्लाम, मिल्लत-ए-नस्रानियत (ईसाई क़ौम) और मिल्लत-ए-यहूदियत। और कुछ ने कहा है कि मिल्लत दीन के बड़े हिस्से को कहा जाता है, और रसूल की लाई हुई तमाम चीज़ों को भी मिल्लत कहा जाता है। और रागिब का लेखन इशारा करता है कि तीनों पर्यायवाची हैं—*मिल्लत, दीन* और *शरीअत*।

रागिब ने कहा है कि *मिल्लत* नाम है उस चीज़ का जिसको अल्लाह तआला ने अपने पैग़म्बरों की ज़बान पर शरीअत बनाया है ताकि उसके ज़रिये अल्लाह के नज़दीक हो सकें। मिल्लत और दीन में फ़र्क़ यह है कि मिल्लत में पैग़म्बर और वे लोग शामिल होते हैं जिन पर उसको पैग़म्बर बनाया गया है। लफ़्ज़ *मिल्लत* अल्लाह के लिए या किसी भी एकवचन के लिए नहीं आ सकता।

अबू इस्हाक़ ने कहा कि लफ़्ज़ *मिल्लत* शब्दकोश में *'सुन्नत'* और *'तरीक़ा'* है और इसी से *मिल्लत* बनाया गया है। यानी वह जगह जहाँ रोटी खाई जाती है।

और *असास* में है जिस रास्ते या तरीक़े पर चला जाए उसे भी रूपक के तौर पर *मिल्लत* कहा जाता है, जैसे *मिल्लत-ए इब्राहीम* में सभी मिल्लतों के लिए भलाई है।

और *क़ामूस,* अध्याय *मीम,* हिस्सा *क़ाफ़* में लिखा है : *क़ौम* औरतों और मर्दों सबका समूह है; या सिर्फ़ मर्दों का, और औरतें इसमें सिर्फ़ अनुगामी होने के कारण शामिल होती हैं।

ताजुल-उरूस शरह क़ामूस में लिखा है : क़ौम औरतों और मर्दों सबके समूह को कहते हैं, क्योंकि हर व्यक्ति की क़ौम उसकी ताबेदार है; या सिर्फ़ मर्दों को बिना औरतों के कहते हैं। न इस शब्द का कोई एकवचन है।

जौहरी ने कहा कि इस दूसरे अर्थ की बिना पर क़ुरान शरीफ़ में फ़रमाया गया है कि कोई क़ौम दूसरी *क़ौम* से मसख़रापन न करे। फिर कहा गया कि कोई औरतों का समूह औरतों से मसख़रापन न करे। यानी अगर औरतें *क़ौम* में शामिल होतीं तो यह न फ़रमाते— *वल-अंसाओ-मिन-निसा* (औरतों का समूह औरतों से)।

ज़हीर कहता है : मैं नहीं जानता, और न ही ख़याल करता हूँ कि जानूँगा, कि *हिस्न* का क़बीला *क़ौम* हैं या औरतें।

और इसी अर्थ में यह हदीस (पैग़म्बर की कही हुई बात) है कि जमात को नमाज़ पढ़ाते हुए अगर *इमाम* कोई ग़लती कर बैठता है तो *क़ौम* (मर्द) *सुबहान-अल्लाह* कहेगी और औरतें ग़लती की तरफ़ ध्यान दिलाने के लिए अपनी हथेली पर हाथ मारेंगी।

और *इब्न-ए-असीर* ने कहा कि *क़ौम* वास्तव में *क़ाम* का मूल शब्द है। फिर यह मर्दों के लिए प्रयुक्त होने लगा, बिना औरतों के। मर्द के लिए यह शब्द इसलिए

प्रयुक्त होने लगा कि वे औरतों के उन मामलों के ज़िम्मेदार हो गए और उन्हें पूरा करने लगे जो औरतों के वश से बाहर थे।

अबुल-अब्बास से उद्धृत है कि *नफ़र, क़ौम* और *रहत,* तीनों शब्द बहुवचन के रूप में प्रयोग होते हैं। इन शब्दों को एकवचन के तौर पर प्रयोग नहीं किया जा सकता। औरतों के बिना केवल मर्दों के लिए इस्तेमाल किया जाता है, या औरतें भी इसमें अनुगमन की प्रक्रिया से शामिल हो जाएँगी क्योंकि पैग़म्बर की *क़ौम* में मर्द और औरत होते हैं। (जौहरी)

यह शब्द पुल्लिंग भी बोला जाता है और स्त्रीलिंग भी, क्योंकि ऐसी संज्ञाएँ जिनमें एकवचन नहीं पाया जाता और वे आदमियों के लिए हों तो वे पुल्लिंग और स्त्रीलिंग दोनों होती हैं। जैसे, *रहत* और *नफ़र* और *क़ौम*। अल्लाह तआला फ़रमाता है : *व-कज़्ज़बा बेहि क़ौमुका* (और तुम्हारे क़ौम ने उसको झुठलाया)। इसमें *क़ौम* को पुल्लिंग कहा गया है। और दूसरी जगह फ़रमाया : *कज़्ज़बत क़ौमु नूहिल-मुरसलीन।* (नूह की क़ौम ने रसूलों को झुठलाया)। इसमें *क़ौम* स्त्रीलिंग बताया गया है।

मजमा-अल-बहार में हैं : *मिल्लत* वह शरीअत है जिसको ख़ुदा ने अपने बन्दों के लिए बनाया। नबियों की ज़बान पर और सारी शरीअतों पर यह अर्थ लागू होता है। कुछ जगहों पर नहीं भी लागू होता। इस अर्थ को विस्तार देकर *मिल्लत-ए-बातिला* (मिथ्या धार्मिक समूह) भी प्रयोग किया जाने लगा और कहा गया कि *कुफ़्र* (अनास्था/नास्तिकता) *मिल्लत-ए-वाहिदा* (एक क़ौम) है।

अल्मुन्जिद (एक अरबी शब्दकोश) में ये अर्थ है : *मिल्लत, तरीक़त* (पंथ) या *शरीअत* (सिद्धान्त) और दीयत (ख़ून की क़ीमत)। इसी में एक और जगह है : *क़ौम* आदमियों की जमात को कहते हैं। *अक़वाम, अक़ाविम, अक़ावीम, अक़ाइम* बहुवचन हैं जो कि एक दादा (की वंशावली) में जमा होते हों। शब्द *क़ौम* दुश्मनों पर भी लागू होता है।

उपरोक्त इबारतें अरबी शब्दकोशों के विभिन्न वर्गों, यानी प्रथम, मध्यम और अन्तिम (दौर की) से नक़ल की गई हैं ताकि यह ज़ाहिर हो जाए कि *मिल्लत* और *क़ौम* के मायने का उपरोक्त फ़र्क़ हमेशा से चला आ रहा है। अगरचे वास्तव में एतबार या विश्वास प्रथम वर्ग के तहत होनेवाले प्रयोगों और बोलचाल का है मगर हमने और अधिक स्पष्ट करने के लिए दूसरी और तीसरी श्रेणी की व्याख्याएँ भी नक़ल कर दीं ताकि यह कहने का मौक़ा न रहे कि वर्तमान समय की अरबी, फ़ारसी और तुर्की ज़बान में भी सनदें मौजूद हैं। चूँकि यह शब्द अरबी है, अरबी में अगर शब्दकोश के विरुद्ध कोई व्यक्ति किसी शब्द को प्रयोग भी करेगा तो उसको यक़ीनन ग़लत कहना पड़ेगा। यह फ़ारसी या तुर्की लोगों की मातृभाषा नहीं। उनका प्रयोग किया हुआ शब्द सनद का दर्जा नहीं रख सकता। और मान लें कि ऐसा हो

तो जब कि निस्सन्देह यह तय है कि अरबी में यह शब्द और ख़ास तौर से क़ुरान मजीद में शरीअत और *दीन* के मायनों में प्रयोग हुआ है और इस ज़माने के लोग किसी दूसरे अर्थ में प्रयोग करने लगे हैं, तो भला वह व्यक्ति जिसने अरबी शब्द को मूल अर्थ और प्राचीन शब्दकोश और क़ुरान की ज़बान में इस्तेमाल किया है, किस तरह निंदा का पात्र हो सकता है?

अजीब बात क्या है! हज़रत मुहम्मद अरबी (स) के ज़माने में जो इस्तेमाल होता था, उसमें इस्तेमाल करनेवाला हज़रत मुहम्मद अरबी (स) के रुतबे से अनजान है? या फिर वह आदमी अनजान है जो वर्तमान अर्थों में शब्द का इस्तेमाल कर रहा है और नबी के ज़माने के अर्थ को त्याग रहा है?

और अगर सोचा जाए तो बाद के समय के अरब, फ़ारसी और तुर्कों ने भी लफ़्ज़ *मिल्लत* को *क़ौम* के अर्थ में कहीं इस्तेमाल नहीं किया, बल्कि यह हक़ीक़त है कि इन सबके यहाँ मिल्लत के वही मायने हैं जो पहले बताए गए हैं। मगर अधिक प्रयुक्त होने की वजह से बात को संक्षिप्त किया जाता है और पर्यायवाची या उसी प्रकार के शब्द को कभी-कभार बात को संक्षेप में कहने के लिए निकाल दिया जाता है। जैसा कि कई जगहों पर लफ़्ज़ *क़रिया* के साथ यही काम किया जाता है, और यह तरीक़ा अरबी भाषा में बहुत ज़्यादा प्रचलित है। इसलिए यह दावा बिलकुल ग़लत है कि लफ़्ज़ *मिल्लत क़ौम* के अर्थ में प्रयुक्त हो; और अगर ऐसा होता भी तो विश्वसनीय नहीं था। अगर कोई व्यक्ति अपनी शायरी और तक़रीरों में इस तरह का बदलाव करेगा तो यह उसका अपना शब्द होगा। उसको दूसरों पर नुक़्ताचीनी का कोई मौक़ा नहीं।

उपरोक्त व्याख्या से मालूम हो गया होगा कि अरबी शब्दकोश के *मुताबिक़* लफ़्ज़ *क़ौम* के ये चन्द मायने हैं :

1. केवल मर्दों का समूह, औरतों के बिना।
2. मुख्यत: मर्दों का समूह जिसमें औरतें अनुकरण के कारण शामिल हों।
3. औरतों और मर्दों, सबका समूह।

चुनाँचे यह कहना कि यद्यपि शाब्दिक अर्थ में औरतें क़ौम में शामिल नहीं लेकिन क़ुरान हक़ीम में जहाँ-जहाँ *मूसा की क़ौम* और *आद की क़ौम* के अल्फ़ाज़ आए हैं वहाँ ज़ाहिर है कि औरतें भी उनके अर्थ में शामिल हैं, त्रुटिपूर्ण है। अरबी शब्दावली के अनुसार जब क़ौम विभिन्न अर्थों में बोला जाता है तो क़ुरान शरीफ़ में किसी जगह इन अर्थों में से किसी एक अर्थ में आशय लेना शब्दकोश के विरुद्ध न होगा। हालाँकि क़ुरान में सूरा हजरात (पत्थरों से सम्बन्धित अध्याय) में शब्द क़ौम से विशेषत: औरतों को निकाल दिया गया है। इसके अतिरिक्त यह बहस भी बाक़ी रह जाती है कि *मूसा की क़ौम* और *आद की क़ौम* में औरतें मूल रूप से स्वत:

शामिल हैं या अनुकरण के कारण। यह ऐसा ही है जैसे क़ुरान के आदेशों में बहुत से ऐसे शब्द और संज्ञाएँ प्रयुक्त हुई हैं जिनके बारे में सब सहमत हैं कि केवल मर्दों के लिए विशिष्ट हैं, मगर उन आदेशों में औरतें भी शामिल हैं।

क़ुरान शरीफ़ से क़ौम के मायने का शोध

जब हम शब्द *क़ौम* और *मिल्लत* की सच्चाई जानने के लिए क़ुरान शरीफ़ पर नज़र डालते हैं तो देखते हैं कि शब्द क़ौम का दो सौ से ज़्यादा जगहों पर ज़िक्र किया गया है। अगर हम विस्तार से सबका वर्णन करें तो बात बहुत लम्बी हो जाएगी। और अगर हमको यह न कहा जाता :

> लेकिन क्या अच्छा होता कि अगर मेरी ख़ातिर नहीं तो आम मुसलमानों की ख़ातिर शब्दकोश से गुज़रकर मौलाना क़ुरान-ए-हक़ीम से भी सम्पर्क कर लेते और इस ख़तरनाक ग़ैर-इस्लामी दृष्टिकोण को मुसलमानों के सामने रखने से पहले ख़ुदा-ए-पाक की भेजी हुई पवित्र किताब से भी साक्ष्य देते।

तो मैं स्वीकार करता हूँ कि मैं दीन का आलिम नहीं हूँ और न अरबी भाषा का लेखक।

क़लन्दर जुज़ दो हर्फ़-ए-लाइलाहा कुछ नहीं रखता
फ़क़ीह-ए-शहर क़ारूँ है लुग़त-हा-ए-हिजाज़ी का

(फ़क़ीर के पास कलमे के दो शब्द ला-इलाहा के सिवा कुछ भी नहीं, जबकि शहर भर का जाना-माना धर्म-ज्ञाता अरबी भाषा की सारी शब्दावली से मालामाल है।)

(मुझ से पूछा गया) लेकिन आपको किस चीज़ ने रोका था कि आपने सिर्फ़ *क़ामूस* पर सन्तोष कर लिया? तो हम शायद इस थोड़ी सी भी शब्दकोशीय व्याख्या का भी इरादा न करते, क्योंकि हमने शब्दकोश में दिए गए अर्थ बयान करते हुए *क़ामूस* के अलावा *मजमा-अल-बहार* की इबारत को भी पेश कर दिया था। और चूँकि *मजमा-अल-बहार* उन्हीं मायनों को बयान करता है जो क़ुरान की आयतों और पैग़म्बर की हदीसों से लिये गए हैं इसलिए उसकी व्याख्यात्मक नक़ल कर देना काफ़ी थी। फिर स्पष्ट करने के लिए हमारा यह अर्ज़ कर देना कि आयतों और हदीसों को टटोलिये, इस ओर पूरी तरह मार्गदर्शन कर रहा था। और जैसा कि हम पहले कह आए हैं, पैग़म्बर *क़ौम* की ही ज़बान में सम्बोधन किया करता है, नई भाषा नहीं बनाता, इसलिए शब्दकोश से किसी मायने का लिख देना बड़ी

हद तक यहाँ काफ़ी था।

बहरहाल, यहाँ चूँकि माँग की गई है इसलिए हम कुछ अर्ज़ करना चाहते हैं। शब्द *क़ौम* का ज़िक्र क़ुरान शरीफ़ में आया है—कहीं जातिवाचक संज्ञा तो कहीं व्यक्तिवाचक संज्ञा के तौर पर। जहाँ व्यक्तिवाचक संज्ञा है वहाँ कहीं तो *अलिफ़ लाम* जोड़कर उसे संज्ञा बनाया गया है *(अल-क़ौम)*, और कहीं प्रत्यय या सफ़िक्स जोड़कर। जहाँ प्रत्यय जोड़ा गया है वहाँ उसे कहीं प्रकट संज्ञा और कहीं अप्रकट संज्ञा के रूप में प्रत्यय जोड़ा गया है। कहीं मध्यम पुरुषवाचक सर्वनाम की ओर प्रत्यय लगाया गया है, कहीं उत्तम पुरुषवाचक सर्वनाम की ओर, कहीं अन्य पुरुषवाचक सर्वनाम की ओर। कहीं एकवचन की तरफ़, कहीं बहुवचन और कहीं द्विवचन की तरफ़।

शब्द *क़ौम* जिस जगह जातिवाचक संज्ञा के रूप में आया है या *अलिफ़ लाम* जोड़कर आया है उन जगहों पर अगरचे समन्वय और मुसलमानों व ग़ैर-मुसलमानों के बीच क़ौमी एकजुटता की सम्भावना नहीं लेकिन जिस जगह प्रत्यय लगाया गया है वहाँ वह इंगित शब्द मुसलमान या पैग़म्बर है, और अगर बात ग़ैर-मुस्लिम के बारे में है तो उस जगह पर यक़ीनन बहुमूर्तिपूजक और नास्तिकों का पैग़म्बर या मुसलमानों के साथ मुत्तहिदा क़ौमियत में जुड़ना ही अर्थ होता है।

मिसाल के तौर पर क़ुरान की एक आयत कहती है :

> 'नूह की क़ौम ने रसूलों को झुठलाया।' (26:105)
> 'उनसे पहले नूह की क़ौम ने (सत्य को) झुठलाया जैसा कि अर्रस और समूद की क़ौमों ने झुठलाया था। और आद व फ़िरऔन व लूत की बिरादरियों ने। और वनवासियों ने और तुब्बा की क़ौम ने।' (50:12, 13, 14)

क़ुरान की विभिन्न आयतों में *क़ौम* का प्रत्यय पैग़म्बरों के साथ लगाया गया, जिनमें *क़ौम-ए-नूह, क़ौम-ए-इब्राहीम, क़ौम-ए-लूत, क़ौम-ए-सालिह, क़ौम-ए-हूद* इत्यादि शब्द प्रयुक्त हुए हैं। इसी तरह कहीं शब्द *क़ौम* प्रत्यय के रूप में पैग़म्बरों के अन्य पुरुषवाचक सर्वनाम के साथ आया है। उदाहरण के लिए :

> 'हमने नूह को उसकी क़ौम की तरफ़ भेजा।' (71:1)
> 'जब उसने अपनी क़ौम को चेतावनी दी जो रेतीले टीलों पर रहती थी...।' (46:21)
> 'और याद करो जब मूसा ने अपनी क़ौम से कहा, ऐ क़ौम...' (61:5)
> 'जब कि उनकी क़ौमें हमारे बन्दे हैं।' (23:47)

बेशक तुम्हारे लिए इब्राहीम और उनके साथियों में बेहतरीन नमूना है, जब उन्होंने अपनी क़ौम से कहा, हम तुमसे और उन बुतों से जिनकी तुम अल्लाह के सिवा

पूजा करते हो, पूरी तरह विरक्त हैं, हमने तुम सबका खुला इनकार किया। (60:4)

इसी तरह शब्द *क़ौम* का प्रत्यय कहीं मध्यम पुरुषवाचक सर्वनाम के साथ लगाया गया है, जिसमें सम्बोधन पैग़म्बर से किया जा रहा है :

> 'निश्चय ही वह (क़ुरान) अनुस्मृति है तुम्हारे लिए और तुम्हारी क़ौम के लिए। शीघ्र ही तुम सबसे पूछा जाएगा।' (सूरा 43:44)
>
> 'तुम्हारी क़ौम में से कोई भी ईमान नहीं लाएगा, सिवाय उसके जो पहले ही ईमान वाला है।' (11:36)
>
> 'और जब मरियम के बेटे को उदाहरण के तौर पर पेश किया जाता है तो देख लो कि तुम्हारी क़ौम के लोग मज़ाक़ उड़ाते हैं।' (43:57)
>
> 'अपनी क़ौम को अँधेरे से रौशनी की तरफ़ ले आओ, और उन्हें अल्लाह के दिनों का स्मरण कराओ।' (14:5)
>
> 'अपनी क़ौम के लिए मिस्र में बस्ती बसाओ।' (10:87)

इसी तरह कहीं उत्तम पुरुषवाचक सर्वनाम के साथ प्रत्यय लगाया है, जिससे पैग़म्बर मुराद है।

> 'बेशक हमने नूह को उसकी क़ौम की तरफ़ भेजा कि उस वक़्त से पहले अपनी क़ौम को डरा कि उन पर दर्दनाक अज़ाब आए। उसने फ़रमाया, ऐ मेरी क़ौम! बेशक मैं तुम्हारे लिए खुली चेतावनी सुनानेवाला हूँ।' (71:1)
>
> 'ऐ मेरी क़ौम! ये मेरी क़ौम की बेटियाँ हैं, ये तुम्हारे लिए पवित्र हैं।' (11:78)
>
> 'मेरी क़ौम! मैं तुमसे इस (नसीहत) का कुछ बदला नहीं चाहता।' (11:51)
>
> 'ऐ मेरी क़ौम! देखो तो अगर मैं अपने परवरदिगार की तरफ़ से साफ़ दलील रखता हूँ...' (11:28)
>
> 'और यह भी कहा कि ऐ क़ौम यह ख़ुदा की ऊँटनी तुम्हारे लिए एक निशानी है...' (11:64)
>
> 'और ऐ मेरी क़ौम! तुम अपने रब से माफ़ी माँगो फिर उसकी बारग़ाह में तौबा करो...' (11:52)
>
> 'और वह वक़्त याद करने के लायक़ है जब मूसा ने अपनी क़ौम से कहा कि ऐ क़ौम तुम मुझे क्यों पीड़ा देते हो, हालाँकि तुम जानते हो कि मैं तुम्हारे पास ख़ुदा का भेजा हुआ आया हूँ।' (61:5)
>
> 'और ऐ मेरी क़ौम ! तुम अपनी जगह अपना काम किए जाओ, मैं अपना काम करता हूँ।' (11:93)

सार यह है कि अनगिनत आयतें हैं जिनमें ग़ैर मुस्लिमों को और पैग़म्बर को एक क़ौम बताया गया है। और नास्तिकों को पैग़म्बर के साथ एक ही क़बीले या एक ही वतन से सम्बद्ध होने के कारण जोड़ा गया है। इसी तरह बहुत-सी आयतें हैं जिनमें ऐसा ज़िक्र मिलता है कि मुसलमान किसी काफ़िर/नास्तिक को अपनी क़ौम घोषित करता है। सूरा *मोमिन* में *फ़िरऔन* की क़ौम (नास्तिक) से आस्तिक कहता है :

'ऐ मेरी क़ौम! तुम्हारी बादशाही है। आज बढ़-चढ़ रहे हो मुल्क में।' (40:2)
'ऐ क़ौम! मेरा अनुकरण करो। मैं तुमको सीधे रास्ते को दिखा दूँगा।' (40:38)
'ऐ क़ौम! अत: दुनिया की ज़िन्दगी तो छोटा सा फ़ायदा है और परलोक हमेशा रहने का घर है।' (40:39)
'ऐ क़ौम! मुझको क्या हो गया है कि मैं तुमको बुलाता हूँ नजात की तरफ़, और तुम हमको बुलाते हो दोज़ख़ की तरफ़।' (40:41)
'ऐ क़ौम! मुझको अन्देशा है तुम पर अगली जमाअतों का।' (40:30)
'ऐ क़ौम! मैं ख़ौफ़ खाता हूँ तुम्हारे सम्बन्ध में क़यामत के दिन का।' (40:32)

सूरा यासीन में रसूलों में ईमानवाला ईसा कहता है :

'ऐ क़ौम! अनुसरण करो पैग़म्बरों का, अनुसरण करो ऐसे लोगों का जो तुमसे कुछ मज़दूरी नहीं माँगते। और वो राह पाए हुए हैं।' (36:20)
'ऐ काश मेरी क़ौम के लोग जान लें कि बख़्श दिया मुझको मेरे परवरदिगार ने, और किया मुझको इज़्ज़त वालों में।' (36:21)

अल्लाह तआला फ़रमाता है :

'और न हमने उतारा, उसकी क़ौम पर उसके बाद कोई लश्कर आसमान से।' (36:28)

मूसा की क़ौम के ईमान वालों के बारे में कहा जाता है :

'क़ारून मूसा की क़ौम में से था पर वह उन पर ज़ुल्म करने लगा। जब उससे कहा उसकी क़ौम ने कि इतरा मत, बेशक अल्लाह तआला पसन्द नहीं करता है इतरानेवालों को। अत: निकला क़ारून अपनी क़ौम पर अपनी आराइश में।' (28:76-79)

ईमान वाले जिनके बारे में फ़रमाया जाता है :

'और याद करो, जबकि हमने आकर्षित किया तेरी तरफ़ जिन्नों की एक जमाअत को, कि वो सुनने लगे क़ुरान। तो जब पैग़म्बर के पास आ पहुँचे, एक दूसरे से बोले कि ख़ामोश रहो। सो जब पढ़ना ख़त्म हुआ तो वे लौट गए अपनी क़ौम की तरफ़, डराते हुए कहने लगे कि ऐ हमारी क़ौम! हमने एक किताब सुनी जो अवतरित हुई है मूसा के बाद से। बताती है तमाम किताबों को। हिदायत करती है सच्चे दीन और सीधे रास्ते की ओर। ऐ हमारी क़ौम! कहा मान लो, अल्लाह की तरफ़ बुलानेवालों का। और उस पर ईमान ले आओ।' (36:29-31)

इन सब आयतों में मुसलमानों और काफ़िरों को एक क़ौम क़रार देकर एक-दूसरे की तरफ़ सम्बद्ध किया गया है। और यह सम्बन्ध ख़ानदानी रिश्ते और वतन के अतिरिक्त और क्या हो सकता है?

जनाब-ए-रसूल मुहम्मद (स.) और दूसरे पैग़म्बरों को दीन और शरीअत के स्थापित होने के बाद अल्लाह की ओर से कहा जाता है :

'कह दो कि ऐ मेरी क़ौम तुम अपनी जगह पर काम करो, मैं अपनी जगह पर काम करता हूँ। जल्द ही लोग जान लेंगे कि किस पर रुस्वा करनेवाला अज़ाब आता है।' (6:136)

संक्षिप्त यह कि ये आयतें साफ़ ज़ाहिर कर रही हैं कि :

(क) क़ुरान के दृष्टिकोण और प्रयोग में शब्द क़ौम अपने अर्थों की हैसियत से ख़ास तौर से मुसलमानों तक सीमित नहीं है, बल्कि वह ऐसे हर समूह के लिए बोला जाएगा जिनमें आपस में कोई सम्बन्ध हो, जिनमें कोई राब्ता हो, चाहे ख़ानदान और कुटुम्ब का या पेशे या भाषा इत्यादि का।

(ख) क़ौमियत में काफ़िर और मुस्लिम का समन्वय हो सकता है, और क़ुरान के इस्तेमाल में यह मौजूद है।

(ग) समग्र क़ौमियत में नास्तिक, बहुमूर्तिपूजक और अधर्मी या विधर्मी के साथ पैग़म्बर भी दुनिया में सम्बन्ध रख सकता है और रखता है।

नोट : और मेरे लेख के जवाब में (अल्लामा इक़बाल द्वारा) फ़रमाया गया है :

अनुसरण और अनुपालन करने का आह्वान इस कारण से है कि *क़ौम* (राष्ट्र) दीन और शरीअत नहीं है, और इसीलिए इसे धारण करने का आह्वान और सलाह व्यर्थ था। चाहे कोई भी समूह हो, चाहे वह एक ही क़बीले का हो, चाहे एक ही नस्ल का हो, डाकुओं का हो, व्यवसायियों का हो, एक ही शहर वालों का हो, किसी देश या भौगोलिक क्षेत्र के लोगों का हो, वह इनसानों या आदमियों का केवल एक समूह है। अल्लाह के भेजे हुए पैगाम ('वही') और पैग़म्बर के ख़याल के अनुसार यह समूह रास्ता पाया हुआ नहीं होता। अगर वही या नबी उस समूह में आए तो नबी का सम्बोधन उस समुदाय से ही होता है। इसलिए उस पैग़म्बर का नाम उसी समुदाय से जोड़ा भी जाता है। जैसे *क़ौम-ए-नूह* (नूह के लोग), *क़ौम-ए-लूत, क़ौम-ए-मूसा* आदि। हालाँकि, यदि एक ही समूह का लीडर कोई राजा या सरदार हो तो उससे भी उस समूह को पहचाना जाएगा। जैसे, *क़ौम-ए-आद* (आद के लोग), *क़ौम-ए-फ़िरऔन* आदि। अगर किसी देश में दो प्रतिद्वंद्वी समूह जमा हो जाएँ और अगर वे दो परस्पर विरोधी लीडरों के समूह हों, तो दोनों के साथ उनके नाम लिये जा सकते हैं। मसलन जहाँ *क़ौम-ए-मूसा* थी, वहाँ *क़ौम-ए-फ़िरऔन* भी थी।

कुरान-ए-पाक कहता है :

फ़िरऔन की क़ौम के प्रमुखों ने कहा : (हे राजा),
क्या आप मूसा और उसके लोगों को बर्दाश्त करेंगे?...(7:127)

हर जगह पर, जहाँ कहीं भी *क़ौम* शब्द आया है, वहाँ उस समूह की ओर इंगित किया जा रहा है जो राह पाए हुए और भटके हुए सब लोगों पर आधारित था। जिन लोगों ने पैग़म्बर के सन्देश को स्वीकार किया, वे अब्द या आस्तिक कहलाए और स्पष्ट तौर पर मुस्लिम हो गए। याद रहे कि धर्म और क़ौम काफ़िरों के भी हो सकते हैं। जैसा कि पैग़म्बर यूसुफ़ (जोसेफ़) कहते हैं :

'मैंने उस क़ौम के धर्म को त्याग दिया है जो अल्लाह में और परलोक के जीवन में विश्वास नहीं करती है।' (12: 37)

(अल्लामा इक़बाल की) यह अजीब-ओ-ग़रीब इबारत भी हमारी ही बात की पुष्टि करती है कि पाक कुरान में *क़ौम* शब्द सीधी राह पाए हुए आस्तिकों और भटके हुए के बीच समान रूप से क़ौमी एकता की बाँग बुलन्द करता है। हम भी तो इसी के क़ायल थे। यह बात कुरान की आयतों से स्पष्ट हो रही थी जिसका इक़रार भी कर लिया गया। अब यह फ़रमाना कि धर्म और क़ौम काफ़िरों की

भी हो सकती है, यह भी आश्चर्य की बात है। हमने ख़ुद *मजमा-उल बहार* के उस अंश को उद्धृत कर दिया था जो कहता है : "यह शब्द लोकप्रिय हुआ और फिर इसे झूठे धर्म के अर्थ में इस्तेमाल किया गया।" और जो इबारत हम अभी ताजुल-उरूस और *शरह-क़ामूस* से उद्धृत कर आए हैं, वह (*मुत्तहिदा क़ौमियत* पर मेरे विचारों को) और स्पष्ट करती है। मगर इसके बावजूद अभी भी *मिल्लत* और *क़ौम* शब्दों के बीच एक बड़ा अन्तर बना हुआ है। *मिल्लत* का अर्थ है धर्म या शरीअत, या जीवन का तरीक़ा चाहे वह सत्य पर आधारित हो या मिथ्या पर। और *क़ौम* पुरुषों (विशेष रूप से) या पुरुषों और महिलाओं के समूह को कहते हैं, चाहे वे राह पाए हुए हों या भटके हुए, या कुछ और, बशर्ते कि उनके बीच एक सम्बन्ध हो।

और इसी कारण से एक उत्तम या उत्कर्ष इनसान और कोई निहायत गिरा हुआ व्यक्ति एक ही राष्ट्र *(क़ौम)* का हिस्सा हो सकते हैं।

इसके बाद (इक़बाल द्वारा) निम्नलिखित बात बहुत ही अजीब है :

> एक *क़ौम* की एक *मिल्लत* या उसका मिन्हाज (रास्ता) तो हो सकता है, लेकिन *मिल्लत की क़ौम* का कभी उल्लेख नहीं किया गया है। इसका अर्थ है कि वे लोग जो विभिन्न राष्ट्रों और धर्मों के हैं और जिन्होंने *मिल्लत-ए-इब्राहीमी* (इब्राहीम के धर्म) को अपना लिया है, उसके बाद उन्हें पाक क़ुरान में *क़ौम* (राष्ट्र) नहीं कहा गया है। बल्कि उन्हें *उम्मत* कहकर सम्बोधित किया गया है। इस शब्द *(उम्मा/उम्मत)* के प्रयोग से मेरा इरादा यह समझाने का था कि जहाँ तक मेरी जानकारी है, मुसलमानों के लिए पाक क़ुरान में *उम्मा* के अलावा किसी अन्य शब्द का प्रयोग नहीं किया गया है। यदि कोई अन्य शब्द प्रयोग किया गया हो तो कृपया बताएँ।

मौलाना हुसैन अहमद मदनी का जवाब : मान लीजिए कि यह मामला था (कि पाक क़ुरान में मुसलमानों के लिए *मिल्लत* के अलावा किसी अन्य शब्द का प्रयोग नहीं किया गया है), इसका मतलब यह नहीं है कि केवल कोई भी उल्लेख न होना ही उसके खंडन का प्रमाण है—ख़ास कर जब शाब्दिक और *शरई* (धार्मिक) दोनों अर्थ *मिल्लत* शब्द पर चरितार्थ हो रहे हों। (मुहम्मद इक़बाल) ने स्वयं स्वीकार किया है कि सही मार्ग पर चलनेवाले लोग वे हैं जो पैग़म्बर की मिल्लत में प्रवेश कर चुके हैं। अपनी बात को प्रमाणित करने के लिए हमने *आल-ए फ़िरऔन* के *मोमिन* (फ़िरऔन की क़ौम के आस्तिक), *क़ौम-ए-मूसा* के *मोमिन, क़ौम-ए-ईसा* के आस्तिक और पैग़म्बर मुहम्मद के *मोमिन,* जिन्नात के विचार पाक क़ुरान में से उद्धृत किये हैं। जब भेजे हुए *मोमिन* (आस्तिक) पैग़म्बर ईसा को यह ख़ुशख़बरी दी

गई कि वे मृत्यूपरान्त *जन्नत* (स्वर्ग) में दाख़िल होंगे तो काफ़िरों को अपनी क़ौम क़रार देते हुए वे कहते हैं, 'काश (जो मैं जानता हूँ) मेरी *क़ौम* जानती (36:26)। क़ुरान पैग़म्बरों को, जो कि जन्म से आस्तिक होते हैं, नास्तिकों की क़ौम से सम्बद्ध बताता है। इस प्रकार (जब मैं अल्लामा इक़बाल के तर्कों की जाँच करता हूँ), यह विसंगति दुनिया के आश्चर्यों में से नहीं है तो क्या है?

फ़िलहाल इन सभी तर्कों को नज़रअन्दाज़ करते हुए हम क़ुरान पर नज़र डालते हैं। *सूरा मुमताहिना* की वह आयत जिसका ज़िक्र हम पहले कर आए हैं, स्पष्ट रूप से इस पर प्रकाश डालती है :

> 'तुम्हारे लिए इब्राहीम और उसके साथियों में पैरवी का एक अच्छा नमूना है, जब उन्होंने अपनी क़ौम से कहा कि हम तुमसे और उन सबसे जिनको तुम अल्लाह को छोड़कर पूजते हो, कोई सम्बन्ध नहीं रखते। अल्लाह के सिवा हम तुमसे इनकारी हुए, और हममें और तुममें दुश्मनी और विद्वेष हमेशा के लिए ज़ाहिर हो पड़े, जब तक तुम एक अल्लाह पर ईमान न लाओ...' (60:4)

ये वही लोग हैं जो अपनी-अपनी मिल्लतों को त्यागकर इब्राहीम की मिल्लत में दाख़िल हो चुके हैं। इसके अलावा, हज़रत आयशा के इस सवाल पर कि हतीम (काबा के नज़दीक एक स्थान) को काबा से अलग क्यों किया गया और इसका दरवाज़ा क्यूँ ऊँचा किया गया, पैग़म्बर मुहम्मद (स.) ने अपने आख़िरी हज के दौरान जवाब दिया :

> 'आपके लोगों के पास पैसे की कमी थी (इसलिए वे इसे काबा की इमारत के अन्दर शामिल नहीं कर सके)। अगर आपके लोग पूर्व इस्लामी अज्ञानता के काल के नज़दीक नहीं होते तो मैं काबा को ध्वस्त कर देता और उसे इब्राहीम द्वारा रखी गई मूल नींव पर फिर से बना देता।' (सहीह बुख़ारी, खंड I, पृष्ठ 215)

इसी तरह, अल्लाह की महिमा करने में लगे ईमान वालों के एक समूह (ज़ाकिरीन) के बारे में फ़रिश्तों के इस प्रश्न पर कि इस समूह में अमुक-अमुक व्यक्ति केवल दिखावे के लिए आए थे, सर्वशक्तिमान अल्लाह ने जवाब दिया :

> 'वे दोस्त हैं। इसलिए उनके दोस्त दुर्भाग्यशाली नहीं होंगे।' (मिश्कात, 197)

ज़ाहिर है, क़ुरान की उपरोक्त आयत और दोनों हदीसें उन्हीं के बारे में हैं जोकि इब्राहीम की मिल्लत में दाख़िल हो चुके हैं, मगर उनको इसके बाद भी *क़ौम* के

लफ़्ज़ में दाख़िल और ग़ैरों के साथ शरीक किया गया। और अन्तिम वर्णन में तो केवल उन्हीं मुसलमानों को *क़ौम* के मायने प्रदान किये गए हैं। फिर यह विवाद केवल काल्पनिक या काव्यात्मक या दार्शनिक नहीं है तो क्या है?

और फिर जब (अल्लामा इक़बाल द्वारा) कहा जाता है :

> 'क़ौम आदमियों के समूह 'गिरोह' का नाम है। और यह समूह क़बीला, नस्ल, रंग, भाषा, वतन और नैतिकता, यानी हज़ार जगह और हज़ार रंग में पैदा हो सकती है।'

और अभी-अभी यह कहा गया :

> 'क़ौम चूँकि दीन और शरीअत नहीं, इसीलिए इसे धारण करने का आह्वान और सलाह व्यर्थ थी। चाहे कोई गिरोह हो, चाहे वह क़बीले का हो, नस्ल का हो।'

तो क्या रुकावट है कि *मिल्लत-ए-इब्राहीम* में दाख़िल होने के बाद, वो *मिल्लत-ए-वाहिदा* (एक मिल्लत) विभिन्न *क़ौमों* में उन्हीं कारणों से विभाजित हो जाए, *क़ौम-ए-ओस, क़ौम-ए-ख़ज़रज, क़ौम-ए-कुरैश, क़ौम-ए-अंसार, क़ौम-ए-मुहाजिरीन, क़ौम-ए-क़राक, क़ौम-ए-सूफ़िया, क़ौम-ए-अफ़ग़ान, क़ौम-ए-कुँजड़ा* और *क़ौम-ए-क़साई* न बने?

बहरहाल, (अल्लामा इक़बाल का) यह फ़लसफ़ा हमारी समझ से बाहर है। हम तो समझते हैं और देखते हैं कि इन विभिन्न कारणों से *मिल्लत* भी विभिन्न *क़ौमों* की तरह विभाजित होती रही है और हो सकती है।

मुत्तहिदा क़ौमियत और देशभक्ति से नफ़रत

अब जबकि मुसलमानों को यूरोप, अफ्रीका और एशिया में मुस्लिम एकता के ताने-बाने को टुकड़े-टुकड़े करके विनाश की गोद में डाल दिया गया है, तो हमें बताया जाता है कि इस्लाम केवल मिल्ली (मुस्लिम) एकता का उपदेश देता है, वह किसी ग़ैर-मुस्लिम समूह के साथ एकजुट नहीं हो सकता है और न किसी ग़ैर-मुस्लिम क़ौम के साथ समग्र या साझे राष्ट्र का निर्माण कर सकता है। यदि मुसलमान किसी ग़ैर-मुस्लिम के साथ जुड़कर राष्ट्रवाद या नस्ल या पेशे के आधार पर एक प्रकार की एकता बनाएँ, तो वे इस्लाम के दुश्मन, इस्लामी शिक्षाओं के विरोधी, इस्लाम का दूसरी क़ौमों में विलय करनेवाले, इस्लाम की हस्ती को मिटा देनेवाले, 'राष्ट्रवाद' के अभिशाप को अपनानेवाले हो जाएँगे। इस्लामी शरीअत इसकी अनुमति नहीं देती। क़ुरान के आदेश इसका विरोध करते हैं। यह बिलकुल वही क़िस्सा है कि जब तक

हिन्दुस्तान की दस्तकारी और तिजारत ज़िन्दा थी और इंग्लैंड और अन्य यूरोपीय देशों के बाज़ारों पर छापा मारती थी तो 'सुरक्षित व्यापार' के फ़लसफ़े का राग चारों तरफ़ अलापा जाता था। हर अख़बार, पत्रिका और व्याख्यान और तक़रीरें इससे भरी हुई नज़र आती थीं। इस तरह इसका गुणगान किया जाता था जैसे यही चीज़ समस्त मानवता के लिए अमृत है। मगर जब इसके ज़रिये से भारतीय अर्थव्यवस्था और वाणिज्य को कमज़ोर कर दिया गया और इंग्लैंड में बना सामान बाज़ार पर हावी होने लगा, तो 'मुक्त व्यापार' (फ्री ट्रेड) का उपदेश दिया जाने लगा और 'सुरक्षित व्यापार' का पहला दर्शन बिलकुल ग़लत कर दिया गया।

नतीजा यह हुआ कि हिन्दुस्तान के हस्तकला उद्योग और व्यापार को पूरी तरह से नष्ट कर दिया गया। इसी तरह मुसलमान जब तक मज़बूत और हावी रहे तो यह फ़लसफ़ा पेश किया जाता रहा कि यूरोप का मानचित्र बदला नहीं जा सकता। कोई विजयी और हावी राष्ट्र हारनेवाले देश के क्षेत्र पर क़ब्ज़ा नहीं कर सकता और न अपनी सम्पत्तियों में मिला सकता है। मगर जब मुसलमान परास्त हो गए तो फ़लसफ़ा बदल गया और चारों तरफ़ से यह आवाज़ आने लगी कि विजेताओं को उनकी जीती हुई सम्पत्ति से वंचित नहीं किया जा सकता।

राष्ट्रवाद के सिद्धान्त पर हिन्दुस्तानियों का एकजुट क़ौमियत बना लेना इंगलिस्तान के लिए जितना ख़तरनाक है, उसका अन्दाज़ा उस साक्ष्य से लगाया जा सकता है जो कि हमने प्रोफ़ेसर सेली के लेख से उद्धृत किया है। उन्होंने अपने लेख में कहा :

> अगर हल्की सी भी यह भावना भारतीय लोगों के दिलों में पैदा हो जाए, भले ही यह इतनी मज़बूत न हो कि शक्तिशाली अंग्रेज़ों को उखाड़ फेंके, पर यह इस भावना को जगाने के लिए पर्याप्त होगी कि किसी विदेशी शक्ति के साथ कोई भी सहयोग शर्मनाक होगा। और यह अन्ततः ब्रिटिश शासन के पतन का कारण बनेगा।

इस प्रकार, वह राष्ट्रवाद पश्चिम जिसकी मुँह भर-भर के प्रशंसा किया करता था, जब तक इस्लाम और इस्लामी ख़िलाफ़त बाक़ी थे, तब तक वह अत्यन्त प्रिय और प्रशंसनीय बना रहा। मगर आज मुस्लिम सत्ता की बर्बादी के बाद हिन्दुस्तान में वही राष्ट्रवाद अभिशप्त और तिरस्कृत चीज़ हो गया है। वाक़ई, क्या ही अजीब बात है!

राष्ट्रवाद का अभिशाप

बहरहाल, अगर राष्ट्रवाद ऐसी ही अभिशप्त और घिनौनी चीज़ है, तो चूँकि यूरोप

ने इसको इस्तेमाल करके उस्मानी (ऑटोमन) ख़िलाफ़त की जड़ खोदी है, तो मुसलमानों को चाहिए था कि इसी लानती हथियार को बर्तानिया की जड़ खोदने के लिए इस्तेमाल करते, ताकि जिस मशीनगन और जिस हथियार से वे बर्बाद किये गए थे उसी से उस दुश्मन को तबाह करने में कामयाब हो जाते जिसने उनको दुनिया से लगभग मिटा दिया है। इसी के वास्ते दिन-रात प्रोपेगंडा किया जाता है, इसी को प्रेस भी लिखता और इसी को लेक्चरर भी अलापता, और इसी को सारी मुस्लिम पब्लिक अपना प्रोग्राम कम-से-कम उस समय तक बनाए रहती जब तक वह अपने वास्तविक दुश्मन से बदला न ले लेती।

मगर अफ़सोस कि ऐसा नहीं हुआ। बल्कि जान-बूझकर या अनजाने में यही फ़लसफ़ा भारतीय मुसलमानों में प्रचलित किया गया और किया जा रहा है कि राष्ट्रवाद अभिशप्त चीज़ है। ग़ैर-मुस्लिमों के साथ क़ौमी एकजुटता धार्मिक रूप से अस्वीकार्य है, और इस्लाम को अत्यन्त हानि पहुँचानेवाली है। मुसलमान जो अब से पहले अत्यन्त अल्प संख्या में थे, मगर बहुसंख्यक समुदाय में विलुप्त न हो सके थे, अब इसके बावजूद कि उनकी आबादी 8 करोड़ से अधिक हो चुकी है, यह तर्क दिया जाता है कि वे हिन्दुओं के लिए तर निवाला बन जाएँगे।

अनुवाद : **अर्जुमंद आरा**

विश्वबन्धुत्व का नज़रिया और राष्ट्रवाद

बीसवीं शताब्दी की शुरुआत में, जब दुनिया में सब जगह राष्ट्रवाद का मतलब विदेशियों के प्रति द्वेष की भावना था, किसी सार्वलौकिक नज़रिये की बात करना आसान काम नहीं था यूरोपीय राष्ट्र इसी आक्रामक और अति राष्ट्रवाद के नशे में चूर थे, जिसका परिणाम महायुद्ध था। भारत में हमारी स्थिति भी बहुत अलग नहीं थी—हमारी उपनिवेशवाद-विरोधी भावना ने हममें से कुछ लोगों में किसी भी विदेशी चीज़ के प्रति तिरस्कार और घृणा भर दी। भारत में हुए कई पुनरुत्थानवादी आन्दोलनों ने राष्ट्रवाद को हिन्दू या इस्लामी के तौर पर स्थापित कर दिया था। ऐसे माहौल में इसके ख़िलाफ़ कोई दृष्टिकोण रखना मुश्किल था।

यह रवीन्द्रनाथ टैगोर ही थे, जिन्होंने इस पर सवाल उठाने का साहस किया और संकीर्णता तथा धर्मान्धिता पर फटकारते हुए एक मानवतावादी दृष्टिकोण सामने रखा। इतिहासकार और संसद सदस्य सुगत बोस ने राष्ट्रवाद पर चर्चा के दौरान सदन में कहा कि 'कभी-कभी मुझे डर लगता है कि जो लोग इतने तंग नज़रिये से राष्ट्रवाद की व्याख्या करते हैं, अगर कहीं वे रवीन्द्रनाथ टैगोर की किताब 'राष्ट्रवाद' पढ़ लें तो उसके कुछ वाक्यों के हवाले से एक दिन वे रवीन्द्रनाथ टैगोर को राष्ट्र-विरोधी करार दे देंगे।' आज के दौर में, सत्ता की मान्यता वाले तमाम लोगों के जुझारू तेवर देखते हुए, उनकी आशंका वास्तविकता लगने लगती है। टैगोर के दादा ब्रह्म समाज के प्रवर्तक राममोहन राय के क़रीबी सहयोगी थे और उनका परिवार शुरुआती ब्रह्मोस में से एक था। उन्होंने घूम-घूमकर पूरी दुनिया देखी, और अपने युग में शायद वह सबसे व्यापक रूप से यात्रा करने वाले भारतीय थे। दुनिया के बारे में उनकी समझ, ख़ासतौर पर यूरोप और एशिया में उभरते राष्ट्रवाद के बारे में उनकी समझ किसी और की तुलना में ज़्यादा सूक्ष्म और गहरी थी। उन्होंने राष्ट्रवाद के उस अँधेरे पक्ष को देखा, जिसने मनुष्य के सहज और कुदरती गुणों को बुरी तरह दबोच रखा था और मनुष्य के नैतिक और आध्यात्मिक गुणों की क़ीमत पर व्यापार और राजनीतिक पहलुओं पर राष्ट्रवाद के अत्यधिक दबाव को भी महसूस किया। टैगोर ने नैतिक और आध्यात्मिक आयाम वाले दृष्टिकोण की पहल करते हुए स्वार्थी और जुझारू राष्ट्रवाद में मानवीय हस्तक्षेप पर ज़ोर दिया। उनकी अन्तरराष्ट्रीयतावादी और सार्वलौकिक दृष्टि यूरोप और एशिया के देशों द्वारा समर्थित संकीर्ण साम्प्रदायिक राष्ट्रवाद के ख़िलाफ़ थी। सन् 1916 में छपी उनकी मशहूर किताब, 'राष्ट्रवाद' का एक अध्याय हम यहाँ दे रहे हैं।

रवीन्द्रनाथ टैगोर

भारत में राष्ट्रवाद

भारत में हमारी असली समस्या राजनीतिक नहीं, सामाजिक है। और ऐसा सिर्फ़ भारत में नहीं है, दुनिया के सभी देशों का यही हाल है। ख़ास तरह के राजनीतिक हितों में मेरा यक़ीन नहीं है। पश्चिम को देख लीजिए, राजनीति वहाँ पश्चिमी आदर्शों पर हावी हो गई है, और यहाँ भारत में हम उनकी नकल करने की कोशिश कर रहे हैं। हमें याद रखना होगा कि यूरोप के लोगों में शुरू से ही नस्ली एकता थी, और वहाँ के रहवासियों की ज़रूरत के हिसाब से नाकाफ़ी प्राकृतिक संसाधनों के चलते उनकी सभ्यता सहज ही राजनीतिक और व्यावसायिक आक्रामकता वाली हो गई। हालाँकि वहाँ अन्दरूनी जटिलताएँ नहीं थीं, मगर उनका साबिक़ा ऐसे पड़ोसी मुल्कों से पड़ता था जो ताक़तवर थे और लालची भी। इस समस्या का समाधान उन्होंने आपस में बेहतर तालमेल और दूसरों के प्रति द्वेषपूर्ण सतर्क रवैये में खोजा। पुराने दिनों में संगठित होकर वे लूटपाट करते, मौजूदा दौर में भी मनोवृत्ति वही है—वे संगठित होकर पूरी दुनिया का शोषण करते हैं।

लेकिन इतिहास के शुरुआती दौर से ही भारत लगातार अपनी ही मुश्किलों से जूझता आया है, जाति-प्रथा की समस्या उनमें सर्वोपरि है। हर राष्ट्र को अपने लक्ष्य के बारे में जागरूक रहना चाहिए, और हम भारतीयों को यह बात अच्छी तरह मालूम होनी चाहिए कि राजनीतिक होने की कोशिश में हम बेहद दीन जान पड़ते हैं, और यह सिर्फ़ इसलिए कि हम अभी तक वह लक्ष्य पूरा नहीं कर सके हैं जो विधि ने हमारे लिए तय किया था।

नस्ली एकता की यह समस्या, जिससे पार पाने का जतन हम इतने वर्षों से करते आए हैं, वैसी ही समस्या से यहाँ अमेरिका में आप भी तो दो-चार हैं। यहाँ अमेरिका में बहुत से लोग मुझसे पूछते हैं कि भारत में जाति-भेद को लेकर क्या हो रहा है। लेकिन यह सवाल मुझसे जब भी पूछा जाता है, तो पूछनेवाले का श्रेष्ठता-बोध छुपा नहीं रह जाता। ऐसे में, इसी सवाल को थोड़ा बदलकर अपने अमेरिकी

आलोचकों से पूछने का मन होता है, "आपने रेड इंडियन और नीग्रो लोगों के साथ क्या किया है?" क्योंकि उनके प्रति नस्ल-भेद के अपने रवैये से आप भी नहीं उबरे हैं। दूसरी नस्लों पर अपनी श्रेष्ठता साबित करने के लिए आपने हिंसक तरीक़े इस्तेमाल किए हैं, लेकिन जब तक आप यहाँ अमेरिका में इस समस्या का समाधान नहीं कर लेते, तब तक भारत के बारे में ऐसे सवाल करने का आपको कोई हक़ नहीं है।

तमाम कठिनाइयों के बावजूद भारत ने फिर भी कुछ किया है। भारत ने जातियों के बीच वास्तविक भेद, जहाँ भी वे मौजूद हैं, को स्वीकार करते हुए समन्वय और एकीकरण का आधार बनाने की कोशिश की है। यह आधार नानक, कबीर, चैतन्य और उनके जैसे हमारे दूसरे संतों ने तैयार किया है, जिन्होंने भारत की सभी जातियों को एकेश्वरवाद की सीख दी।

अपनी समस्या का समाधान खोजने में हमें विश्व की समस्या को भी हल करने में मदद मिलेगी। पूरा विश्व आज वैसा ही है, जैसा भारत कभी हुआ करता था। विज्ञान की तरक़्क़ी के साथ पूरी दुनिया एक देश में तब्दील होती जा रही है। वह क्षण आ पहुँचा है, जब आपको भी समानता का कोई ऐसा आधार तलाश करना होगा, जो राजनीतिक न हो। भारत अगर दुनिया को ऐसा समाधान दे सके, तो यह मानवता के प्रति उसका योगदान होगा। इतिहास सिर्फ़ एक ही है—मनुष्य का इतिहास। बाक़ी सभी राष्ट्रों के इतिहास इस वृहत्तर इतिहास के अध्याय-भर हैं। और इस महान उद्‌देश्य की ख़ातिर कितना भी कष्ट उठाने में हम भारतीयों को सन्तोष ही मिलेगा।

हर व्यक्ति ख़ुदग़र्ज़ होता है। इसीलिए, उसकी क्रूर प्रवृत्ति उसे सिर्फ़ अपने स्वार्थ की ख़ातिर दूसरों से झगड़ने के लिए उकसाती है। लेकिन मनुष्य के भीतर सहानुभूति और परस्पर सहयोग की श्रेष्ठ भावनाएँ भी होती हैं। जिन लोगों में इस उच्च नैतिक शक्ति का अभाव होता है और इस कमी की वजह से जो परस्पर भाईचारे में शामिल नहीं, उनका नाश हो जाना चाहिए या उन्हें प्रतिष्ठाहीन जीवन मिलना चाहिए। केवल वे लोग ही बचे और सभ्यता विकसित कर सके, जिनमें परस्पर सहयोग की प्रबल भावना है। इसलिए हम पाते हैं कि इतिहास की शुरुआत से ही मनुष्य को एक-दूसरे से लड़ने या एकजुट रहने के बीच किसी एक को चुनना पड़ा, यह भी कि वह अपने हितों की ही रक्षा करेगा या फिर सामूहिक हितों की।

हमारे शुरुआती इतिहास के दौर में, जब देशों की भौगोलिक सीमाएँ छोटी और संचार की सहूलियतें भी थोड़ी थीं, यह समस्या भी तुलनात्मक रूप से छोटी थी। तब लोगों के लिए अपने सीमित इलाक़े में ही एकता की भावना विकसित करना काफ़ी होता था। तब आपस में वे एकजुट रहते और दूसरों के ख़िलाफ़ लड़ते। लेकिन आपसी समन्वय की यह नैतिक भावना ही उनकी महानता का सच्चा आधार

थी, और इसने उनकी कला, विज्ञान और धर्म को पोषित किया। उस शुरुआती दौर में मनुष्य का ध्यान जिस सबसे महत्त्वपूर्ण तथ्य पर गया, वो यह कि किसी एक नस्ल के लोग बड़ी जल्दी आपस में क़रीबी सम्बन्ध बना लेते हैं। अपनी तीक्ष्ण मेधा से यह तथ्य सही मायने में समझ लेनेवालों ने इतिहास में अपनी जगह बनाई।

आज के दौर का सबसे बड़ा सच यह है कि मनुष्य जाति की विभिन्न नस्लें आपस में क़रीब आई हैं। और फिर से हमारे सामने दो विकल्प हैं। मुश्किल यह है कि लोगों के ये विभिन्न समूह आपस में लड़ते ही रहेंगे या मेल-मिलाप, सुलह और एक-दूसरे की मदद का कोई माकूल आधार खोजेंगे; यह अन्तहीन प्रतिस्पर्धा रहेगी या सहकार और सहयोग।

मुझे यह कहने में कोई हिचक नहीं है कि जिन्हें प्रेम की नैतिक शक्ति और आध्यात्मिक एकता की दृष्टि का वरदान मिला है, जिनमें ग़ैरों के लिए ज़रा भी शत्रुता-भाव नहीं है और जिनमें दूसरों की जगह ख़ुद को रखकर देखने की दयालु अन्तर्दृष्टि है, भविष्य में वे ही स्थायी रूप से बने रहने के सर्वथा उपयुक्त होंगे, और दूसरों के प्रति असहिष्णुता बरतने, उनसे लड़ने की अपनी प्रवृत्ति को लगातार धार देनेवाले लोग मिट जाएँगे। तो हमारे सामने यही समस्या है, और हमें उदारतापूर्वक इसका समाधान करके अपनी मनुष्यता साबित करनी है। दूसरों को आहत करनेवाले और उनके प्रतिरोध को निष्फल करनेवाले और दूसरों को पीछे धकेलकर पूँजी बनानेवाले बड़े-बड़े संगठन हमारे किसी काम नहीं आनेवाले हैं। इसके विपरीत, अपने भारी-भरकम बोझ, बेतहाशा ख़र्चों और मानवता पर अपने घातक दबाव के ज़रिये वे हमारे सभ्य समाज में जीवन की स्वतंत्रता को बड़े पैमाने पर बाधित ही साबित होंगे।

राष्ट्र के उद्भव के दौरान भाईचारे की नैतिक संस्कृति भौगोलिक सीमाओं में बँधी हुई थी, क्योंकि तब वे सीमाएँ ही वास्तविक थीं। अब तो वे वास्तविक अवरोधों के बजाय रूढ़ि की काल्पनिक लकीरें बन गई हैं। तो अब यह मनुष्य की नैतिकता का तक़ाज़ा है कि वह इस सच्चाई का पूरी गम्भीरता से सामना करे या फिर ख़त्म हो जाए। बदले हुए हालात में सबसे पहला आवेग तो मनुष्य के लालच और अमानवीय घृणा की बुनियाद हिला डालने और इनसे छुटकारा पाने का होना चाहिए। यही हाल अगर अनन्त काल तक बना रहता है, और हथियारों का जख़ीरा जमा करने की अन्धाधुन्ध होड़ जैसी अकल्पनीय मूर्खताएँ जारी रहती हैं, अगर मशीनें और ये भंडार अपनी गन्दगी, धुएँ और भद्देपन से इस ख़ूबसूरत धरा को ढाँप लेते हैं, तो इसका नतीजा समूची मानवता की ख़ुदकुशी ही होगा। इसलिए मनुष्य को प्रेम की अपनी सारी ताक़त लगानी होगी, और एकदम साफ़ नज़रिये से ऐसा नैतिक समाज बनाना होगा, जिसमें पूरी दुनिया के मनुष्य शामिल हों, न कि राष्ट्रीयता की पहचान वाले अलग-अलग समूह। मौजूदा समय में हर

मनुष्य से यह आह्वान है कि एक नये युग में दाख़िल होने के लिए वह ख़ुद को और अपने परिवेश को इस तरह गढ़ता रहे कि समूची मानवता की आध्यात्मिक एकता में मनुष्य की स्वयं की तलाश पूरी हो सके।

मनुष्य को इस ऊबड़-खाबड़ ज़मीन से उठाकर अध्यात्म की ऊँचाइयों तक पहुँचाने का यह उद्यम अगर पश्चिम पर ही छोड़ दिया जाए, तो मैं यह सोचे बिना नहीं रह सकता कि ईश्वर और मनुष्य की यह उम्मीद पूरी करना अमेरिका का विशेष ध्येय है। आपका देश उम्मीदों से भरा है, आपको जो कुछ हासिल है, उससे कुछ अलग हासिल कर लेने की उम्मीदों का देश। अपनी रहस्यपूर्ण और जटिल सोच तथा रूढ़ियों वाले यूरोप का नज़रिया अलग है। लेकिन अमेरिका अभी तक किसी नतीजे पर नहीं पहुँचा है। मुझे एहसास है कि अमेरिका पर अतीत की परम्पराओं का कोई बोझ नहीं है, और प्रयोगधर्मिता के उसके गुणों की, जो उसके युवा होने का लक्षण है, मैं सराहना करता हूँ। उसके वैभव की बुनियाद उसके अतीत में नहीं, भविष्य में है; और अगर कोई पेशीनगोई है तो भविष्य के अमेरिका से वह प्यार ही करेगा।

अमेरिका की नियति है कि पूरब के मुक़ाबले पश्चिमी सभ्यता को वह सही ठहराए। मानवता से यूरोप का भरोसा उठ गया है, और वह शक्की और बीमार हो गया है। दूसरी तरफ़ अमेरिका निराशावादी या विरक्त नहीं है। अमेरिका का नागरिक होने के नाते आप लोग जानते ही हैं कि बेहतर और सर्वोत्तम जैसा भी कुछ होता है; और यही समझ आपको आगे ले जाती है। कुछ आदतें ऐसी होती हैं, जो निरी सुप्त नहीं रहतीं, भयानक तरीक़े से दम्भी बनाती हैं। वे कोरी दीवारों की तरह नहीं होतीं, बल्कि बिच्छुओं के डंक की तरह कँटीली बाड़ होती हैं। यूरोप आदतों की ऐसी बाड़ बरसों से उगाता आया है, जब तक कि वे घनी, मज़बूत और ऊँची नहीं हो गईं और उसने इस बाड़ से अपनी घेराबन्दी नहीं कर ली। अपनी परम्पराओं के अभिमान ने उसके दिल में गहरी जड़ें जमा ली हैं। मैं नहीं कहता कि यह अनुचित है। मगर अभिमान कैसा भी हो, अन्ततः वह दृष्टिहीनता का कारण ही बनता है। इसका असर उन सभी बनावटी उत्तेजक पदार्थों की तरह होता है, जो पहले तो चेतना में प्रकाश फैलाते हुए लगते हैं, संज्ञा को ऊँचे पायदान पर ले जाते हैं और फिर बढ़ती ख़ुराक ऐसी गड़बड़ पैदा करती है कि उससे हासिल उमंग और मदहोशी सही-ग़लत को पहचानने की ताक़त छीन लेती है। यूरोप का यह अहंकार उसके बाहरी और भीतरी व्यवहार में धीरे-धीरे सघन होता गया है। वह पश्चिमी है, न सिर्फ़ यह बात उसे कभी नहीं भूलती, बल्कि इसके हवाले से दूसरों को नीचा दिखाने का कोई मौक़ा भी वह नहीं छोड़ता। यही वजह है कि उसके पास जो कुछ श्रेष्ठ है, उसे पूरब से साझा करने में वह अक्षम होता गया है, साथ ही पूरब ने सदियों से जो प्रज्ञा सँजोकर रखी, सद्‌भावपूर्वक उसे स्वीकार करने में भी पिछड़ गया।

यहाँ अमेरिका में क़ौमी अख़लाक़ और रवायतों को अभी इतना वक़्त नहीं मिला है कि वे आपके दिलोदिमाग़ को जकड़कर आपके ऊपर पूरी तरह हावी हो जाएँ। अपनी ख़ानाबदोश बेचैनी की तुलना आपने जब भी यूरोप की स्थायी परम्पराओं से की है, आपने इसके नुक़सान को लगातार महसूस किया और मुखर असन्तोष भी जताया—यूरोप अपने गौरव और प्रतिष्ठा का डंका पीट सकता है, क्योंकि अपने फ़ायदे के लिए अतीत के सन्दर्भों को वह मनचाहे अर्थ दे सकता है। मगर संक्रमण के आज के इस दौर में, जब सभ्यता का एक नया युग दुनिया-भर के लोगों को अपार सम्भावनाओं का सन्देश दे रहा है, तो अनासक्ति की यही आज़ादी आपको आगे बढ़कर यह न्योता क़बूल करने और वह लक्ष्य हासिल करने लायक़ बना देगी, जिसे पाने के लिए यूरोप ने पहल तो की मगर मंज़िल तक पहुँचने के पहले रास्ते में ही भटक गया। अपनी ताक़त का ग़ुरूर और अधिकार का लालच उसके भटकाव की वजह बन गए।

जो बात आपको भावी सभ्यता की ध्वजा उठाने के सर्वाधिक योग्य बनाती है, वह सिर्फ़ व्यक्तिवादी मानसिकता से मुक्ति नहीं है, आपके अतीत की दाग़दार जटिलताओं से छुटकारा भी है। यूरोप के सभी महान राष्ट्रों के सताए हुए लोग दुनिया भर में मौजूद हैं। यह न सिर्फ़ उनकी नैतिक संवेदना बल्कि बौद्धिक सहानुभूति को भी ख़त्म कर देता है, जो भिन्न नस्लों को समझने के लिहाज़ से बेहद ज़रूरी चीज़ है। अंग्रेज़ भारत को सही मायने में कभी समझ ही नहीं सकते, क्योंकि उस देश के बारे में वे तटस्थ होकर सोच ही नहीं पाते। अगर आप इंग्लैंड की तुलना जर्मनी या फ्रांस से करें तो वहाँ ऐसे विद्वान सबसे कम निकलेंगे, जिन्होंने करुण अन्तर्दृष्टि के साथ या समग्रता में भारतीय साहित्य और दर्शन का अध्ययन किया है। राष्ट्रीय स्वार्थ और अभिमान की बुनियाद पर बने असामान्य रिश्तों में तिरस्कार और उदासीनता वाला यह रवैया स्वाभाविक ही है। लेकिन आपका इतिहास तो निरपेक्ष रहा है, और यही वजह है कि पश्चिमी सभ्यता से सीख लेने में आप जापान के मददगार रहे हैं, और यही वजह है कि ख़तरे के इस सबसे भयावह दौर में चीन बड़े भरोसे से आपकी तरफ़ देख सकता है। हक़ीक़त तो यह है कि एक महान भविष्य का दायित्व आपके ऊपर है, क्योंकि आप अतीत की क्षुद्र पकड़ से मुक्त हैं। इसलिए इस धरती के सभी देशों में अमेरिका को इस भविष्य के प्रति पूरी तरह से सचेत रहना होगा, उसकी दृष्टि धुँधलानी नहीं चाहिए और अपनी युवा शक्ति के साथ मानवता में उसका भरोसा मज़बूत होना चाहिए।

अमेरिका और भारत के बीच एक समानता है—अनेकता में एकता।

अपने देश में हम सभी जातियों-नस्लों के बीच कुछ ऐसा खोजने की कोशिश कर रहे हैं, जो सभी में समान हो और उनकी सच्ची एकता साबित कर सके। एकता के सिर्फ़ राजनीतिक या व्यावसायिक सूत्र तलाश करनेवाले किसी भी राष्ट्र को ऐसा

समाधान नाकाफ़ी लगेगा। ताक़तवर और विचारवान लोग ही आध्यात्मिक एकता की खोज कर सकेंगे, इसे समझेंगे और इसका प्रचार-प्रसार करेंगे।

राष्ट्रवाद की सच्ची भावना भारत में कभी नहीं रही है। हालाँकि बचपन से ही मुझे सिखाया गया कि इनसानियत के प्रति आदर और ईश्वर की भक्ति से कहीं बेहतर राष्ट्र भक्ति है, मगर मुझे लगता है कि मैं उस शिक्षा से ऊपर उठ गया हूँ, और मुझे पक्का यक़ीन है कि मेरे देश के लोग भी राष्ट्र को इनसानियत से बड़ा मानने की नसीहत देनेवाली ऐसी शिक्षा के ख़िलाफ़ उठ खड़े होंगे और सचमुच का भारत बना सकेंगे।

आज भारत का पढ़ा-लिखा तबक़ा हमारे पुरखों से सबक़ लेने के बजाय ख़ुद को इतिहास के कुछ पन्नों में खपाये दे रहा है। सच तो यह है कि पूरब अपने लिए ऐसा इतिहास गढ़ने के जतन में जुटा हुआ है, जो उसकी अपनी ज़िन्दगी के तजुर्बों का नतीजा नहीं है। उदाहरण के लिए, जापान को लगता है कि पश्चिमी तरीक़ों को अपनाकर वह ताक़तवर हो रहा है, मगर, अपनी विरासत खो देने के बाद, उसके पास सभ्यता के उधार लिये हुए हथियार ही बच रहेंगे। ऐसे में वह अपने बूते पर विकास नहीं कर पाएगा।

यूरोप का अपना अतीत है। इसीलिए यूरोप की ताक़त उसके इतिहास में निहित है। भारत में, हमें यह बात अच्छी तरह समझ लेनी चाहिए कि हम दूसरों का इतिहास उधार नहीं ले सकते, और अगर हम अपने इतिहास को दफ़नाते हैं तो यह ख़ुदकुशी करने जैसा होगा। जब आप ऐसी चीज़ें उधार लेते हैं जिनका आपकी ज़िन्दगी से कोई लेना-देना नहीं है, तो वे आपकी ज़िन्दगी बर्बाद ही करती हैं।

तो इसलिए मैं मानता हूँ कि पश्चिमी सभ्यता से उसके अपने क्षेत्र में प्रतिस्पर्धा से भारत को कोई फ़ायदा नहीं होनेवाला। लेकिन, अगर मान-अपमान की परवाह किए बग़ैर हम अपनी नियति के अनुरूप चलते हैं, तो हर हाल में फ़ायदे में रहेंगे।

ऐसे कई सबक़ हैं, जो हमें जानकार बनाते हैं या हमारे दिमाग़ को बौद्धिक तलाश के लिए प्रशिक्षित करते हैं। ये बहुत आसान हैं, जिन्हें बड़ी सरलता से सीखा और सहूलियत से इस्तेमाल किया जा सकता है। लेकिन कुछ सबक़ ऐसे भी होते हैं, जो हमारे अन्तर्मन को गहरे तक प्रभावित करते हैं और जीवन की दिशा ही बदल डालते हैं। इन्हें अपनाने और अपनी विरासत बेचकर इनका मूल्य चुकाने से पहले हमें थोड़ा ठहरकर गम्भीरता से सोचना चाहिए। मनुष्यता के इतिहास में आतिशबाज़ी के ऐसे दौर भी आते हैं, जिनकी चकाचौंध, ताक़त और गति हमें भौचक्का कर देती है। वे न सिर्फ़ हमारे घरों के मामूली चराग़ों बल्कि अविनाशी तारों-नक्षत्रों पर भी हँसते हैं, उनका मज़ाक़ उड़ाते हैं। मगर इससे चिढ़कर हमारे मन में चिराग़ों को ख़ारिज कर देने का ख़याल तो नहीं आना चाहिए। हमें धीरज के साथ यह अपमान सहन करते हुए यह समझना चाहिए कि इस आतिशबाज़ी

में आभा और तड़क-भड़क तो है मगर यह टिकाऊ नहीं है, क्योंकि प्रस्फुटन का चरम उसकी ताक़त है तो जल्दी ही बुझ जाने की वजह भी। उनसे जो कुछ हासिल होता है, उसके मुक़ाबले उन पर कहीं ज़्यादा ऊर्जा ख़र्च होती है।

वैसे भी, हमारे आदर्श हमारे अपने ही इतिहास की मार्फ़त गढ़े-बने हैं, और अगर हम चाहें भी तो उनकी बहुत अच्छी आतिशबाज़ी नहीं कर सकते हैं, क्योंकि उनके आधारभूत तत्त्व, और उनका नैतिक उद्‌देश्य भी, आपसे एकदम अलग है। किसी राजनीतिक राष्ट्रीयता की ख़ातिर अगर हम अपना सब कुछ लुटा देने की ख़्वाहिश पालते हैं तो यह उतना ही बेतुका और मूर्खतापूर्ण होगा, जितना कि यह ख़याल कि इंग्लैंड से मुक़ाबला करने लायक़ शक्तिशाली नौसेना बनाने की अपनी महत्त्वाकांक्षा पर स्विट्ज़रलैंड अपना समूचा अस्तित्व दाँव पर लगा दे। हमारी सोच में जो खोट है, वो यह कि मनुष्य को महानता की तरफ़ ले जानेवाला सिर्फ़ एक ही रास्ता है—ऐसा रास्ता जो ग़ुस्ताख़ियों की गहराई की वजह से फ़िलहाल बहुत तकलीफ़देह जान पड़ता है।

हमें पक्के तौर पर जान लेना चाहिए कि हमारे सामने एक भविष्य है और उस भविष्य को सिर्फ़ सांसारिक रूप से समृद्ध लोगों का नहीं बल्कि नैतिक मूल्यों से सम्पन्न लोगों का इन्तज़ार है। और मनुष्य का यह विशेषाधिकार है कि वह ऐसे लक्ष्य हासिल करने के लिए काम करे जो फ़ौरी तौर पर उसकी पहुँच से परे हैं, और अपनी ज़िन्दगी को इस तरह व्यवस्थित करे कि उसकी गतिविधियाँ न तो किसी तात्कालिक सफलता के असर और न ही किसी समझदारीपूर्ण अतीत पर केन्द्रित हों, और जो उसे निज की आकांक्षा तक सीमित करने के बजाय ऐसे अनन्त भविष्य की तरफ़ ले जाएँ, जिसमें हमारी सर्वोच्च अपेक्षाओं के मूल्य मौजूद हों।

हमें यह मान लेना चाहिए कि पश्चिम का भारत में आना दैवयोग ही है। फिर भी यह ज़रूरी लगता है कि कोई पश्चिम को दिखाए-बताए कि पूरब क्या है, साथ ही उसे यह यक़ीन भी दिलाए कि सभ्यता के इतिहास में पूरब का भी योगदान है। पश्चिम के सामने भारत कोई याचक नहीं है। लेकिन फिर भी पश्चिम अगर ऐसा सोचता है, तो भी मैं इस पक्ष में नहीं कि पश्चिमी सभ्यता को पीछे धकेलकर हम अपना अलग अस्तित्व क़ायम करें। हमें आपस में गहरे सम्बन्ध बनाने चाहिए। उस गहरे साहचर्य की ज़रूरत का सन्देश ईश्वर अगर इंग्लैंड की मार्फ़त ही भेजना चाहता है तो मैं इसे पूरी विनम्रता के साथ स्वीकार करता हूँ। मनुष्य के स्वभाव पर मुझे बहुत भरोसा है, और मुझे लगता है कि पश्चिम अपना सच्चा उद्‌देश्य खोज ही लेगा। पश्चिमी सभ्यता के बारे में बोलते हुए मैं तब कटु हो जाता हूँ, जब मुझे लगता है कि वह अपने भरोसे के साथ छल कर रहा है और अपने ही उद्‌देश्य से भटक रहा है। पश्चिम को अपनी ज़रूरतों और स्वार्थ की ख़ातिर ताक़त का इस्तेमाल करके पूरी दुनिया के लिए अभिशाप नहीं बनना चाहिए, बल्कि अज्ञानियों को तालीम

देकर और कमज़ोरों की मदद करके, उसे ख़ुद को उस ख़तरनाक स्थिति से बचाना चाहिए, कि बलवान ही कमज़ोर को मजबूर करता है कि वह उसकी घुसपैठ के प्रतिरोध लायक़ ताक़त जुटाए। साथ ही उसे अपने भौतिकवाद को ही अन्तिम सत्य नहीं मान लेना चाहिए, बल्कि समझना चाहिए कि आध्यात्मिक सत्ता को वस्तुवाद के चंगुल से मुक्ति दिलाकर वह सेवा का काम कर रहा है।

मैं राष्ट्र-विशेष के ख़िलाफ़ नहीं हूँ, बल्कि सभी राष्ट्रों की अवधारणा के ख़िलाफ़ हूँ। राष्ट्र आख़िर है क्या?

राष्ट्र का आशय लोगों की संगठित शक्ति से है। अपनी आबादी पर इस संगठन का हमेशा ही यह ज़ोर रहता है कि वे दक्ष और ताक़तवर बनें। लेकिन ताक़त और दक्षता का यह हठ मनुष्य की वह ऊर्जा सोख लेता है, जो उसके सृजनशील और आत्मबलिदान वाले गुणों का स्रोत है। इसका नतीजा यह होता है कि त्याग करने की मनुष्य की शक्ति अपने नैतिक और परम उद्देश्य से भटककर इस संगठन के रख-रखाव में लग जाती है, जो नैतिक के मुक़ाबले सिर्फ़ यांत्रिक है। इस यांत्रिकता में ही वह नैतिक उत्कर्ष की सारी सन्तुष्टि महसूस करने लगता है और इस तरह मानवता के लिए बेहद ख़तरनाक हो जाता है। अपने दायित्व इस मशीन पर छोड़कर बड़ी आसानी से वह अपनी अन्तरात्मा की आवाज़ से मुक्ति महसूस करने लगता है, जबकि मशीन उसकी बुद्धिमत्ता का नतीजा है, न कि उसके सम्पूर्ण नैतिक व्यक्तित्व का। आज़ादीपसन्द लोग भी इसी युक्ति से दुनिया के एक बड़े हिस्से में ग़ुलामी क़ायम रखते हैं और इसी में अपने कर्तव्यपालन के गर्व की सहज अनुभूति करते हैं; स्वभावतः न्यायप्रिय मनुष्य भी अपने विचारों और अपने काम में क्रूर और प्राप्त अन्यायी हो सकते हैं, और तो और, उन्हें लगता है कि ऐसा करके वे दुनिया को उसके कर्मों का फल पाने में मदद कर रहे हैं; ईमानदार लोग भी अपनी उन्नति के लिए आँख मूँदकर दूसरों के मानवीय अधिकारों पर डाका डाल सकते हैं, और ऐसा करते हुए वंचितों को वे यह कहकर कोस भी सकते हैं कि वे इसी के पात्र हैं। अपनी रोज़मर्रा की ज़िन्दगी में हमने देखा है कि छोटे-छोटे कारोबारी और पेशेवर संगठन भी अच्छे-भले लोगों में बेरहमी की भावना भर देते हैं, और ऐसे में जब धन और बल की ख़ातिर दुनिया-भर में लोग तेज़ी से संगठित हो रहे हैं, इससे होनेवाले नैतिक विनाश का अन्दाज़ हम सहज ही लगा सकते हैं।

राष्ट्रवाद एक बड़ा ख़तरा है। यही वर्षों से भारत में मुश्किलों की वजह भी रहा है। और चूँकि हम पर ऐसे राष्ट्र का शासन और प्रभुत्व रहा है, जिसका नज़रिया ख़ालिस राजनीतिक है, और अतीत की अपनी समृद्ध विरासत होने के बावजूद हम सम्भावित राजनीतिक नियति में भरोसा करने की कोशिश करते रहे हैं।

भारत में अलग-अलग दल हैं, और उनके अलग-अलग आदर्श हैं। इनमें से कुछ राजनीतिक आज़ादी के लिए संघर्ष कर रहे हैं। कुछ को लगता है कि

अभी इसका सही समय नहीं आया है, हालाँकि वे यह भी मानते हैं कि भारत को भी अंग्रेज़ी उपनिवेशों की तरह अधिकार मिलने चाहिए। वे यथासम्भव स्वायत्तता हासिल करना चाहते हैं।

राजनीतिक आन्दोलन के इतिहास की शुरुआत में भारत के विभिन्न दलों के बीच उतना टकराव नहीं था, जितना आज है। उन दिनों भारतीय कांग्रेस के नाम से एक पार्टी थी; जिसका कोई साफ़ ध्येय नहीं था। उनके पास बस कुछ शिकायतें होती थीं, अफ़सर जिनका समाधान कर देते थे। वे काउंसिल में अपने ज़्यादा प्रतिनिधि, और चुंगी के कामकाज में ज़्यादा आज़ादी चाहते थे। वे ऐसी ही रद्दी चीज़ों के फेर में पड़े रहते, उनका कोई सृजनात्मक ध्येय नहीं था। इसलिए उनके तौर-तरीक़ों को लेकर मुझमें कोई ख़ास उत्साह नहीं था। मेरा दृढ़ मत है कि भारत को अपनी तरह के रचनात्मक कार्यों की सबसे ज़्यादा ज़रूरत है। इस तरह के काम में हमें तमाम जोख़िम उठाने होंगे और वे सारे फ़र्ज़ अदा करने होंगे, जो भले ही जुल्म की बेड़ियों में जकड़े हों, दरअसल हमारे हैं; क़दम-क़दम पर नाकामियों और तकलीफ़ों के बावजूद नैतिक जीत हमारी होगी। हमें उन अधिपतियों को दिखा देना चाहिए कि हमारे पास नैतिकता की ताक़त है, सच की ख़ातिर जुल्म बर्दाश्त करने की ताक़त। जहाँ हमारे पास साबित करने के लिए कुछ नहीं है, वहाँ हम याचना कर लेंगे। और जिस तोहफ़े के ख़्वाहिशमन्द हम हैं, अगर वह झट से हमें मिल जाए तो हमारा नुक़सान ही होगा, मैंने अपने देशवासियों से बार-बार कहा है कि आत्मोत्सर्ग के अपने साहस को मज़बूत करने के मौक़े सृजित करने के लिए एकजुट हों, याचना के लिए नहीं।

हालाँकि, पार्टी ने अपनी साख गँवा दी क्योंकि जल्दी ही लोगों को एहसास हो गया कि उनकी आधी-अधूरी नीति कितनी निरर्थक थी। पार्टी बँट गई, और वहाँ चरमपंथी आ गए, जो लड़ने की आज़ादी के पक्ष में थे, और जिन्होंने याचना के तरीक़े को ख़ारिज कर दिया, जो देश के लिए अपने फ़र्ज़ से मुक्त होने का सबसे आसान तरीक़ा है। उनके आदर्श पश्चिमी इतिहास पर आधारित थे। उन्हें भारत की विशिष्ट समस्याओं से कोई सहानुभूति नहीं थी। उन्होंने इस सर्वविदित तथ्य पर ग़ौर नहीं किया कि हमारे सामाजिक ढाँचे में ऐसी तमाम वजहें मौजूद थीं, जिन्होंने भारतीयों को विदेशियों से निपटने में अक्षम बना दिया था। इंग्लैंड को किसी तरह खदेड़ भी दिया, तो हम क्या करेंगे? तो हम बस दूसरे देशों के लिए पीड़ा झेलते रहेंगे। वैसी ही सामाजिक कमज़ोरियाँ बनी रहेंगी। भारत में हमें जो सोचना है, वो यह कि हम उन सामाजिक रीति-रिवाजों और आदर्शों से छुटकारा पाएँ, जो हमारे भीतर आत्म-सम्मान की कमी पैदा करते हैं और जिन्होंने हमें शासकों पर पूरी तरह निर्भर बना दिया है—ऐसी स्थिति के लिए भारत में जाति-व्यवस्था का वर्चस्व पूरी तरह ज़िम्मेदार है, और आँख मूँदकर उन परम्पराओं पर भरोसा करने की आलसी आदतें भी, जो मौजूदा दौर में महज़ असंगत काल-भ्रम हैं।

मैं एक बार फिर आपका ध्यान उन मुश्किलों की तरफ़ खींचता हूँ, भारत को जिनका मुक़ाबला करना पड़ा है और जिनसे पार पाने के लिए वह जूझता रहा है। भारत की समस्या दरअसल दुनिया की समस्या का ही लघु रूप थी। भारत बहुत विशाल और जातियों के लिहाज़ से बहुत विविधताओं वाला देश है। इस एक देश की भौगोलिक सीमा में कई देश हैं। वास्तव में यह यूरोप के उलट है, अर्थात् कई देश जो दरअसल एक ही हैं। इस तरह यूरोप को अपनी संस्कृति और उन्नति में कई देशों की ताक़त के साथ-साथ समरूपता की ताक़त का फ़ायदा मिला है। दूसरी तरफ़, स्वाभाविक रूप से अनेक होते हुए भी, बाहर से एक होने के बावजूद भारत अपनी बहुरूपता के ढीलेपन और अपनी कमज़ोर एकता की वजह से हमेशा नुक़सान में रहा है। सच्ची एकता ग्लोब के गोले की तरह होती है, जो आसानी से अपना बोझ उठाकर घूमता है; मगर विविधता बहुकोणीय है, जिसे पूरी ताक़त से खींचना और धकेलना पड़ता है। भारत की यह विविधता उसने ख़ुद नहीं रची; यह सच्चाई तो उसे अपने इतिहास की शुरुआत से ही स्वीकार करनी पड़ी। अमेरिका और ऑस्ट्रेलिया में, यूरोप ने मूल निवासियों को क़रीब-क़रीब मटियामेट करके अपनी मुश्किल आसान कर ली है। यहाँ तक कि विध्वंस की यह भावना वर्तमान युग में भी साफ़ देखी जा सकती है, विदेशियों के लिए अपने यहाँ आबाद होने के मौक़े ख़त्म करनेवाले ये वही लोग हैं, जो कभी उस धरती पर ख़ुद ही विदेशी थे, जिस पर अब उनका क़ब्ज़ा है। मगर भारत ने शुरू से ही विभिन्न नस्लों के लोगों को आबाद होने के मौक़े दिए, और उसका पूरा इतिहास सहनशीलता की इस भावना का गवाह है।

उसकी जाति-व्यवस्था इसी सहनशीलता की भावना का नतीजा है। क्योंकि भारत हमेशा से ऐसी सामाजिक एकता बनाने के लिए प्रयोग करता रहा है, जिसमें अलग-अलग जातियों के सभी लोगों को अपनी विशिष्टताएँ बनाए रखने की आज़ादी का पूरा आनन्द लेते हुए एकसूत्र रखा जा सके। यह बन्धन यथासम्भव ढीला रहा है, मगर परिस्थितियों के मुताबिक़ निकटता भी बनाए रखता है। इसने सामाजिक महासंघ के संयुक्त राष्ट्र जैसी स्थिति बनाई, जिसे सामान्यत: हिन्दुत्व कहते हैं।

भारत को लगता था कि उसके यहाँ अलग-अलग जातियों में विविधता रही है और यह होनी भी चाहिए, भले इसमें कितने ही नुक्स क्यों न हों, और प्रकृति को आप अपनी सहूलियत की तंग सीमाओं में बँधने के लिए मजबूर नहीं कर सकते, ऐसा किया तो देर-सबेर इसका ख़मियाज़ा भुगतना ही पड़ेगा। भारत की यह सोच एकदम सही थी; लेकिन वह यह समझने में चूक गया कि मनुष्यों के बीच भेद कोई पहाड़ों की तरह के भौतिक अवरोध नहीं होते, जो हमेशा एक-से बने रहते हैं—वे ज़िन्दगी के प्रवाह की तरह तरल हैं, और वे अपनी दशा-दिशा और आकार बदल रहे हैं।

इसलिए जाति-नियमन में भारत ने भिन्नताओं को मान्यता दी, लेकिन परिवर्तनशीलता को नहीं, जो जीवन का नियम है। टकराव से बचने की कोशिश में उसने दृढ़ दीवारों की सीमाएँ बना दीं, और इस तरह उसने तमाम जातियों को सुकून और अनुशासन से जीने का मौक़ा मुहैया किया, मगर जिसका नतीजा नकारात्मक हुआ, क्योंकि इसमें फैलाव और गतिशीलता के सकारात्मक मौक़े नहीं मिले। उसने प्रकृतिजन्य विविधता को तो स्वीकार कर लिया, मगर यह भूल गया कि प्रकृति अपनी इस विविधता का इस्तेमाल अनन्त क्रम-परिवर्तन और नये संयोजनों के दुनियावी खेल के लिए भी करती है। उसने जीवन की बहुरूपता को तो पूरी सच्चाई और ईमानदारी से क़बूल किया मगर इसकी गतिशीलता को नज़रअन्दाज़ कर दिया। इसीलिए उसकी सामाजिक व्यवस्था प्राणवान नहीं रह गई और उस जीवन्तता की जगह अब वह अपने बनाए अनगिनत ख़ानों वाले भव्य पिंजरे की पुरज़ोर उपासना में जुटा हुआ है।

व्यावसायिक हितों में टकराव से बचने की उसकी कोशिश का भी ऐसा ही नतीजा हुआ। उसने तमाम धन्धों और व्यवसायों को विभिन्न जातियों के साथ जोड़ा। और इस तरह प्रतिद्वंद्विता की घृणा और अनन्त ईर्ष्या को हमेशा के लिए दूर रख सका—प्रतिद्वंद्विता जो क्रूरता की जननी है और झूठ और फ़रेब का माहौल बना देती है। इस मामले में भी भारत ने सारा ज़ोर वंशानुगत सिद्धान्त पर दिया और बदलाव के सिद्धान्तों की उपेक्षा की, और इस प्रकार धीरे-धीरे कलाओं को शिल्प और प्रतिभा को कौशल तक सीमित कर डाला।

हालाँकि, पश्चिम के विद्वान यह समझ पाने में विफल रहे कि वर्ण-व्यवस्था के बावजूद भारत ने पूरी गम्भीरता से नस्ली समस्या के समाधान की ज़िम्मेदारी स्वीकार की, और इसकी भी कि इस समाधान में तमाम टकरावों को बचाते हुए सभी जातियों को उनकी सीमाओं के भीतर आज़ादी दी जा सके। हम मानते हैं कि भारत इसमें पूरी तरह सफल नहीं हुआ है। लेकिन आपको यह भी स्वीकार करना होगा कि पश्चिम ने, जो जातीय समरूपता के लिहाज़ से ज़्यादा बेहतर स्थिति में है, उसने कभी इस समस्या पर ग़ौर ही नहीं किया, और जब कभी उसके सामने ऐसी नौबत आई है, तो उसने पूरी तरह इसकी अनदेखी करके इसे आसान बनाने की कोशिश की। और विदेशियों को अपने यहाँ ईमानदारी से जीवनयापन करने के अधिकार से वंचित करनेवाली एशिया-विरोधी हलचलों का स्रोत यही है। अपने ज़्यादातर उपनिवेशों में आप उन्हें केवल इस शर्त पर क़बूल करते हैं कि वे लकड़ी काटने और पानी भरने के मामूली काम ही करेंगे। या तो आप परदेशियों को अपने यहाँ घुसने नहीं देंगे या फिर उन्हें अपना ग़ुलाम बनाकर रखेंगे। और आपकी समझ में नस्ली-संघर्ष की समस्या का यही समाधान है। इसमें आपको जो भी ख़ूबियाँ दिखाई देती हों, मगर आपको यह मानना होगा कि यह सभ्यता के ऊँचे आदर्शों से

प्रेरित नहीं है, यह घृणा और लालच के क्षुद्र आवेग से पैदा होता है। आप कहते हैं कि यह इनसानी प्रकृति है—और भारत को भी लगता है कि वह इनसानी प्रकृति ख़ूब समझता है, तभी तो उसने सामाजिक श्रेणियों की दृढ़ व्यवस्था बनाकर जाति-भेद को मज़बूती से घेरा। मगर ख़ुद पर यह तजुर्बा करके हमने यह जान लिया है कि मानव-प्रकृति वह नहीं है, जो दिखाई देती है, सचमुच तो यह वही है, जो उसकी अनन्त सम्भावनाओं में निहित है। और अपनी अज्ञानता के चलते जब हम मनुष्यता के खुरदरे और मैले रूप का अनादर करते हैं, तो वह अपना छद्मवेष छोड़कर यह बताने चली आती है कि हमने अपने ईश्वर का अनादर किया है। अपने अहंकार या स्वार्थवश हम जब भी दूसरों को नीचा दिखाते हैं, उससे हमारी अपनी ही मनुष्यता की गरिमा क्षीण होती है। और यह सबसे भयानक सज़ा है, क्योंकि हमें इसका पता ही तब चल पाता है, जब बहुत देर हो चुकी होती है।

सिर्फ़ परदेशियों से ही अपने रिश्तों में नहीं बल्कि अपने ही समाज के अलग-अलग तबक़ों के बीच मेल-मिलाप की संगति आप नहीं बना पाए हैं। अन्धाधुन्ध तरक़्क़ी के लिए संघर्ष और प्रतिस्पर्धा को खुली छूट मिली हुई है। और क्योंकि इसकी उत्पत्ति पूँजी और ताक़त से होती है, इसका नतीजा बेरहम तबाही के सिवाय कुछ और नहीं हो सकता। भारत में जिसके उत्पादन का आधार सामाजिक समन्वय को बनाया गया। समाज की ज़रूरतों के मुताबिक़ उचित उत्पादन और सहकारिता इसका आधार था। मगर पश्चिम में यह प्रतिस्पर्धा के आवेग से संचालित होता है, जिसका एकमात्र ध्येय व्यक्तियों के लिए निजी मुनाफ़ा जुटाना है। लेकिन व्यक्ति तो ज्यामितीय रेखा की तरह है; जिसमें बिना चौड़ाई की लम्बाई होती है। उसमें वह गहराई नहीं होती कि किसी चीज़ को स्थायी रूप से बाँधकर रख सके। इसलिए उसका लालच या मुनाफ़ा कभी ख़त्म नहीं होते। तरक़्क़ी की अपनी जटिल दौड़ में यह दूसरी रेखाओं को पार कर सकता है, उलझाव भी पैदा कर सकता है, मगर अपनी एकाकी सूक्ष्मता में पूर्णता के आदर्शों तक कभी नहीं पहुँच सकता।

सभी भौतिक ज़रूरतों की अपनी हद हम पहचानते हैं। हमें मालूम है कि वह हद पार करने का मतलब सेहत बिगाड़ना होगा। लेकिन पूँजी और ताक़त की इस हवस की क्या कोई हद नहीं है, जिसके पार मृत्यु का साम्राज्य है? वस्तुवाद के इन राष्ट्रीय उत्सवों में पश्चिम वाले क्या आदर्शों के निर्माण को नज़रअन्दाज़ करके अपनी अधिकांश जीवनाधार ऊर्जा सिर्फ़ चीज़ों के उत्पादन पर ही ख़र्च नहीं कर रहे हैं? और क्या कोई सभ्यता नैतिक स्वास्थ्य के नियमों को नज़रअन्दाज़ करके भौतिक वस्तुओं को हड़पने की होड़ और मुद्रास्फीति की अन्तहीन दौड़ में बनी रह सकती है? अपने सामाजिक ध्येयों में मनुष्य स्वभावत: अपनी भूख, अपनी ज़रूरतों पर नियंत्रण करने की कोशिश करता है, और अपनी प्रकृति के ऊँचे उद्देश्य के मुक़ाबले में उन्हें गौण समझता है। लेकिन अर्थ की दुनिया में हमारी भूख पर कोई

नियंत्रण नहीं होता, वहाँ सिर्फ़ माँग और आपूर्ति के ऐसे प्रतिबन्ध लागू होते हैं, जिन्हें कृत्रिम रूप से पोसा जा सकता है, जो लोगों को प्रचुरता के अन्तहीन भोज में आसक्ति के मौक़े मुहैया कराती हैं। भारत में हमारी सामाजिक सहज-प्रवृत्ति ने हमारी भूख पर प्रतिबन्ध लगाए हैं—यह शायद दबाव की चरम स्थिति तक चला गया—लेकिन पश्चिम में ऐसे आर्थिक संगठन, जिनका कोई नैतिक उद्देश्य नहीं है, लोगों को लगातार धन के पीछे भागने के लिए उकसाते हैं; लेकिन क्या इसकी कोई हितकारी हद नहीं है?

सामाजिक संस्थान जिन आदर्शों को समाहित करने की कोशिश करते हैं, उनके दो उद्देश्य होते हैं। पहला, हमारे जुनून और हमारी क्षुधा पर काबू रखना ताकि मनुष्य का संगत विकास हो, और दूसरा अपने सहचर प्राणियों के प्रति नि:स्वार्थ प्रेम जगाने में मदद करना। इसलिए समाज मनुष्य की ऐसी नैतिक और आध्यात्मिक आकांक्षाओं की अभिव्यक्ति है, जो उसकी है। उच्च प्रकृति।

हमारा भोजन सर्जनात्मक है, यह हमारे शरीर का निर्माण करता है; यह उद्दीप्त करनेवाले नशे सरीखा नहीं है। हमारे सामाजिक आदर्श इनसानों की दुनिया रचते हैं, लेकिन जब हमारा दिमाग़ उनसे हटकर सत्ता के लालच में पड़ जाता है तो नशे की उस स्थिति में हम विषमता के ऐसे भँवर में फँस जाते हैं, जहाँ तन्दुरुस्ती हमारी ताक़त नहीं रह जाती और स्वच्छंदता हमारी आज़ादी नहीं रह जाती। इसलिए अगर हमारा दिमाग़ मुक्त नहीं तो राजनीतिक स्वतंत्रता मिलने पर भी हम स्वाधीन नहीं होंगे। कोई ऑटोमोबाइल हमें गतिशीलता की आज़ादी नहीं देता, क्योंकि वह सिर्फ़ एक मशीन है। जब मैं ख़ुद मुक्त होता हूँ, तब मैं अपनी मर्ज़ी से ऑटोमोबाइल का इस्तेमाल कर सकता हूँ।

आज के समय में हमें यह कभी नहीं भूलना चाहिए कि जिन लोगों को राजनीतिक स्वतंत्रता मिली है, ज़रूरी नहीं कि वे स्वतंत्र भी हों, वे सिर्फ़ ताक़तवर हैं। उनका बेलगाम जुनून आज़ादी के नाम पर ग़ुलामी के बड़े संगठन खड़ा कर रहा है। जिन लोगों ने मुनाफ़ा कमाने को अपना सर्वोच्च लक्ष्य बना लिया है, वे अनजाने में अपना जीवन और अपनी आत्मा धनिकों को या पूँजी की नुमाइंदगी करनेवाले संगठनों को बेच रहे हैं। ऐसे लोग जो अपनी राजनीतिक सत्ता में मगन हैं और विदेशी नस्लों पर अपने प्रभुत्व के विस्तार पर गर्व करते हैं, वे धीरे-धीरे अपनी स्वतंत्रता और मनुष्यता छोड़कर दूसरे लोगों को ग़ुलाम बनाए रखने के लिए ज़रूरी संगठनों के आगे घुटने टेक देते हैं। तथाकथित आज़ाद देशों में बहुसंख्य लोग आज़ाद नहीं हैं, वे तो थोड़े-से लोगों द्वारा निर्दिष्ट ऐसे लक्ष्य की ओर बढ़ रहे होते हैं, जिसके बारे में उन्हें भी कुछ पता नहीं होता। ऐसा सिर्फ़ इसलिए सम्भव हो पाता है क्योंकि लोग नैतिक और आध्यात्मिक आज़ादी को अपना लक्ष्य नहीं मानते हैं। अपने जुनून से वे विराट भँवर पैदा करते हैं, और उसके तेज़ घुमाव के वेग-भर

से उन्मत्त हो जाते हैं। इसे ही वे आज़ादी कहते हैं। लेकिन वह क़यामत जो उनके इन्तज़ार में है, मृत्यु की तरह ही निश्चित है—क्योंकि मनुष्य का सच नैतिकता की सच्चाई है और आध्यात्मिक जीवन में ही उसकी मुक्ति है।

वर्तमान में भारत के अधिकांश राष्ट्रवादियों की आम राय यह है कि अपने सामाजिक और आध्यात्मिक आदर्शों को हम सम्पूर्णता में हासिल कर चुके हैं, समाज में रचनात्मकता के सारे काम हमारे जन्म से कई हज़ार साल पहले ही पूरे कर लिये गए थे, और कि अब हम अपनी सारी सक्रियता राजनीतिक मोर्चे पर केन्द्रित करने के लिए आज़ाद हैं। अपनी मौजूदा लाचारी के लिए हम अपनी सामाजिक असमर्थताओं को ज़िम्मेदार ठहराने की बात कभी सपने में भी नहीं सोच सकते, क्योंकि राष्ट्रवाद के अपने पंथ में हम मान चुके हैं कि यह सामाजिक व्यवस्था हमेशा से ही एकदम नायाब है, और आगे भी ऐसी ही रहेगी। हमारे पुरखों के पास अनन्तकाल तक देख पाने की दिव्य दृष्टि और भविष्य में युगों तक अपरिमित इन्तज़ाम करने की अलौकिक शक्ति थी। इसलिए अपनी सारी बदहालियों और कमियों के लिए, हम इतिहास की ऐसी अप्रत्याशित घटनाओं को ज़िम्मेदार मानते हैं जो बाहर से हमारे ऊपर आ पड़ती हैं। यही वजह है कि हम सोचते हैं कि हमारा एक काम सामाजिक ग़ुलामी के धोखे की बुनियाद पर आज़ादी का राजनीतिक चमत्कार खड़ा करना है। दरअसल हम अपने इतिहास की धारा का सच्चा रास्ता बन्द कर देना चाहते हैं, और सिर्फ़ दूसरे लोगों के इतिहास के स्रोतों से ताक़त उधार लेना चाहते हैं।

भारत में हममें से जो लोग इस भ्रम का शिकार हैं कि सिर्फ़ राजनीतिक आज़ादी ही हमें मुक्त कर देगी, उन्होंने पश्चिम से सबक़ लेकर उसे ही वेदवाक्य मान लिया है और इनसानियत में अपना भरोसा खो दिया है। हमें याद रखना चाहिए कि हमारे समाज में जिन कमज़ोरियों को हम पोसते हैं, राजनीति में वही ख़तरे का कारण बनेंगी। वही जड़ता, जो हमें सामाजिक संस्थानों की निरर्थक चीज़ों को पूजने की तरफ़ ले जाती है, हमारी राजनीति में मज़बूत दीवारों के क़ैदख़ाने बना देगी। संवेदनाओं की संकीर्णता, जो मनुष्यता के कन्धे पर हीनता का कष्टकारी जुआ रखना हमारे लिए सम्भव बनाती है, वही हमारी राजनीति में अन्याय की निरंकुशता बनकर सामने आएगी।

हमारे राष्ट्रवादी जब आदर्शों की बात करते हैं तो वे भूल जाते हैं कि राष्ट्रवाद अपना आधार खो रहा है। इन आदर्शों का झंडा उठाने लोग ख़ुद ही अपने सामाजिक व्यवहार में सबसे ज़्यादा रूढ़िवादी हैं। राष्ट्रवादी कहते हैं, उदाहरण के लिए, स्विट्ज़रलैंड को देखें, जहाँ नस्लों के भेद के बावजूद, लोग एक मज़बूत राष्ट्र हैं। फिर भी, याद रखें कि स्विट्ज़रलैंड में तमाम नस्लों के लोग आपस में घुल-मिल सकते हैं, वे अन्तर्जातीय विवाह कर सकते हैं, क्योंकि उनका ख़ून एक है। भारत में कोई आम जन्मसिद्ध अधिकार नहीं है। और जब हम पश्चिमी राष्ट्रीयता की बात

करते हैं तो हम यह भूल जाते हैं कि वहाँ के लोगों में वैसी घृणा और छुआछूत नहीं है, जो हमारे यहाँ अलग-अलग जातियों के बीच है। पूरी दुनिया में क्या ऐसा कोई उदाहरण मिलता है, जहाँ लोगों को रक्त सम्बन्धों की इजाज़त नहीं है, और वे एक-दूसरे के लिए अपना ख़ून बहाते हैं, सिवाय ज़बरदस्ती या भाड़े के उद्‌देश्यों के? और क्या हम उम्मीद करते हैं कि हमारी जातीय एकता के ख़िलाफ़ ऐसी नैतिक बाधाएँ हमारी राजनीतिक एकता के रास्ते में रोड़ा नहीं बनेंगी?

तो फिर हमें यह सच्चाई पूरी तरह स्वीकार कर लेनी चाहिए कि हमारे सामाजिक बन्धन अब भी बहुत बेरहम हैं, इतने कि ये लोगों को कायर बनाते हैं। अगर कोई शख़्स मुझसे यह कहता है कि उसके विचार रूढ़िवादी नहीं हैं, लेकिन वह अपनी मान्यताओं का पालन नहीं कर सकता क्योंकि वह सामाजिक रूप से बहिष्कृत हो जाएगा, तो मैं उसे झूठ की वह ज़िन्दगी जीने पर माफ़ कर देता हूँ, ताकि वह जी तो सके। दिमाग़ का वह सामाजिक व्यवहार जो हमें अपने सहचरों की ज़िन्दगी बोझ बना देने के लिए उकसाता है, अगर वे भोजन की अपनी पसन्द जैसी चीज़ में भी हमसे भिन्न होते हैं, और यह फ़ितूर यक़ीनन हमारे राजनीतिक ढाँचे में बना रहेगा और नतीजे में ज़बरदस्ती के ऐसे तंत्र बन जाएँगे, जो हर उस तर्कसंगत अन्तर को कुचल देंगे, जिनमें ज़िन्दगी धड़कती है। और अत्याचार हमारे राजनीतिक जीवन में सिर्फ़ अपरिहार्य झूठ और पाखंड को ही बढ़ावा देगा। क्या आज़ादी का नाम ही इतना मूल्यवान है कि हम इस पर अपनी नैतिक स्वतंत्रता न्योछावर कर देने को तैयार हों?

जब हम अपने यौवन के जोश में होते हैं तो हमारे स्वभाव की यह उग्रता तुरन्त अपना असर नहीं दिखाती। मगर धीरे-धीरे यह जोश छीज जाता है, और जब यह उतार पर होता है तब हमें नफ़े-नुक़सान का हिसाब करके अपने क़र्ज़े भरने पड़ते हैं, जो हमें दिवालिया बना देता है। पश्चिम में आप अब भी सिर उठाकर चलने लायक़ हैं, हालाँकि ताक़त जुटाने के उन्माद में आपकी मनुष्यता हर पल कराहती है, भारत भी अपने यौवन के उत्कर्ष काल में सख़्ती से गढ़े हुए सामाजिक ढाँचों का भारी बोझ ढोता रहा, मगर यह उसके लिए घातक साबित हुआ, और इससे उसकी जीवन्तता की शक्ति क्षीण होती गई। और यही वजह है कि भारत का शिक्षित वर्ग अपनी सामाजिक ज़रूरतों के प्रति संवेदनहीन हो गया है। हमारी सामाजिक ढाँचे की स्थिरता को वे अपनी पूर्णता का लक्षण मान बैठे हैं, और चूँकि समाज नामधारी जीव के अंगों में दर्द का एहसास ही मर चुका है, जो सेहत की निशानी होता है, वे यह सोचकर ख़ुद को धोखा देते हैं कि इसे किसी तरह की देखभाल की ज़रूरत ही नहीं है। इसीलिए उन्हें लगता है कि उनकी सारी सक्रियता की गुंजाइश राजनीति के दायरे में ही है। यह उस आदमी की तरह है, जिसके पैर सूखे और बेकार हो गए हैं, और वह यह सोचकर ख़ुद को धोखा देने की कोशिश कर रहा है कि ये पैर तो

इसलिए अचल हो गए हैं क्योंकि उन्होंने निर्वाण पा लिया है, और उसके साथ जो कुछ भी गड़बड़ है, वह उसकी छड़ी की कमी है।

भारत के सामाजिक और राजनीतिक सुधारों के बारे में बस इतना ही। अब हम वहाँ के उद्योगों पर आते हैं। मुझसे अक्सर पूछा जाता है कि क्या अंग्रेज़ी हुकूमत आने के बाद से भारत में औद्योगिक सुधार हुए हैं। यह याद रखना चाहिए कि भारत में ब्रिटिश शासन की शुरुआत में ही हमारे उद्योगों को दबा दिया गया था, और तब से हमें दुनिया के विकराल वाणिज्यिक संगठनों के मुक़ाबले में खड़े होने लायक़ बनाने के लिए कोई मदद या प्रोत्साहन नहीं मिला है। राष्ट्रों का हुक़्म है कि हथियारों का इस्तेमाल हमेशा के लिए भुलाकर हमें ख़ालिस खेतिहर बने रहना चाहिए। इस भारत को सुपाच्य भोजन के इतने निवालों में बदल दिया जा रहा है कि कोई भी देश जब चाहे उसे गटक जाए, भले ही उसके दूध के दाँत अभी न टूटे हों।

इसलिए भारत के पास अपनी औद्योगिक आज़ादी के लिए मौक़े बहुत कम हैं। निजी तौर पर मैं आज के दौर के भारी-भरकम संगठनों में विश्वास नहीं करता। यह सही है कि उनकी बदसूरती से ही मालूम हो जाता है कि वे इस पूरी सृष्टि में असंगत हैं। प्रकृति की विराट शक्तियों की हक़ीक़त डरावनेपन में नहीं, बल्कि सुन्दरता में ज़ाहिर होती है। सौन्दर्य सृष्टिकर्ता का हस्ताक्षर है, अपनी कृति से सन्तुष्ट होने के बाद ही वह जिसकी मुहर लगाता है। हमारे ऐसे सभी उत्पाद, जो सुघड़ता के क़ायदों की धृष्टता से उपेक्षा करते हैं और अपना भोंड़ापन ढिठाई से ज़ाहिर करते हैं, ईश्वर की नाराज़गी झेलने को अभिशप्त होते हैं। इसलिए जब तक आपके व्यापार में सुघड़ता की मर्यादा का अभाव है, यह बेईमानी है। सौन्दर्य और उसके जुड़वाँ भाई सत्य को अपने विकास के लिए धैर्य और आत्म-नियंत्रण की ज़रूरत पड़ती है। मगर मुनाफ़े के लालच के पास न तो समय है और न ही इसके विस्तार की कोई हद। इसका तो एक ही उद्देश्य है—उत्पादन और उपभोग। इसे न तो प्रकृति के सौन्दर्य पर रहम आता है और न ही जीवित मनुष्यों पर। यह बेझिझक और बेरहमी से उनकी सुन्दरता और जीवन को निचोड़ लेने के लिए तैयार रहता है, ताकि उन्हें मुद्रा में ढाल सके। तिजारत की यही ख़तरनाक बेहूदगी है, जिसकी वजह से हमारे पुराने दिनों में इसे तिरस्कार की नज़र से देखा जाता था, उन दिनों जब मनुष्य के पास मानवता में पूर्णता के दर्शन की फ़ुर्सत थी। उस दौर के मनुष्य को सिर्फ़ पैसे कमाने की प्रवृत्ति पर शर्मिंदगी थी। लेकिन इस वैज्ञानिक युग में, पूँजी का असाधारण विस्तार हुआ है और इसने सर्वोच्च आसन पर क़ब्ज़ा जमा लिया है। और जब वस्तुओं के ज़ख़ीरे की अपनी ऊँचाई से यह मनुष्य की श्रेष्ठ सहजवृत्ति का निरादर करता है, सुन्दरता और उदारचेता भावनाओं को अपने परिवेश से निर्वासित कर देता है, हम हार जाते हैं क्योंकि क्षुद्रतावश हमने उसके

हाथों से कुछ न कुछ स्वीकार किया है और इसकी विशाल मांसलता के आगे हमारी कल्पना धूल-धूसरित हो चुकी है।

लेकिन इसका बेडौलपन और इसकी अन्तहीन जटिलताएँ ही इसकी विफलता के सच्चे संकेत हैं। कोई दक्ष तैराक, उग्र हरकतों से अपनी भुजाओं की ताक़त का प्रदर्शन नहीं करता है, ताक़त दिखाने का उसका तरीक़ा अदृश्य होता है, और जो उसकी ख़ूबसूरत लय और विश्रांति में ख़ुद-ब-ख़ुद झलकती है। वह विशिष्टता जो मनुष्य को पशुओं से अलग करती है, वास्तव में उसकी ताक़त और श्रेष्ठता है, जो आन्तरिक और अदृश्य है। मगर मनुष्य की मौजूदा व्यावसायिक सभ्यता न केवल बहुत ज़्यादा समय और स्थान ले रही है बल्कि समय और स्थान का क्षय भी कर रही है। इसकी हरकतें हिंसक हैं, इसका शोर बहुत तेज़ है। यह ख़ुद अपना ही अभिशाप ढो रही है क्योंकि यह उस मनुष्यता को रौंदे डाल रही है, जिस पर यह खड़ी है। यह ख़ुशी की क़ीमत पर ज़ोर-शोर से पैसा कमाना है। अपने संगठनों के लिए पर्याप्त जगह बनाने की ख़ातिर मनुष्य लघु से लघुतर होता जा रहा है। वह अपनी मानवीय भावनाओं का मज़ाक़ उड़ाकर उन्हें शर्मिंदा कर रहा है, क्योंकि वे ही उसकी मशीनों के रास्ते में खड़ी हो सकती हैं।

हमारी पौराणिक कथाओं में किंवदंती है कि 'अमरत्व के लिए तप करनेवालों को उन प्रलोभनों से पार पाना होता है, जो देवता उनकी परीक्षा के लिए रचते हैं। अगर वह ललचा गया तो उसकी तपस्या बेकार गई।' सदियों से पश्चिम अमरता का अपना लक्ष्य पाने की कोशिश में है। इंद्र ने उसे आज़माने के लिए प्रलोभन भेजा है। यह धन का भव्य प्रलोभन है। उसने इसे क़बूल कर लिया है, और मानवता की उसकी सभ्यता यांत्रिकता के जंगल में अपना रास्ता खो चुकी है।

भोंड़े ठाट-बाट वाली बर्बरता के साथ यह व्यावसायिकता समूची मानवता के लिए एक भयानक ख़तरा है, क्योंकि यह श्रेष्ठता के ऊपर सत्ता के आदर्श स्थापित कर रही है। यह ख़ुदगरज़ी का ऐसा पंथ बना रही है, जो अपनी खुली निर्लज्जता में मग्न है। हमारी नसें हमारे पुट्ठों से ज़्यादा नाज़ुक होती हैं। हमारी जो चीज़ें सबसे अनमोल हैं, वे उन शिशुओं की तरह असहाय हो जाती हैं, जिनकी चौकसी और बचाव हम छोड़ देते हैं, और बेशक़ीमती होने के नाते वे हमसे जिसकी उम्मीद करते हैं। इसलिए, सत्ता की निर्मम उजड्डता जब मानवता के चौराहे पर पगलाई दौड़ती है तो अपनी निर्लज्जता से यह उन आदर्शों में डर भर देती है, जिन्हें हमने सदियाँ गँवाकर सँजोया है।

जो प्रलोभन बलवान के लिए घातक है, कमज़ोर के लिए तो वह और भी घातक है। और मैं अपने भारतीय जीवन में इसके दाख़िल होने का हामी हरग़िज़ नहीं, भले ही यह अमरत्व के देवता की ओर से भेजा गया हो। हमारा जीवन अपने बाह्य रूप में सरल और हमारा अन्तस समृद्ध हो। हमारी सभ्यता को सामाजिक

सहयोग की बुनियाद पर दृढ़ता से खड़ा रहना चाहिए, न कि आर्थिक शोषण और संघर्ष की नींव पर। हमारा जीवन-रक्त बहा रहे आर्थिक ड्रैगनों के जबड़ों के बीच यह कैसे किया जाए, यह उन सभी पूर्वी राष्ट्रों के विचारकों के सामने चुनौती है, जो मानवीयता में आस्था रखते हैं। हमसे अलग तरह के आदर्शों को माननेवाले लोगों के द्वारा हम पर थोपी गई शर्तों को स्वीकार करना आलस्य और नामर्दी की निशानी है। हमें अपने इतिहास को उसके सही अंजाम तक ले जाने के लिए दुनिया की ताक़तों के साथ सामंजस्य बनाने के सक्रिय प्रयास करने चाहिए।

ऊपर की बातों से आपको मालूम हो गया होगा कि मैं अर्थशास्त्री नहीं हूँ। मैं यह मानने के लिए तैयार हूँ कि माँग और आपूर्ति का एक नियम होता है और मनुष्य में अपनी ज़रूरत से कहीं ज़्यादा चीज़ें हासिल करने की आसक्ति भी। और फिर भी मैं अपने इस विश्वास पर क़ायम रहूँगा कि मानवता में पूर्णता के तालमेल जैसी कोई चीज़ होती है, जहाँ ग़रीबी उसकी चमक नहीं छीन लेती, जहाँ हार उसे जीत की ओर ले जाती है, मृत्यु अमरता की ओर, और जहाँ 'शाश्वत न्याय' के मुआवज़े में पीड़ा भोगनेवालों का अपमान एक स्वर्णिम विजयोल्लास में बदल सकता है।

अनुवाद : **प्रभात सिंह**

समावेशी राष्ट्रवाद और समन्वयवादी संस्कृति

पिछले अध्याय में हमने जिस साम्प्रदायिक राष्ट्रवाद की बात की, उसी के बीच कुछ ऐसे सार्वजनिक व्यक्तित्व भी रहे जिन्होंने समावेशी राष्ट्रवाद और समन्वयात्मक संस्कृति पर ज़ोर दिया था। यह कहने में कोई सन्देह नहीं होना चाहिए कि आज़ादी के संघर्ष में सबसे प्रमुख महिला का नाम सरोजिनी नायडू है। उनकी कविता और राजनीति दोनों में ही वे मूल्य और अनुभव झलकते थे जिन्हें बचपन से ही उन्होंने अपने भीतर पोषित किया था। 1949 में अपने निधन तक वे समावेशी राष्ट्रवाद और समन्वयात्मक संस्कृति की अथक झंडारबरदार बनी रहीं। वे बहुत मज़बूती से इस बात को मानती थीं कि 'सभी समुदायों का साझा नज़रिया ही एक सच्चे राष्ट्रीय नज़रिये को विकसित करेगा।' यहाँ उनका जो भाषण संकलित है, उसका विषय भी यही है।

प्रफुल्ल चन्द्र रे एक जाने-माने रसायनविद् और अग्रणी वैज्ञानिक हैं लेकिन उनके दूसरे क्षेत्रों में लिखे को हम ज़्यादा नहीं जानते हैं। वे अपने जीवन के उत्तरार्द्ध में गांधीवादी हो गए थे और आज़ादी के संघर्ष में शामिल थे। वे केवल वैज्ञानिक नहीं थे, बल्कि विज्ञान के इतिहास में उनकी गहरी रुचि थी। भारत के इतिहास और सभ्यता पर भी उन्होंने विशद लेखन किया और उस पर बोले भी। समावेशी राष्ट्रवाद और समन्वयात्मक संस्कृति पर उनकी अन्तर्दृष्टिपूर्ण टिप्पणियों के चलते उन्हें भी यहाँ शामिल किया गया है।

सरोजिनी नायडू

देशप्रेम की दृष्टि

हज़ारों की संख्या में यहाँ इकट्ठा हुए लोग जैसा भाषण सुनने की उम्मीद लेकर आए हैं वह तो मेरी वक्तृत्व क्षमता से बाहर है, लेकिन क्या आपको नहीं लगता कि इतनी भीड़ के सामने बड़े से बड़ा वक्ता भी ऐसे ही चुप हो जाता? मेरे भीतर महान देश-भक्त सुरेन्द्रनाथ बनर्जी जितनी ऊर्जा तो है पर उनके जैसी आवाज़ मुझे नसीब नहीं है और आपके सूबे में मैं पहले ही बहुत बोलकर थक चुकी हूँ। इसलिए मुझे भरोसा है कि मेरे भाषण के अन्त तक आप एकदम स्थिर होकर मुझे सुनेंगे। बन्धुओ, आपके महान सूबे में पिछले कुछ हफ़्तों के दौरान मैं जगह-जगह घूमी हूँ। एक बात जिसने मुझे चौंकाया, और यह राष्ट्र-जागरण में लगे किसी भी विद्यार्थी को चौंकाएगी, कि आपके मानस में तो यह जागृति पहले से ही है, उस सूबे में जो आलोचकों के शब्दों में भारत का सोता हुआ, सपनों में डूबा हुआ एक सूबा है। चाहे आप अध्यात्म के केन्द्र संयुक्त प्रान्त में चले जाएँ जहाँ गंगा चिरकाल से प्रेम और मुक्ति के गीत गा रही है, या फिर आप आधुनिक औद्योगिक राजधानी कानपुर चले जाएँ, या लखनऊ जो आज भी नवाबों की ख़ानदानी स्मृतियों को सँजोये हुए है और अलीगढ़, जहाँ इस्लामिक रेनेसाँ अँगड़ाई ले रहा है, एक बात तो ज़रूर समझ में आएगी कि अब यह बात सच नहीं है कि भारत सो रहा है और उसे भविष्य की आहट सुनाई नहीं दे रही है। आप यह मानने को बाध्य हो जाएँगे कि कुछ तो है जो राष्ट्रीय जीवन को आज गढ़ रहा है, देश के तमाम लोगों को आकार दे रहा है, चाहे वे सनातन धर्म के अनुयायी हों, आर्य समाज के विद्रोही हों, क़ुरान में लिखा मानने वाले या वे लोग जो अरब के पैग़म्बर के बताये महान लोकतांत्रिक आदर्शों के आधार पर जीवन की व्यापक व्याख्या करते हैं। और आप जब इलाहाबाद पहुँचते हैं तो आपका भरोसा पुष्ट हो जाता है इस बात में कि अब भारत जाग चुका है और यह जागरण न सिर्फ़ युवा पीढ़ी के दिलों को रौशन कर रहा है बल्कि देशप्रेम की अखंड ज्योति से पुरानी पीढ़ी के दिलों में भी चिंगारी

सुलग उठी है। सदियों पहले की तरह आज भी इलाहाबाद में दो महान नदियों का संगम एकता के प्रतीक की तरह अटल है जहाँ श्रद्धालु जुटते हैं। हम जानते हैं कि बीते युगों में इन दो जीवनदायिनी पापमोचक नदियों के संगम का दर्शन भारत के हरेक प्रान्त के श्रद्धालु करते रहे हैं। हम यह भी जानते हैं कि हम हिन्दू लोग इस नगर को पावन भूमि मानते हैं जो रामायण का एक केन्द्र रहा है क्योंकि यहाँ गंगा के किनारे राम और भरत का मिलाप हुआ था। आधुनिक भारत में भी इस नदी से जुड़ी पावनता के हमारे कुछ निजी कारण हैं चूँकि गोपाल कृष्ण गोखले की पवित्र अस्थियाँ यहीं बहाई गई थीं। कल, आज और कल के बीच एक शाश्वत सूत्र के रूप में मौजूद इस संगम के किनारे ही सर्वेंट ऑफ़ इंडिया की अस्थियाँ बिखेरी गई थीं।

बन्धुओ, आपके दिलों में देशप्रेम की ज्वाला धधक रही है। आज आपसे मैं क्या बात करूँ? एक अदद कवयित्री, एक औरत, आपसे उस बारे में आख़िर क्या कह सकती है जिसे आप सज्जन पहले से जानते हैं? आपके तजुर्बे में मैं अपनी अज्ञानता से आख़िर क्या जोड़ सकती हूँ? आपकी ताक़त को मैं अपनी कमज़ोरी से आख़िर कैसे समृद्ध कर सकती हूँ? मेरे पास तो बस एक कवि के सपने हैं, एक औरत की प्रार्थनाएँ हैं, जो हर रात और हर सुबह मैं महान भारत माता के मन्दिर में अर्पित करती हूँ।

इसलिए आज रात मैं आपसे एक राजनीतिज्ञ के रूप में बात नहीं करूँगी, चूँकि बार-बार मैं इस बात को कहती हूँ कि एक महिला होने के नाते मेरी मेधा राजनीति की बारीकियों को पकड़ पाने में सक्षम नहीं है। मैं तो बस देशप्रेम के महान सिद्धान्तों को जानती-बूझती हूँ जिसने हर पीढ़ी को इस महान मातृभूमि के प्रति अपना प्रेमपूर्ण अवदान देने को प्रेरित किया है, मातृभूमि के सम्मान को क़ायम रखने और उसके सुखों में इज़ाफ़ा करने की प्रेरणा दी है। वसन्त में जब फूल खिलते हैं, जब बुलबुल बोलती है, उस वक़्त आपके दिल में जो ख़याल आते हैं उसे एक कवि किस तरह देखता है? वह एक अलहदा ज़िन्दगी का नज़रिया होता है। हमारी स्मृतियाँ वसन्त से नहीं, पतझड़ों से बनती हैं। इसीलिए वसन्त का समय हमारे दिलों में उम्मीद जगाता है, कल के लिए एक सपना लेकर आता है, वसन्त के उगे फूल में ही भविष्य के फल का संकल्प छिपा होता है। इसी तरह एक राष्ट्र के लिए वसन्त के सन्देश के भीतर महान कर्मों के फल छुपे होते हैं, जो बसन्त के महान सपनों में जागते हैं। आज आपसे मैं जो बात बोलने जा रही हूँ उसकी प्रेरणा का स्रोत आज के एक राजनीतिज्ञ हैं जिन्हें आप सब पहचानते हैं पर उनके कवि होने पर किसी को कोई शुबहा नहीं है। मोहम्मद अली जिन्ना, मेरे दोस्त, और मैं गर्व से कहती हूँ कि एक अर्थ में वे मेरे साथी और मेरे नेता भी हैं, दो साल पहले वे बम्बई में कुछ छात्रों को सम्बोधित कर रहे थे। उन्होंने कहा था कि हर इनसान की ज़िन्दगी में कभी-न-कभी तीन सपने आते हैं और इन्हीं सपनों को पूरा करना

हर एक आत्मा की मुक्ति होती है—प्रेम का स्वप्न, धर्म का स्वप्न और देशप्रेम का स्वप्न। इन्हीं तीन सपनों पर मैं आपसे बात करूँगी, चूँकि पिछली पीढ़ियों से होते हुए ये सपने अब आप तक आ पहुँचे हैं। आपकी पीढ़ी नियति के मुहाने पर खड़ी है। प्रेम, धर्म और देशप्रेम के ये तीन स्वप्न ही आदमी को देवता और शैतान बनाते हैं।

दुनिया के इतिहास को ही देखिए, कैसे युगों से प्रेम का स्वप्न लगातार काम करता रहा है। इसने महान धर्मों को, महान साहित्य को जन्म दिया है। इसने महान युद्धों और विजयों की प्रेरणा का काम किया है तो किसी के सब कुछ लुट जाने और हार का बायस भी यह बना है। वे महान दास्तानें जो हर हिन्दू पुरुष और स्त्री के दिल को रोमांचित करती हैं, वह प्रेम का स्वप्न जो हमारे ग्रंथों में वर्णित नायिकाओं के त्याग और साहस में परिलक्षित होता है, वे सामान्य से शब्द, कवियों के सपने, राष्ट्रीय आदर्शों की वे प्रतिमूर्तियाँ, महान सीता, अजेय सावित्री, आस्थावान दमयन्ती और वह शकुन्तला जिसका नाम सुदूर जर्मनी तक चला गया है, आख़िर इन सब के प्रति हमारा देय क्या है? ये तमाम सपने दरअसल कवियों के सपने हैं जो अपने भीतर प्रेमपूर्ण दृष्टि को समाहित किये हुए हैं। हमारे राजपूत इतिहास को ही देखें, उस दौर की सबसे रोमांचक प्रेरणा क्या थी जिसके सहारे रानी पद्मिनी ने अपने प्यार के लिए अपने मान-सम्मान की रक्षा की?

आख़िर वह कौन-सी भावना है जो हमारी चिरकालिक नदियों के किनारे सदियों से खड़े मन्दिरों में बहती आती है, जो भयंकर कष्ट, त्याग, तप और दुख सहकर भी मनुष्य को देवत्व की ओर प्रेरित करती है? फिलिस्तीन के धर्मयुद्ध में वह धर्मपरायणता ही थी जिसने लड़ाकों को ऊर्जा दी। भारत में भी यह बताया जाना ज़रूरी है कि इस सभ्यता को बनाने में आस्था की कितनी बड़ी भूमिका रही है। धर्म की सबसे बड़ी भूमिका यह रही है कि उसने हिन्दू सभ्यता को ऐसी आध्यात्मिक ताक़त बख़्शी है कि भारत तमाम साम्राज्यों के बीच भी अक्षुण्ण रहता आया है।

प्रेम और आध्यात्मिक आस्था से मिलकर ही सर्वोच्च स्वप्न का निर्माण होता है, देशभक्ति का सपना, और मैं मानती हूँ कि यह एक ऐसा शब्द है जो आपके दिलों में ज़रूर गूँजता होगा भले ही आपने जाने-अनजाने में प्रेम और आस्था के स्वप्न को अपनाया हो या नहीं। मुझे नहीं लगता कि आपके बीच कोई ऐसा होगा जिसने कभी देशप्रेम की कामना नहीं की होगी, चूँकि यही एक ऐसा गुण है जो आपको अकेले इस महान मातृभूमि का सच्चा सपूत बनाता है। अब तक मैंने जो कुछ कहा है, अपने इसी सीमित अनुभव के सहारे मैं देशप्रेम के स्वप्न की बात करूँगी, जो निजी नहीं बल्कि एक सामूहिक स्वप्न है। आपके बीच में कई लोग ऐसे हो सकते हैं जो निजी भावनाओं की तीव्रताओं को न समझते हों, स्वीकार न करते हों या उनसे अनुप्राणित न होते हों, लेकिन मेरा मानना है कि भारत में हम चाहे हिन्दू हों या मुसलमान, सबकी गढ़न उसी साँचे में हुई है जो क्षुद्र चीज़ों को

नहीं रहने देता है। हमारे पास वही एक साँचा मौजूद है जिसे हमें एक पात्र में गढ़ना है ताकि भारत के प्रति अपने दैविक प्रेम का रस उसमें हम घोल सकें। इसलिए आज यहाँ मौजूद हम सब एकता का सूत्र उस महान साँचे से ले रहे हैं जिसे काल ने हमारे लिए गढ़ा है। इस ज़िन्दा साँचे के दोनों छोरों पर उसकी सुनहरी सतह के ऊपर अकेले हिन्दुओं का पावन प्रतीक कमल नहीं है बल्कि बाक़ी तीन सतहों पर भारत माता के दूसरे बच्चों के प्रतीक भी हैं। एक ओर आधा चाँद है तो दूसरी ओर अलहिलाल और तीसरी सतह पर वह मशाल है जो फारस से यहाँ हुए प्रवास से लेकर अब तक बुझी नहीं है। चूँकि मैं दृष्टा हूँ, तो चौथी सतह पर मुझे क्रॉस दिखाई देता है जो दो हज़ार साल से उस परमपिता के बन्दों का प्रतीक है जिसने एक पहाड़ी के ऊपर खड़े होकर प्रेम का सबक़ दिया था और अपने बन्दों से कहा था, "मैं हूँ, डरो मत।" यही दृष्टि मुझे आकर्षित करती है।

यह प्याला मुक्ति के जल से भरा हुआ है। देशप्रेम के महान स्वप्न के हम सब जो वाहक हैं, हमारा कर्तव्य है कि हम इस प्याले से एक साथ जल ग्रहण करें और एक-दूसरे से वफ़ादारी का संकल्प लें कि इस प्रेम को कोई बाहरी ताक़त हमसे नहीं छीन सकती, इस आस्था को कोई भी कठिनाई डिगा नहीं सकती, इस उम्मीद को मायूसी का कोई भी बादल ढक नहीं सकता। हम विविध समुदायों के लोग देशप्रेम के इसी स्वप्न के साझीदार हैं और इसे पूरा करने की सामूहिक ज़िम्मेदारी हमारे कन्धों पर है, यह संकल्प हमें एक-दूसरे के सामने लेना चाहिए। आपको पता है कि अब वक़्त आ गया है—वास्तव में यह समय काफ़ी पहले आ चुका था लेकिन हम नींद में थे और हमें इसका एहसास नहीं था। अकसर ऐसा हुआ है कि समय आता है और चला जाता है। वह लौटकर नहीं आ पाता। दुनिया का अनुभव यही रहा है।

आज समय का पन्ना हमारे आँसुओं से साफ़ हो चुका है और उसे हमें अपने त्याग और भक्ति के ख़ून से सींचना है। इस प्रेम के दो नहीं, चार सिरे हैं। हम लोग बड़ी आसानी से सोचने के आदी हैं कि भारत में तो केवल गंगा और जमुना का ही संगम प्यार का प्रतीक है। और भी नदियाँ हैं, भले वे इन महान नदियों की तुलना में छोटी हों, जिन्हें आपस में मिलना है। तमाम धाराएँ हैं, बहुत सारी नदियाँ हैं, और ये जहाँ मिलकर प्रेम की नदी को जन्म देंगी और वैभव के सागर में मिलेंगी, उनसे पहले त्रिवेणी अकेली नहीं है। उसे हम जीवन की नदी कहते हैं, संयुक्त भारत की नदी। देशप्रेम का सपना मैं इसी तरह देखती हूँ। मैं जानती हूँ कि यह सपना पूरा होगा। लेकिन कब? जब आप तय करेंगे कि आप इसके लिए तैयार हैं। जब आप ख़ुद से कहेंगे : 'अब और बँटवारे नहीं चाहिए, समुदायों के बीच और वैमनस्य नहीं चाहिए, अलग-अलग नस्लों की बात अब बन्द होनी चाहिए, बल्कि दुनिया को यह सन्देश जाना चाहिए कि हम सब मिलकर एक राष्ट्र हैं।' बन्धुओ, मेरे भारत

के लोगो, यह आपके हाथ में है कि दुनिया उस महान क्षण को आज देखे या एक सदी बाद, जब तमाम बँटी हुई धाराएँ राष्ट्र-कल्याण को केन्द्र में रखते हुए एक हो जाएँगी और अपना जन्मसिद्ध अधिकार हासिल करेंगी, जिसे आपने अपने-अपने हिस्से के चक्कर में बेच दिया था। वैसे तो यह बात आमतौर से सभी राजनेता कहते हैं और मैं भी कहूँगी, क्या आपको लगता है कि आप बाहरी आक्रान्ताओं के कारण बँटे हुए हैं? आपकी आत्मा को भला कौन जीत सकता है? इनसान की दुर्जेय जिजीविषा को आख़िर कौन नष्ट कर सकता है? अगर आपकी अपनी भावना कोई बन्धन मानने से इनकार कर दे तो आपको कौन बाँध सकता है? आपके अलावा और कौन कह सकता है कि 'हम ख़ुद पर राज नहीं कर सकते?' आप नहीं तो किसने ये बन्धन बनाए हैं? आप नहीं, तो किसने यह क़ैद बनाई है? आप नहीं, तो आख़िर और किसने आपकी आँखों पर पट्टी बाँधी है? आपने ही तो ख़ुद को अपने जन्मसिद्ध अधिकार से महरूम किया हुआ है? भविष्य की सम्भावनाओं के साथ खिलवाड़ आप नहीं तो और कौन कर रहा है? बन्धुओ, भारत के लोगो, मैं जब यह कह रही हूँ तो आपके बीच में मैं भी शामिल हूँ, मैं बस आपकी शर्म को साझा कर रही हूँ क्योंकि अतीत में हमने बहुत जुल्म झेले हैं।

बाहर से आकर कोई कुछ नहीं देने वाला। यहाँ तक कि देवता भी उतर आएँ तो किसी ग़ुलाम को तब तक आज़ाद नहीं करवा सकते जब तक ख़ुद उसके दिल में आज़ादी की प्यास न भड़क रही हो। मेरे लिए प्रेम, धर्म और देशप्रेम तीनों की दृष्टि एक ही है। मातृभूमि के प्रति प्रेम की बराबरी कोई इनसानी प्रेम कर सके मैं तो ऐसे किसी प्रेम को नहीं जानती, और मेरे ख़याल से आपमें से भी बहुत से लोग इससे अपरिचित होंगे। मेरे ख़याल से आपके बीच मौजूद सबसे ज़्यादा धार्मिक हिन्दू या मुसलमान भी मातृभूमि के चरणों में भक्ति से ज़्यादा पावन और मुक्तिदायी धर्म को नहीं जानता होगा। यानी देशप्रेम। क्या है देशप्रेम? यह प्रेम और धर्म की एक मिश्रित दृष्टि है। यह ऐसी दृष्टि है जो यथार्थ में परिणत होती है। यह एक ऐसा स्वप्न है जो प्रेम की अवस्था में आता है, यह एक ऐसा प्रेम है जो सेवा से उपजता है, यह एक ऐसी पूजा है जो उस सपने को साकार करने की एक सीढ़ी है, उस तीसरे और अन्तिम सपने को, जो भव्यतम है। क्या आपके बीच कोई ऐसा है जो रात में घर लौटते हुए अपने दोस्तों व परिजनों के बीच और रात की निस्तब्धता में अकेले ख़ुद से कहेगा, "क्या ईश्वर ने मेरे लिए कोई बड़ी नियति तय की है, कि मैं अपने देश की प्रतिष्ठा का अलमबरदार बनूँ, उसके हित एक सिपाही बनूँ, उसके गौरव का रक्षक बनूँ, दुनिया के मुल्कों के बीच उसकी शक्ति के दोबारा सृजन का सर्जक बनूँ?" क्या आप ऐसा नहीं कहेंगे? क्या आप इस ज़िम्मेदारी को हल्के में ले रहे हैं? आप तो वेदों के वारिस हैं। मेरे मुसलमान भाइयो, क्या आपको लगता है कि बरसों पहले आपके पैग़म्बर जो भाईचारे का आदर्श रोप गए थे उसका साझीदार

बनना कोई हल्की ज़िम्मेदारी है? नहीं, आज के भारत को न सिर्फ़ वेदों के ज्ञान की ज़रूरत है, न ही अकेले इस्लाम के उन लोकतांत्रिक आदर्शों की जो उसे भव्य बनाते हैं, बल्कि देशप्रेम के महान सपने को साकार करने के लिए हिन्दुओं के महान आध्यात्मिक रहस्यवाद और मुसलमानों के जन्मसिद्ध अधिकार यानी उनकी संग्रामी ताक़त को आपस में मिलाने की ज़रूरत है। इसके लिए भारत की सन्तानों को देशप्रेम को केन्द्र में रखकर अपनी सभी नेमतों को साथ लेकर आना होगा। बँटे रहेंगे तो सपना पूरा नहीं होगा। हर समुदाय केवल एक ही नज़रिये से देख पाता है। सवाल है कि एक समान नज़रिया क्या हो हम सबके देखने का? यह सभी समुदायों का मिला-जुला नज़रिया होगा जो राष्ट्रीय स्वप्न को केन्द्र में रखेगा। और यह स्वप्न है देश का पुनर्निर्माण।

गंगा-जमुनी तहज़ीब—संस्कृतियों की एकता

आज यहाँ बोलते हुए मैं जिस ज़िम्मेदारी का एहसास कर रही हूँ वैसा पहले कभी नहीं हुआ क्योंकि यह विषय मेरी ज़िन्दगी के तारों से इतना गहरे जुड़ा हुआ है कि इस मौक़े के लिहाज़ से उपयुक्त शब्द खोजने में मुझे तक़रीबन संकोच-सा हो रहा है। कुछ देर पहले मैं जब यहाँ पहुँची, तो नीचे बह रही पावन नदी के इतने क़रीब स्थित इस मंच पर चढ़ते हुए मुझे ऐसा महसूस हुआ कि आज आपके सामने बोलने का मंत्र मुझे मिल गया है। सदियों पहले जब पहली इस्लामिक फ़ौज भारत आई थी, उन्होंने अपना कारवाँ गंगा के किनारे बाँधा था और इसी के जल में अपनी तलवारों को ठंडा किया था। उन इस्लामिक आक्रान्ताओं का सबसे पहला स्वागत करके गंगा ने उनका दीक्षा-संस्कार किया, तब जाकर बीतती पीढ़ियों के साथ वे भारत की सन्तान बने। आज हिन्दू-मुस्लिम एकता पर बात करते हुए हमें उस ऐतिहासिक सन्दर्भ, उस ऐतिहासिक संस्कृति, उस विकासयात्रा को दिमाग़ में रखना होगा जिसका प्रतीक यह गंगा की घाटी है जिसने सदियों से हिन्दू-मुसलमान के रिश्तों को गढ़ा है। इसलिए मुझे भरोसा है कि अगर मैं आज की परिस्थिति पर बोलते हुए अपनी सीमित क्षमताओं में आपका दिल दुखा बैठूँ और नाकाम हो जाऊँ, तो आप मुझे माफ़ करेंगे। मैं इस नदी से प्रेरणा लेती हूँ जो हिन्दुओं के आध्यात्मिक जीवन में ज्ञान और जीवन के बाद मोक्ष की दायिनी है। आज हम अपने राष्ट्रीय इतिहास के बड़े निर्णायक पल के समक्ष खड़े हैं—मेरे ख़याल से जो एक और अध्याय की तरह गुज़र जाएगा और गुज़र जाना भी चाहिए। लेकिन ऐसा लगता है कि हमारे मन में यह भविष्य के भारत के लिहाज़ से बड़ी चिन्ता का

सबब बना बैठा है और इसे दोनों समुदायों के बीच दरारें पैदा करने के लिए छोड़ा नहीं जा सकता। इसीलिए शायद इस सूबे में मेरे जैसे किसी अजनबी के लिए स्थानीय और तात्कालिक मुश्किलात पर बोलना बहुत असावधानीपूर्ण होगा। इसके बावजूद हमारे इतिहास में यह वह मौक़ा है जब दोनों नस्लों के बीच क़ायम शान्ति और सद्भाव को बिगाड़ने वाली कोई भी घटना महज़ स्थानीय नहीं कही जा सकती क्योंकि भारत के किसी भी प्रान्त का जीवन और उसकी पीड़ा दूसरे प्रान्त से जुदा नहीं है। इसीलिए आप मुझे फ़िलहाल तो अपने बीच का ही मानिए, भले ही मैं आपके शहर में एक मेहमान हूँ। मैं आपके दिलों में एक बेचैनी और ज़िम्मेदारी का भाव जगाना चाहती हूँ कि भविष्य में कोई भी चीज़ बिहार के सद्भाव, बिहारियों की तरक़्क़ी के आड़े नहीं आएगी, जो हमेशा से अच्छाई और अमन के हक़ में खड़े रहे हैं और उनके जुड़े हुए दिल अलग नहीं किये जा सकते हैं। बिहार को इस बात पर गर्व हुआ करता था कि यहाँ हिन्दू-मुस्लिम की कोई समस्या नहीं है। मैंने कई बार दूसरे प्रान्तों के नेताओं को कहते सुना है कि जब देश में सन्देह और हताशा का आलम था, बिहार प्रेम और एकता की मशाल जलाए बैठा था। यहाँ हिन्दू-मुस्लिम की दिक़्क़त नहीं थी, केवल सच्ची एकता थी जो किसी राजनीतिक मजबूरी का नतीजा नहीं थी। तो क्या हम इस सुनहरे अतीत पर दाग़ लगने देना स्वीकार करेंगे? चूँकि अज्ञानता दरारें पैदा करती है, तो क्या हम अपने बीच कड़वाहट को पैदा होने देंगे जबकि हम यह बेहतर जानते हैं कि ऐसे मतभेद केवल अस्थायी भुलावे होते हैं और सच्चाई को तोड़ा नहीं जा सकता जबकि ज्ञान अपने साथ प्रेम लेकर आता है? हम अज्ञानी हैं, केवल इसलिए हम बँटे हुए हैं। जागने का अर्थ यही है कि हम चैन से रहें, झगड़ें नहीं। आज हमें इसी समस्या से निपटना है। क्या है आख़िर हिन्दू-मुस्लिम एकता? लोगों को इस पर हम इतना बोलते सुनते हैं, लगातार शिद्दत से लोग इस पर बातें करते हैं लेकिन क्या हमने इसे व्यावहारिक सन्दर्भों में ख़ुद परिभाषित किया है कभी? हिन्दू-मुस्लिम एकता का मतलब क्या है? इसका महत्त्व क्या है? बाहर तो इतनी ग़लत धारणा बनी हुई है कि यदि एक मुसलमान किसी हिन्दू से सहानुभूति जताता है तो वह गद्दार हो जाता है और एक हिन्दू अगर मुसलमान से सहानुभूति जताए तो वह विजातीय मान लिया जाता है। दोनों नस्लों के बीच जो लोग एक सम्पर्क सूत्र की तरह खड़े हैं, उन्हीं के बीच ऐसी ग़लतफ़हमी की वजह क्या हो सकती है? और कुछ नहीं, सिवाय अपने राष्ट्रीय इतिहास के समूचे उद्देश्य की ग़लत समझदारी। हिन्दू-मुस्लिम एकता की समस्या को इस तरह समझें : भारत में दो समुदाय हैं (मैं दो नस्लें नहीं कहूँगी) जो अपने धार्मिक मतों में अन्तर के चलते एक-दूसरे से ख़ुद को अलग मानते हैं। जब आप दोनों धार्मिक मतों के फ़र्क़ का विश्लेषण करेंगे तो पाएँगे कि मुस्लिम विजेता जिस शिक्षा तक अन्ततः पहुँचे वह वही शिक्षा थी जो पाँच हज़ार साल पहले पवित्र

हिमालय और गंगा की घाटी में उपजी थी। इसका बुनियादी मतलब है सत्य के प्रति प्रेम, शुद्धता के प्रति प्रेम, इनसानियत की सेवा, ज्ञान की तलाश, आत्मत्याग का महान सबक़, उसी अलौकिक आत्मा की आराधना, चाहे वह एक भाषा में अल्लाह हो और दूसरी में परमेश्वर। और यह धार्मिक मतों के बीच दुश्मनी काहे की? यह दुश्मनी अज्ञानियों की जायदाद है, समझदारों का हथियार नहीं जिन्हें यह बात पता है कि मूल सत्य की ग़लत समझदारी ही वह चीज़ है जो सहानुभूति के उस पुल को पार करने में बाधा बनती है जो दोनों महान समुदायों को जोड़ता है, जिनकी बुनियादी शिक्षाएँ हैं ईश्वर से प्रेम और मनुष्य की सेवा। फिर यहाँ मुसलमान इसलिए नहीं आए थे कि वे अपने घर लौट जाएँ बल्कि उन्होंने इसे अपना घर बनाया और मातृभूमि की समृद्धि के लिए नई पीढ़ियों को जन्म दिया। फिर वे इस मिट्टी से अलग होकर कैसे रह सकते हैं? एक बार उन्होंने इस धरती को अपना घर बना लिया तो वे इसी मिट्टी की सन्तान हो गए, हमारा ही हाड़-मांस और रक्त। बन्धुओ, इतिहास गवाह है कि विदेशी आक्रान्ता बाँटने और राज करने के लिए नहीं आए थे बल्कि उन्होंने अपना राज और शक्ति क़ायम रखने की गारंटी के लिए लोगों को जोड़ने का काम किया था। आप पीछे मुड़कर देखिए कि मुग़ल शासन की ख़ास बातें क्या-क्या रही हैं। हिन्दुओं से वहाँ दूरी नहीं बरती जाती थी। बादशाह अकबर अपने बेटे को राजपूताना लेकर गए थे ताकि विजेता और विजित के ख़ून के मिश्रण से हिन्दुस्तानियों की एक नई पीढ़ी तैयार हो सके। मुसलमानों और हिन्दुओं के बीच वह विवाह का एक रिश्ता था। इसे ग़लत मत समझिएगा। मैंने इस बात का हवाला एक प्रतीक के रूप में यह बताने के लिए दिया है कि इस धरती के दो महान समुदायों के बीच रिश्ते कैसे होने चाहिए। अपनी अलग पहचान बेशक रखिए, अपने अलग धर्म रखिए, लेकिन संघीय भारत में आप सदियों में उपजी संस्कृति के साथ शामिल होइए ताकि राष्ट्र की तरक़्क़ी में उन तमाम योगदानों को दिया जा सके। कौन कहेगा कि भारत में हिन्दुओं और मुसलमानों के बीच शादियाँ हों ताकि दोनों अपने-अपने विशिष्ट लक्षण खो बैठें? अपनी सभ्यता, अपनी नस्लों और अपने धार्मिक पंथों के मामले में भारत इतना जटिल है कि यह नामुमकिन है, और अनचाहा भी, कि हम एकता बनाने का मतलब दो अलग नस्लों को मिलाकर देश के समान कल्याण के लिए एक समान नस्ल को पैदा करने की सोचें। हम तो बस इतना चाहते हैं कि राष्ट्रीय जीवन के विकास में हिन्दू और मुसलमान अपनी-अपनी विशिष्टताएँ लेकर साथ आएँ और यह तय करें कि अतीत के कारण किसी अल्पसंख्यक को कष्ट न उठाना पड़े। हम अपने को केवल हिन्दू-मुस्लिम संस्कृति तक सीमित नहीं कर रहे हैं। इस धरती पर फैली तमाम नस्लों, पारसियों और ईसाइयों से भी हम उनके विशिष्ट योगदान की कामना करते हैं। बन्धुओ, एक पल के लिए भी अपने मन में अलगाव की भावना को पैदा न

होने दें, एक पंथ और दूसरे पंथ या एक समूह और दूसरे समूह के बीच पराएपन का विचार न आने दें। इसके बजाय हर कोई अपने-अपने विशिष्ट योगदानों को महान मातृभूमि के चरणों में उदारतापूर्वक उपहारस्वरूप चढ़ाए ताकि हमारी साझी सम्पत्ति में इज़ाफ़ा हो सके। मुसलमानों की ओर से यह ख़ास भेंट क्या हो? और हिन्दुओं की ओर से? इसके लिए हमें पीछे जाकर अतीत में इनके अपने इतिहास, संस्कृति और वृत्तान्तों को देखना होगा। हिन्दुओं को आधुनिक जीवन में अपनी आध्यात्मिक सभ्यता से वे मूल्य खींचकर लाने होंगे जो केवल औपनिषदिक न हों, बल्कि एक सामान्य निरक्षर के काम के भी हों, जैसे साहस, सत्य, ज्ञान, पुरुषों में राम और स्त्रियों में सावित्री, रहस्यवादी विवेक, आत्मत्याग, और यह बुनियादी बोध कि जीवन का सच्चा पैमाना न तो लौकिक है और न ही भौतिकतावादी, बल्कि आध्यात्मिक है। भारत के भविष्य में विकास के लिए हिन्दुओं को ये विशेष योगदान देने होंगे। और मुसलमानों को? दुनिया-भर के धर्मों में इस्लाम पहला धर्म था जिसने तेरह सौ साल पहले लोकतंत्र के मूल सिद्धान्त दिए। बीसवीं सदी में हम सुनते हैं कि लोकतंत्र भविष्य की आदर्श व्यवस्था है। पश्चिम में लोकतंत्र के बारे में दावा किया जाता है कि यह उनकी खोज है, लेकिन इसके सबसे पहले बीज रेगिस्तान में सपने देखने वाले एक शख़्स ने अरबिस्तान की धरती पर बोये थे और उसकी आध्यात्मिक सन्तानें हिन्दुस्तान की रूहानी धरती पर लोकतंत्र का इनसानी मूल्य लेकर आईं, जो राजा और रंक में भेद नहीं करता है। लोकतंत्र के इस सिद्धान्त को समझने के लिए कुछ दिमाग़ी गुणों की दरकार होती है। इसमें न्याय का एक ऐसा बोध छुपा है जो राष्ट्रीय जीवन के विकास में हर इनसान को बराबर का मौक़ा देता है। हम चाहते हैं कि यही चीज़ हमारे राष्ट्रीय जीवन में भी चली आए क्योंकि हिन्दू समुदाय उसे हमें नहीं दे सकता क्योंकि उसमें अलगाव के तत्त्व हैं जिन्हें ज़िम्मेदारियों के बँटवारे का नाम देकर ग़लत व्याख्या की जाती रही है। मैं ख़ुद हिन्दू हूँ और इसीलिए कह सकती हूँ कि हिन्दू समुदाय ख़ुद-ब-ख़ुद लोकतंत्र को अपने भीतर विकसित नहीं कर सकता चूँकि मैं अपने समुदाय की सीमाओं को समझती हूँ। हम लोगों ने उस बुनियादी बराबरी में महारत हासिल नहीं की है, जो इस्लाम की ख़ासियत है। परस्पर सहकारिता क्या होती है? एकता का अर्थ क्या होता है? केवल दो अलहदा गुणों को साथ लाना नहीं, बल्कि हिन्दुओं के रहस्यवादी विवेक और इस्लाम की गतिशील ताक़त को एक साथ लाना।

हम और आगे जाकर यह मानते हैं कि हमारे बचपन से ही संस्कृतियों का परस्पर लेन-देन होना चाहिए। मुसलमानों को बचपन में अपनी दाइयों से इस धरती का महान इतिहास और इसके नायक-नायिकाओं की कहानियाँ सुननी चाहिए जो हर पुरुष और स्त्री की प्रेरणा हैं। हिन्दू बच्चों को पीपल के पेड़ के नीचे बैठकर अरबों के शौर्य की गाथाएँ सुननी चाहिए, जो अपने हाथ में ज्ञान की मशाल और

दूसरे में संकल्प की तलवार लेकर चलते थे। बचपन से ही दोनों समुदायों के ज्ञान और संस्कृति का यही आदान-प्रदान हमें एक साझा रिश्ता क़ायम करने में मदद करेगा, जो राजनीतिक बाध्यताओं के चलते पैदा होता है। राजनीति तो अश्लील चीज़ है, कृपण है। वह आज की समस्याओं को देखती है और कल भुला देती है। राजनीति को सिर्फ़ आज की बारीकियों से मतलब है। राष्ट्रीयता एक राष्ट्र के चरित्र का मामला होती है और एक राष्ट्र का चरित्र ऐसी जटिल चीज़ है कि आप महज़ एक वाक्य में नहीं कह सकते हैं कि यह आर्य है। आप बस इतना कह सकते हैं कि भारतीय चरित्र न तो अकेले आर्य नस्ल के रहस्यवाद की उपलब्धि है न ही सामियों की गतिशीलता की, बल्कि दोनों की एकता का फल है जिसमें एक विचार करता है और दूसरा साहस के साथ कर्म। यह स्वप्न और कर्म का मेल है जो राष्ट्रीय जीवन को सच्ची ऊँचाई दे सकता है। अब मैं बुनियादी बिन्दु पर पहुँची हूँ। इतालवी मुक्ति के सन्दर्भ में कहा जाता था कि मेजीनी एक स्वप्नद्रष्टा था और गारिबाल्डी एक योद्धा। इसलिए दोनों में से कोई भी अकेला वर्तमान इटली का निर्माण नहीं कर सकता था, जो मुक्त है। यह स्वप्नद्रष्टा मेजीनी की दृष्टि थी जिससे अनुप्राणित होकर गारिबाल्डी ने कर्म किया और इटली को मुक्ति दिलाई। इसी तरह हमारे राष्ट्रीय इतिहास के विकासक्रम में मेजीनी का मतलब हुआ हिन्दू और मुसलमान हुए गारिबाल्डी। अपने महान भारत में आज हम यही चाहते हैं—रहस्यवादी विवेक और पौरुष का सम्मिश्रण, मेजीनी के सपने और गारिबाल्डी के शौर्य की पूरकता। इस उच्च लक्ष्य को लेकर जब दोनों समुदाय अपने-अपने भीतर पल रही अलहदा महत्त्वाकांक्षाओं को पूरा करने के लिए एक साथ आएँगे, तो क्या यहाँ-वहाँ के मामूली झगड़ों और टकरावों के चलते इसे बीच में छोड़ देंगे?

क्या महज़ निजी असन्तोषों व शिकवे-शिकायतों के चक्कर में हम जनएकता के अपने लक्ष्य को साकार करने के अभियान से च्युत हो जाएँ? या फिर आगे बढ़ते रहें? हमारे सामने दिक़्क़तें मामूली हैं जबकि हमारा लक्ष्य इतना प्रकाशमान है कि रास्ते में हम ठहर नहीं सकते, चूँकि रास्ता लम्बा है और ज़िन्दगी छोटी। हम यह काम अगली पीढ़ियों पर नहीं छोड़ सकते, जैसे पिछली पीढ़ियों ने अपना काम हमारे लिए अधूरा छोड़ दिया है। इसीलिए इस अभियान के बीच हम एक-दूसरे से मामूली हिसाब चुकाने के लिए दाएँ-बाएँ नहीं हो सकते। हमें बिलकुल सामने की ओर देखते हुए आगे बढ़ते रहना होगा। इसके अलावा हमारे पास कोई और काम नहीं है, कोई दूसरी लड़ाई नहीं, बस एक साझा यात्रा, एक साझा पीड़ा, एक साझा वंचना, एक साझा लगावट, जिसे सिर्फ़ मौत ही हमसे छीन सकती है।

बन्धुओ, सुनने में ये शब्द आपको एक हिन्दू चिन्तक के लग रहे होंगे लेकिन मेरा विश्वास करिए कि एक दृष्टा का कहा दरअसल सबसे मूल विचार होता है जो एक राष्ट्र की आत्मा में समान रूप से धड़क रहा होता है।

अतीत में हुए सारे कवियों और पैग़म्बरों ने ख़ुद कुछ नहीं कहा, उन्होंने तो बस लोगों की भावनाओं को स्वर दिया है ताकि उनकी आकांक्षाओं के अनुरूप सही शब्द दे सकें। एक राष्ट्र को जो भी चीज़ें मिलकर बनाती हैं, जैसे उसका फ़लसफ़ा, उसका साहित्य, उसका हासिल, इन पर बात करते वक़्त आप संगीतकार, शिल्पकार, मन्दिरों के निर्माताओं का सम्मान क्यों करते हैं? क्योंकि ये सारे लोग उसी साझा दृष्टि, साझा आकांक्षाओं, एकता के साझा अनुभवों के मूर्त वाहक हैं। कोई भी एक-दूसरे से अलग नहीं है। इसीलिए जब पैग़म्बर आवाज़ देता है तो वह दरअसल उसकी नस्ल के हिन्दुस्तानियों की रोज़मर्रा की प्रार्थनाओं की सामूहिक अभिव्यक्ति होती है। मैं जब आपके सामने यह बात कह रही हूँ कि स्वप्न और कर्म के बीच में एकता बनने दीजिए, तो मैं दरअसल आपकी अन्तरतम चाहतों को ही बता रही हूँ और आपके अन्तरतम संकल्पों को शब्द दे रही हूँ। इसका मतलब यह है कि आपके नेता आपकी ही चाहतों और सपनों के मूर्त रूप हैं, वे आपकी ही क्षमताओं और ऊर्जा के वाहक हैं। इसलिए जब आप अपने नेताओं को दोष देने लग जाते हैं कि वे सच्चे नहीं हैं, तो क्या आपको एहसास है कि ऐसा करके आप ख़ुद की ही निन्दा कर रहे होते हैं कि दरअसल आप ख़ुद हैं जो अनुयायियों के तौर पर लायक़ नहीं हैं कि अपने बीच से ऐसे सार्थक और महान नेता पैदा कर सकें जो अपने कार्यभारों के प्रति सच्चे हों। बन्धुओ, मैं जब लोगों को यह कहते सुनती हूँ कि हमारे पास नेता नहीं हैं, तो पूछती हूँ कि क्या ऐसा इसलिए है क्योंकि भारत में लोग नहीं हैं? याद रखिए कि हर छोटी से छोटी और बड़ी से बड़ी चीज़ के मामले में माँग और आपूर्ति का नियम बराबर लागू होता है। इसलिए नेता की सार्थकता में ही अनुयायी की सार्थकता मापी जा सकती है क्योंकि जैसा मैंने कहा, हमारे बीच कोई भी मौलिक चिन्तक नहीं है। हममें से हर कोई अपनी ही चाहतों की परछाईं है, उसका मूर्त रूप है, अपनी ही रूह और उसकी आकांक्षाओं की छवि है। इसीलिए मैं प्रार्थना करती हूँ आपसे कि जिन सपनों के लिए आप कष्ट झेलने को तैयार हैं उन्हें मूर्त बनाने के लिए अपना योगदान देने के बारे में सोचिए। मुझे भरोसा है कि आप कष्ट उठाने को तैयार हैं। अब सवाल उठता है कि कैसे किया जाए। इसका रास्ता इतना आसान है कि आपके दैनंदिन जीवन के सन्दर्भ में जब आपके सामने रखा जाएगा तो बेशक हिन्दू-मुस्लिम एकता के भाषणों और विज्ञापनों के मुक़ाबले उसकी चमक कुछ कम जान पड़ेगी, लेकिन दैनंदिन जीवन में इसका क्या अर्थ होगा? इसका साधारण-सा मतलब है कि अपने पड़ोसियों को वैसे ही प्यार करें जैसा ख़ुद से करते हैं। आप उसकी इनसानियत को भी अपनी ज़िन्दगी की आकांक्षाओं और तजुर्बों के आईने में देखकर महसूस करें। उसकी जीत, उसकी हार, उसकी आशाएँ और उसके डर, उसकी संस्कृति और उसकी अज्ञानता, जो आपके और उसके

बीच साझा विरासत है। आपकी साझा आकांक्षाओं और इनसानियत की साझा नियति के चलते दोनों के बीच कोई फ़र्क़ नहीं है।

यह कहना बहुत आसान है कि हर कोई एक-दूसरे का पड़ोसी है, सब भाई-भाई हैं, ख़ून का रिश्ता है, क्योंकि सबके सुख-दुख समान हैं। सम्भवत: सबकी आकांक्षाएँ भी एक जैसी होंगी क्योंकि एक जैसे लोगों की एक जैसी आकांक्षाएँ होती हैं। फिर हिन्दू और मुसलमान खेतिहरों के बीच काहे का फ़र्क़ करना? क्या दोनों सूखे से, फ़सल की बरबादी से, टिड्डियों से बराबर परेशान् नहीं होते? स्कूल का मास्टर चाहे हिन्दू हो या मुसलमान, क्या उसकी ज़िम्मेदारी नहीं है कि वह अपने हाथों से भाई-भाई में रिश्ते क़ायम करे, वह चाहे हिन्दू हो या मुसलमान? जब बाढ़ आती है, अकाल आता है, प्लेग आता है, तो क्या हम सब उसका बराबर शिकार नहीं होते? फिर लोगों के बीच भेदभाव क्यों? क्या हिन्दू और मुसलमानों के यमदूत अलग-अलग होते हैं? क्या हर किसी को नहीं लगता कि उसे दूसरे का सहयोग करना चाहिए, हिन्दू हो या मुस्लिम? क्या एक ब्राह्मण को एक मुस्लिम को कन्धा नहीं देना चाहिए और क्या एक सैयद को एक हिन्दू की लाश नहीं उठानी चाहिए? आख़िर हिन्दू या मुसलमान के शव ने ऐसा क्या किया है कि हम उसे बराबर का सम्मान नहीं दें, जबकि ईश्वर ने ही हम सबको बनाया है और हम सबको मारता भी वही है? ये सब तो ज़िन्दगी की साधारण बातें हैं। जब भावनाएँ उफान पर होती हैं, हमें उकसाया जाता है और लोग भाईचारे को भूल जाते हैं तब उन लोगों की ज़िम्मेदारी क्या है जिनकी आँखों पर परदा नहीं पड़ा है? उन लोगों के कर्तव्य क्या हैं जो मामूली उकसावे से नहीं भड़कते, जिसका दूरगामी प्रभाव पड़ता है। हमेशा याद रखें कि अमन-चैन क़ायम करने वाले आदमी को पुण्य मिलता है जबकि चिंगारी से आग भड़काने वाला तीन गुना पाप का भागी होता है। फिर गली के किनारे लड़ रहे दो भाइयों को देखकर हमारे मन में क्या यही ख़याल नहीं आना चाहिए? क्या हमें उनके पास जाकर यह नहीं कहना चाहिए कि 'रुक जाओ भाइयो, दोस्ती कर लो।' बिलकुल यही काम हमें करना होगा जब हमारे राष्ट्रीय जीवन में दो समुदाय अपने अलग रास्ते ले रहे हों। इस महान देश का हर आदमी और औरत, चाहे किसी भी पद पर हो, पाप का भागी है अगर वो किसी झगड़े को शान्त कराने के बजाय भड़काता है, जो एका कराने के बजाय अलगाव करवाता है, इनसानियत की बुनियादी सच्चाई को बताने के बजाय धर्म और धर्म के बीच दरार पैदा करता है। इनसानियत की बुनियादी सच्चाई का मतलब है एक ईश्वर जिसने हमें बनाया है, जो हम सब के भीतर अविभाजित रूप में मौजूद है। यही है हिन्दू-मुस्लिम एकता का मतलब—न कि असन्तोष, सन्देह, फूट जो बाँटती है और कहती है कि 'हम बहुसंख्यक हैं और तुम अल्पसंख्यक हो और इसलिए हम तुम्हें रौंद देंगे।' दोस्तो, ये चीज़ें हमारे सामाजिक जीवन का कैंसर हैं। इसके बजाय हम

चाहते हैं कि बहुसंख्यक लोग साहसी बनें और इस धरती की मूल सन्तानें अपने मुसलमान भाइयों से कहें, 'तुम्हारे और हमारे बीच कोई बँटवारा नहीं है इसलिए हमारे पास जो कुछ है ले लो। क्या हम एक ही धरती माता के बेटे नहीं हैं, केवल उम्र में बड़े होने के कारण हम तुम्हें तुम्हारी समान विरासत से महरूम कर दें?' ये है उदार प्रेम की भावना, भाईचारे का भाव जिसे हम मुसलमानों के प्रति हिन्दुओं के दिलों में निर्दोष तरीक़े से स्थापित करना चाहते हैं। हम एक ऐसी सज्जनता को लाना चाहते हैं जो बिना किसी शर्त के भरोसा करना सीखे। हम एक योद्धा जैसा पौरुष लाना चाहते हैं जो अपने वचन को पूरा करे। ऐसा पौरुष जो धर्म और जाति के क्षुद्र फ़र्क़ को न मानता हो। सज्जन मित्रो, यही है हिन्दू-मुस्लिम एकता। न कि एक समुदाय के ख़िलाफ़ दूसरे समुदाय द्वारा छल, न ही किसी फल की उम्मीद में एक समुदाय के साथ समझौता। इसके बजाय एक-दूसरे के धर्म का परस्पर सम्मान करते हुए, एक-दूसरे की सभ्यता के प्रति लगाव रखते हुए, साझा सदनीयत में विश्वास रखते हुए सहयोग की एक ज़िम्मेदार भावना हो ताकि कल को अपने महान राष्ट्रीय जीवन के विकास में बराबर का उत्तरदायित्व निभाया जा सके। यही है हिन्दू-मुस्लिम एकता।

एक बार फिर हम नीचे बह रही अपनी पावन नदी पर आते हैं—सदियों से यह नदी किस चीज़ का प्रतीक है? आख़िर ऐसा क्या प्रतीक है जिसने न केवल संस्कृत बल्कि फ़ारसी के पदों में भी इस नदी को युगों से पावन बनाए रखा है, जो इस धरती पर एक नेमत के जैसे बहती हुई हिन्दू और मुसलमान दोनों के खेतों को सींचती है। हिन्दुओं और मुस्लिमों में हुए विद्वानों की भी प्रेरणा का स्रोत यही रही है। इस पावन नदी का पवित्र जल शहर-दर-शहर अपनी लय में बहते हुए हिन्दुओं के पाप को धोता रहा है तो इसने मुसलमानों की प्यासी फ़ौजों का गला भी तर किया है। जब यह प्रयाग में पहुँचकर दूसरी नदी के साथ जा मिलती है, तो गंगा और जमुना का संगम होता है। यह दिल से दिल का मिलन है। यह मिलन की रूहानी धुन है। यह आदर्श एका है क्योंकि संगम के बावजूद दोनों अपनी ख़ासियत और गुणों को नहीं छोड़ती हैं। हिन्दू और मुस्लिमों की एकता ऐसी ही होनी चाहिए, कि दोनों अपनी संस्कृतियों को क़ायम रखें, अपने लक्षणों को, अपनी शुद्धता को, अपने पानी के विशिष्ट रंग को और अपने कर्मसंगीत को संगम के बिन्दु पर भी बनाए रखें। राष्ट्रीय जीवन में संगम का यही अर्थ है। सच्ची हिन्दू-मुस्लिम एकता का मतलब भी यही है। मैं बहुत लम्बा नहीं बोलूँगी क्योंकि मुझे एक और कार्यक्रम में जाना है जो इसी एकता में एक मामूली योगदान देगा।

मैंने कहा था कि बच्चों को एक-दूसरे की संस्कृतियों के बारे में पढ़ना चाहिए ताकि परस्पर एकता क़ायम हो सके, लेकिन एक और चीज़ है जो अगर राष्ट्रीय जीवन में अपनाई गई तो निश्चित रूप से दोनों समुदायों के बच्चों को एक साझा

रिश्ते में बाँध सकेगी। वह दूसरी चीज़ है खेल, जो जोड़ने का काम करते हैं। खेल हमें निष्पक्षता, न्याय, सहकारिता, सद्‌भाव, समान प्रतिस्पर्धा सिखाते हैं। वे हमें ऐसे सारे गुण सिखाते हैं जो एक वीर्यवान पौरुष के लिए ज़रूरी हैं। इसमें आँख, मस्तिष्क, मन, हाथ-पैर और सबसे ऊपर कल के लिए ज़रूरी पौरुष को विकसित करने का प्रशिक्षण और अनुशासन निहित होता है। हिन्दू-मुस्लिम एका के लिए यह भी ज़रूरी है। अब मैंने आपको नदियों का प्रतीक, उनका सन्देश, उनके संगम का प्रतीक और उसका सन्देश दे दिया है जिसे आप अपने भीतर आत्मसात् करेंगे, तो मैं जाने के लिए आपकी अनुमति चाहूँगी और यह चिह्न देना चाहूँगी जो अपने ख़ास ढंग से हिन्दू-मुस्लिम एकता की वास्तविकता को दर्शाता है।

भारतीय संस्कृति में समन्वयात्मकता

भाषा, परिधान, प्रथाएँ, खान-पान, मनोरंजन के माध्यम, यानी वे तमाम चीज़ें जो लोगों के सामाजिक जीवन को आकार देती हैं और कई मायनों में काफ़ी चौंकाती भी हैं, उनके बीच का अन्तर एशिया के दिल को नहीं बाँट सकता। इसके उलट, एशियाई संस्कृति की यह महान विविधता एशियाई लोगों को एकता के सूत्र में पिरोने के काम आई है। एकरंगी संस्कृति कौन चाहता है? बेरंगी संस्कृति कौन चाहता है? कौन चाहेगा कि एक दूसरे देश की नक़ल हो? इसके बजाय, यह विविधता और सम्पन्नता ही है, और कभी-कभार एक संस्कृति के साथ दूसरी का टकराव, जो एक सच्ची, टिकाऊ और गतिशील एकता की गारंटी है। हम यही चाहते हैं। पंडित जवाहरलाल नेहरू यही चाहते हैं और महात्मा गांधी भी यही चाहते हैं यानी मेरे वे लोग जो भारत राष्ट्र की बात करते हैं, सब यही चाहते हैं। संस्कृतियों की विविधता, दिलों की एकता और उस दिशा में प्रयास। एशिया को इस मायने में अपना योगदान देना होगा, अपनी ख़ास जीवनशैली, जीवनदृष्टि और जीने के तरीक़े को इसमें समाहित करना होगा। इनसानी तजुर्बे की ये तमाम क़िस्में ही एक महान सभ्यता को मिलकर गढ़ती हैं।

हिन्दुस्तान एकायामी सभ्यता नहीं है। आज का भारत वैदिक काल का हिन्दू भारत नहीं है। मेरे पुरखे, पंडित नेहरू के पूर्वज, पश्चिमी एशिया से आने वाली धाराओं से प्रभावित रहे। उन धाराओं में अरबिस्तान की गहराई थी, जिनमें वे तमाम लोकतांत्रिक आदर्श मौजूद थे जो अरबी अन्वेषक भारत में लेकर आए। हमारे अन्तर्मुखी दर्शन पर उन सबका प्रभाव पड़ा। उन्होंने हमें बन्धुत्व सिखाया और हमारे अपने दार्शनिकों के सपनों को समृद्ध किया। हमारे बीच एक महान दार्शनिक सर

एस. राधाकृष्णन बैठे हुए हैं। मुझे उम्मीद है कि मेरे कहे से वे सहमत होंगे। पश्चिम की जो धारा पैग़म्बर के सन्देश के साथ यहाँ आई, तो उसका महान लोकतांत्रिक आदर्श समय के साथ हमारी राष्ट्रीय संस्कृति का एक अविच्छिन्न अंग बन गया। संस्कृति की ऐसी धाराएँ भारत रूपी महासागर में आकर मिल गईं। फारस से आने वाले, बड़े श्रम और आस्था के साथ पहाड़ों को लाँघकर आने वाले चीनी यात्री, दुनिया-भर से यहाँ आए महान विद्वज्जन, सब यहाँ सत्य की तलाश में आए थे। भारत के विभिन्न विद्या-केन्द्रों पर इन्होंने सीखा। यहाँ तक कि जो लूटने और तबाह करने आए थे वे भी अपने साथ अनजाने में ही सही अपनी सभ्यता की नेमतें लाए और हिन्दुस्तानी जीवन व संस्कृति का हिस्सा बन गए। इसलिए आज, भारत ने अगर पूर्वी और पश्चिमी एशिया के लोगों को इस महान जुटान में आने का न्योता दिया है तो क्या उसके पास ऐसा करने का अधिकार नहीं बनता है? चूँकि भारत न सिर्फ़ हमारी बल्कि आप सबकी संस्कृतियों का रखवाला रहा है और यह एशिया की महानतम उपलब्धियों में से एक है? क्या हमने अपने भारत की महान थाती गौतम बुद्ध को शान्ति की शिक्षा देने के लिए दक्षिण-पूर्वी एशिया भेजकर अपना दाय पूरा नहीं किया? क्या हमने चीन, जापान, सीलोन, बर्मा तक भारत का दर्शन और ज्ञान तथा गौतम बुद्ध की शिक्षाएँ नहीं भेजी हैं? क्या हमने बेबीलोन, मिस्र और एशिया के सुदूर कोनों में अपने व्यापारियों के साथ अपनी कला के ख़ज़ाने, अपने साहित्य की शिक्षाएँ, अपने ऋषि-मुनियों का ज्ञान और अपने आदर्शों का वैभव नहीं भेजा? फिर, क्या हमने स्वेच्छा और हर्ष के साथ दुनिया के किसी भी हिस्से में चाहे दोस्त हो या दुश्मन—मैं दुहराती हूँ, चाहे दोस्त हो या दुश्मन—उसका सारा ज्ञान नहीं लिया, चूँकि हम कभी भी अपनी दृष्टि में संकुचित नहीं रहे कि कह देते, 'यह ज्ञान हमारा है, वह हमारा नहीं है।' हम तो हमेशा से मानते रहे हैं कि ज्ञान सार्वभौमिक होता है इसलिए हम ज्ञान का प्रसार करेंगे और दुनिया को देंगे क्योंकि भारत ऐसे तमाम प्रभावों का संरक्षक रहा है जिन्हें दूसरे देशों ने पैदा तो किया मगर भूल गए।

अनुवाद : **अभिषेक श्रीवास्तव**

प्रफुल्ल चन्द्र राय

मिश्रित संस्कृति और राष्ट्रीयता

आज की तारीख़ में भारत जैसा भी है, वह एक मिली-जुली राष्ट्रीयता है। बाहर वाले कह सकते हैं कि यह तो महज़ पंचमेल आबादी है, लेकिन इस मिश्रित आबादी को जो एक सूत्र में पिरोने वाली चीज़ है वह है मातृभूमि के प्रति साझा वफ़ादारी का सुनहरा धागा। इस मिश्रित आबादी में अन्य छिटपुट तत्त्वों को एक ओर रख दें, तो हिन्दू और मुसलमान दो सबसे अहम घटकों के रूप में उभरकर सामने आते हैं। इसलिए यदि इन दोनों में मज़बूत एका बना रहे तो भारतीय राष्ट्रीयता आश्वस्तिकारी होगी। ऐसा न हो पाए इसकी कोई वजह नहीं है।

हिन्दू और मुसलमान भारत माता की जुड़वाँ सन्तानें हैं, यह सबसे आमफहम टिप्पणी है लेकिन केवल इसी वजह से यह कम सच नहीं हो जाती। यह काव्यात्मक बात अपने एक-एक हर्फ़ में सत्य है। भारत में मुसलमानों के आगमन की चाहे कोई भी परिस्थितियाँ रही हों—जो अब तो कुल मिलाकर प्राचीन इतिहास का मसला रह गया है—पर आज की तारीख़ में वे भी इसी मिट्टी की सन्तान हैं और उतने ही मूल वासी हैं जितने कि हिन्दू हैं। सदियों से यहाँ हिन्दू और मुस्लिम भाइयों की तरह रह रहे हैं। उनके जीवन, उनके हित और उनकी आकांक्षाएँ अनगिनत तरीक़ों से आपस में गुँथी हुई हैं। अब बहुत देर हो चुकी है कि मुसलमान यह बहाना बनाएँ कि भारत उनकी सोतैली माँ है और उनके असल हित, वास्तविक सम्बन्ध और मूल आस्थाएँ अन्यत्र हैं। इस हिसाब से देखें तो आज के इंग्लैंड में विलियम के वंशजों की वफ़ादारी फ्रांस के साथ होनी चाहिए थी और आर्यों के वंशज हिन्दुओं को मध्य एशिया हिजरत कर जाना चाहिए था। यह बात ही हास्यास्पद है। बात यह भी नहीं है कि मुसलमान भारत में आकर केवल बस गए और उन्होंने कुछ किया नहीं। इसके उलट, उन्होंने कला, स्थापत्य, संगीत, साहित्य और हिन्दुस्तान की सियासत में समृद्धतम योगदान दिया है। भारतीय संस्कृति के ताने-बाने में तमाम

क़िस्म के रंगीन धागे इस्लाम के वैभव की देन हैं। मुसलमानों ने इस देश को जो शानदार नेमतें दी हैं उनके बग़ैर यह देश कितना कमज़ोर लगेगा? मुझे लगता है कि इस बात को ज़्यादा खींचने का मतलब नहीं है क्योंकि इसे साबित करने के लिए अकेले एक कुतुबमीनार, एक सिकन्दरा और एक ताजमहल ही काफ़ी हैं। और यह हिन्दू-मुस्लिम भाईचारा कल की बात नहीं है, कि महज़ एक विदेशी के ख़िलाफ़ नफ़रत की भट्ठी में पककर तैयार हुई हो, जैसा कि दावा करते हुए योरोपीय थकते नहीं। यह कहीं पुरानी चीज़ है, बहुत स्थायी है और मुग़लों से भी पीछे तक जाती है, यहाँ तक कि पठान काल तक। भारत में इस्लाम के प्रसार का इतिहास हिन्दू-मुस्लिम सहयोग का इतिहास है। मुस्लिम बादशाहों और सुलतानों के कुछ महानतम सिपहसालार, ख़ज़ांची, वजीर आदि हिन्दू रहे हैं। उन दिनों कथनी और करनी का फ़र्क़ नहीं हुआ करता था। आज भारत में अंग्रेज़ी राज के डेढ़ सदी बाद हम इसी बात से प्रसन्न हैं कि एक किन्हीं लॉर्ड सिंह को भारत के एक प्रान्त की गद्दी पर आसीन कर दिया गया। सवाल है कि ऐसे कितने सिंहों को ज़्यादा अहम पदों के लायक़ समझा गया? बमुश्किल मुट्ठी-भर, जैसे मान सिंह, जसवन्त सिंह, जय सिंह। मुसलमानों को कोसने का योरोपीयों ने बहुत आसान तरीक़ा निकाला है। वे उनमें से मोहम्मद तुग़लक़ या अलाउद्दीन खिलजी जैसे एकाध बुरे और कट्टर शासकों को छाँट लेते हैं और फिर प्रचार करते हैं कि इन्होंने हिन्दुओं को अमानवीय यातनाएँ देकर उनका उत्पीड़न किया। यह बात बमुश्किल ही सही है। यदि हम मुसलमानों के राज में सहिष्णुता की स्थिति की तुलना समकालीन यूरोप से करें, तब जाकर सही परिप्रेक्ष्य में चीज़ों को देख पाएँगे। मैं यहाँ अपने मुस्लिम श्रोताओं को ख़ुश नहीं कर रहा हूँ बल्कि यह मेरी मान्यता है। आज से कोई चालीस साल पहले जब मैं एडिनबरा में पढ़ता था तब भारत पर एक छोटे से परचे में भी मैंने यही बात लिखी थी।

सहिष्णुता और मुसलमान शासक

यह बात भुलाई जा चुकी है कि जिस दौर में इंग्लैंड की महारानी अपनी रूढ़िवादी मान्यताओं से असहमति जताने वाले अपने ही लोगों को आग में झोंक रही थी और हत्या करवा रही थी, उसी वक़्त महान अकबर ने सार्वभौमिक सहिष्णुता के सिद्धान्तों को सामने रखते हुए मौलवियों, पंडितों, रब्बियों और मिशनरियों को अपने दरबार में बुलाया था और उनके धर्मों की अच्छाइयों पर एक दार्शनिक बहस करवाई थी। यह बेशक कहा जा सकता है कि अकबर का मामला अपवाद रहा और इसीलिए उसे मुग़लों का प्रतिनिधि नहीं क़रार दिया जा सकता, पर इससे ज़्यादा ग़लत बात और नहीं होगी। धार्मिक सहिष्णुता एक नीति के रूप में मुग़ल

शासकों के यहाँ नियम थी, अपवाद नहीं और इसके पीछे जितना विवेक था उससे कम उदारता नहीं थी।

हिन्दुओं के ख़िलाफ़ बादशाह औरंगज़ेब की कथित अनुदारता और कट्टरता पर बहुत स्याही ख़र्च की जा चुकी है, पर उसके शासन में भी, इतिहासकार एलफिंस्टन के अनुसार, "ऐसा नहीं जान पड़ता कि किसी हिन्दू की जान गई हो, उसे क़ैद किया गया हो या फिर दूसरे धर्म का होने के कारण उसकी सम्पत्ति पर लगान वसूला गया हो। या फिर किसी व्यक्ति पर केवल इसलिए सवाल खड़ा किया गया हो कि वह खुले में अपने ईश्वर की पूजा कर रहा है।" इतिहास गवाह है कि इस कट्टर औरंगज़ेब के सबसे भरोसेमन्द जनरल जसवन्त सिंह और जय सिंह रहे।

ऐसे उदाहरणों की कमी नहीं है लेकिन उन्हें गिनवाने का कोई मतलब नहीं है। बीसवीं सदी की उदार सहिष्णुता के आलोक में मुसलमानों को बदनाम करना आसान है लेकिन उस दौर की ईसाइयत का इतिहास हमें क्या बताता है? विधर्मियों को दंड दिया जाना, अल्बिगेंसियन का क़त्लेआम, ओलिवर क्रॉमवेल द्वारा ड्रोघेडा में की गई खूँरेजी जिसे जॉन मिल्टन ने 'क्रॉमवेल, माइ चीफ़ ऑफ़ मेन' कहकर वर्णित किया था। मेरे योरोपीय दोस्तो, आप तो ज़िन्दा ऊँट निगल गए और मुसलमानों के मच्छर मारने पर आश्चर्य जता रहे हैं। क्यों?

शेरशाह तो एक पठान था, लेकिन उसने हिन्दुओं के साथ कैसा व्यवहार किया, इसे देखिए। उसका बनाया लोक निर्माण विभाग तो मशहूर है। उसका गुणगान करने की मुझे ज़रूरत नहीं है, लेकिन एक बात शायद लोगों को ज़्यादा पता नहीं है कि अपनी बनवासी अन्तरप्रान्तीय सड़कों के किनारे उसने जो अनगिनत धर्मशालाएँ और सराय बनवाईं उनमें हिन्दुओं को हिन्दुओं के हाथों और मुसलमानों को मुसलमानों के हाथों खाना परोसे जाने की व्यापक व्यवस्था की गई थी, ताकि दोनों समुदायों की धार्मिक आस्थाओं को चोट न पहुँचे। शेरशाह के बारे में दो अंग्रेज़ इतिहासकारों की राय को उद्धृत करना ही काफ़ी होगा : श्री डब्ल्यू क्रुक्स लिखते हैं कि 'शेरशाह पहला शासक था जिसने जनता की इच्छा पर व्यापक रूप से आधारित एक साम्राज्य खड़ा करने की कोशिश की' और श्री कीन लिखते हैं, 'किसी भी सरकार ने, यहाँ तक कि अंग्रेज़ों ने भी इस पठान जैसा विवेक नहीं दिखाया।' और जहाँ तक मुग़ल शासकों के उत्तराधिकार की बात आती है मेरे ख़याल से रेनन के लिखे को उद्धृत करना काफ़ी होगा जो एंटोनिन युग का ज़िक्र करते हुए कहते हैं कि उन्हें शायद ही दुनिया में कहीं और शासकों के उत्तराधिकार की ऐसी समानान्तर व्यवस्था दिखती है जैसा हेड्रियन, एंटोनियस पायस और मार्कुस ऑरेलियस में पाया जाता है, जिनका इकलौता उद्देश्य और प्रयास जनता का कल्याण रहा। इसका केवल एक साम्य भारत में मिलता है जहाँ उत्तराधिकार बाबर से हुमायूँ और फिर अकबर

तक आया। इस राष्ट्र ने अपना आभार जताते हुए अकबर के नाम में हमेशा के लिए 'महान' जोड़ दिया। ऐसा उसने केवल एक और भारतीय सम्राट के साथ किया है, महान अशोक।

हिन्दू-मुस्लिम एकता

भारत की दो महान नस्लों, हिन्दू और मुस्लिम के विचारों, भावनाओं और परम्पराओं के बीच सम्मिश्रण यानी एकता महज़ राजनीति तक सीमित नहीं रही है। यह सामाजिक संरचना की अन्दरूनी दरारों तक रिसती गई है और इसने तमाम सामाजिक व धार्मिक प्रतिक्रियाओं को भी जन्म दिया है। गुरु नानक, कबीर, चैतन्य—ये सभी इन दोनों संस्कृतियों के संवाद से निकले धार्मिक आन्दोलनों के प्रणेता रहे हैं। शायद सुनने में अजीब लगे कि बंगाल के एक मुस्लिम शासक हुसैन शाह के लिए बंगाल के अग्रणी वैष्णव कवि विद्यापति के काव्य में ऐसा सम्बोधन प्रयुक्त हुआ है : ओ पाँच गौरों के देव, आप अमर रहें। यह सब हालाँकि उस दौर की ख़ासियत थी। इस्लाम के लोकतांत्रिक मूल्यों ने काफ़ी हद तक हिन्दू जाति व्यवस्था की युगों पुरानी बुराइयों पर एक स्वस्थ प्रभाव डाला और हिन्दू समाज को जगाने का काम किया। बंगाल का वैष्णवपंथी उभार इसी जागरण की देन था। आज की तारीख़ में भी यह परस्पर अपनापन और स्वीकार इतना मुकम्मल है कि हिन्दू लोग मुसलमानों के पवित्र स्थलों, पीरों की दरगाहों को अपना ही पवित्र स्थल मानते हैं और वहाँ दर्शन करने जाते हैं। मुसलमान भी हिन्दुओं के त्योहारों में हिस्सा लेने से नहीं हिचकते हैं।

दोनों समुदायों के बीच यह साथ और आपसदारी इतनी पुरानी है और हमारे सामाजिक जीवन से ऐसे अभिन्न है कि इसे स्वाभाविक माना जाता है और इस पर कोई प्रतिक्रिया नहीं होती। इसीलिए कुछ मौक़ों पर बहुत ज़्यादा क्षोभ होता है जब हम कुछ खित्ते के लोगों या प्रच्छन्न समूहों को बँटवारे के बीज बोते हुए और नफ़रत की चिंगारी को भड़काते हुए देखते हैं; और ख़ासकर जब मुस्लिम समुदाय से अपीलें की जाती हैं कि उनके हित हिन्दुओं से प्रतिकूल नहीं तो अलहदा बेशक हैं और उनकी वास्तविक आस्था भारत के साथ बिलकुल नहीं होनी चाहिए बल्कि उनके तमाम कर्तव्य और बाध्यताएँ बाहर के फ़रमानों से तय होनी चाहिए। इस बिन्दु पर मैं ज़ोर देकर कहना चाहूँगा कि इस क़िस्म की मानसिक प्रवृत्ति हमारी मातृभूमि के साथ गद्दारी है क्योंकि वह मुसलमानों की सौतेली माँ नहीं है। उसे मुसलमानों की ओर से खंडित वफ़ादारी नहीं चाहिए। अपनी बाक़ी सन्तानों की ही तरह अखंड, बेदाग़ और सम्पूर्ण वफ़ादारी चाहिए। भारत का कल्याण ही हमारा पहला और आख़िरी सरोकार होना चाहिए। हम पहले हिन्दुस्तानी हैं, उसके बाद

हिन्दू, मुसलमान, सिख, ईसाई या पारसी। यहाँ हमें फ्रांस के महान राजनेता रिशेलू का उदाहरण याद रखना चाहिए जो कार्डिनल होने के बावजूद रोम के ऊपर फ्रांस के हितों को रखते थे। यही सही तरीक़ा है। मैं इस्लामी तहरीक की भव्यता से गाफ़िल नहीं हूँ जो एशिया के जागरण में एक अहम संयोग रहा है, न ही मैं दुनिया-भर के अनुयायियों के प्रति ख़लीफ़ा के आध्यात्मिक आह्वान से अपरिचित हूँ, लेकिन इन माँगों को उचित परिप्रेक्ष्य में देखा जाना चाहिए। इन माँगों के शोर में एक स्वतंत्र, सम्प्रभु और राष्ट्रीय जीवन के लिए अपने बेटों को लगाई गई भारत माता की गुहार कहीं न डूबने पाए। इसलिए सरहद पार के प्रेम के चलते अपनी मातृभूमि के प्रति हमारी वफ़ादारी में फ़र्क़ नहीं आना चाहिए। इस्तांबुल में घूम रहे ख़िलाफ़त के पहिये में भारत को आरा नहीं बनना चाहिए। भारत में स्वराज हमारा निर्णायक लक्ष्य होना चाहिए और बाक़ी चीज़ें जहाँ हैं वहीं रहें।

मैं इतना तो आश्वस्त हूँ कि हमारे अग्रणी मुस्लिम नेताओं में से किसी ने भी इस मामले में ग़लती नहीं की होगी। मैं जानता हूँ कि देशभक्त हिन्दुओं की तरह वे भी भारत माता के सच्चे सपूत हैं। मैं तो बस उनसे इतना कह रहा हूँ कि मुस्लिम समुदाय के भीतर इस भाईचारे और देशप्रेम की भावना को विकसित करें। इसी प्रेम के अभियान में इस राष्ट्रीय विश्वविद्यालय को एक बड़ी भूमिका निभानी है—इसे समूचे भारत के समक्ष साम्प्रदायिक बन्धुत्व की मिसाल बनकर खड़ा होना है और मैं आश्वस्त हूँ कि इन आदर्शों के साकार होने से इसके संस्थापकों को ही ख़ुशी मिलेगी, जिनके लिए हिन्दू-मुस्लिम एकता तक़रीबन आस्था का विषय थी। और यह कहते हुए मुझे ख़ुशी हो रही है कि शुरुआत में स्थिति बहुत अच्छी रही थी और इस दिशा में इस संस्थान ने जो क़दम उठाए हैं वे बहुत प्रोत्साहित करने वाले रहे हैं—इतना ही कहना काफ़ी होगा कि इस विश्वविद्यालय में पहले से ही अच्छी-ख़ासी संख्या में हिन्दू छात्र हैं और शिक्षकों में ठीक-ठाक हिन्दुओं की संख्या है; हिन्दू छात्रों की धार्मिक शिक्षा के लिए विशेष इन्तज़ाम किए गए हैं और इससे सम्बद्धता-प्राप्त स्कूल भी विशुद्ध हिन्दू हैं। भाईचारे की यह भावना दिन-प्रतिदिन बढ़ती ही रहे, ऐसी मेरी कामना है!

राष्ट्रीय शिक्षा : 'राष्ट्रीय' का अर्थ

'राष्ट्रीय' शिक्षा शब्द का इतना इस्तेमाल हुआ है कि यह अब घिस चुका है। 'राष्ट्रीय' बहुत दिक़्क़ततलब पद है। कई बार इसका मतलब यह निकाला जाता है कि सारी बाहरी संस्कृति इससे बाहर रहेगी, पश्चिम द्वारा सभ्यता में किया गया सारा योगदान ख़ारिज कर दिया जाएगा और यह पश्चिमी सभ्यता के बहिष्कार का पर्याय है यानी बिना सोचे-समझे हर उस चीज़ से चिपककर बैठ जाना जो अपने

देश से जुड़ी है। मनोवैज्ञानिक रूप से कहें तो ऐसी प्रवृत्ति आश्चर्यजनक नहीं है बल्कि यह पश्चिम के सामने घुटने टेक देने की उन्नीसवीं सदी वाली प्रवृत्ति का ही दूसरा सिरा है। यह मानसिकता किसी काम की नहीं है। यह उतनी ही घातक है हमारे राष्ट्रीय जीवन के लिए जितना किसी का रीढ़विहीन होना। एक अंग्रेज़ ने जब कहा, 'सही या ग़लत, हमारा देश', तब उसने देश को भयावह युद्ध में झोंक दिया। इसी तरह 'जर्मनी सबसे ऊपर' का नारा देकर विश्वयुद्ध की तबाही को जन्म दिया गया, जो पाल्मर्स्टन की प्रसिद्ध उक्ति पर आधारित था। इसीलिए 'राष्ट्रीय' शब्द का इस्तेमाल यथासम्भव सतर्कतापूर्वक किया जाना चाहिए, लेकिन दुर्भाग्यवश ऐसा होता नहीं है। हिन्दुओं का एक प्रभावशाली तबक़ा इसका प्रयोग वैदिक युग में या कम-से-कम रामायण और महाभारत के युग में वापसी के पर्याय के तौर पर करता है जबकि मुसलमानों के लिए यही शब्द उन्हें इस्लाम के गौरवशाली दिनों की ओर ले जाता है। किसी भी औसत पढ़े-लिखे हिन्दू या मुस्लिम से पूछिए कि 'राष्ट्रीय' से वह क्या समझता है, आपके सामने तमाम भ्रमित विचारों का पिटारा खुल जाएगा। यह संकीर्ण राष्ट्रवाद मध्ययुगीन है। इस तरह अतीत में देखने से कुछ भी हासिल नहीं होगा। हमारे राष्ट्रीय जीवन की धारा वापस अपने स्त्रोतों की ओर नहीं मुड़ सकती। हमारी तरक़्क़ी अकेले में कट्टर और शुद्ध बने रहकर नहीं हो सकती। उसके लिए हमें तरक़्क़ीपसन्द दुनिया के साथ संवाद करना होगा। पूरब के ऊपर पश्चिम के प्रभाव को हम ख़ारिज नहीं कर सकते। इस तथ्य से हम आँख मूँदकर शुतुरमुर्ग नहीं बने रह सकते कि पिछली कुछ सदियों में यूरोप ने तरक़्क़ी की है जबकि एशिया ठहराव का शिकार रहा है। और वैसे भी सत्य जहाँ मिले, स्वीकार कर लेना चाहिए। इसमें कोई शर्मिंदगी वाली बात नहीं है। सच की सरहदें नहीं होती हैं, यह वैश्विक होता है। और जैसा कि मैंने विस्तार से ऊपर बताया, इस्लाम के लिए यह कोई नया ज्ञान नहीं है।

मेरे मुस्लिम दोस्तो, मनुष्य के विकास में मेरा मानना है कि इस्लाम बड़ी भूमिका निभा सकता है। इस्लाम का सन्देश है लोकतंत्र, न कि पश्चिम का फ़र्ज़ी लोकतंत्र जो नस्ल, रंग और पैसे के भेद पर टिका है, बल्कि असल रूहानी लोकतंत्र। इस मामले में हम हिन्दू बहुत पिछड़े हुए हैं। हमारा समाज तो जाति के लहरदार रोड़ों में फँसकर चारों ओर बहुत ज़्यादा बँटा हुआ है। आप किसी मन्दिर में जाकर देखिए, वहाँ अलग-अलग जातियों के लिए प्रवेश और पहुँच के नियम-क़ायदे मिलेंगे, लेकिन जब किसी मस्जिद की मीनार से मुअज़्ज़िन की अज़ान आती है तो क्या अमीर और क्या फ़क़ीर, क्या बादशाह और क्या भिश्ती, सब एक साथ कन्धे से कन्धा मिलाकर ऊपरवाले के सिज़्दे में बैठ जाते हैं। इस्लाम में आदमी और आदमी के बीच फ़र्क़ नहीं है। यहाँ केवल अल्लाह सबसे बड़ा है और बाक़ी उसके बन्दे हैं। यहाँ आदमी को उसकी समूची क्षमता तक विकसित होने की छूट है। समानता,

बन्धुत्व, लोकतंत्र और प्रेम ही इस्लाम का सच्चा सन्देश है। काश यही लोकतांत्रिक भावना रिसकर सभी पंथों, समुदायों, नस्लों और वर्णों में आ जाए और इससे एक संयुक्त, ठोस, मज़बूत, वीर्यवान और स्वतंत्र राष्ट्रीयता का उदय हो—जो एशिया और इस दुनिया का वैभव बनकर अपनी ही आज़ादी में दिपदिपाते हुए इस धरती के मज़लूम मुल्कों को पनाह दे। वंदे मातरम्!

अनुवाद : **अभिषेक श्रीवास्तव**

समानुभूति और राष्ट्रवाद

एशिया और अफ्रीका में उभरा ज़्यादातर राष्ट्रवाद अपनी प्रकृति में उपनिवेश-विरोधी और औपनिवेशिकों के प्रति नफ़रत से प्रेरित था। राष्ट्रवादी होते हुए विदेशियों के प्रति विद्वेष से मुक्त रहना इतना आसान काम नहीं था। आमतौर पर फैली हुई इस धारणा को चुनौती दी महात्मा गांधी ने, जिन्होंने हिन्दुस्तानियों से 'कर्म और कर्ता के बीच फ़र्क़ बरतने' को कहा। राष्ट्रवाद के विविध लक्षणों को लेकर गांधी बहुत स्पष्ट थे, इसीलिए उन्होंने इस बात पर ज़ोर दिया कि 'राष्ट्रवाद अपने आप में बुरा नहीं है। बुराई आधुनिक राष्ट्रों द्वारा फैलाई गई संकीर्णता, स्वार्थ और विशिष्टतावाद में है।'

गांधी के दर्शन का सबसे चमकदार तत्त्व था नफ़रत का पूरी तरह ग़ायब होना, यहाँ तक कि उनके राष्ट्रवाद को भी किसी दुश्मन की ज़रूरत नहीं थी। मुसलमानों के प्रति वे जैसा प्रेम और समावेशी बरताव दिखलाते थे, ख़ासकर देश-विभाजन के बाद हुए साम्प्रदायिक दंगों के बीच जो उनका पक्ष था उसके चलते देश में ही कुछ लोग उनसे नफ़रत करने लगे थे।

महात्मा गांधी

राष्ट्रवाद के लिए घृणा ज़रूरी है क्या?

...इस बात को दूसरी तरह से समझाता हूँ—आज शाम का हमारा विषय है प्रेम और प्रेम में बहुत ताक़त होती है, लेकिन इसका मतलब यह नहीं है कि शेर से प्रेम कर बैठें। पर क्या शेर से नफ़रत करना अनिवार्य है? उसी तरह से सोचिए, कि क्या राष्ट्रवाद के लिए नफ़रत अनिवार्य है? ठीक है कि आपको प्रेम नहीं, लेकिन इसके लिए क्या ज़रूरी है कि आप 'नफ़रत' करें? जैसा कि मैंने पहले कहा, लोगों के दिमाग़ में बिला शक ये बात बैठी हुई है कि नफ़रत ज़रूरी है। कुछ लोग तो शेर से नफ़रत करना अपना कर्तव्य ही मानते हैं और इसके लिए वे आधुनिक संविधानों का हवाला देते हैं, वे यूरोप के विनाशक युद्ध का ज़िक्र करते हैं, वे इतिहास में हुए युद्धों का कारण बताते हैं; फिर वे क़ानून का हवाला देते हुए कहते हैं कि हत्या के दोषियों को समाज में फाँसी पर लटकाए जाने का क़ानून है। क्या यह नफ़रत का संकेत नहीं? इसमें प्रेम तो कहीं नहीं है। आपका बाप अगर कोई ग़लती कर बैठे या कोई परिजन, तो क्या आप उससे प्यार करना छोड़ देंगे? क्या आप मनाएँगे कि उसे फाँसी हो जाए? आप उसके दंड के लिए नहीं बल्कि उसके सुधरने के लिए प्रार्थना करेंगे, बावजूद इसके लोग बहुत आश्वस्त होकर कहते हैं कि दंड का क़ानून ख़त्म या कमज़ोर कर देने से समाज टुकड़ों में बँट जाएगा। ऐसे ही उदाहरणों के सहारे नौजवान लोग इस नतीजे पर पहुँच जाते हैं कि राष्ट्रवाद के लिए विद्वेष को अनिवार्य न मानने वाले लोग ग़लत हैं। मैं उन्हें दोष नहीं देता। उन पर मुझे तरस आता है। मैं उनसे सहानुभूति रखता हूँ, लेकिन इस बात को लेकर मेरे मन में कोई दो राय नहीं है कि ऐसे लोग भयंकर ग़फ़लत में हैं; और जब तक वे यह रवैया क़ायम रखेंगे, जब तक तमाम पुरुष और स्त्रियाँ इस तरह की सोच रखेंगे तब तक इस देश-दुनिया की तरक़्क़ी रुकी रहेगी। फिर इससे मुझे कोई फ़र्क़ नहीं पड़ता कि उन्हें सही ठहराने के लिए वही उदाहरण दिए जाएँ जो मैंने पहले गिनवाए थे।

दुनिया अब इससे थक चुकी है। पश्चिम के देशों में यह थकान साफ़ दिख रही है। हमने देखा है कि विद्वेष के इस राग से मानवता का कोई भला नहीं हुआ है। भारत को इस मामले में अब नई नज़ीर क़ायम करके दुनिया के सामने रखना होगा। क्या ज़रूरी है कि तीस करोड़ लोग एक लाख अंग्रेज़ों से नफ़रत करें? आज शाम का विषय इसी ठोस रूप में मैं आपके सामने रखता हूँ। मेरी विनम्र राय में ऐसा करना इनसानियत की प्रतिष्ठा के लिए अपमानजनक होगा। अंग्रेज़ों के प्रति एक पल की भी नफ़रत भारत की प्रतिष्ठा के लिए अपमानजनक है। इसका मतलब यह नहीं कि आप भारत में अंग्रेज़ी शासकों के किए ज़ोर-ज़बर को लेकर आँखें मूँद लें। मैंने ग़लत करने वाले और ग़लत काम के बीच का फ़र्क़ आपके सामने रखा है। पाप से घृणा करो, पापी से नहीं। हम ख़ुद, हममें से हर कोई, भीतर घृणा से भरा हुआ है। और हम चाहते हैं कि दुनिया हमारे साथ सब्र बरते, हमें क्षमा करे, हमारे साथ करुणा दिखाए। मैं चाहता हूँ कि यही बरताव हम अंग्रेज़ों के साथ करें। ईश्वर जानता है कि शायद भारत में मेरे अलावा और कोई दावा नहीं कर सकता कि उसने अंग्रेज़ी शासकों के तमाम कुकृत्यों और हमारे ऊपर उनके भ्रष्ट राज के ख़िलाफ़ निर्भयता के साथ खुलकर बोला हो। मैं इस मामले में ख़ुद अपना उदाहरण देकर दावा कर सकता हूँ कि घृणा से मेरी मुक्ति और अपने को मेरा दुश्मन मानने वालों के प्रति मेरा प्रेम मुझे उनकी ग़लतियों के प्रति अन्धा नहीं बनाता। अपने प्रियजन के प्रति रूमानियत या उसे किसी अच्छे गुण के चलते उसे प्यार किया तो क्या किया। यदि मैं ख़ुद के प्रति सच्चा हूँ, यदि मैं दूसरे मनुष्यों के प्रति सच्चा हूँ, यदि मैं इनसानियत के प्रति सच्चा हूँ, तब मैं इस बात को समझ पाऊँगा कि इनसान के भीतर जितनी कमियाँ होती हैं वे उनमें भी होंगी ही। मुझे अपने शत्रुओं की कमज़ोरियों को समझना ही चाहिए, उनके विचारों को जानना चाहिए, वे बुरे निकलें बावजूद इसके उन्हें प्यार करना चाहिए, घृणा नहीं। प्रेम ख़ुद में एक बड़ी ताक़त है। बर्बर ताक़त तो हमें पीढ़ी-दर-पीढ़ी विरासत में मिलती ही रही है। हमने उसका इस्तेमाल भी किया है और पाया है कि उसका नतीजा यूरोप और बाक़ी दुनिया के लिए क्या निकला। योरोपीय सभ्यता की चमक हमें चकाचौंध नहीं करती। उसे खुरचकर देखो, सतह के नीचे चुनने को बहुत कुछ नहीं निकलेगा।

इसका मतलब ये मत निकाल लेना कि मैं हर पश्चिमी चीज़ की बुराई कर रहा हूँ। मेरा आशय फ़िलहाल आधुनिक सभ्यता के प्रभुत्ववादी चरित्र से है, उसे पश्चिमी सभ्यता नहीं समझना चाहिए, और आधुनिक सभ्यता का प्रभुत्ववादी चरित्र धरती की कमज़ोर नस्लों का शोषण करना है। आधुनिक सभ्यता का प्रभुत्ववादी चरित्र ईश्वर की सत्ता की जगह भौतिकवाद की सत्ता को स्थापित करना है। मैंने कभी भी 'शैतान' शब्द का इस्तेमाल करने में संकोच नहीं किया है। जिस सरकार के राज में हम खट रहे हैं उसे 'शैतानी' सत्ता कहने में मैंने कभी गुरेज नहीं किया

है। और इस शब्द को मैं कभी भी वापस नहीं लूँगा, पर आज शाम हम इस पर बात नहीं कर रहे हैं। अगर पाप करने वाले को सज़ा देने के तरीक़े मुझे खोजने को कहा जाए, तो मैं उन्हें प्रेम देते हुए धैर्य और उदारता के साथ उन्हें बदल दूँगा। इसीलिए असहयोग या सत्याग्रह में नफ़रत नहीं है। मैं जानता हूँ कि ख़ुद को सत्याग्रही या असहयोगी कहने वाले कई लोगों को इस नाम से दिक़्क़त है। उन्होंने अपनी ही आस्था के साथ हिंसा की है। वे इस सिद्धान्त के सच्चे नुमाइंदे नहीं थे। सच्चा असहयोग ग़लत करने वाले के साथ नहीं, ग़लत काम के साथ किया गया असहयोग है। पर यह कैसे सम्भव है कि आप बुराई से असहयोग करें लेकिन बुरे आदमी से नहीं? मैं इस सिद्धान्त के विवरणों में नहीं जाना चाहता। मैं तो बस बीते पाँच या छह साल में हुए घटनाक्रम पर बात कर सकता हूँ। यदि हम इस सिद्धान्त का राज़ जान जाएँ और पाप से घृणा करते हुए पापी से घृणा न करने की ख़ूबसूरत संगति को बैठा लें, तो जैसा मैंने कहा कि हमें अपने घर-परिवार में अपनाए जाने वाले तरीक़े को राजनीति पर लागू करना होगा यानी शासक और शासित के सम्बन्ध पर लागू करना होगा। फिर आपको सच्चा समाधान दिखेगा। आख़िर एक पिता अपने उस बेटे के साथ क्या करता है जो ग़लत कामों में लिप्त होकर भ्रष्ट हो चुका है? वह उसे दंडित नहीं करता लेकिन प्रोत्साहित भी नहीं करता है। वह उसे सुधारने की कोशिश करता है।

कहने का अर्थ यह है कि आपका असहयोग पाप को प्रोत्साहित करने की मंशा से नहीं होना चाहिए। एक महान लेखक ने कहा है कि दुनिया अगर बुराई को बढ़ावा देना छोड़ दे तो बुराई अपने आप बेकार होकर ख़त्म हो जाएगी। हम ख़ुद यदि यह पता करने की कोशिश करें कि सामाजिक बुराइयों के लिए हम कितने ज़िम्मेदार हैं, तो जल्द ही हम पाएँगे कि समाज से बुराई ख़त्म हो चुकी है। लेकिन हम लोग किसी झूठे मोह में फँसकर उसे सहते रहते हैं। यहाँ मैं अपने बच्चे के प्रति अन्धे प्रेम की बात नहीं कर रहा हूँ जिसमें आदमी उसकी ग़लती पर उसे डाँटता है और पीठ पर एक धौल जमाता है। न ही मैं ऐसे बेटे की बात कर रहा हूँ जो अपने पिता के प्रति वफ़ादारी के झूठे बोध में उसकी बुराई को सहता रहता है। मैं इनकी बात नहीं कर रहा। मैं तो उस प्रेम की बात कर रहा हूँ जो भेद करता है, समझदार है, किसी एक ग़लती के प्रति अन्धा नहीं है। ऐसा प्रेम सुधार लाता है। और जैसे ही इस राज़ को आप समझते हैं, ठीक उसी क्षण बुराई आपकी निगाह से ओझल हो जाती है।

मैं दो नस्लों के बीच के सम्बन्ध की बात करता हूँ। ज़रा सोचिए कि आज हिन्दू समाज कितनी बुराइयों का शिकार है। छोड़ दीजिए मुसलमानों, ईसाइयों, पारसियों और दूसरों को। हममें से ज़्यादातर लोग हिन्दू हैं। हिन्दू धर्म के भीतर बैठी बुराइयों से हम कैसे लड़ें? क्या हम उन लोगों से घृणा करें जो छुआछूत

को हिन्दू धर्म का ही अभिन्न अंग मानते हैं और इसके समर्थन में पवित्र ग्रंथों का हवाला देते हैं या फिर हम अपने आचार-व्यवहार से छुआछूत को मिटाएँ? इसके लिए ख़ुद को कष्ट देना होगा, कुकर्मी को नहीं। अपने कन्धे पर उसके कष्ट का बोझ ले लेना होगा। हमें अगर हिन्दू धर्म में घुस आई बुराइयों से उसे मुक्त करने के लिए वाक़ई सुधार लाना है तो हमें वाइकोम का उदाहरण देखना चाहिए। इसकी याद मुझे स्वाभाविक रूप से आई है क्योंकि सराहना से ऐसे उदाहरण मुकम्मल होते हैं। मैं वाइकोम के हर साहसी युवा को जानता हूँ। मेरे ख़याल से उस हरेक व्यक्ति को जानता हूँ जो वाइकोम में बहुत मुश्किलों में काम कर रहा है। वे जिस कष्ट से गुज़रे हैं उसका वर्णन मैं यहाँ इतनी-सी देर में शायद नहीं कर पाऊँगा, पर मैं अपनी ओर से इतनी गवाही ज़रूर दूँगा कि वाइकोम के इन युवाओं ने एक बाल-भर की भी ग़लती नहीं की है। ऐसा नहीं है कि इन्होंने कोई ग़लती की ही नहीं, पर इनका रिकॉर्ड बहुत साफ़-सुथरा रहा है। नतीजा यह हुआ है कि इन्हें सभी बुराइयों से पूरी तरह तो मुक्ति नहीं मिली है पर मेरे दिमाग़ में कोई सन्देह नहीं है कि आज त्रावणकोर में छुआछूत की ज़मीन बेशक कमज़ोर हुई है, और यह तेज़ी से ख़त्म हो रहा है जिसका श्रेय उन मुट्ठी-भर नौजवानों को जाता है जो वाइकोम में कूद पड़े और कष्ट झेले। यही है असल रहस्य। मेरी विनम्र राय यही है कि नफ़रत राष्ट्रवाद के लिए ज़रूरी नहीं है। नस्ली नफ़रत सच्ची राष्ट्रीय भावना को मार डालेगी। इसलिए यह समझना ज़रूरी है कि राष्ट्रवाद क्या है। हम अपने देश को आज़ादी दिलवाना चाहते हैं। हम दूसरे देशों को कष्ट में नहीं देखना चाहते, हम दूसरे देशों का शोषण नहीं चाहते हैं, उनको कमज़ोर नहीं देखना चाहते हैं। जहाँ तक मेरी बात है, अंग्रेज़ों का चले जाना अगर उनका ख़त्म हो जाना है तो मुझे ऐसी आज़ादी नहीं चाहिए। मैं अपने देश की आज़ादी इसलिए चाहता हूँ ताकि दूसरे मुल्क मेरे आज़ाद देश से कुछ सीख सकें। मैं अपने देश की आज़ादी इसलिए चाहता हूँ ताकि मेरे देश के संसाधनों का उपयोग इनसानियत के हित में हो सके। ठीक उसी तर्ज़ पर, जैसा कि आज की देशभक्ति हमें सिखाती है कि आदमी को परिवार के लिए त्याग करना चाहिए, परिवार को गाँव के लिए त्याग करना चाहिए, गाँव को शहर के लिए, ज़िले को सूबे के लिए और सूबों को देश के लिए। लेकिन जब हम क्षेत्रवाद में फँसते हैं तो एक गुजराती होने के नाते कहते हैं, गुजरात सबसे ऊपर, बंगाल और दूसरे प्रान्त बाद में। इसमें कोई राष्ट्रवाद नहीं है। इसके उलट यदि मैं गुजरात में रहता हूँ और गुजरात को तैयार कर रहा हूँ, तो इस तरह से यह काम करना चाहिए कि गुजरात के विशाल संसाधन न केवल बंगाल बल्कि समूचे भारत के लिए समर्पित किए जा सकें और भारत के लिए गुजरात अपनी जान दे सके। इसलिए राष्ट्रवाद का मेरा विचार यह है कि मेरा देश आज़ाद हो—भले ही इसकी क़ीमत पूरे देश को

मर के चुकानी पड़े—ताकि इनसानी नस्ल जी सके। यहाँ नस्ली घृणा के लिए कोई जगह नहीं है। यही हमारा राष्ट्रवाद होना चाहिए।

राष्ट्रवाद बनाम अन्तरराष्ट्रीयतावाद

दार्जिलिंग में मुझे एक सज्जन मिले। उन्होंने मुझे एक नर्स की कहानी सुनाई, जो दूसरे को चोट पहुँचाने की क़ीमत पर देशसेवा नहीं करना चाहती थी। मैंने तुरन्त पकड़ लिया कि यह कहानी तो मेरी नसीहतों से आकर जुड़ती है। मैंने उन सज्जन को समझाया कि लगता है उन्होंने मेरा लिखा या किया नहीं देखा है, हालाँकि उनका दावा उलटा था। तब मैंने उनसे कहा कि मेरी देशभक्ति इतनी संकीर्ण नहीं है। उसमें न सिर्फ़ भारत के बल्कि समूची दुनिया के कल्याण की कामना है। मैंने उनसे कहा कि एक विनम्र इनसान होने के नाते मैं अपनी सीमाएँ जानता हूँ, इसलिए मैं अपने देश की सेवा से ही सन्तुष्ट हूँ, इस बात का ख़याल रखते हुए कि मैं दूसरे देश को नुक़सान पहुँचाने की मंशा से कुछ न करूँ। मेरे विचार में राष्ट्रवादी हुए बग़ैर आप अन्तरराष्ट्रीयतावादी नहीं हो सकते। अन्तरराष्ट्रीयतावाद तभी मुमकिन है जब राष्ट्रवाद एक सच्चाई बन जाए यानी जब अलग-अलग देशों के लोग ख़ुद को संगठित करके एक इकाई की तरह कार्रवाई करने में सक्षम हो जाएँ। राष्ट्रवाद अपने आप में बुरा नहीं है। आधुनिक राष्ट्रों की फैलाई हुई संकीर्णता, स्वार्थ और विशिष्टतावाद बुरा है। हर कोई दूसरे की क़ीमत पर लाभ कमाना चाहता है और दूसरे की तबाही की क़ीमत पर ऊपर चढ़ना चाहता है। मेरे ख़याल से हिन्दुस्तान का राष्ट्रवाद दूसरे रास्ते पर है। वह व्यापक मानवता की सेवा में उसके हित में ख़ुद को संगठित करना चाहता है या पूरी तरह ख़ुद को अभिव्यक्त करना चाहता है। वैसे, मेरी देशभक्ति या राष्ट्रवाद को लेकर कोई अनिश्चय नहीं है। ईश्वर ने मुझे भारत के लोगों के बीच ही गढ़ा है इसलिए अगर मैं इनकी सेवा नहीं कर सका तो उसके प्रति सच्चा नहीं रह जाऊँगा। अगर मुझे यह नहीं पता कि लोगों की सेवा कैसे करनी है तो मैं कभी नहीं जान पाऊँगा कि मानवता की सेवा कैसे की जाए। और मैं तब तक ग़लत नहीं हो सकता जब तक मैं अपने देश की सेवा करते हुए दूसरे देशों को कोई नुक़सान नहीं पहुँचा रहा।

अनुवाद : **अभिषेक श्रीवास्तव**

विखंडनकारी ताक़तों का मुक़ाबला और राष्ट्र निर्माण

.... ~ ....

आज़ादी के तुरन्त बाद भारत को वामपंथ और दक्षिणपंथ दोनों की चुनौतियों का सामना करना पड़ा। वामपंथियों को वैचारिक रूप से असहमति थी और उन्होंने आज़ादी के बाद तत्काल घोषणा भी कर दी कि ये आज़ादी झूठी है, इसके साथ-साथ उन्होंने नवनिर्वाचित सरकार के ख़िलाफ़ अभियान भी शुरू कर दिया। गृह मंत्री होने के नाते सरदार पटेल ने इन ताक़तों का मुक़ाबला किया और कम्युनिस्टों को सरकार में शामिल होकर राष्ट्र-निर्माण की परियोजना का हिस्सा होने को कहा। पटेल के लिए भारत का विचार (आइडिया ऑफ़ इंडिया) या भारत का राष्ट्रवाद वैचारिक रूप से या किसी दूसरे रूप में साम्प्रदायिक नहीं था। उन्हें आरएसएस से शुरू से ही परेशानी थी और वह परेशानी ज़्यादा चुनौतीपूर्ण थी क्योंकि वह राष्ट्रवाद के वेश में आई थी। पटेल ने संघ से उनके राष्ट्र और राष्ट्रवाद की परिभाषा जानना चाही और उन्हें यह कहते हुए चेतावनी भी दी, 'वो (आरएसएस) चाहता है कि हिन्दू राज्य या हिन्दू संस्कृति जबरन लोगों पर थोपे जाएँ। इसे कोई भी सरकार बर्दाश्त नहीं कर सकती।'

यहाँ शामिल किया गया भाषण पटेल ने 1949 में मद्रास में दिया था जिसमें उन्होंने वामपंथी ख़तरे के साथ-साथ दक्षिणपंथी ख़तरे की बात भी कही थी। वे मुश्किल-भरे शुरुआती दिन थे और पटेल ने बहुत ही स्पष्ट तौर पर कहा था कि भारत नया देश है और हम सभी भारतीय हैं और हमारे बीच कोई भेदभाव नहीं है।

सरदार वल्लभ भाई पटेल

राष्ट्रीय एकता और राष्ट्रवाद

एकता के लिए हमें जाति और धर्म के भेद को भूलकर एक बात याद रखनी चाहिए कि हम सभी भारतीय हैं और सभी एक समान हैं। आज़ाद मुल्क में इनसान-इनसान में भेद नहीं हो सकता है। सभी को समान अवसर, समान अधिकार और समान दायित्व मिलने चाहिए। वैसे व्यावहारिक रूप से यह हो पाना थोड़ा मुश्किल होता है लेकिन हमें उस लक्ष्य को पाने की दिशा में लगातार कोशिश करते रहना चाहिए।

देश में शान्ति और व्यवस्था बनाए रखने के लिए हमें एक और काम करने की ज़रूरत है। जब तक हम अपने पैरों पर खड़े न हो जाएँ तब तक हमें सरकार को धमकी नहीं देनी चाहिए। अगर अलग-अलग समूहों द्वारा अपनी माँग मँगवाने के लिए हर दिन सरकार को चुनौती मिलने लगेगी तो हम काम ही नहीं कर पाएँगे। अपनी सोच के अनुसार वे जो चाहते हैं, हो सकता है वह बहुत अच्छा हो, लेकिन गांधी जी ने हमारे सामने यह आदर्श रखा है कि हम जो पाना चाहते हैं उसे शान्तिपूर्ण व सत्य और अहिंसा के द्वारा पाने की कोशिश करें। अगर लोग सरकार को चुनौती देने लगें, धमकी देने लगें और सरकार को ज़बरदस्ती उखाड़ फेंकने की कोशिश करने लगेंगे तो सरकार कोई रचनात्मक काम कर ही नहीं पाएगी। इस देश में ऐसी ताक़तें मौजूद हैं जो देश को मज़बूत करने की बजाय अराजकता और अव्यवस्था पैदा करने की कोशिश करेंगी...

...सरकार आरएसएस के आन्दोलन से निपट रही है। वे ज़ोर-ज़बरदस्ती इस देश को हिन्दू राष्ट्र बनाना या हिन्दू संस्कृति को लागू करना चाहते हैं। कोई भी सरकार इसे बर्दास्त नहीं करेगी। देश के बँटवारे के बाद जितने मुसलमान इस देश को छोड़कर गए हैं उतने ही मुसलमान आज भी इस देश में रहते हैं। हम उन्हें निकाल नहीं सकते हैं। बँटवारे के बाद और इसके अलावा जो कुछ भी हुआ है, अगर हम ऐसा करते हैं तो वह बहुत ही अशुभ दिन होगा। हमें यह समझना ही होगा कि उन्हें यहीं रहना है और यह हमारा दायित्व है कि उन्हें हम यह महसूस

करवाएँ कि यह उनका अपना देश है। बेशक उनकी भी ज़िम्मेदारी है कि वे इस देश के नागरिक के रूप में अपने कर्तव्यों का निर्वहन करें।

यह समझने की ज़रूरत है कि हमने अभी-अभी विभाजन को झेला है। और यह हमारे साथ जुड़ा ही रहेगा। ईमानदारी से पूछिए तो मैं मानता हूँ कि यह दोनों नए देशों के लिए अच्छा हुआ कि हमें स्थायी रूप से झगड़ा-झंझट और दूसरी परेशानियों से मुक्ति मिल गई। दो सौ वर्षों की ग़ुलामी में प्रशासन ने हमारे लिए ऐसी स्थिति पैदा कर दी कि हम एक-दूसरे से दूर होते चले गए। यह अच्छा हुआ कि तमाम बुराइयों के बावजूद हम बँटवारे के लिए राजी हो गए, विभाजन पर सहमति देने से मुझे कभी अफ़सोस नहीं हुआ है। संयुक्त प्रशासन के एक वर्ष के अनुभव के बाद हम विभाजन के लिए सहमत नहीं हुए, मुझे पता है कि अगर हम विभाजन पर सहमत नहीं हुए होते तो हम गम्भीर चूक करते और इसका अफ़सोस बना रहता। परिणामस्वरूप सिर्फ़ दो देशों का विभाजन नहीं होता बल्कि इसके कई टुकड़े हो जाते। इसलिए कुछ लोग जो भी कहें, मुझे यक़ीन है कि बँटवारे के लिए सहमत होने से देश का भला हुआ है।

...लोग अधीर हो रहे हैं, वे श्रम के लिए अधिक मज़दूरी चाहते हैं। उन्हें क्या लगता है कि हम श्रमिक को भूखे रखना चाहते हैं? क्या हम विदेशी हैं? कुछ लोग आरोप लगाते हैं कि हम पूँजीवाद के एजेंट हैं। मैंने महात्मा गांधी से एक बात सीखी है कि सार्वजनिक जीवन में रहनेवालों के पास कोई सम्पत्ति नहीं होनी चाहिए और मैं किसी कम्युनिस्ट या किसी सरकार को चुनौती देता हूँ कि मेरी चुनौती को वह स्वीकार करे। लेकिन मेरी परेशानी उनसे है जो महात्मा गांधी की सलाह के दूसरे हिस्से के विपरीत जाकर हिंसा का इस्तेमाल करना चाहते हैं। हमारे बीच कोई आतंकवाद नहीं होना चाहिए। जब हम विदेशी शक्ति के अधीन थे, हमने वह खेल खेला और हम इसकी क़ीमत भी चुका रहे हैं क्योंकि हमने उस बुराई को बर्दाश्त भी किया है। और यही हम अब हैदराबाद में भी देख रहे हैं।

ये कम्युनिस्ट वहाँ समस्याएँ क्यों उत्पन्न कर रहे हैं? उनका विस्तार कैसे हुआ? ऐसा इसलिए हुआ क्योंकि हैदराबाद की सरकार मूर्खता कर रही थी और उसे बढ़ने देने की इजाज़त दिए हुए थी और हम उसे दबा नहीं पाए क्योंकि इस पर हमारा कोई नियंत्रण नहीं था। और आज हम वहाँ क्या देख रहे हैं? तीन या चार महीने में, दो सौ या उससे भी अधिक युवा कांग्रेसियों और उनके भाइयों की हत्या कर दी गई है। क्या यह आज़ादी का संकेत है कि आज़ादी के पहले ही साल आपने इस छोटे से भूभाग में दो सौ से अधिक कांग्रेसियों को मौत के घाट उतार दिया? अगर इन आतंकवादियों को उस क्षेत्र से खदेड़ दिया जाए तो फिर वे कहाँ जाएँगे? वे आपकी सीमा के भीतर घुसेंगे, वे आपको परेशान करेंगे, वे आपके साथ भी वही करेंगे जो वहाँ किया है। कम्युनिस्टों से मैं अपील करता हूँ लेकिन

वे किसी की सुनते कहाँ हैं कि मेरी बात सुनेंगे। पिछली बार जेल से रिहा होने के तत्काल बाद मैंने उनसे कहा था कि मैं सभी कम्युनिस्टों को कांग्रेस पार्टी में शामिल करने को तैयार हूँ बशर्ते कि आप अपने अतीत को भूलकर हिंसा का रास्ता त्याग दें और विदेशी मुल्कों से प्रेरणा लेना बन्द कर दें। हमारी पेशकश अब भी खुली है, लेकिन उन्हें लगता है कि समस्या का एकमात्र समाधान आतंकवाद ही है क्योंकि वे हमें न चुनाव में हरा सकते हैं और न ही भारत की जनता से अलग कर सकते हैं तो यह हमारा दुर्भाग्य है कि हमें अपने ही देश के युवक-युवतियों को जेल की सलाख़ों के पीछे डालना पड़ेगा या उन्हें भूमिगत होने के लिए बाध्य करना पड़ेगा।

...ये एक तरह के लोग हैं जिनसे हमें निपटना है; दूसरा आरएसएस है। मैंने उन्हें भी खुली पेशकश की है: 'अपनी योजनाओं को बदलो, गोपनीयता छोड़ो, साम्प्रदायिक संघर्ष छोड़ो, भारत के संविधान का सम्मान करो, झंडे के प्रति अपनी वफ़ादारी दिखाओ और हमें यक़ीन दिलाओ कि हम तुम्हारे कहे पर विश्वास कर सकें। कहोगे कुछ और करोगे कुछ, यह खेल हम नहीं खेलने देंगे।' आज़ादी के एक साल के भीतर हमें कई चीज़ों का अनुभव हुआ है और हमने कई सबक़ भी सीखे हैं। चाहे वे दोस्त हों या दुश्मन, चाहे वे हमारे सगे व लाड़ले जवान बच्चे ही क्यों न हों, हम उन्हें आग से खेलने की इजाज़त नहीं देंगे कि घर में ही आग लग जाए। युवाओं को हिंसा और विनाश के काम में शामिल होने की अनुमति देना अपराध होगा। हमने अपने पड़ोसी मुल्कों से जो सबक़ सीखा है उसे व्यर्थ नहीं जाने देंगे।

मैंने आरएसएस और कम्युनिस्टों से इसी रूप में बात की है। हमारे सिख दोस्त भी हैं। उन्होंने भी हमें धमकाया है, चुनौतियाँ भी दी हैं। वे भारत के एकमात्र समुदाय हैं जिन्हें संविधान सभा ने ध्वनिमत से हथियार रखने की इजाज़त दी है। किसी और समुदाय को तलवार या कृपाण रखने की अनुमति नहीं है। हमने ऐसा क्यों किया? इसलिए नहीं कि वे सरकार को बल प्रयोग करने की धमकी देने लगें। सरकार किसी को भी सत्ता सौंपने को तैयार है बशर्ते वह अपने साथ जनता को जोड़ ले। लेकिन अगर कोई आदमी झूठ बोले और लोकप्रिय सरकार को धमकी दे तो सरकार जनता को निराश नहीं करेगी...

अनुवाद : **जितेन्द्र कुमार**

राष्ट्रवाद और संस्कृति की एक सारग्राही दृष्टि

जवाहरलाल नेहरू ने ख़ुद को कई विषयों में सामान्य जानकार (डैबलर) कहा था। इसीलिए उनके इस लेख को इसमें रखा गया है।

राष्ट्रवादी नेताओं में उन्होंने विभिन्न विषयों पर सबसे स्पष्ट और प्रभावशाली ढंग से लिखा है इसलिए राष्ट्रवाद और संस्कृति जैसे विषय पर उनके प्रतिनिधि लेखन का चुनाव करना उतनी ही बड़ी समस्या थी। नेहरू के पास एक विश्वव्यापी दृष्टिकोण था जो पूरी तरह खुला हुआ था। वे भारत की परम्परा और संस्कृति के उपासक थे लेकिन वह उन धार्मिक सिद्धान्तों और जड़ताओं के ख़िलाफ़ थे जो देश के वैज्ञानिक सोच और आधुनिकता में रोड़े अटकानेवाली हों। उनके लिए वैज्ञानिक सोच, परम्परा और संस्कृति आपस में गुँथे हुए थे। उन्होंने कहा कि ऐसी कोई परम्परा मान्य नहीं होनी चाहिए जो किसी इनसान के मस्तिष्क और शरीर को क़ैदी बनाए। राष्ट्रवाद, अतीत और हमारी संस्कृति को समझने के लिए हमारे पास नेहरू की विरासत है, जिसे अब पुनर्जीवित किए जाने की ज़रूरत है।

जवाहरलाल नेहरू

राष्ट्रवाद और अन्तरराष्ट्रीयतावाद

यह स्पष्ट है कि राष्ट्रवाद एक संकीर्ण विचार है अगर वह ख़ुद में किसी व्यापक अवधारणा से जुड़ा हुआ नहीं है। यह भी स्पष्ट है कि राष्ट्रवाद के बिना हम जड़-विहीन हैं। हमारी कहीं भी कोई गहरी जड़ नहीं है दूसरी तरफ़ अन्तरराष्ट्रीयतावाद आज दुनिया के लिए न केवल अच्छा है बल्कि ज़रूरी भी है। लेकिन राष्ट्रवाद के साथ सम्पर्क और जुड़ाव को परिभाषित किए बिना धुँधला अन्तरराष्ट्रीयतावाद क़रीब-क़रीब एक अव्यावहारिक विचार है। इन दोनों को कैसे जोड़ा जाए? इन दोनों के ज़रूरी कारक क्या हैं? और इन दोनों के बीच दरअसल टकराव क्या हैं? ऐसी चीज़ें दिखती ज़रूर हैं यद्यपि वास्तविकता में ऐसा कुछ होता नहीं है। पिछले कई सालों में आप जानते हैं कि अन्तरराष्ट्रीयतावाद जीवन की गतिविधियों के साथ फैला है। ऐसा न केवल संचार में त्वरित वृद्धि के कारण हुआ है बल्कि हमारे आसपास की क़रीब-क़रीब सभी चीज़ें—जिन्हें आज हम देख रहे हैं—उनमें बढ़ोतरी के कारण हुआ है।

इसलिए लोग सोचते हैं कि राष्ट्रवाद कोई ऐसी चीज़ है जो फीकी पड़ रही है और अन्तरराष्ट्रीयतावाद को जगह मिल रही है। हम अन्तरराष्ट्रीयतावाद को कई पहलुओं में देखते हैं। यहाँ तक कि उन गतिविधियों में भी, जिन्हें मैं दुनिया का सर्वहारा तत्त्व कह सकता हूँ। स्केल के दूसरी तरफ़ हम देखते हैं कि अन्तरराष्ट्रीयतावाद सम्भवत: वित्त, व्यापार व वाणिज्य और उत्पादक संघ के क्षेत्र में ज़्यादा ठोस तरीक़े से बढ़ रहा है। हालाँकि इसमें चीख़ व शोर की कमी है। इस बीच हम विज्ञान के विकास, नये विचारों के आदान-प्रदान को भी देखते हैं। रेडियो, सिनेमा और कई अन्य सामान्य-सी चीज़ें जो हमें हर चौराहे पर देखने को मिल जाती हैं, उनमें भी ये अन्तरराष्ट्रीयतावाद है।

लोग सोचते हैं कि अन्तरराष्ट्रीयतावाद वास्तविक रूप में भविष्य की चीज़ है और राष्ट्रवाद निश्चित रूप से धुँधला पड़ेगा। मैं भी मानता हूँ कि इसमें काफ़ी हद

तक सच्चाई है। लेकिन जब भी कोई देश या दुनिया संकट का सामना करती है तो वहाँ राष्ट्रवाद तुरन्त हावी हो जाता है। विश्वयुद्ध के दौरान पिछले पाँच-छह वर्षों में हमने बड़े-बड़े संकट देखे हैं। इन संकटों से एक अहम सीख यह मिली कि कैसे और कब अन्दर से उत्तेजित लोग तुरन्त राष्ट्रवाद की ओर मुड़ गए। इस युद्ध में जिन-जिन देशों ने हिस्सा लिया वे अत्यधिक राष्ट्रवादी होकर निकले। ये देश अपने अन्तरराष्ट्रीयतावाद को भूल गए। यहाँ तक कि उन देशों में भी राष्ट्रवाद एक बेहद प्रभावी आवेग बन गया जो सर्वहारा झुकाव रखते थे। ये देश अन्तरराष्ट्रीयतावाद और दुनिया के मज़दूरों को उनको दबानेवाली ताक़तों के ख़िलाफ़ एकजुट करने की सोच रखते थे।

पूरी दुनिया में अन्तरराष्ट्रीयतावाद के विकास के बावजूद यह राष्ट्रवाद आधार पर लगातार बेहद व्यापक स्तर पर काम करता है, ख़ासकर संकट के समय। यह अन्तरराष्ट्रीयतावाद का एक अपरिहार्य विकास है जो मानव-जीवन और उनके मस्तिष्क को प्रभावित करता है। इसलिए मैं मानता हूँ कि आज और कल की एक समस्या यह भी है कि कैसे दोनों अवधारणाएँ—राष्ट्रवाद और अन्तरराष्ट्रीयतावाद में फिट बैठ जाएँ। राष्ट्रवाद स्वाभाविक रूप में कुछ ऐसा है जो मानव-प्रवृत्ति में काफ़ी अन्दर तक समाया हुआ है। हम इसे उनके अन्दर से निकाल नहीं सकते और इसे निकालने का कोई कारण भी नहीं होना चाहिए क्योंकि राष्ट्रवाद अन्ततः उन चीज़ों पर निर्भर करता है जो हमारे अन्दर सबसे बेहतर हैं।

...इसका भी एक और पहलू है, नए और पुराने को सम्यक् संयोजन। यहाँ एक बार फिर कहा जाएगा कि हम पुरानी अवधारणा वाले हैं। हममें में से हर कोई पुरानी अवधारणा से बँधा है...यद्यपि ये कहना ज़्यादा सही होगा या हम ये करना चाहेंगे कि हम पुरानी अवधारणा के नहीं हैं, बल्कि अतीत (पुरानी अवधारणाएँ) हमसे जुड़ा हुआ है। पुरानी अवधारणाओं को मानने के कारण हम पुराने हैं लेकिन जब पुरानी अवधारणाएँ हमसे जुड़ी होती हों तो इसका मतलब यह है कि ये चीज़ें हमारे अन्दर हैं फिर भी हम वर्तमान में हैं और हम भविष्य की ओर देखते हैं। अतीत, वर्तमान और भविष्य के इस एकीकरण में भी एक जटिल समस्या है। यह असाधारण बात है कि हममें से कई व्यक्ति जो वर्तमान में जीते हैं, वे इसको लेकर बमुश्किल सचेत रहते हैं। फिर भी, वे अतीत से घिरे रहते हैं। लेकिन अतीत भी पर्याप्त नहीं है। हालाँकि अतीत वर्तमान के लिए अनिवार्य रूप से ज़रूरी है। जिस तरह दुनिया में हर घंटे—हर रोज़ चीज़ें बदलती हैं उसी तरह इनसान का जीवन भी बदलता है। लेकिन उत्सुक होने के बावजूद इनसान का दिमाग़ नहीं बदलता। हमेशा कुछ-न-कुछ कमी रह जाती है। इतना सब होने के बावजूद दिमाग़ चारों तरफ़ होनेवाले बदलावों को लेकर बँधा रहता है। ऐसा होने के पीछे एक अहम कारण एकीकरण का अभाव और आज के समय के तमाम संघर्ष हो सकते हैं।

ऐसे में अतीत पर टिके होने के साथ हमें वर्तमान के बदलावों को पकड़ना और उन बदलावों को समझते रहना होगा और ख़ुद में इनको भविष्य के लिए फिट करना होगा। भारत और चीन जैसे प्राचीन देशों की बात करें तो यहाँ हमारे पास शानदार सांस्कृतिक परम्पराएँ रही हैं, जो एक तरफ़ तो प्रेरित करती हैं लेकिन कभी-कभी पीछे भी धकेलती हैं। ऐसे में हमारे लिए यहाँ अतीत का वर्तमान और भविष्य के साथ ठीक तरीक़े से एकीकरण और भी अहम हो जाता है।

आज की तारीख़ में इनसान के बाहरी और आन्तरिक जीवन के बीच पहले की तुलना में ज़्यादा एकीकरण की ज़रूरत है। एकीकरण के अभाव में ही सभी समस्याएँ और परेशानियाँ पैदा होती हैं। यह भी सम्भव है कि हम असाधारण सन्तुलन और संयम विकसित कर लें लेकिन इनसान में कोई आन्तरिक सन्तुलन नहीं होता। ख़ासकर दुनिया के घोर औद्योगिक देशों के इनसानों में। वैसे यह औद्योगिकीकरण का परिणाम हो भी सकता है और नहीं भी। लेकिन यह उस प्रकार के जीवन का नतीजा है जो इससे (औद्योगिकीकरण से) बना है। हमें अपने देश भारत के मामले में इस तरह के एकीकरण की ज़रूरत है। लेकिन ऐसा औद्योगिकीकरण के कारण नहीं बल्कि कई और वजहों से हुआ है। स्पष्ट रूप से इनसान के बाहरी और आन्तरिक जीवन में जब तक तारतम्यता नहीं रहेगी तब तक अधिकतर समय इनसान रणक्षेत्र बना रहता है।

संस्कृति क्या है?

मेरे दिमाग़ में इसको लेकर एक बड़ा कन्फ़्यूज़न है और मैं इसे पूरी स्पष्टता के साथ कहूँगा कि आख़िर ये क्या है। हमारे आसपास की दुनिया में क्या चल रहा है उसी से सभी तरह के मूल सवाल उपजते हैं। एक-दूसरे को समझने के लिए राष्ट्र, व्यक्ति और समूह की बात की जाती है और यह स्वाभाविक लगता है कि लोगों को एक-दूसरे को समझने और एक-दूसरे से सीखने की कोशिश करनी चाहिए। जब मैं इतिहास के पन्ने पलटता हूँ या वर्तमान घटनाओं को पढ़ता हूँ तो कुछ ऐसा पाता हूँ कि जो लोग एक-दूसरे को सबसे अधिक जानते हैं, वे ही आपस में सबसे अधिक झगड़ते हैं। वे देश जो यूरोप या एशिया में एक-दूसरे के पड़ोसी हैं वे किसी तरह एक-दूसरे को ग़लत तरीक़े से नीचा दिखाते हैं, भले ही वे एक-दूसरे को बहुत अच्छे तरीक़े से जानते हों। इसलिए केवल जानकारी या ज्ञान-भर से बेहतर सहयोग या दोस्ती नहीं हो जाती है। यह कोई नई चीज़ नहीं है। यहाँ तक कि इतिहास के पन्ने भी इन्हीं चीज़ों को दर्शाते हैं। अब सवाल यह है कि क्या राष्ट्रों के स्तर पर ही

कुछ ग़लत है या सवाल का तरीक़ा ही ग़लत है? या कुछ और है जो वैसा नहीं हो सका जैसा होना चाहिए था? जब हम सांस्कृतिक रिश्तों की बात करते हैं तो मेरे दिमाग़ में एक सवाल तुरन्त आता है कि आख़िर 'संस्कृति' है क्या, जिसके बारे में लोग इतनी बातें करते हैं? मुझे याद है कि जब मैं युवा था तो मैंने जर्मन संस्कृति और जर्मनी के लोगों के द्वारा फ़तह और अन्य माध्यमों के ज़रिये अपनी 'कलचर' को फैलाने के बारे में पढ़ा था। इस संस्कृति को बढ़ाने और इसको रोकने के लिए एक बड़ी जंग भी लड़ी गई थी। लगता है कि हर देश और हर व्यक्ति के पास संस्कृति को लेकर उसकी निजी राय होती है। जब सांस्कृतिक रिश्ते की बात होती है तो वास्तविक रूप से यह होता है कि वे निजी विचार विवाद की जड़ बन जाते हैं और उनके बीच दोस्ती के बजाय दूरियाँ बढ़ने लगती हैं। वैसे सैद्धान्तिक रूप से सांस्कृतिक रिश्तों की बात बहुत अच्छी लगती है। संस्कृति क्या है, मूल सवाल यह भी है और मैं इसकी परिभाषा देने में ख़ुद को सक्षम नहीं मानता हूँ क्योंकि मैं इसे ख़ुद नहीं खोज पाया हूँ।

देखा गया है कि प्रत्येक राष्ट्र और सभ्यता अलग-अलग संस्कृति को विकसित करते हैं। उसकी जड़ें सैकड़ों पीढ़ियों में और हज़ारों साल पुरानी होती हैं। ऐसा भी देखा गया है कि एक आवेग एक लम्बी राह पर चलते हुए सभ्यता की शुरुआत करता है। वही इन राष्ट्रों को बनाता है। ये सपाट अवधारणा अन्य अवधारणाओं से प्रभावित है और इन विभिन्न अवधारणाओं के बीच क्रिया और अन्तर्क्रिया देखी जा सकती है। मैं मानता हूँ कि दुनिया में ऐसी कोई संस्कृति नहीं है जो पूरी तरह से पूर्वकालीन है और जिस पर किसी अन्य संस्कृति का प्रभाव न पड़ा हो। ऐसा भी नहीं हो सकता है कि वह सौ फीसदी किसी ख़ास नस्ल से सम्बन्धित, क्योंकि पिछले सैकड़ों और हज़ारों सालों में तरह-तरह के परिवर्तन और मिश्रण हुए हैं।

इसलिए यह तय है कि संस्कृति में किसी-न-किसी तरह का मिश्रण होगा ही। भले ही एक ख़ास राष्ट्रीय संस्कृति का मूल तत्त्व ज़्यादा प्रभावी हो। अगर इस तरह चीज़ें शान्तिपूर्ण तरह से चलती हैं तो इसमें कोई बुराई नहीं है। लेकिन इसकी परिणति अक्सर संघर्ष के रूप में होती है। यह कभी-कभी एक समूह में एक तरह का भय पैदा करती है कि उनकी संस्कृति बाहरी या एलियन प्रभाव (इसे वे ख़ुद बाहरी या एलियन मानते हैं) में तबाह की जा रही है। इसके बाद वे अपने आपको एक चहारदीवारी या आवरण के भीतर समेटते हैं जो उन्हें अलग-थलग करता है और उनके विचार व सोच को बाहर जाने से रोकता है। यह अनुचित स्थिति है, क्योंकि किसी भी मामले और ख़ासकर संस्कृति से जुड़े मामले में गतिहीनता सबसे ख़राब सम्भावित चीज़ होती है। अगर संस्कृति में कोई मूल्य है तो निश्चित तौर पर इसमें गहराई भी होनी चाहिए। इसमें निश्चित तौर पर एक गतिशील कारक भी होना चाहिए। अन्ततः संस्कृति तमाम कारकों पर निर्भर करती है। अगर हम इसके

आधारभूत ढाँचे से, जो किसी राष्ट्र या जनता के विकास के प्रारम्भिक चरण में बना था, बाहर निकलते हैं तो यह भूगोल, जलवायु और सभी तरह के अन्य कारकों से प्रभावित होता है। अरब की संस्कृति पूरी तरह से वहाँ के भूगोल और वहाँ के मरुस्थल से संचालित होती है। क्योंकि यह संस्कृति वहीं पनपी है। स्वाभाविक रूप से प्राचीन काल में भारत की संस्कृति अन्य चीज़ों के अलावा हिमालय, जंगलों और भारत की महान नदियों से प्रभावित रही। ऐसा हम अपने साहित्य में देखते हैं। यह मिट्टी से स्वाभाविक विकास था। संस्कृति के विभिन्न क्षेत्रों में (जैसे—आर्किटेक्चर, संगीत और साहित्य) में से कोई दो आपस में मिल सकते हैं या अक्सर मिलते रहे हैं तो एक सुखद सम्मिश्रण बनाते हैं। लेकिन जब किसी चीज़ या अन्य को बेहतर बनाने की कोशिश की जाती है तो अनिवार्य रूप से संघर्ष की उत्पत्ति होती है। चीज़ों को बेहतर बनाने की कोशिश तब की जाती है जब वे अपनी जड़ों से अलग हुए बिना स्वाभाविक रूप से विकास या बदलाव को नहीं अपनाती हैं। ऐसे में मेरे दिमाग़ में कुछ ऐसा आता है जो संस्कृति के सभी विचारों का मूल रूप से विरोध करता है। वह दिमाग़ का अलग-थलग हो जाना और दिमाग़ का जान-बूझकर बन्द हो जाना है जिससे कि दूसरों के प्रभाव से बचा जा सके। भारत के इतिहास को लेकर मेरा विचार यह है कि हम भारत के विकास, प्रगति और ह्रास को उस अवधि से तुलना कर माप सकते हैं जब भारत का अपना दिमाग़ दुनिया को लेकर खुला था और जब इसने इसे बन्द करने की इच्छा व्यक्त की। जितना ज़्यादा इसने अपने आपको बन्द किया उतना ही यह गतिहीन बनता गया। जीवन चाहे वह किसी व्यक्ति का हो, समूह का हो या फिर किसी राष्ट्र या समाज का हो, उसे आवश्यक रूप से गतिशील, परिवर्तनीय और सतत बढ़ते रहनेवाला होना चाहिए। जो चीज़ें उस गतिशील विकास को रोकती हैं वो उसे चोटिल और कमतर करती हैं।

हमारे पास महान धर्म रहे हैं और उन्होंने मानवता पर असाधारण असर भी डाला। यहाँ अगर मैं पूरे सम्मान और किसी भी व्यक्ति की भावना को चोट पहुँचाए बिना यह कहूँ कि ये धर्म जिन्होंने मानव के दिमाग़ को गतिहीन, ठस्स, धर्मांध बना दिया, मेरे हिसाब से उसका बुरा असर हुआ। जो चीज़ें उन्होंने कहीं, हो सकता है कि उनमें कुछ अच्छी भी रही हों लेकिन जब यह दावा किया गया कि ये ही अन्तिम सत्य हैं तो उस वक़्त समाज गतिहीन या जड़ बन गया।

किसी इनसान, किसी प्रजाति या फिर किसी भी राष्ट्र की कहीं-न-कहीं एक जड़ ज़रूर होती है। वे तब तक इस पर बहुत ध्यान नहीं देते जब तक कि बीते हुए समय में उनकी जड़ें गहरी नहीं रही होती हैं। बीते हुए समय से आशय पीढ़ियों के अनुभव के समुच्चय और कुछ हद तक उनकी बुद्धि से है। यह ज़रूरी है कि आपके पास ये जड़ हो अन्यथा आप किसी चीज़ की एक धुँधली कॉपी बनकर रह जाएँगे जिसका एक इनसान या एक समूह के रूप में कोई मतलब नहीं होता।

दूसरी तरफ़ कोई इनसान केवल जड़ों के सहारे नहीं रह सकता। यहाँ तक कि जब आप खुले आसमान और खुली हवा के बीच नहीं आते हैं तो ये जड़ें भी कमज़ोर पड़ने लगती हैं। खुली हवा में ही ये जड़ें सहारा दे पाती हैं, तभी वे फलती-फूलती भी हैं। ऐसे में तब आप कैसे इन दोनों ज़रूरी कारकों के बीच सन्तुलन बनाते हैं? यह बहुत कठिन काम है। क्योंकि कुछ लोग पेड़ों की टहनियों में लगे पत्तों और फूलों के बारे में एक महान समझौते को देखते हैं। वे भूल जाते हैं कि ये तभी फल-फूल रहे होते हैं जब सहारा देने के लिए मज़बूत जड़ें होती हैं। वहीं कुछ लोग यह भी मानते हैं कि जड़ ही सब कुछ है। इसके बिना कोई टहनियाँ, पत्ते या फूल नहीं टिक पाएँगे। इसलिए अब सवाल यह है कि कैसे एक इनसान इन दोनों के बीच सन्तुलन साधेगा।

क्या संस्कृति का मतलब इनसान के भीतर के आन्तरिक विकास से भी है? निश्चित रूप से ऐसा है। क्या इसका मतलब उस व्यवहार से है जैसा वे दूसरों के साथ करते हैं? निश्चित रूप से ऐसा ही है। क्या इसका मतलब अन्य व्यक्ति को समझने की क्षमता से है? मैं ऐसा ही मानता हूँ। क्या इसका मतलब आपकी उस क्षमता से है, कि आप अपने आपको दूसरों की समझ में आने लायक़ बना दें? मैं इसे भी ऐसा ही मानता हूँ। कुल मिलाकर इसका मतलब यह हुआ कि एक व्यक्ति जो दूसरों के विचार या राय को नहीं समझ सकता है, तो इसका मतलब यह हुआ कि उसका दिमाग़ और संस्कृति सीमित है। ऐसा इसलिए क्योंकि कोई भी व्यक्ति (कुछ असाधारण इनसानों को छोड़कर) यह दावा नहीं कर सकता कि उसके पास जानकारी और बुद्धि का भंडार है। दूसरे पक्ष या समूह के पास भी जानकारी, बुद्धि या सच्चाई हो सकती है। लेकिन अगर हमने अपना दिमाग़ बन्द कर लिया है तो इसका मतलब यह है कि न केवल हमने उस जानकारी, बुद्धि या सच्चाई से ख़ुद को वंचित कर लिया, बल्कि एक ऐसा दिमाग़ बना लिया जो एक सुसंस्कृत इनसान के उलट है। एक सुसंस्कृत दिमाग़ को अपने दरवाज़े और खिड़कियाँ खुली रखनी चाहिए। उसमें दूसरों के विचार को समझने की क्षमता होनी चाहिए। भले ही वह उससे हमेशा सहमत न रहता हो। सहमति या असहमति की बात केवल तब उठती है जब आप चीज़ों को समझते हैं। अन्यथा यह एक अन्धी असहमति होती है जो किसी भी सवाल को लेकर एक सुसंस्कृत तरीक़ा नहीं हो सकता।

दुनिया के क़रीब-क़रीब सभी देश यह मानते हैं कि उनके पास कुछ ख़ास स्थानीय विधान हैं कि वे चुनिन्दा लोग या प्रजाति हैं और दूसरे (भले ही वे अच्छे या बुरे हों) उनसे कुछ कमतर हैं। यह असाधारण बात है कि इस तरह की सोच, बिना किसी अपवाद के—पश्चिम के साथ-साथ पूरब के भी सभी देशों में मौजूद है। पूरब के राष्ट्र अपने विचारों और मान्यताओं को लेकर पूरी तरह अडिग हैं और कभी-कभी तो उनमें कुछ मामलों को लेकर ख़ुद के उत्कृष्ट होने की सोच रहती

है। जो भी हो, पिछले दो-तीन सौ सालों में उन्होंने अपने माथे पर कई घाव झेले हैं। उनको अपमानित किया गया है। उनको उनकी जड़ों से अलग किया गया है और उनका शोषण किया गया है। और इसी क्रम में, उनमें ख़ुद के उत्कृष्ट होने की भावना होने के बावजूद, वे यह मानने को मजबूर हैं कि उनके साथ बुरा बर्ताव हो सकता है और उनका शोषण हो सकता है। कुछ हद तक यह उन्हें यथार्थ की एक समझ देता है। हालाँकि इसमें सच्चाई से भागने की एक कोशिश भी दिख रही है। क्योंकि ऐसा कहा जाता है कि हम भौतिक और तकनीकी चीज़ों में बहुत आगे नहीं थे, लेकिन वे चीज़ें अन्ततः दिखावटी थीं। जो भी हो, हम ज़रूरी चीज़ों जैसे आध्यात्मिक और नैतिक मूल्यों में उत्कृष्ट थे। मुझे इसमें कोई सन्देह नहीं है कि आध्यात्मिक चीज़ों और नैतिक मूल्य अन्ततः अन्य चीज़ों से ज़्यादा महत्त्वपूर्ण हैं। लेकिन एक इनसान का यह कहकर बचना कि अध्यात्म उत्कृष्ट है, उसका सीधा मतलब यह है कि वह भौतिक और वास्तविक चीज़ों में कमतर है—यह अचम्भित करता है। वह किसी भी तरीक़े को अपनाता नहीं है। यह अधोगति के कारणों का सामना करने से बचना है।

निश्चित रूप से राष्ट्रवाद उत्सुक करनेवाली एक अद्भुत चीज़ है। जो किसी देश के इतिहास के एक ख़ास दौर में जीवन, विकास, ताक़त और एकता को बढ़ावा देती है। लेकिन उसी समय इसकी एक प्रकृति चीज़ों को सीमित करने की होती है, क्योंकि इनसान सोचता है कि उसका देश-दुनिया के अन्य देशों से अलग है। इन तुलनात्मक बदलावों को लेकर इनसान लगातार अपने संघर्ष व गुण और अन्य विचारों को हटाने में मिली विफलता को लेकर सोचता रहता है। इसका परिणाम यह होता है कि वही राष्ट्रवाद, जो लोगों के विकास का संकेतक होता है, ठहराव का प्रतीक बन जाता है। जब राष्ट्रवाद सफल होता है तो कभी-कभी यह आक्रामक तरीक़े से बढ़ता है और अन्तरराष्ट्रीय स्तर पर ख़तरा बन जाता है। आप चाहे किसी भी विचारधारा के हों, लेकिन इस निष्कर्ष पर पहुँचते हैं कि किसी-न-किसी प्रकार का सन्तुलन अवश्य होना चाहिए। अन्यथा कभी-कभी जो चीज़ें अच्छी होती हैं वो बुराई में तब्दील हो जाती हैं। ग़लत नज़रिया होने पर शुरुआत में जो संस्कृति अच्छी चीज़ होती है वो न केवल गतिहीन हो जाती है बल्कि आक्रामक व कभी-कभी संघर्ष और घृणा का बीज बो देती है। ऐसे में आप कैसे सन्तुलन बनाएँगे। मुझे नहीं पता है। सदियों की राजनीतिक और आर्थिक समस्याओं के अतिरिक्त सम्भवतः आज की यह सबसे बड़ी समस्या है। इसके पीछे इनसान के मिज़ाज में बड़ा विरोधाभास होता है। वह एक ऐसी चीज़ की खोज करता है जो वह पा नहीं सकता। हम आर्थिक सिद्धान्तों पर आते हैं, क्योंकि निःसन्देह इनका एक व्यापक महत्त्व है। जब इनसान भूखा रहता है, जब मरता रहता है, तब संस्कृति और यहाँ तक कि ईश्वर के बारे में बात करना मूर्खता है। किसी को इस तरह की किसी भी

चीज़ के बारे में बात करने से पहले इनसान के जीवित रहने के लिए ज़रूरी न्यूनतम चीज़ें उपलब्ध करवानी चाहिए।

आज की तारीख़ में जब इनसान यह देखता है कि सभी लोगों पर एक समान बोझ नहीं डाला गया है तो वह इन परेशानियों—भुखमरी और असमानता—को बर्दाश्त करने की स्थिति में नहीं होता। वह देखता है कि अन्य लोग फ़ायदे में हैं और उसके ऊपर बोझ डाला गया है। हमें अनिवार्य रूप से इन समस्याओं से आर्थिक और अन्य तरीक़ों से निपटना होगा। लेकिन मैं यह सोचता हूँ कि इन सभी के पीछे लोगों के दिमाग़ में एक बहुत ही ज़बरदस्त मनोवैज्ञानिक समस्या है। ऐसा हो सकता है कि कुछ लोग इस बारे में गम्भीरता से और लगातार चिन्तन कर रहे होंगे। वहीं कुछ लोग हल्के और अवचेतन तरीक़े से सोचते होंगे। लेकिन यह तय है कि आज इनसान के अन्दर इस तरह का विरोधाभास मौजूद है। मैं नहीं जानता कि इसका समाधान कैसे होगा? मुझे जो एक चीज़ परेशान करती है वो यह है कि जो लोग एक-दूसरे को समझते हैं, वे ही ज़्यादा-से-ज़्यादा आपस में झगड़ते हैं। लेकिन इसका मतलब यह नहीं है कि हमें एक-दूसरे को समझने की कोशिश बन्द कर देनी चाहिए। यह ख़ुद को पूरी तरह से नियंत्रित करने जैसा है और यह कुछ ऐसी चीज़ है जिसे आधुनिक दुनिया के सन्दर्भ में वास्तविक रूप से नहीं किया जा सका है। इसलिए यह ज़रूरी हो जाता है कि हम एक-दूसरे को सही तरीक़े से समझने की कोशिश करें। ऐसा करना ज़रूरी है। दोस्ताना व्यवहार और उचित दृष्टिकोण ज़रूरी है, क्योंकि दोस्ताना दृष्टिकोण अपनाने पर ही दोस्ताना प्रतिक्रिया मिलती है। मुझे इसको लेकर सन्देह नहीं है कि यह जीवन का मूल नियम है। यदि आपका दृष्टिकोण अच्छा है तो प्रतिक्रिया भी अच्छी मिलेगी। अगर दृष्टिकोण ग़लत है तो प्रतिक्रिया भी ग़लत ही मिलेगी। इसलिए जब हम अपने आसपास के लोगों या देशों से खुले दिल और दिमाग़ से दोस्ताना व्यवहार करते हैं तो हम न केवल एक-दूसरे को समझने की तरफ़ बढ़ते हैं बल्कि बेहतर समझ विकसित कर रहे होते हैं। इसमें यह ध्यान रखने की ज़रूरत होती है कि उनकी तरफ़ से जो भी अच्छी चीज़ें आती हैं हम उन्हें स्वीकार करने को तैयार रहें। इन अच्छी चीज़ों को स्वीकार करने का मतलब यह नहीं होता है कि हम उनके सामने समर्पण कर रहे होते हैं।

इसलिए मैं यह आप पर छोड़ता हूँ और आप ही यह तय करें कि सही मायने में संस्कृति और बुद्धिमानी क्या है। हम ज्ञान और अनुभव के साथ सीखते-सीखते बड़े हुए हैं। जब तक हमारे पास प्रचुर मात्रा में ये चीज़ें नहीं होंगी तब तक यह जानना असम्भव होगा कि हम कहाँ खड़े हैं। हम इन चीज़ों से अभिभूत हैं और उसी समय किसी-न-किसी रूप में हम यह महसूस भी करते हैं कि इन सभी चीज़ों को एक साथ मिला देने के बावजूद इनसान की बुद्धि के विकास में ये चीज़ें सहायक होती हैं। मैं यह महसूस करता हूँ कि सम्भवत: जिन लोगों को आधुनिक जीवन

और आधुनिक विज्ञान के सभी लाभ नहीं मिलते वे शुरू में हममें से अधिकतर लोगों से ज़्यादा बुद्धिमान होते हैं। हमें नहीं पता कि भविष्य में हम इन सभी ज्ञान या जानकारियों, वैज्ञानिक विकास और वास्तविक बुद्धि को इनसान की बेहतरी के लिए जोड़ पाएँगे या नहीं। विभिन्न ताक़तों के बीच एक होड़ है। इस बारे में मैं यहाँ यूनान के प्रसिद्ध कवि की इन पंक्तियों को याद दिलाना चाहता हूँ :

> बुद्धि और क्या है? इनसान के प्रयत्न या ईश्वर की सबसे बड़ी शोभा
> क्या है? बेहद प्यारी और बेहद महान?
> डर से दूर खड़ा होइए, आज़ादी तय कीजिए। साँस लीजिए और इन्तज़ार
> कीजिए।
> घृणा से इतर ख़ुद को खड़ा करें। और क्या मनोरमता हमेशा प्यारी नहीं
> रहेगी?

अनुवाद : **जितेन्द्र कुमार**

राष्ट्रवाद परिभाषित

.... ~ ....

भीमराव रामजी आंबेडकर हमारे सबसे महत्त्वपूर्ण बुद्धिजीवी और नेताओं में से एक हैं जिनकी लेखनी ने हिन्दुस्तान के सामाजिक ताने-बाने को बहुत गहरे ढंग से प्रभावित किया है। 1930 के दशक में अपनी नवनिर्मित इंडियन लेबर पार्टी की स्थिति को समझाते हुए आंबेडकर ने बहुत ही स्पष्ट शब्दों में चेतावनी दी थी कि वह 'राष्ट्रवाद का बुत बनाने के लिए क़तई तैयार नहीं हैं।' उन्होंने दूसरे विश्वयुद्ध के अनुभव को देखकर राष्ट्रवाद से सावधान रहने की भी चेतावनी दी थी। राष्ट्रवाद के उभार और पाकिस्तान के मुद्दे पर उन्होंने ज़ोर देकर कहा कि जब बड़े पैमाने पर लोग एक अलग राष्ट्रीयता के रूप में ख़ुद को देखना शुरू कर देते हैं तो उनके लिए अलग राष्ट्र ही एकमात्र विकल्प रह जाता है। और इस स्थिति के लिए उन्होंने कांग्रेस और मुस्लिम लीग दोनों को बराबर का दोषी माना। उन्होंने मुस्लिम लीग की अलग राष्ट्र की माँग पर अपनी पुस्तक में विचार किया है, जिसे यहाँ इस किताब में शामिल किया गया है। आंबेडकर ने शायद ही कभी इस विषय पर लिखा था, लेकिन 1940 के दशक में उन्होंने राष्ट्रवाद को परिभाषित किया।

बी.आर. आंबेडकर

किससे बनता है राष्ट्र?

भारतीय राष्ट्रीय कांग्रेस की स्थापना के समय से ही भारत के एक राष्ट्र होने का सवाल एंग्लो-इंडियन और हिन्दू राजनेताओं के बीच विवाद का विषय रहा है। एंग्लो-इंडियन राजनेता यह ऐलान करते थकते नहीं थे कि भारत एक राष्ट्र नहीं है और 'भारतीय' भारत के लोगों का महज़ एक और नाम-भर है। एक एंग्लो-इंडियन के शब्दों में 'भारत को जानने के लिए यह भूलना ज़रूरी है कि भारत जैसी कोई चीज़ मौजूद है।' दूसरी तरफ़, हिन्दू राजनेता और देशभक्त अपने इस दावे पर उतने ही अटल रहे हैं कि भारत एक राष्ट्र है। एंग्लो-इंडियन राजनेताओं का नकारना सही था, इस तथ्य को यूँ ही अस्वीकार नहीं किया जा सकता। यहाँ तक कि बंगाल के राष्ट्रीय कवि टैगोर भी उनसे सहमत हैं। लेकिन हिन्दुओं ने इस मुद्दे पर कभी डॉ. टैगोर के सामने भी घुटने नहीं टेके।

ऐसा दो वजहों से था। पहला, हिन्दुओं को यह स्वीकार करने में शर्म आती है कि भारत एक राष्ट्र नहीं था। एक ऐसी दुनिया में जहाँ राष्ट्रीयता और राष्ट्रवाद को लोगों का विशेष गुण माना जाता था, हिन्दुओं के लिए श्री एच. जी. वेल्स की भाषा बोलना काफ़ी स्वाभाविक था क्योंकि भारत के लिए राष्ट्रीयता के बिना रहना ठीक वैसे ही अनुचित होता जैसे किसी इनसान का एक भीड़-भरी सभा में बिना कपड़ों के रहना। दूसरा, उन्होंने यह महसूस किया कि स्वशासन के दावे के साथ राष्ट्रीयता का एक बेहद घनिष्ठ सम्बन्ध है। वह जानते थे कि उन्नीसवीं शताब्दी के अन्त तक यह एक स्वीकृत सिद्धान्त बन जाएगा कि एक राष्ट्र का गठन करने वाले लोग स्वशासन के हक़दार हैं और अपने लोगों के लिए स्वशासन की माँग करने वाले किसी भी देशभक्त के लिए यह साबित करना ज़रूरी होगा कि वे एक राष्ट्र हैं। इन्हीं वजहों से हिन्दू कभी इसका विश्लेषण करने से नहीं चूके कि भारत वास्तव में एक राष्ट्र है या नहीं। उन्होंने कभी इस तथ्य की खोजबीन नहीं की कि राष्ट्रीयता सिर्फ़ लोगों को राष्ट्र *कहने* का सवाल है या फिर लोगों के राष्ट्र *होने*

का सवाल है। वे एक बात जानते थे कि अगर उन्हें भारत के लिए स्वशासन की अपनी माँग में सफल होना है, तो उन्हें इस बात पर क़ायम रहना होगा कि भारत एक राष्ट्र है, भले ही वे इसे साबित न कर पाएँ।

उनके इस दावे का कभी किसी भारतीय ने खंडन नहीं किया। यह मान्यता इस क़दर स्वीकार्य थी कि इतिहास के गम्भीर भारतीय छात्र भी इसके समर्थन में प्रचार साहित्य लिखने के लिए आगे आए, निस्संदेह देशभक्ति के उद्‌देश्यों से। हिन्दू समाज-सुधारक, जो जानते थे कि यह एक ख़तरनाक भ्रम है, खुले तौर पर इस मान्यता का खंडन नहीं कर सकते थे। लिहाज़ा, जिसने भी इस पर सवाल उठाया, उसे तुरन्त ब्रिटिश नौकरशाही का औज़ार और देश का दुश्मन कहा गया। हिन्दू राजनेता लम्बे समय तक अपने विचार का प्रचार करने में सक्षम थे। उनके विरोधी, एंग्लो-इंडियन ने उन्हें जवाब देना बन्द कर दिया था। उनका प्रचार लगभग सफल हो चुका था। जब यह मुहिम सफल होने को थी कि सुर को बेसुरा बनाती हुई मुस्लिम लीग की घोषणा आ गई। चूँकि यह ऐलान एंग्लो-इंडियन लोगों की तरफ़ से नहीं आया था, लिहाज़ा यह एक घातक झटका था। इसने हिन्दू राजनेताओं के सालों से किए-कराए पर पानी फेर दिया। अगर भारत में मुसलमान एक अलग राष्ट्र हैं, तो निश्चित रूप से भारत एक राष्ट्र नहीं है। इस दावे ने हिन्दू राजनेताओं के पैरों के नीचे से पूरी ज़मीन ही खिसका दी। ज़ाहिर है कि उन्हें इस पर ग़ुस्सा आना ही था और उन्होंने इसे पीठ में छुरा घोंपना कहा।

छुरा घोंपा गया या नहीं घोंपा गया, लेकिन असली मुद्दा यह है कि क्या मुसलमानों को एक राष्ट्र कहा जा सकता है? बाक़ी सारी बातें इसके बाद हैं। इससे यह सवाल उठता है कि राष्ट्र क्या है? इस विषय पर कई ग्रन्थ लिखे गए हैं। जो जिज्ञासु हैं वे उन्हें पढ़ सकते हैं और विभिन्न बुनियादी अवधारणाओं के साथ-साथ इसके विभिन्न पहलुओं का अध्ययन कर सकते हैं। हालाँकि, इस विषय की बुनियाद को जानना काफ़ी होगा और इसे चंद शब्दों में समझाया जा सकता है। राष्ट्रीयता एक सामाजिक भावना है। यह एकता की, समष्टिगत एहसास की भावना है जो इससे प्रभावित लोगों को यह महसूस कराती है कि वे आपस में एक-दूसरे के साथ एक रिश्ते में हैं। यह राष्ट्रीय भावना दोधारी भावना है। यह एक ही समय में अपने स्वजनों के लिए साहचर्य की भावना है और उन लोगों के लिए साहचर्य-विरोधी भावना है जो उनके परिजन नहीं हैं। यह 'एक ख़ास क़िस्म की चेतना' की भावना है जो एक ओर उन लोगों को एक साथ बाँधती है जिनके पास यह है, इतनी मज़बूती से कि यह आर्थिक संघर्षों या सामाजिक स्तरीकरण से पैदा होने वाले सभी मतभेदों को ख़त्म कर देती है और दूसरी ओर, उन्हें उन लोगों से अलग कर देती है जो उनके जैसे नहीं हैं। यह किसी अन्य समूह से जुड़े न होने की चाहत है। राष्ट्रीयता और राष्ट्रीय भावना का कुल सार यही है।

अब ज़रा इस कसौटी पर मुसलमानों के दावे को परखें। क्या यह सच है या नहीं है कि भारत के मुसलमान एक विशेष समूह हैं? क्या यह सच है या नहीं है कि उनमें एक ख़ास क़िस्म की चेतना है? क्या यह सच है या नहीं है कि हर मुसलमान में यह चाहत होती है कि वह किसी ग़ैर-मुस्लिम जमात से नहीं बल्कि अपने ही जमात से जुड़ा हो?

अगर इन सवालों का जवाब हाँ में है, तो विवाद ख़त्म हो जाना चाहिए और मुसलमानों के एक राष्ट्र होने के दावे को बिना किसी हील-हवाले के मान लिया जाना चाहिए।

हिन्दुओं को जो दिखाना चाहिए वह यह है कि कुछ मतभेदों के बावजूद, हिन्दुओं और मुसलमानों के बीच उन्हें एक राष्ट्र बनाने वाली या सरल भाषा में कहें तो मुसलमानों और हिन्दुओं को एक साथ रहने के लिए प्रेरित करने वाली पर्याप्त समानताएँ हैं।

मुसलमान ख़ुद में एक अलग राष्ट्र हैं, ऐसा मानने वाले मुसलमानों के नज़रिये से असहमति रखने वाले हिन्दू भारतीय सामाजिक जीवन की उन ख़ासियतों पर भरोसा करते हैं जो मुस्लिम और हिन्दू समाज के बीच एकीकरण का बन्धन बनाती हैं।

पहली बात तो यह कही जाती है कि हिन्दुओं और मुसलमानों के बीच नस्ली आधार पर कोई भेद नहीं है। पंजाबी मुसलमान और पंजाबी हिन्दू, यूपी के मुसलमान और यूपी के हिन्दू, बिहार के मुसलमान और बिहार के हिन्दू, बंगाल के मुसलमान और बंगाल के हिन्दू, मद्रास के मुसलमान और मद्रास के हिन्दू, और बम्बई के मुसलमान और बम्बई के हिन्दू नस्ली रूप से एक ही समूह हैं। दरअसल मद्रास के मुसलमान और मद्रास के ब्राह्मण के बीच, मद्रास के ब्राह्मण और पंजाब के ब्राह्मण की तुलना में अधिक नस्ली समानता है। दूसरी बात, हिन्दुओं और मुसलमानों के बीच भाषायी एकता के तथ्य पर भरोसा किया जाता है। ऐसा कहा जाता है कि मुसलमानों की अपनी कोई आम भाषा नहीं है जो उन्हें हिन्दुओं से अलग एक भाषायी समूह के रूप में चिह्नित कर सके। इसके उलट, दोनों के बीच पूर्ण भाषायी एकता है। पंजाब में हिन्दू और मुसलमान दोनों ही पंजाबी बोलते हैं। सिंध में दोनों सिंधी बोलते हैं। बंगाल में दोनों बंगाली बोलते हैं। गुजरात में दोनों गुजराती बोलते हैं। महाराष्ट्र में दोनों मराठी बोलते हैं। ऐसा हर सूबे में है। सिर्फ़ शहरों में ही मुसलमान उर्दू और हिन्दू उस सूबे की भाषा बोलते हैं। लेकिन इससे बाहर, मुफ़स्सिल में, हिन्दुओं और मुसलमानों के बीच पूरी भाषायी एकता है। तीसरा, यह बताया गया है कि भारत वह भूमि है जहाँ हिन्दू और मुसलमान अब सदियों से एक साथ बसे हुए हैं। यह सिर्फ़ हिन्दुओं की ज़मीन नहीं है, न ही यह सिर्फ़ मुसलमानों की है।

न सिर्फ़ नस्ली एकता पर, बल्कि दोनों समुदायों के सामाजिक और सांस्कृतिक जीवन की कुछ साझा ख़ासियतों पर भी भरोसा किया जाता है। बताया गया है

कि कई मुस्लिम समूहों का सामाजिक जीवन हिन्दू रीति-रिवाजों से भरा हुआ है। मसलन, पंजाब के अवन, हालाँकि वे लगभग सभी मुसलमान हैं, हिन्दू नामों को बनाए रखते हैं और अपनी वंशावली को ब्राह्मणवादी तरीक़े से रखते हैं। मुसलमानों में हिन्दू उपनाम पाए जाते हैं। मिसाल के तौर पर, चौधरी एक हिन्दू उपनाम है, लेकिन यूपी और उत्तरी भारत के मुसलमानों में आम है। शादी के मामले में मुसलमानों के कुछ समूह केवल नाम के मुसलमान हैं। वे या तो शादी समारोह की ख़ालिस हिन्दू रस्मों का पालन करते हैं, या पहले हिन्दू संस्कारों से समारोह करते हैं और फिर काज़ी को बुलाकर इसे मुस्लिम तरीक़े से करते हैं। मुसलमानों के कुछ वर्गों में, शादी, अभिभावक और विरासत के मामले में लागू क़ानून, हिन्दू क़ानून हैं। शरीअत अधिनियम पारित होने से पहले, पंजाब और उत्तर-पश्चिम सीमा प्रान्त में भी यही हक़ीक़त थी। सामाजिक क्षेत्र में जाति-व्यवस्था को मुस्लिम समाज का उतना ही हिस्सा माना जाता है जितना कि हिन्दू समाज का। धार्मिक क्षेत्र में, यह बताया गया है कि कई मुस्लिम पीरों के अनुयायी हिन्दू थे। और इसी तरह, कुछ हिन्दू योगियों के मुस्लिम चेले भी रहे हैं। नज़दीकी पंथों के संतों के बीच मित्रता के उदाहरणों पर भरोसा किया जाता है। पंजाब के गिरोट में दो संन्यासियों जमाल सुल्तान और दियाल भवन, जो उन्नीसवीं शताब्दी के शुरुआती दौर के दौरान घनिष्ठतापूर्वक रहते थे, के मक़बरे एक-दूसरे के क़रीब खड़े हैं और वे हिन्दुओं और मुसलमानों में समान रूप से पूजनीय हैं। बाबा फतु, एक मुस्लिम संत, जो लगभग 1700 ई. में रहते थे और जिनकी क़ब्र रानीताल में है, उन्होंने काँगड़ा ज़िले के एक हिन्दू संत सोढ़ी गुरु गुलाब सिंह के आशीर्वाद से पैगम्बर की उपाधि प्राप्त की। दूसरी तरफ़ बाबा शाहाना, जो एक हिन्दू संत थे और जिनका पंथ जंग ज़िले में पाया जाता है, के बारे में कहा जाता है कि वह एक मुस्लिम पीर के चेले थे, जिसने अपने हिन्दू अनुयायी का मूल नाम (मिहरा) बदलकर मीर शाह कर दिया था।

वाक़ई ये सारी बातें सच हैं। इसमें कोई दो राय नहीं कि मुसलमानों का एक बड़ा हिस्सा उसी नस्ल का है जिससे हिन्दुओं का ताल्लुक़ है। इस बात से इनकार नहीं किया जा सकता है कि सभी मुसलमान एक ही भाषा नहीं बोलते हैं कि उनमें कई लोग हिन्दुओं द्वारा बोली जाने वाली भाषा ही बोलते हैं। इस बात को नकारा नहीं जा सकता कि कुछ ऐसे सामाजिक रीति-रिवाज हैं जो दोनों समुदायों में साझे हैं। यह भी एक तथ्य है कि कुछ धार्मिक संस्कार और प्रथाएँ भी दोनों में समान हैं। लेकिन सवाल यह है : कि क्या ये सारी बातें इस निष्कर्ष का समर्थन कर सकती हैं कि हिन्दू और मुसलमान उनकी वजह से एक राष्ट्र का निर्माण करते हैं या इन चीज़ों ने उनमें एक-दूसरे के लिए अपनेपन की चाहत पैदा की है?

हिन्दुओं के तर्क में कई ख़ामियाँ हैं। पहली बात तो यह कि जिन बातों को साझा ख़ासियतों के रूप में इंगित किया गया है, वे सामाजिक एकीकरण लाने के लिए एक-दूसरे के तौर-तरीक़ों और रवायतों को अपनाने और उनके रूप बदलने की किसी सचेत कोशिश का नतीजा नहीं हैं। दूसरी तरफ़, यह एकरूपता विशुद्ध रूप से कुछ यांत्रिक कारणों का परिणाम है। वे आंशिक रूप से अधूरे बदलावों की वजह से वजूद में हैं। भारत जैसे देश में, जहाँ बहुसंख्यक मुस्लिम आबादी निचली जाति और बहिष्कृत हिन्दुओं से बनी है, धर्मान्तरित हुए लोगों का मुसलमानीकरण न तो सम्पूर्ण था और न ही कारगर। यह या तो विद्रोह के डर से या अनुनय की विधि या पुजारियों की कमी से उपदेश में आई कमी की वजह से हुआ। इसलिए, इसमें कोई आश्चर्य नहीं है कि यहाँ-वहाँ मुस्लिम समुदाय के बड़े वर्ग अपने धार्मिक और सामाजिक जीवन में अपने हिन्दू मूल को प्रकट करते हैं। आंशिक रूप से इसे उस साझा माहौल के असर के रूप में समझा जाना चाहिए, जिसके तहत सदियों से हिन्दू और मुसलमान दोनों रहे हैं। एक साझा माहौल साझा प्रतिक्रियाओं को जन्म देने के लिए बाध्य है, और एक जैसे वातावरण में एक ही तरीक़े से लगातार प्रतिक्रिया करने से एक साझा क़िस्म की चीज़ सामने आती है। आंशिक रूप से इन साझा ख़ासियतों को बादशाह अकबर द्वारा शुरू किए गए हिन्दुओं और मुसलमानों के बीच धार्मिक सम्मिलन के दौर के अवशेषों के रूप में समझा जाना चाहिए, जो एक मृत अतीत का नतीजा है जिसका कोई वर्तमान और भविष्य नहीं है।

जहाँ तक जातीय एकता, भाषायी एकता और एक ही देश में बसने की बात है, तो मामला ज़रा दूसरा हो जाता है। अगर ये पहलू किसी राष्ट्र को बनाने या बिगाड़ने में निर्णायक होते, तो हिन्दुओं का यह कहना सही होता कि जाति, समुदाय या भाषा और आवास के कारण हिन्दू और मुसलमान एक राष्ट्र बनाते हैं। ऐतिहासिक अनुभव के रूप में, न तो जाति, न भाषा, न ही देश किसी व्यक्ति को एक राष्ट्र में ढालने के लिए पर्याप्त है। रेनान ने इसे इस क़दर तर्कपूर्ण ढंग से रखा है कि उनसे बेहतर कोई तर्क पेश करना असम्भव है। बहुत पहले राष्ट्रीयता पर अपने एक प्रसिद्ध निबन्ध में, रेनान ने कहा :

> नस्ल को राष्ट्र के साथ नहीं उलझाना चाहिए। सच तो यह है कि कोई शुद्ध नस्ल नहीं होती। और राजनीति को नृवंशविज्ञान विश्लेषण पर निर्भर करना, उसे एक काल्पनिक चीज़ पर ख़र्च करने की इजाज़त देना है... नस्ली तथ्य, जो शुरुआत में महत्त्वपूर्ण थे, में अपने महत्त्व को निरन्तर खोने की प्रवृत्ति होती है। मानव इतिहास अनिवार्य रूप से जीवविज्ञान से अलग है। नस्ल सब कुछ नहीं है, जैसा कि कृन्तकों और बिल्लियों के सन्दर्भ में है।

भाषा के बारे में बोलते हुए, रेनान बताते हैं कि :

> भाषा पुनर्मिलन को न्योता देती है; वह इसके लिए मजबूर नहीं करती है। संयुक्त राज्य अमेरिका और इंग्लैंड, स्पेनिश अमेरिका और स्पेन एक ही भाषा बोलते हैं और एकल राष्ट्र नहीं बनाते हैं। इसके विपरीत, स्विट्ज़रलैंड जो अपनी स्थिरता का श्रेय इस तथ्य को देता है कि उसकी स्थापना ऐसे कई हिस्सों की सहमति से हुई थी, जहाँ तीन या चार भाषाओं का चलन है। मनुष्य में भाषा से बेहतर अगर कुछ है, तो वह है इच्छाशक्ति। अपनी भाषाओं की विविधता के बावजूद, स्विट्ज़रलैंड की एकजुट होने की इच्छाशक्ति भाषा की समानता से कहीं ज़्यादा महत्त्वपूर्ण तथ्य है और यह इच्छाशक्ति अक्सर उत्पीड़न की वजह से आती है।

आम देश के रूप में, रेनान ने तर्क दिया कि :

> राष्ट्र का निर्माण नस्ल से ज़्यादा भूमि से नहीं होता। भूमि एक आधार, युद्ध एवं कार्य का स्थान प्रदान करती है। मनुष्य आत्मा प्रदान करता है। मनुष्य उस पवित्र चीज़ के निर्माण में सब कुछ है, जिसे 'लोग' कहा जाता है। भौतिक प्रकृति का कुछ भी इसके लिए पर्याप्त नहीं है।

यह दिखाने के बाद कि नस्ल, भाषा और देश एक राष्ट्र का निर्माण करने के लिए पर्याप्त नहीं हैं, रेनान ने स्पष्ट रूप से यह सवाल उठाया है कि एक राष्ट्र का गठन करने के लिए और क्या ज़रूरी है? इसका उत्तर उन्हीं के शब्दों में दिया जा सकता है :

> एक राष्ट्र एक जीवन्त आत्मा है, एक आध्यात्मिक सिद्धान्त है। दो चीज़ें, जो हक़ीक़त में एक हैं, इस आत्मा, इस आध्यात्मिक सिद्धान्त का गठन करती हैं। एक अतीत में है, दूसरी वर्तमान में है। एक तो स्मृतियों की समृद्ध विरासत का साझा अधिकार है; दूसरी वास्तविक सहमति है, एक साथ रहने की इच्छा, सौंपी गई अविभाजित विरासत को योग्य रूप से संरक्षित करने की इच्छा। मनुष्य उसमें कुछ बेहतर नहीं करता है। राष्ट्र, एक इनसान की तरह ही, प्रयासों, बलिदानों और समर्पण के लम्बे अतीत का नतीजा है। इसलिए पूर्वजों की पूजा और भी अधिक वैध है; क्योंकि हम जो कुछ भी हैं, वह हमारे पूर्वजों ने हमें बनाया है। एक वीरतापूर्ण अतीत, महापुरुष, महिमा—मेरा आशय वास्तविक क़िस्म की महिमा से है—ये सामाजिक पूँजी का निर्माण करते हैं, जिस पर एक राष्ट्रीय विचार को स्थापित किया जा सकता है। अतीत में साझा गौरव, वर्तमान में साझा इच्छाशक्ति; एक साथ महान कार्य करने के वास्ते, फिर से वैसा ही करने

की इच्छाशक्ति रखने के वास्ते—ये सभी 'लोग' के बनने की आवश्यक शर्तें हैं। हम उन बलिदानों के अनुपात में प्यार करते हैं जिन्हें हमने करने के लिए सहमति दी है, जिन कष्टों को हमने सहन किया है। हम उस घर से प्यार करते हैं जिसे हमने बनाया है, और हम उसे अपनी अगली पीढ़ी को सौंप देंगे। संयम का यह भजन, कि 'हम वही हैं जो तुम थे; हम वही होंगे जो तुम हो', अपने सरल रूप में हर देश का राष्ट्रगान है।

> अतीत में वैभव और पछतावे की विरासत साझा करने के लिए, भविष्य में एक समान आदर्श को साकार करने के लिए; साथ मिलकर तकलीफ़ उठाना, आनन्दित होना और उम्मीद रखना; ये सभी चीज़ें रणनीतिक विचारों के अनुरूप साझे रिवाजों और मोर्चों से कहीं ज़्यादा अहम हैं। नस्ल और भाषा की विविधताओं के बावजूद इन सभी को समझा जा सकता है। मैंने अभी-अभी कहा था कि 'साथ मिलकर तकलीफ़ सहना' क्योंकि हक़ीक़त में, आमतौर पर दुःख, ख़ुशी से कहीं ज़्यादा एक सूत्र में बाँधता है। जहाँ तक राष्ट्रीय स्मृतियों का सम्बन्ध है, शोक विजय से अधिक मूल्यवान हैं; क्योंकि वे क़ीमत आयद करते हैं और साझा प्रयास की माँग करते हैं।

क्या कोई साझा ऐतिहासिक पूर्व वृत्तान्त है जिसे हिन्दू और मुसलमान गर्व या दुःख के तौर पर साथ मिलकर साझा करते हों? यही सवाल की जड़ है। यह वह सवाल है जिसका जवाब हिन्दुओं को देना होगा, अगर वे इस नज़रिये पर क़ायम रहना चाहते हैं कि हिन्दू और मुसलमान मिलकर एक राष्ट्र बनाते हैं। जहाँ तक उनके रिश्ते के इस पहलू का सम्बन्ध है, वे एक दूसरे के ख़िलाफ़ युद्ध करने वाली सिर्फ़ दो सशस्त्र बटालियन जैसे हैं। एक साझा उपलब्धि के लिए भागीदारी का कोई साझा चक्र नहीं था। उनका अतीत आपसी विनाश का अतीत है—राजनीतिक और धार्मिक, दोनों ही क्षेत्रों में आपसी दुश्मनी का अतीत। जैसा कि भाई परमानन्द ने 'द हिन्दू नेशनल मूवमेंट' नामक अपने पर्चे में बताया है :

> इतिहास में, हिन्दू पृथ्वीराज, प्रताप, शिवाजी और बेरागी बीर की स्मृति का सम्मान करते हैं, जिन्होंने इस भूमि (मुसलमानों के ख़िलाफ़) के सम्मान और स्वतंत्रता के लिए लड़ाई लड़ी, जबकि मुसलमान मुहम्मद बिन कासिम जैसे भारत के आक्रमणकारियों और औरंगज़ेब जैसे शासकों की ओर देखते हैं और उन्हें अपना राष्ट्रीय नायक मानते हैं।

धार्मिक क्षेत्र में, हिन्दू रामायण, महाभारत और गीता से प्रेरणा लेते हैं। दूसरी ओर, मुसलमान क़ुरान और हदीस से अपनी प्रेरणा हासिल करते हैं। इस प्रकार, जोड़ने वाली चीज़ों की तुलना में विभाजित करने वाली चीज़ें कहीं ज़्यादा महत्त्वपूर्ण

हैं। हिन्दू और मुसलमानों के सामाजिक जीवन की कुछ साझा ख़ासियतों के आधार पर, साझी भाषा, साझा नस्ल और साझा देश पर भरोसा करते हुए, हिन्दू अनायास और सतही को आवश्यक और मौलिक समझने की ग़लती कर रहा है। राजनीतिक और धार्मिक शत्रुताएँ हिन्दुओं और मुसलमानों को तथाकथित साझा चीज़ों द्वारा एक साथ बाँधने की तुलना में ज़्यादा गहराई से विभाजित करती हैं। अगर दोनों समुदाय अपने-अपने अतीत को भुला सकें, तो सम्भावनाएँ शायद दूसरी हो सकती हैं...

...अफ़सोस की बात यह है कि दोनों समुदाय अपने अतीत को कभी नहीं भूल सकते या मिटा नहीं सकते। उनका अतीत उनके धर्म में सन्निहित है, और दोनों ही के लिए अपने अतीत को छोड़ने का मतलब अपने धर्म को छोड़ना है। इसलिए इसकी उम्मीद करना, फ़िज़ूल की उम्मीद करना है।

साझा ऐतिहासिक अतीत के अभाव में, हिन्दुओं का यह विचार कि हिन्दू और मुसलमान एक राष्ट्र बनाते हैं, धराशायी हो जाता है। इसे बनाए रखना एक भ्रम को बनाए रखना है। हिन्दुओं और मुसलमानों के बीच एक साथ रहने की ऐसी कोई लालसा नहीं है, जैसी भारत के मुसलमानों में उनके अपने बीच है।

यह कहने में कोई तुक नहीं है कि मुसलमानों के ख़ुद में एक राष्ट्र होने का यह दावा उनके नेताओं की कोई सोची-समझी चाल है। आरोप के तौर पर यह सच है। मुसलमान अब तक ख़ुद को एक समुदाय कहकर ही बेहद संतुष्ट थे। अभी हाल ही में उन्होंने अपने आपको एक राष्ट्र के रूप में ढालना शुरू किया है। लेकिन किसी व्यक्ति के मक़सद पर हमला करते हुए लगाया गया कोई आरोप उसके विचारों का खंडन नहीं होता है। यह कहना कि चूँकि मुसलमान कभी ख़ुद को एक समुदाय कहते थे, इसलिए अब उन्हें ख़ुद को एक राष्ट्र कहने पर रोक है, दरअसल राष्ट्रीय भावना के मनोविज्ञान की इस रहस्यमय कार्यप्रणाली को ग़लत तरीक़े से समझना है। ऐसा तर्क यह मानकर चलता है कि जहाँ भी ऐसे लोग मौजूद हैं जिनके पास ऐसे तत्त्व हैं जो एक राष्ट्र का निर्माण करते हैं, वहाँ राष्ट्रीयता की भावना प्रकट होनी चाहिए जोकि उनकी स्वाभाविक परिणति है और अगर वे कुछ समय के लिए इन तत्त्वों को ज़ाहिर करने में विफल रहते हैं या उन्हें बाद में ज़ाहिर किया जाता है, तो उस विफलता को एक राष्ट्र होने के दावे की असत्यता दिखाने वाले साक्ष्य के रूप में उपयोग किया जाना चाहिए। इस तरह के विवाद को कोई ऐतिहासिक समर्थन नहीं हासिल है। जैसा कि प्रोफ़ेसर टोयन्बी बताते हैं :

> एक राष्ट्रीयता के अस्तित्व के लिए इनमें से एक या कई कारकों की मौजूदगी को प्राथमिकता देना असम्भव है। हो सकता है कि वे वहाँ लम्बे अरसे से रह रहे हों और उन्होंने कोई प्रतिक्रिया न दी हो। और एक मामले के लिए दूसरे मामले में बहस करना असम्भव है। कारकों का

एक समूह एक जगह राष्ट्रीयता उत्पन्न कर सकता है और ठीक उन्हीं कारकों का दूसरी जगह पर कोई प्रभाव नहीं पड़ता है।

जैसा कि प्रोफ़ेसर बार्कर ने बताया है, ऐसा सम्भवतः इस तथ्य के कारण है कि राष्ट्रों का अस्तित्व सदियों तक और अचिंतनशील मौन में सम्भव है। हालाँकि एक राष्ट्रीय जीवन, जिसके कई सदस्य उससे वाक़िफ़ नहीं हैं, का आध्यात्मिक सार मौजूद है। मुसलमानों के मामले में निस्सन्देह कुछ ऐसा ही हुआ है। वे इस तथ्य से अवगत नहीं थे कि उनके लिए राष्ट्रीय जीवन का आध्यात्मिक सार मौजूद है। यह बताता है कि उनके द्वारा अलग राष्ट्रीयता का दावा इतनी देर से क्यों किया गया। लेकिन, इसका मतलब यह नहीं है कि राष्ट्रीय जीवन के आध्यात्मिक सार का कोई अस्तित्व ही नहीं था।

यह तर्क देने का कोई फ़ायदा नहीं है कि ऐसे मामले हैं जहाँ राष्ट्रीयता की भावना मौजूद है लेकिन अलग राष्ट्रीय अस्तित्व की कोई इच्छा नहीं है। कनाडा में फ्रांसीसियों और दक्षिण अफ्रीका में अंग्रेज़ों के मामलों को मिसाल के तौर पर उद्धृत किया जा सकता है। यह माना जाना चाहिए कि ऐसे मामले होते हैं, जहाँ लोग अपनी राष्ट्रीयता के बारे में जागरूक होते हैं, लेकिन यह जागरूकता उनमें वह जुनून पैदा नहीं करती है जिसे राष्ट्रवाद कहा जाता है। दूसरे शब्दों में, ऐसे राष्ट्र हो सकते हैं जो स्वयं के प्रति जागरूक हों और उन पर राष्ट्रवाद का आरोप न हो। इस तर्क के आधार पर, यह कहा जा सकता है कि मुसलमान यह मान सकते हैं कि वे एक राष्ट्र हैं, लेकिन उन्हें इस आधार पर एक अलग राष्ट्रीय अस्तित्व की माँग करने की ज़रूरत नहीं है। कनाडा में फ्रांसीसियों और दक्षिण अफ्रीका में अंग्रेज़ों जैसी स्थिति से वे संतुष्ट क्यों नहीं हो सकते? ऐसी स्थिति काफ़ी अच्छी स्थिति है। हालाँकि, यह याद रखना चाहिए कि इस तरह की स्थिति केवल मुसलमानों से विभाजन पर ज़ोर न देने की दलील देकर ही ली जा सकती है। अगर वे इस पर ज़ोर देते हैं तो विभाजन के उनके दावे के ख़िलाफ़ कोई तर्क उपलब्ध नहीं है।

कहीं तर्क को खंडन समझने की भूल न हो जाए, इसके लिए दो बातों की ओर ध्यान आकर्षित करना आवश्यक है। सबसे पहले, राष्ट्रीयता और राष्ट्रवाद के बीच अन्तर है। वे मानव-मन की दो अलग मनोवैज्ञानिक अवस्थाएँ हैं। राष्ट्रीयता का अर्थ है, 'एक क़िस्म की चेतना, नातेदारी के बन्धन की मौजूदगी के बारे में जागरूकता।' राष्ट्रीयता का अर्थ है, 'ऐसे नातेदारी के बन्धन में बँधे लोगों के लिए एक अलग राष्ट्रीय अस्तित्व की चाहत।' दूसरा, यह सही है कि राष्ट्रीयता की भावना के बिना राष्ट्रवाद का अस्तित्व सम्भव नहीं। लेकिन, यह ध्यान रखना महत्त्वपूर्ण है कि यह हमेशा सच नहीं होता है। राष्ट्रीयता की भावना मौजूद हो सकती है और फिर भी राष्ट्रवाद की भावना बिलकुल अनुपस्थित हो सकती है। कहने का मतलब

यह है कि राष्ट्रीयता सभी मामलों में राष्ट्रवाद को जन्म नहीं देती। राष्ट्रीयता को राष्ट्रवाद में बदलने के लिए दो स्थितियों का होना ज़रूरी है। सबसे पहले, 'एक राष्ट्र के रूप में जीने की इच्छा' पैदा होनी चाहिए। राष्ट्रवाद उस इच्छा की गतिशील अभिव्यक्ति है। दूसरे, एक ऐसा इलाक़ा होना चाहिए जिस पर राष्ट्रवाद क़ब्ज़ा कर सके और इसे एक राज्य बना सके, साथ ही राष्ट्र का एक सांस्कृतिक बसेरा भी बना सके। इस तरह के इलाक़े के बिना, राष्ट्रवाद, लॉर्ड एक्टन के शब्दों में, 'एक ऐसी आत्मा होगी जो एक शरीर की तलाश में भटक रही थी जिसमें फिर से जीवन शुरू करना था और कोई भी नहीं मिल रहा था।' मुसलमानों ने एक राष्ट्र के रूप में 'जीने की इच्छा' विकसित की है। उनके लिए प्रकृति ने एक इलाक़ा दिया है जिस पर वे क़ब्ज़ा कर सकते हैं और इसे एक राज्य के साथ-साथ नवजात मुस्लिम राष्ट्र के लिए एक सांस्कृतिक घर बना सकते हैं। इन अनुकूल परिस्थितियों को देखते हुए, इसमें कोई आश्चर्य नहीं होना चाहिए, अगर मुसलमान कहते हैं कि वे मात्र उस हैसियत से ही सन्तुष्ट नहीं हैं, जिसे फ्रांसीसियों ने कनाडा में या अंग्रेज़ों ने दक्षिण अफ्रीका में अपने लिए चुना है और उनके पास एक राष्ट्रीय घर होगा जिसे वे अपना कह सकते हैं।

श्रमिक और राष्ट्रवाद

बेशक, राष्ट्रवादी श्रमिकों के ज़्यादा गम्भीर विरोधी हैं। वे श्रमिकों पर एक ऐसा रवैया अपनाने का आरोप लगाते हैं जो भारतीय राष्ट्रवाद के लिहाज़ से असंगत और हानिकारक माना जाता है। उनकी दूसरी आपत्ति यह है कि श्रमिक भारत की आज़ादी के बारे में कोई आश्वासन प्राप्त किए बिना युद्ध में लड़ने के लिए राज़ी हैं। ये ऐसे सवाल हैं जो अक्सर पूछे जाते हैं और इसको लेकर इतनी गम्भीरता से तर्क दिए जाते हैं कि यह बताना ज़रूरी है कि श्रमिक उनके बारे में क्या सोचते हैं।

जहाँ तक राष्ट्रवाद का सवाल है, श्रमिकों का रवैया बिलकुल स्पष्ट है। श्रमिक राष्ट्रवाद की अंधभक्ति के लिए तैयार नहीं हैं। अगर राष्ट्रवाद का अर्थ है प्राचीन अतीत की पूजा—हर उस चीज़ को त्यागना, जो मूल और रंग में स्थानीय नहीं है—तो श्रमिक राष्ट्रवाद को अपने पंथ के रूप में स्वीकार नहीं कर सकता। श्रमिक मरे हुए लोगों की सजीव आस्था को ज़िन्दा लोगों की मरी हुई आस्था नहीं बनने दे सकता। श्रमिक मनुष्य की निरन्तर बढ़ती चेतना का गला उस अतीत के हाथों घोंटने की इजाज़त नहीं देगा, जिसका वर्तमान के लिए कोई अर्थ नहीं है और भविष्य के लिए कोई उम्मीद नहीं है। और न ही वह इसे स्थानीय विशिष्टता के एक संकीर्ण

जैकेट में जकड़ने की इजाज़त देगा। श्रमिकों को वास्तविक राजनीति की मरम्मत, उसमें बदलाव और उसके पुनर्निर्माण के लिए उधार लेने के लिए हमेशा तैयार रहते हुए लोगों के जीवन के नवीनीकरण पर लगातार ज़ोर देना चाहिए। अगर राष्ट्रवाद इस पुनर्निर्माण और जीवन के पुनर्निर्माण के रास्ते में खड़ा है, तो श्रमिकों को ऐसे राष्ट्रवाद से इनकार कर देना चाहिए।

श्रमिकों का पंथ अन्तरराष्ट्रीयतावाद है। श्रमिक राष्ट्रवाद में सिर्फ़ इसलिए रुचि रखते हैं क्योंकि लोकतंत्र के पहिये—जैसे प्रतिनिधि संसद, ज़िम्मेदार कार्यपालिका, संवैधानिक सम्मेलन आदि—राष्ट्रीय भावनाओं से लैस समुदाय में बेहतर ढंग से काम करते हैं। श्रमिकों के लिए राष्ट्रवाद सिर्फ़ एक लक्ष्य को साधने का साधन-भर है। यह अपने आप में कोई ऐसा लक्ष्य नहीं है जिसे श्रमिक जीवन के सबसे आवश्यक सिद्धान्तों के रूप में मानते हुए उसके लिए बलिदान करने के लिए राज़ी हो जाएँ।

अनुवाद : **जितेन्द्र कुमार**

संस्कृति और राष्ट्रवाद का उदार दक्षिणपंथी नज़रिया

समकालीन भारत में उदार दक्षिणपंथ एक विरोधाभासी पद जान पड़ता है। आज की तारीख़ में किसी ऐसे व्यक्ति से मुलाक़ात दुर्लभ है जिसके सांस्कृतिक/राजनीतिक विचार तो दक्षिणपंथी हों और वह लिबरल हो। और लिबरल से मेरा आशय है ऐसा व्यक्ति जो समावेशी हो और दूसरे की असहमति का शान्तिपूर्वक सम्मान करता हो। राजनीति में उदार दक्षिणपंथी प्रजाति का एक दुर्लभ उदाहरण थे सी. राजगोपालाचारी (राजाजी), जिन्हें वे लोग भी सम्मान देते थे जो उनकी आलोचना के निशाने पर थे। दु:ख की बात है कि उनका स्थापित किया हुआ प्रकाशन स्वराज्य भी अब राजाजी के उदार दक्षिणपंथी विचारों से दूर हट चुका है। अब हमारे यहाँ इस प्रजाति के नेता या विद्वान नहीं मिलते, हालाँकि ऐसे दम्भी ज़रूर हैं जो उदार दक्षिणपंथ के नाम पर राष्ट्रवाद और संस्कृति पर ख़ुद को ऊँचे नैतिक पायदान पर खड़ा कर लेते हैं।

आज भारतीय संस्कृति की रक्षा के आवरण में वे तमाम लोग जो सांस्कृतिक प्रथाओं और आस्थाओं की बहुलता की क़ीमत पर एकरंगेपन को गौरवान्वित करने में लगे हैं, राजाजी के यहाँ उनके लिए कुछ गम्भीर सबक़ मौजूद हैं। उन्होंने जब कहा था कि "'एकरूपतावादी' ऐसे मूर्ख हैं जो मानते हैं कि एकरूपता का उनका मत मंगलकारी है," तब वे ऐसे ही लोगों के ख़िलाफ़ बोल रहे थे जो बहुलता की क़ीमत पर समरूपता चाहते हैं। एकरूपता केवल अन्धराष्ट्रीयता फैला सकती है और सम्भव है कि देश की रक्षा में काम आए लेकिन मंगलकारी नहीं हो सकती। दिल्ली विश्वविद्यालय के दीक्षांत समारोह में उनका दिया भाषण जो यहाँ संकलित है, उसमें वे ऐसे ऊर्जस्वी देशप्रेम का आह्वान करते हैं जो 'अतीत की वर्जनाओं और नापसन्दगियों के अप्रासंगिक अनुकरण में निहित न हो।'

सी. राजगोपालाचारी

ऊर्जस्वी देशप्रेम की आवश्यकता

पुराने दौर में मूल्यबोध का संरक्षण कुछ व्यापक मान्यताओं के माध्यम से हो जाता था, जिनकी व्याख्या के लिए हम धर्म का प्रयोग करते हैं। सदियों तक धर्म ने जो भूमिका निभाई उसे तमाम सही-ग़लत कामों ने हमेशा के लिए उलट दिया, जो अब अपरिवर्तनीय हो चुका है। इसलिए आधुनिक दौर में हमें लोगों के दिमाग़ को गढ़ने के लिए कुछ नये औज़ारों की ज़रूरत होगी जिनसे उनके भीतर वे प्रवृत्तियाँ विकसित की जा सकें जिनसे एक-दूसरे के अधिकतम हित में उनका जीवन और कर्म काम आवे। लोकमंगल का सबसे बड़ा रहस्य लोगों के भीतर नि:स्वार्थता और सहानुभूति की भावना का इस तरह से पोषण है कि वे ख़ुद को हर मौक़े पर स्वयं स्फूर्त ढंग से अभिव्यक्त कर सकें। हम सभी को असामाजिक व्यवहार से घृणा करने की आदत होनी चाहिए। झूठ बोलना, चोरी करना, विश्वासघात, क्रूरता और पशुवत उपभोग आदि चीज़ों को हेय माना जाना चाहिए, जैसे कि वह कचरा या सड़ा हुआ भोजन हो। शारीरिक सफ़ाई जितनी ही दिमाग़ की साफ़-सफ़ाई भी ज़रूरी है। हमें दिमाग़ी स्वच्छता की आदत का प्रसार करने का लक्ष्य रखना चाहिए, ठीक वैसे ही जैसे स्वास्थ्य मंत्रालय सार्वजनिक और शारीरिक स्वच्छता का प्रसार करता है।

विदेशी राज की नौकरशाही का अब अन्त हो चुका है, इसलिए हम लोगों को अपनी-अपनी ज़िम्मेदारियाँ पहचानकर उन्हें निभाना होगा। देश के आज़ाद होने से ऊर्जस्वी देशप्रेम की आवश्यकता नहीं ख़त्म हुई है। ऊर्जस्वी देशप्रेम का अर्थ अतीत की नापसन्दगियों और वर्जनाओं के साथ अनावश्यक रूप से चिपके रहना नहीं होता, बल्कि उसके लिए अपनी स्वार्थपरता को समाप्त करने की शिद्दत होनी चाहिए, वैसे ही जैसे हाल-हाल तक हम सबके दिमाग़ में विदेशी राज के ख़ात्मे का जुनून था। इसके लिए हम सबके दिमाग़ में लगातार राज्य के कल्याण की फ़िक्र रहनी चाहिए।

केवल जन्म और निवास के आधार पर नागरिकता का अधिकार अपने आप नहीं मिल जाता है। यह एक संस्कृति है जो प्रशिक्षण, सही भावना और दिशा से विकसित होती है। इसके बग़ैर आज़ादी और लोकशाही कोलाहल में बदल जाएगी। जिसे मैं नागरिकता की संस्कृति कह रहा हूँ उसे राष्ट्रवाद से नहीं उलझाना चाहिए। यह निजी आचार-व्यवहार का एक ढब है जो लोकमंगल को पैदा करने में लोकतंत्र की अकेले मदद कर सकता है।

आत्म-संयम भारतीय संस्कृति है

किसी भी देश में जीवन की सामान्य परिपाटी को 'संस्कृति' कहते हैं—ज़ीवन की परिपाटी का मतलब यह ज़रूरी नहीं कि वह अपने सर्वश्रेष्ठ रूप में हो, बल्कि मोटे तौर पर वह चीज़ें जो एक हद तक अच्छी और सुखद होती हैं। जैसे, नाटक, लोक-नृत्य, परिधान, खान-पान की आदतें, आचार-व्यवहार और शादी-ब्याह की प्रथाएँ। मैं इसे हालाँकि थोड़ा ढीली व्याख्या मानूँगा। हम लोग आमतौर से अपनी नियमित जीवनशैली से कुछ अलग देखना पसन्द करते हैं। इसलिए हम लोग कुछ ऐसी अजीबोग़रीब सुखद चीज़ों पर ज़ोर देते हैं जिनके मामले में समुदायों के बीच परस्पर फ़र्क़ हो। जैसे हम लोग एक ख़ास तरीक़े से नाचते-गाते और कपड़े पहनते हैं जबकि बाक़ी लोग ये ही काम दूसरे ढंग से करते हैं। इन सभी तरीक़ों को हम राष्ट्रीय संस्कृति का हिस्सा मानते हैं और परस्पर मनोरंजन के लिए हम आपस में सम्बन्ध बनाते हैं और इस तरह राष्ट्रीय संस्कृति के अलग-अलग तत्त्वों को प्रोत्साहित करते हैं। यह सद्‌भाव का संकेत है और जहाँ तक जाए उतना बेहतर होता है। यह 'पर्यटन' में सहयोग करता है जिसका प्रभाव मोटे तौर पर अच्छा होता है।

मेरा हालाँकि मानना है कि संस्कृति सच्चे मायनों में अनिवार्यत: 'आत्मौपम्य' (आत्म-संयम) होती है। इसका अर्थ है दूसरे की भावना को समझना और सहयोगात्मक प्रतिक्रिया देना। यही हर जगह की संस्कृति है, हमारी भी। इसके बग़ैर आप नाच-गा लें या कुछ भी कर लें लेकिन वह सच्ची संस्कृति नहीं होगी।

भारतीय लोकव्यवहार में सबसे चौंकाने वाला लक्षण जो आपको देखने को मिलेगा वह कपड़े, संगीत, आचार और पूजा-अर्चना जैसी हर एक चीज़ के मामले में सकारात्मक सहिष्णुता का होना है, जो दूसरे देशों से अलहदा है। यही सामान्य सहिष्णुता भारत को एक शान्तिपूर्ण और तनावमुक्त धरती बनाती है। सारे विदेशी जो शान्ति और चैन यहाँ पाते हैं, और कहीं नहीं पाते, बशर्ते हमारे अर्थशास्त्री और

नेता भारत को भौतिक रूप में समृद्ध बनाने और औसत राष्ट्रीय आय को ऊपर उठाने के सुझाव माँगकर उन्हें अशान्त न करें।

भिन्नताओं के प्रति सहिष्णुता होने के बावजूद हर एक समूह के भीतर एकरूपता का आग्रह भी भारत में बहुत है। यह विरोधाभास है, लेकिन यही बात बहुलता को क़ायम रखती है और साथ ही हर एक की विशिष्ट पहचान को अलग-अलग भी रखती है। तमाम भिन्नताओं को आपस में मिलाकर एक कर देने की कोई चाहत नहीं है, वास्तव में ऐसी प्रवृत्तियों को हतोत्साहित ही किया जाता है और भारत में इसकी कोई जगह भी नहीं है। यही बहुलता एकरूपतावादी सुधारकों को परेशान किये रहती है। वह चाहकर भी भारत को एकरंगा बनाने की उम्मीद नहीं पाल सकता, लेकिन मैं कहूँगा कि एकरूपतावादी एक ऐसा मूर्ख होता है जो सोचता है कि एकरूपता समाज के लिए मंगलकारी होगी। इससे राजकाज में आसानी हो जाएगी और बाहरी आक्रमण की सूरत में देश को बाँधे रखा जा सकेगा। सम्भव है कि इससे बहुत ऊर्जस्वी अन्धराष्ट्रवाद पैदा हो और जंग में बचाव आसान हो जाए, लेकिन इससे ख़ुशी नहीं आएगी। हमने लम्बे समय से विविधताओं को संरक्षित किया है और वही लोकमंगल की चाबी है। एक अर्थ में यह सहिष्णुता की पाठशाला है।

बेशक, बाहरी आक्रमण से हमारे सुख छिन्न-भिन्न हो सकते हैं, जो सहिष्णुता की देन हैं, जैसा कि मैंने बताया, लेकिन वह अलहदा बात है। मैं यहाँ संस्कृति की बात कर रहा हूँ, प्राथमिकताओं की नहीं। कभी-कभार संस्कृति को पीछे रखना पड़ सकता है।

इस देश में प्रतीकों और प्रतिमाओं की बहुलता तथा इनसे जुड़ी सामान्य धार्मिकता बाहर के व्यक्ति को भ्रमित करती है। वह इसे सदियों पुराने भारतीय दर्शन के विरोधाभास के तौर पर देखता है, लेकिन यही विरोधाभास भारत को ईश्वर-प्राप्ति की एक भव्य प्रयोगशाला में तब्दील करता है और एक ऐसी पाठशाला बनाता है जो अवतारवाद की त्रुटियों को दुरुस्त कर देती है, जिसकी ओर मनुष्य का स्वाभाविक रुझान होता है। इस आधार पर विकसित घरेलू भिन्नताएँ और जीवन का एक सुदीर्घ सुखद अनुभव हमें सामान्य रूप से, और यहाँ तक कि विदेशी धर्मों और प्रतीकों के मामले में भी सहिष्णु प्रतिक्रियाएँ देना सिखाता है। इसने हमें सत्य की पूर्ण व गहन समझ बख़्शी है। वैज्ञानिक अनुसन्धान में जिसे अवकलन विधि कहते हैं, उसको हिन्दू परम्परा शाश्वत सत्य की तलाश में मनोवैज्ञानिक रूप से स्वत: लागू करती है।

हम लोग ईश्वर की आराधना जिन अजीब तरीक़ों से करते हैं, वे अकल्पनीय हैं। यह ईश्वर केवल मनुष्य के लिए नहीं बना है, इस सत्य के साकारीकरण के लिए हम बन्दर, पक्षी और हाथी तक को अपनी आराधना का केन्द्र बनाते हैं।

बहुरूपों में ईश्वर की प्राप्ति की जाती है, वह सर्वोच्च रूप है। हमारे मिथकों में भक्तों की परम्परा भी केवल मनुष्य तक सीमित नहीं रही है। पक्षी, पशु भी भक्त रहे हैं। अवतारवाद से मुक्ति की कला भारतीय मिथकों से बेहतर पनाह कहाँ पाएगी जहाँ ईश्वर अग्नि के वर्ण वाला परमेश्वर है तो साँवला और सुन्दर श्रीराम और श्रीकृष्ण भी है। यहाँ भालू, मछली, कच्छप, नरसिंह, एकदन्त हाथी, ब्रह्मचारी युवा, ब्रह्मांड को तीन डग में नापने वाला त्रिविक्रम, सब ईश्वर हैं। ईश्वर कुछ भी हो सकता है और हर कुछ है।

तमाम आकारों और आकृतियों में ईश्वर की यही परिकल्पना हमें यह मानने को बाध्य करती है कि ईश्वर अगम और अगोचर है। वह सर्वव्यापी है और पहुँच से बाहर भी है। और ऐसा किसी शिक्षण से नहीं हुआ है बल्कि एक आस्तिक के मानस में विचारों की व्यावहारिक सम्बद्धताओं ने ऐसा सम्भव किया है, जो विकृत को सुन्दर बना देता है और पतित को परम पावन। ईश्वर का यह अगोचर रूप सैकड़ों स्वरूपों में उसकी उपस्थिति के बोध से पैदा होता है। उसकी सर्वव्याप्ति का बोध उसके अस्वीकार या उसके किसी भवन अथवा आकृति के अस्वीकार में नहीं है, बल्कि ऐसे हज़ारों रूपों में उसके स्वीकार से है जिनकी एक साथ अवकलन की वैज्ञानिक विधि से पूजा की जा सकती है, जो बाह्य रूप, प्रतीक या कर्मकांड की अनिवार्यता का प्रत्यक्ष खंडन है।

गोएथे के एक मित्र थे जॉन कास्पर लवातेर, जो मानते थे कि ईसा मसीह ही ईश्वर के सच्चे पैग़म्बर हैं और बाक़ी सारे धर्म झूठे हैं। गोएथे इस बात का विरोध करते थे। उन्होंने लवातेर को लिखा :

> आपको गोस्पेल से ज़्यादा ख़ूबसूरत कुछ नहीं दिखता। मैं तो तमाम युगों में ईश्वर से प्रेरित आत्माओं की लिखी हज़ारों बातों को उतना ही ख़ूबसूरत, उपयोगी और मानवता के लिए अपरित्याज्य मानता हूँ। प्रिय भाई, इतना भरोसा रखना कि मैं भी अपनी आस्थाओं के प्रति उतना ही ईमानदार हूँ जितना आप हैं। यदि मुझे सार्वजनिक रूप से बोलना पड़े, तो मैं अपनी आस्था के अनुसार इस ईश्वरप्रदत्त राजतंत्र के बारे में उतने ही उत्साह से बोलूँगा और लिखूँगा जितना आप ईसा के साम्राज्य के बारे में लिखते हैं। यह अलगाव पैदा करने वाली असहिष्णुता है! माफ़ करना ऐसे कठोर पद के लिए, लेकिन मैं कहना चाहूँगा कि असहिष्णुता आपमें नहीं, आपकी किताब में है।

जिसे 'बहुदेववाद' कहकर ग़लत ढंग से परिभाषित किया गया है, उस पर शर्मिंदा होना और इस 'सम्मिश्रण' के पीछे अजीबोग़रीब ऐतिहासिक कारण खोजना बेवकूफ़ी है। भारत के प्राचीनतम ग्रंथ और काव्य एक परम ब्रह्म की बात करते हैं

और उसी को एकाधिक प्रतीकों व स्वरूपों में निहित बताते हैं। यह बहुलता महज़ छवि का मामला नहीं है। यह सकारात्मक है, ठोस है और ईश्वर के इन एकाधिक रूपों में उसके प्रति अनन्य भक्ति मौजूद है, जो कभी-कभार सनकी तरीक़ों में प्रदर्शित होती है। इसके बावजूद इतने सारे प्रतीकों और प्रतिमाओं के बीच संघर्ष का कोई सवाल नहीं है। इन सभी को विवेकसंगत ढंग से बराबर स्वीकार किया जाता है और प्रत्येक आराधक के हिसाब से इन्हें पावन माना जाता है। भारत में यही धर्म की जय है। यह चीज़ हमारी संस्कृति की जड़ में है और किसी विशाल कल्पवृक्ष की विस्तारित जड़ों की तरह संस्कृति को पोषित करती है।

ज़ाहिर है, संस्कृति पर कोई भी विचार ग़रीबों को दिए जाने वाले दान, परिवार व परिजनों के साथ जुड़ाव, आतिथ्य, धर्मार्थ कार्य, करुणा और माता-पिता, गुरुजन व वरिष्ठों के प्रति सम्मान के बग़ैर पूरा नहीं होता। इन चीज़ों के पीछे कोई आर्थिक सिद्धान्त नहीं होता न ही यह निजी सुविधा का मसला है बल्कि ये भारतीय संस्कृति के अभिन्न अंग हैं। और यह भी असम्भव नहीं कि कोई-न-कोई आर्थिक दर्शन इनके पीछे छुपा हो। संस्कृति हमेशा स्वार्थपरता या भौतिक सुखों की विरोधी होती है, उनका प्रसार नहीं करती। वास्तव में संस्कृति का अर्थ है इन चीज़ों का परित्याग है। यह त्याग जितना स्फूर्त होगा, संस्कृति उतनी महान होगी। चाहतों का बढ़ना संस्कृति का विपर्यय है।

बुनियादी बातों पर लौटते हैं। फिर से दुहराता हूँ कि भारतीय संस्कृति का अर्थ है आत्म-संयम, यानी योग। भीतर की अराजकता को कभी अनुशासित नहीं किया जा सकता है, पर रोज़मर्रा के जीवन में ख़ुद को नियंत्रित और संयमित करने के सतत प्रयास को ही हम संस्कृति कहते हैं। यह हमें दूसरों के संग-साथ के लायक़ बनाती है और इस तरह सभी के लिए जीवन को सुखद बनाती है। हम ख़ुद संस्कृति से कन्नी काट के दूसरों से उसकी उम्मीद नहीं कर सकते।

विदेशी का भय और भाषायी राष्ट्रवाद

मैं विखंडनकारी नहीं हूँ, इस बात के प्रति हिन्दी क्षेत्र के अपने मित्रों और सहकर्मियों को आश्वस्त करने में मुझे निराशा नहीं होती। मेरे भीतर भी देश की एकता को अक्षुण्ण रखने की चाह है, जैसा हिन्दी के नायक नारे लगाते हैं। ऐसे में मैं अपेक्षा करता हूँ कि जब कोई बदलाव देश की एकता में रोड़ा बनकर आ रहा हो और न्याय के सिद्धान्तों के विपरीत हो, तो मेरे जैसे इस देश के पुराने सेवक को चीख़ने-चिल्लाने की अनुमति दी जाएगी...

अदृश्य ग़ैरों के प्रति काल्पनिक डर देशभक्ति का एक घिसा-पिटा स्वरूप है। ऊँचे स्तरों पर हमारे अहम मामलों में एक विश्वभाषा का इस्तेमाल करने में शर्मिंदगी का एहसास होना अपरिपक्वता का द्योतक है। बार-बार अंग्रेज़ी को विदेशी बताकर और उसके ख़िलाफ़ चिल्ला-चिल्लाकर हिन्दी को थोपने की अन्यायपूर्ण कोशिश की जाती रही है। हमारी क़ानूनी, प्रशासनिक और संसदीय प्रक्रिया के मुक़ाबले अंग्रेज़ी कोई ज़्यादा विदेशी नहीं है। इन सभी को भविष्य के लिए अपनाया गया है। और भाषा तो महज़ माध्यम है संवाद का जबकि बाक़ी चीज़ें तो हमारे आन्तरिक मामलों का मूल तत्त्व हैं...

अंग्रेज़ी की विदेशी प्रकृति और जनता की ज़बान से जुड़ी लोकतांत्रिक पहचान वाली दलीलें अपने मूल में दरअसल अंग्रेज़ी की जगह हिन्दी को सिंहासन पर बैठाने की कोशिशें हैं, जो कि अपने अनैतिक आग्रह के चलते हल्की जान पड़ती हैं। गोहाटी संकल्प का एक ही अर्थ है कि आज से कहीं ज़्यादा ऊर्जावान क़दम उठाए जाएँ ताकि 1965 के बाद यह बदलाव मुकम्मल हो जाए। तारीख़ चाहे कोई भी हो, कुछ भी तय दिवस पर हासिल नहीं हो सकता जब तक कि अभी से शुरुआत न कर दी जाए। और ऐसे तमाम क़दमों से केवल मनमुटाव बढ़ेगा और अहिन्दीभाषी क्षेत्रों में इसका विरोध होगा। इसलिए इस हिन्दी अभियान की आलोचना करने वाला विखंडनकारी नहीं हुआ, बल्कि बात उलटी है। यह हिन्दी अभियान ही वास्तव में विखंडनकारी है। इसकी चेतावनी देने वाले को दुश्मन नहीं समझना चाहिए। अगर मेरी आलोचना को देशभक्ति के नाम पर नीचा दिखाया जा रहा है तो यह हम सभी के लिए बुरा है...

सारा आधुनिक ज्ञान जो हमने अर्जित किया है और करेंगे, अंग्रेज़ी में है। आधुनिकीकरण की प्रक्रिया को यदि भोंड़ी नक़ल न बनने से बचाते हुए जारी रखना है तो प्रगतिशील पश्चिमी दुनिया के साथ अन्तरंग सम्पर्क बनाए रखना अनिवार्य है और इसके लिए ज़रूरी है कि अंग्रेज़ी भाषा और साहित्य के शिक्षण को नुक़सान न पहुँचाया जाए। यथार्थबोध वाला कोई भी व्यक्ति शिक्षा और लोकसेवाओं में मौजूद अवसरों के बीच के सम्बन्ध से इनकार नहीं कर सकता। सीधे कहा जाए तो भारत में आज चौतरफ़ा प्रगति के लिए अंग्रेज़ी-शिक्षण को हासिल दरजा ही ज़िम्मेदार है। यदि इस दरजे के साथ कुछ नीतिगत रूप से उलटा किया गया तो इसका परिणाम राष्ट्रीय प्रगति में पतन के रूप में साफ़ देखने को मिलेगा। कुछ लोग इस चीज़ को देखने-समझने को तैयार नहीं हैं और वे एक ऐसी भावना में बहे जा रहे हैं जिसे मोटे तौर पर राष्ट्र-गौरव कहा जा सकता है। क्या इस महान देश में भौगोलिक रूप से फैले हुए तमाम क़िस्म के लोगों के प्रति निष्पक्षता और न्याय राष्ट्र-गौरव जितना ही अहम नहीं है? एक कामयाब लोकशाही की जड़ में न्याय होता है और उसकी उपेक्षा करना ख़तरनाक होगा। हिन्दी को अखिल भारतीय,

केन्द्रीय और अन्तर-प्रान्तीय भाषा के रूप में स्थापित किया जाना—जो दरजा पिछले डेढ़ सौ साल के इतिहास की वजह से अंग्रेज़ी को हासिल है—असमानता और अन्याय को पैदा करेगा...

एक धारणा यह है कि हिन्दी दक्षिण भारत की भाषाओं से जुड़ी हुई है इसलिए भारत की दर्जनों भाषाओं को यह जोड़ने का काम करेगी। गुजराती और मराठी, पंजाबी और बनारस की भाषा के बारे में यह बात सच हो सकती है लेकिन यह सोचना तो पूरी तरह से ग़लत है कि हिन्दी तमिल को कन्नड़ या तेलुगु से जोड़ सकती है या फिर इनमें से किसी को राजस्थानी या बंगाली से जोड़ सकती है। दुर्भाग्य से तथ्य यही है कि भारत के लोगों की नस्ली विविधता जैसी भी हो लेकिन भारत की भाषाएँ दो मोटे खाँचों में बँटी हुई हैं और इनके बीच में हिन्दी कोई पुल या सम्पर्क-सूत्र नहीं है।

लोगों को इस बारे में आश्वस्त करने की कोई ज़रूरत नहीं है कि केन्द्र की आधिकारिक भाषा हिन्दी को बनाए जाने से बाक़ी भाषाओं को नुक़सान नहीं होगा। बेशक तमिल और बंगाली हिन्दी के आने से प्रभावित नहीं होंगी और समृद्ध होती रहेंगी, लेकिन तमिल और बंगाली बोलने वाले लोग प्रभावित होंगे—शिकायत यह है।

एक दलील सर्वहारा की शब्दावली का इस्तेमाल करते हुए दी जा रही है कि हिन्दी का विरोध करने वाले बुद्धिजीवी और शिक्षित जाति के लोग हैं जिन्होंने ख़ुद को जनता से काट लिया है जबकि हिन्दी के समर्थक ग़रीबों और वंचितों के हितैषी हैं। ऐसे ही तमाम तर्क तब ठोस होते जब सवाल हिन्दी क्षेत्रों में राज्य की आधिकारिक भाषा के रूप में अंग्रेज़ी की जगह हिन्दी को मान्यता दिए जाने का होता। अहिन्दीभाषी क्षेत्रों में इस तर्क को एक क्रूर मज़ाक़ और अवास्तविकता में तब्दील कर दिया गया है जहाँ न सिर्फ़ शिक्षित बल्कि आम लोग भी हिन्दी से उतने ही अपरिचित हैं। तमिलनाडु के किसी गाँव में अंग्रेज़ी समझने वाले भी थोड़े से ही लोग होंगे लेकिन हिन्दी में लिखा नोटिस या आदेश या हिन्दी का मनीऑर्डर फ़ॉर्म या जीवन बीमा का काग़ज़ पढ़ने वाला एक आदमी नहीं मिलेगा। इसलिए हिन्दी के समर्थक जब जनता की बात करते हैं तो वे ज़ाहिर तौर पर हिन्दीभाषी जनता की सोच रहे होते हैं, वे अहिन्दीभाषी क्षेत्रों की जनता की उपेक्षा कर देते हैं, जिनकी संख्या कम नहीं है।

अपने प्रति प्रेम बड़ी आसानी से भाषा के प्रेम के आवरण में ढक जा सकता है और भाषाप्रेम को देशप्रेम के आवरण में छुपाया जा सकता है। हमें ऐसे अन्धराष्ट्रवादी नारों से ख़ुद को नहीं छलना चाहिए। दक्षिण की पुकार न्याय और सक्षमता की पुकार है, इसलिए उसे विखंडनकारी या संकीर्णतावादी कहकर ख़ारिज नहीं किया जाना चाहिए। हमें बताया जा रहा है कि हिन्दी को एकता के नाम पर स्वीकार

करना होगा, जैसे कि अब तक कोई एकता थी ही नहीं! अगर समय की दरकार है कि व्यापक एकता बनाई जाए, तो क्या दक्षिण भारतीयों की दिक़्क़तों की क़ीमत पर हिन्दी को अपनाने से वह एकता आ जाएगी? पूरी ईमानदारी के साथ मेरा कहना है कि क़तई नहीं आएगी। मैं सीधी बात करता हूँ। अपने दोस्तों से झगड़ने में मुझे कोई सुख नहीं मिलता। मैं भी उतनी ही एकता चाहता हूँ जितनी और लोग चाहते हैं, लेकिन मैं सच्ची भावनात्मक एकता चाहता हूँ जो सद्भाव और न्यायबोध पर टिकी हो, न कि एक क़ानून द्वारा थोपी गई आधिकारिक भाषा पर टिकी भरमाने वाली क़ागज़ी एकता।

अनुवाद : **अभिषेक श्रीवास्तव**

राष्ट्रवाद की क्रान्तिकारी दृष्टि

क्रान्तिकारी राष्ट्रवाद के कई चरण थे। यह बीसवीं शताब्दी के शुरू में स्वतंत्रता और धर्म की प्रेरणा के साथ ही शुरू हुआ। उसने राष्ट्रवाद को बढ़ावा देने और आज़ादी के संघर्ष को उत्प्रेरित करने के लिए शुरुआती भूमिका निभाई थी। हालाँकि, रूस में बोल्शेविक क्रान्ति के बाद के दौर को एक प्रमुख वैचारिक बदलाव का दौर माना जा सकता है, जिसने 1920 के दशक के क्रान्तिकारी राष्ट्रवाद पर बहुत ही गहरा प्रभाव डाला था। जिसे मैंने क्रान्तिकारी राष्ट्रवाद कहा है, यह न केवल उन तक सीमित था जिन्होंने कांग्रेस के बाहर स्वतंत्रता की लड़ाई लड़ी थी, बल्कि सुभाषचन्द्र बोस जैसे लोकप्रिय युवा कांग्रेसी भी उसमें शामिल थे, जिन्होंने क्रान्तिकारी राष्ट्रवाद को ही सम्बोधित किया था। वह मुख्य रूप से वाम रुझान वाला क्रान्तिकारी राष्ट्रवाद था, जिसके लिए स्वतंत्रता का मतलब सिर्फ़ ब्रिटिश हुकूमत से मुक्ति-भर नहीं था। यह अतीत से मुक्ति का एक प्रयास था—जिसमें लोगों के आर्थिक, सामाजिक और राजनीतिक जीवन में प्रमुख संरचनात्मक परिवर्तन लाना था।

सुभाषचन्द्र बोस भारत के शुरुआती क्रान्तिकारी स्वतंत्रता सेनानियों में थे। उन्होंने 1920 के दशक में जवाहरलाल नेहरू के साथ मिलकर स्वतंत्रता लीग के बैनर तले देश-भर के युवाओं को इकट्ठा किया। 1938 और 1939 में वे दो बार कांग्रेस अध्यक्ष चुने गए, लेकिन महात्मा गांधी के साथ मतभेदों के कारण उन्हें इस्तीफ़ा दे देना पड़ा। उन्होंने इंडियन नेशनल आर्मी की स्थापना के लिए देश छोड़ दिया। उनके भाषणों में से कुछ संक्षिप्त अंश यहाँ शामिल हैं, हालाँकि बोस ने कभी भी राष्ट्रवाद जैसे विषय पर सीधे तौर पर अपने विचार नहीं रखे थे।

भगत सिंह, निश्चित रूप से 1920 के दशक में इस राष्ट्रवाद की सच्ची भावना का प्रतिनिधित्व करते हैं। उन्होंने ख़ुद को एक क्रान्तिकारी विचारक के रूप में विकसित किया, अपने छोटे से जीवन में उन्होंने अनेक चरणों को पार किया था। भगत सिंह अति पढ़ाकू व्यक्ति थे जिन्होंने आयरलैंड के क्रान्तिकारी संघर्ष, मार्क्सवाद, बोल्शेविक और विश्व के अन्य क्रान्तिकारी आन्दोलनों से सीख लेकर अपने को बौद्धिक रूप से परिपक्व बनाया था। एक लेखक के रूप में भी उन्होंने जनता के लिए एक बहुमूल्य क्रान्तिकारी विरासत छोड़ी है। उनके क्रान्तिकारी राष्ट्रवाद का दर्शन सदियों पुराने जातिगत भेदभाव और साम्प्रदायिकता पर केन्द्रित था। यहाँ तक कि ईश्वर जैसे मसले पर उनके उद्गार भी राष्ट्रवाद की उनकी धारणा को स्पष्ट करते हैं।

इस खंड में तीसरे विचारक एम.एन. रॉय हैं, जो 1920 और 30 के दशक के अग्रणी कम्युनिस्ट विचारक थे। वह ब्रिटिश हुकूमत की बेड़ियों

को तोड़कर मैक्सिको चले गए थे। आक्रामक राष्ट्रवाद से मार्क्सवाद की तरफ़ उनका रूपान्तरण मैक्सिको में हुआ। वह मैक्सिको में मार्क्सवाद को स्थापित करने के लिए गए थे इस तरह वह पहले व्यक्ति थे जो सोवियत संघ के नहीं थे। वैश्विक साम्राज्यवाद के ख़िलाफ़ क्रान्तिकारी राजनीति के सोलह वर्षों बाद रॉय 1930 में भारत वापस आए थे जिन्हें लेनिन ने 'पूरब में क्रान्ति के प्रतीक' की संज्ञा दी थी। वह क्रान्तिकारी राष्ट्रवाद का सपना लेकर भारत लौटे थे जो न केवल ब्रिटिश विरोधी था, बल्कि आम भारतीयों के मूल शोषण का भी विरोधी था जो ग़लत औपनिवेशिक राष्ट्रवाद से प्रेरणा लेकर आगे बढ़ रहा था। यहाँ उनके लेखन से दो अंश शामिल किए जा रहे हैं जिनमें वर्ग और राष्ट्रवाद के बारे में बातें की जा रही हैं।

सुभाषचन्द्र बोस

साम्प्रदायिकता राष्ट्रवाद नहीं है

आज़ादी (लिबर्टी) के लिए संघर्ष में जब जनता 'हथियारबन्द कामरेड' बनती है तो एक तरह की एक नई सम्मान की भावना जागृत होती है। इसके साथ एक नया नज़रिया, परिप्रेक्ष्य और दृष्टिकोण भी विकसित होता है। जब यह क्रान्ति आएगी तो भारतवासी बदले हुए और क्रान्तिकारी लोग होंगे। तब इनके लिए कई ऐसे सवालों का हल निकालना आसान हो जाएगा जो आज की तारीख़ में कठिन लगते हैं।

मौजूदा परिस्थिति में साम्प्रदायिकता के नासूर को ख़त्म करना और हमारे सार्वजनिक जीवन में पूरी तरह राष्ट्रवाद को पोषित करना लगभग असम्भव है। लेकिन यह चुनौती कैसे आसान होगी? ऐसा तभी होगा जब हम पूरे राष्ट्र में एक क्रान्तिकारी मानसिकता विकसित करेंगे।

साम्प्रदायिकता तभी ख़त्म होगी जब साम्प्रदायिक मानसिकता ख़त्म हो। इस तरह साम्प्रदायिकता को ख़त्म करने की ज़िम्मेदारी उन सभी भारतीयों—मुस्लिम, सिख, हिन्दू, ईसाई आदि पर है—जिन्होंने साम्प्रदायिक दृष्टिकोण को पीछे छोड़ एक वास्तविक राष्ट्रवादी मानसिकता विकसित की है। जिन्होंने राष्ट्र की आज़ादी के लिए अपने आपको जंग में झोंक दिया है उनमें निस्सन्देह वास्तविक राष्ट्रवादी मानसिकता है।

हर एक लड़ाई में सेना की अग्रिम टुकड़ी पर एक विशेष ज़िम्मेदारी होती है। साम्प्रदायिकता के ख़िलाफ़ जंग में इसी तरह की विशेष ज़िम्मेदारी अग्रणी लोगों या नायकों के कन्धे पर रहती है। यह उनका काम है कि वे अन्तर-सम्प्रदाय राष्ट्रीय एकता की नींव रखें। भारत की आज़ादी के लिए जो हिन्दू और मुस्लिम, सिख और ईसाई जंग लड़ रहे हैं ख़ासकर उनको साम्प्रदायिक समस्या के समाधान के लिए विशेष तौर पर शामिल किया जाना चाहिए। एक बार जब वे समस्या का समाधान करेंगे और इसकी घोषणा पूरे देश में करेंगे तो अपने आप परिदृश्य बदल जाएगा और साम्प्रदायिकता का मृत्युनाद सुनाई देगा। यदि नायकों का अग्रणी दस्ता रास्ता दिखाता है तो राष्ट्र अपने आप उसका अनुसरण करेगा।

ऐसे में हमें हाथ बाँधकर उस दिन का इन्तज़ार नहीं करना चाहिए कि कांग्रेस और मुस्लिम लीग का हाईकमान एक दिन साम्प्रदायिक समस्या का समाधान लेकर आएगा। इसके बजाय हमें उनको ये दिखाना होगा कि आज़ादी के असली नायक एकजुट होकर किस तरह इस समस्या का समाधान निकालते हैं। अगर ऐसा करने में ये सफल हो जाते हैं तो पहली और सबसे भयानक बाधा से मुक्ति मिल जाएगी और जनता व पूरा राष्ट्र उनके पद-चिन्हों पर चलेगा। जो लोग आज़ादी से मोहब्बत करते हैं और इसके लिए मर-मिटने को तैयार रहते हैं वो किसी भी अन्य की तुलना में साम्प्रदायिकता की समस्या का आसानी से समाधान कर सकते हैं। इसलिए आगे से सभी अग्रणी दस्ते के लोग या नायक अपने इस आज के मिशन को पूरा करें।

स्वस्थ राष्ट्रवाद के लिए कट्टरता को हराओ

मैं सोचता हूँ कि इस समय हमारे देशवासियों और ख़ासकर हमारे नौजवान दोस्तों को क़रीब एक-चौथाई सदी से राष्ट्रवाद पर किए जा रहे हमले के बारे में चेताने की ज़रूरत है। उन्हें ये बात सांस्कृतिक अन्तरराष्ट्रवाद के नज़रिये से बताने की ज़रूरत है क्योंकि राष्ट्रवाद को संकुचित, स्वार्थी और आक्रामक रूप में परिभाषित किया जाता है। इसे संस्कृति के क्षेत्र में अन्तरराष्ट्रवाद को बढ़ावा देने के रास्ते में बाधक भी माना जाता है। इन विचारों को मेरा जवाब यह है कि भारतीय राष्ट्रवाद न तो संकुचित है और न ही स्वार्थी या आक्रामक है। यह मानव-जाति के सबसे उच्च कोटि के विचार 'सत्यम्, शिवम् और सुन्दरम्' की अवधारणा से उत्प्रेरित है। भारत का राष्ट्रवाद हमें सच्चाई, ईमानदारी, पौरुष, सेवा व बलिदान की सीख देता है। इससे भी अधिक इसने हमारे लोगों के भीतर सदियों से दबी रचनात्मक प्रतिभा को जगाया है और इसका परिणाम यह हुआ है कि हम भारतीय कला के क्षेत्र में एक तरह के पुनर्जागरण का अनुभव कर रहे हैं।

अन्तरराष्ट्रीय श्रम या अन्तरराष्ट्रीय वामपंथ के नज़रिये से राष्ट्रवाद पर एक और हमला किया जा रहा है। यह हमला न केवल अतार्किक है बल्कि अवचेतन रूप से यह हमारे विदेशी शासकों के हित को पोषित करता है। ऐसे में सड़क पर उतरनेवाले इनसान को यह पता होना चाहिए कि नये तरीक़े से भारतीय समाज को पुनर्गठित करने के प्रयास से पहले हमें सबसे पहले अपनी नियति को सही आकार देना होगा। भले ही वह समाजवादी या कुछ और ही क्यों न हो। जब तक भारत ब्रिटेन के चरणों में साष्टांग गिरा रहेगा तब तक हमें अपने अधिकारों से वंचित किया जाता रहेगा। इसलिए न केवल राष्ट्रवादियों बल्कि राष्ट्रवादविरोधी वामपंथियों की

यह सबसे अहम ज़िम्मेदारी है कि वे जितना जल्दी सम्भव हो सके उतना जल्दी भारत का राजनीतिक उद्धार कराएँ।

मैं पहले ही संकेत दे चुका हूँ कि मैं श्रम (लेबर) और राष्ट्रवाद के बीच एक गठजोड़ का हिमायती हूँ। यहाँ मैंने 'श्रम' शब्द का इस्तेमाल व्यापक सन्दर्भ में किया है ताकि किसानों को भी इसमें शामिल किया जा सके। इसे स्वीकार करना पड़ेगा कि जो विचार हमने व्यक्त किए हैं उस दिशा में काफ़ी कुछ हासिल नहीं किया जा सका है। ख़ासकर श्रम को संगठित करने की अनुकूलता के क्षेत्र में।

मैं साम्प्रदायिक घाव पर मरहम लगाने के लिए सम्भवतः ज़रूरी पहल की आलोचना नहीं करता। लेकिन मैं साम्प्रदायिकता नामक बीमारी का स्थायी इलाज खोजने का पक्षधर हूँ। विभिन्न धार्मिक समूहों के लिए यह ज़रूरी है कि वे एक-दूसरे की परम्पराओं, विचारों और इतिहास से वाक़िफ़ हों, क्योंकि सांस्कृतिक अपनेपन से ही साम्प्रदायिक सौहार्द और शान्ति का रास्ता निकलेगा। मैं ऐसा सोचने का साहस करता हूँ कि विभिन्न समुदायों के बीच राजनीतिक एकता का आधार उनके बीच सांस्कृतिक मेल-मिलाप में निहित है। आज जैसी स्थिति है उसमें भारत में रहनेवाले विभिन्न समुदाय बेहद विशेष हैं।

सांस्कृतिक मेल-मिलाप को बढ़ावा देने के लिए धर्मनिरपेक्ष और वैज्ञानिक ट्रेनिंग की ख़ुराक़ देना ज़रूरी है। सांस्कृतिक लगाव के रास्ते में सबसे बड़ा काँटा धार्मिक हठ है और इस धार्मिक हठ का धर्मनिरपेक्ष और वैज्ञानिक शिक्षा से बेहतर इलाज और कुछ नहीं हो सकता। इस तरह की शिक्षा एक दूसरे तरह से उपयोगी है। वह ये कि इससे हमारी आर्थिक चेतना को जागृत करने में मदद मिलेगी। आर्थिक चेतना के उदय के साथ धार्मिक हठ के ख़त्म होने की शुरुआत हो जाती है। एक मुस्लिम किसान या मज़दूर और एक मुस्लिम ज़मींदार के बीच जो एकरूपता होती है उससे कहीं ज़्यादा एकरूपता एक हिन्दू किसान और एक मुस्लिम किसान के बीच होती हैं। जनता या भीड़ वहीं शिक्षित हो पाती है जहाँ उनके आर्थिक हित होते हैं और एक बार जब वे ये चीज़ें समझ लेंगे तो वे फिर से साम्प्रदायिक बखेड़े में नहीं पड़ेंगे। सांस्कृतिक, शैक्षणिक और आर्थिक पक्षों पर काम कर हम धीरे-धीरे धार्मिक हठ को कमतर कर सकते हैं और इस देश में स्वस्थ राष्ट्रवाद के विकास को मज़बूती दे सकते हैं।

इस समय, इसके लिए जो सबसे आशावादी संकेत दिख रहा है वो है इस देश के युवाओं में आई जागरूकता। देश के एक कोने से दूसरे कोने तक आन्दोलन फैल चुका है और जहाँ तक मुझे जानकारी है उसके मुताबिक़ इस आन्दोलन ने न केवल युवकों बल्कि युवतियों को भी आकर्षित किया है। आज के समय का युवा आत्मचेतन हो चुका है। वह एक आदर्श से प्रभावित है और अपने अन्दर की आवाज़ सुन रहा है, अपनी नियति को पाने को व्याकुल है। यह आन्दोलन राष्ट्र

की आत्मा से स्वाभाविक रूप से निकली आत्म-अभिव्यक्ति है और इसी आन्दोलन की दिशा पर राष्ट्र के भविष्य की रूपरेखा निर्भर है। इसलिए अब हमारी ज़िम्मेदारी है कि हम इस नये मिज़ाज को कुचलने की कोशिश करने के बजाय उसे अपना समर्थन और मार्गदर्शन दें।

दोस्तो! मैं आपसे विनती करना चाहूँगा कि आप युवाओं में आई इस चेतना को मज़बूत करने और युवा आन्दोलन शुरू करने में सहयोग करें। आत्म-चेतना वाले युवक न केवल आगे बढ़ेंगे बल्कि वे ख़ूबसूरत सपने भी देखेंगे। इसी तरह ये न केवल विध्वंसक हो सकते हैं बल्कि रचनात्मक निर्माण भी कर सकते हैं। जहाँ आप विफल हो सकते हैं वहाँ ये सफल हो सकते हैं। ये आपके लिए एक नये भारत का निर्माण करेंगे। ये एक स्वतंत्र भारत बनाएँगे जो पूर्व की विफलताओं, प्रयोगों और अनुभवों से मुक्त होगा। मुझ पर भरोसा कीजिए। यदि हम भारत को साम्प्रदायिकता और धार्मिक हठ जैसी बीमारियों से मुक्त करना चाहते हैं तो हमें अपने युवाओं के बीच काम शुरू करना होगा।

अनुवाद : **जितेन्द्र कुमार**

भगत सिंह

राष्ट्रवाद की साझा परिकल्पना

भारतवर्ष का भविष्य अन्धकारमय दिख रहा है। धर्मों ने देश का बेड़ा गर्क कर रखा है। दंगों ने भारत का नाम पूरी दुनिया में बदनाम कर दिया है। धार्मिक भावना के बहाव में सभी बहे जा रहे हैं। कुछ विरले ही सिख हैं, हिन्दू हैं, मुसलमान हैं जो शान्तचित्त हैं। बाक़ी तो हाथ में डंडे, तलवार व छुरा पकड़े हुए एक-दूसरे की जान लेने पर आमादा हैं...एक-दूसरे का ख़ून बहाने के बाद धर्म के इन ठेकेदारों पर अंग्रेज़ी हुकूमत का डंडा बरसता है तब इनका दिमाग़ ठिकाने आता है...लेकिन इस वक़्त स्थिति बहुत ही दयनीय है। एक धर्म के अनुयायी दूसरे धर्म के अनुयायी के जानी दुश्मन बन गए हैं।

जहाँ तक देखा गया है इन दंगों के पीछे साम्प्रदायिक नेताओं और अख़बारों का हाथ होता है। इस समय हिन्दुस्तान के नेताओं ने ऐसा विश्वासघात किया है जिसका वर्णन नहीं किया जा सकता है। वे वही नेता हैं जिन्होंने एक समय हिन्दुस्तान को स्वतंत्र करने का बीड़ा उठाया था और वे 'सबके लिए समान राष्ट्रीयता' और 'स्वराज-स्वराज' गाते फिरते थे। पता नहीं क्यों आज वे मुँह छुपाकर दुबक गए हैं या शायद इसी धर्मांधता में वे भी बह गए हैं...साम्प्रदायिकता का बहाव इतना तेज़ है कि लग ही नहीं रहा कि इसे रोका भी जा सकता है। देश की लीडरशिप का दिवाला पिटा हुआ लगता है।

दूसरा तत्त्व जो साम्प्रदायिकता फैलाने में मददगार हो रहा है वे पत्रकार हैं। जिस पत्रकारिता के व्यवसाय को एक समय पवित्र माना जाता था, आज वह उतना ही गन्दा हो गया है। पत्रकारिता में आजकल एक-दूसरे समुदाय के लिए जितने भड़काऊ हेडिंग दिए जा रहे हैं उससे समाज में हिंसा भड़क रही है...कुछ ही गिने-चुने पत्रकार हैं जो आज भी शान्त दिमाग़ से इस उत्तेजना-भरे माहौल में लिख रहे हैं...

अख़बारों का काम भारत की साझी राष्ट्रीय विरासत और परस्पर मेल-मिलाप की भावना को बढ़ावा देना है। लेकिन उसने अपना मुख्य कर्तव्य अज्ञान फैलाना,

संकीर्णता का प्रचार करना, लोगों को साम्प्रदायिक बनाना और हमारी साझी विरासत को नष्ट करने को बना रखा है। इसलिए भारतवर्ष की वर्तमान दशा पर विचार करने से आँखों से ख़ून के आँसू बहने लगते हैं और इसलिए हमारे देश के भविष्य पर सवाल खड़ा हो जाता है।

...अगर इन साम्प्रदायिक दंगों की जड़ में जाएँ तो हमें इसके बुनियादी कारण आर्थिक ही जान पड़ते हैं...लोगों को आपस में लड़ने से रोकने के लिए वर्ग चेतना की ज़रूरत है। मेहनतकश ग़रीबों व किसानों को यह समझना चाहिए कि उनके असली दुश्मन पूँजीपति हैं। दुनिया के सभी मजलूमों की, चाहे उनकी जो भी जाति हो, रंग हो, धर्म हो, देश या राष्ट्रीयता हो, सबके बराबर अधिकार हैं। यह उनके हित में है कि वे धार्मिक, नस्ली और राष्ट्रीय भेदभाव को भुलाकर एकजुट हो जाएँ और सरकार के हाथ से नियंत्रण अपने हाथ में ले लें...

1914-15 की शहादत ने धर्म को राजनीति से अलग कर दिया था। वे मानते थे कि धर्म इनसान का निजी मामला है जिसमें किसी को दख़ल देने का अधिकार नहीं है। इसमें राजनीति को नहीं घुसाना चाहिए क्योंकि यह सबको मिलकर एक साथ काम करने नहीं देता है। गदर पार्टी यह काम कर सकती है क्योंकि वह धर्म से अपने को अलग करके काम करती है...

इन दिनों कुछ राजनेता भी सामने आए हैं जो राजनीति से धर्म को अलग रखना चाहते हैं। यह झगड़ा ख़त्म करने का सुन्दर इलाज है जिसका हम समर्थन भी करते हैं। यदि धर्म को राजनीति से अलग कर दिया जाए तो हम सब राजनीति में इकट्ठे हो सकते हैं, भले ही हमारी धार्मिक मान्यताएँ जो भी हों।

राष्ट्र में भेदभाव हो रहा है

हमारे देश से ज़्यादा बुरे हालात किसी और देश के नहीं हुए होंगे। हमारे देश में हर समय अजीबोग़रीब सवाल उठते रहते हैं। सबसे महत्त्वपूर्ण समस्या छुआछूत की है। हमारी समस्या यह है कि तीस करोड़ की आबादी वाले देश में जो छह करोड़ अछूत रहते हैं उनके छूने मात्र से लोग अपवित्र हो जाते हैं।...

मूल रूप से हमारा देश धार्मिक है। फिर भी हम हर इनसान को इनसान के रूप में नहीं देखना चाहते हैं। जबकि पूरी तरह से भौतिकवादी यूरोप ने ऐसे भेदभाव के विरुद्ध झंडा बुलन्द कर रखा है। उन्होंने अमेरिका और फ्रांस की क्रान्ति के दौरान ही समानता की घोषणा कर दी थी। आज रूस भी यही कर रहा है। लेकिन हम आज भी आत्मा-परमात्मा के चक्कर में पड़े हुए हैं और इस बहस में उलझे हुए हैं कि अछूतों को जनेऊ दिया जाना चाहिए या नहीं। उन्हें वेद पढ़ने का अधिकार

होना चाहिए या नहीं? हम इस बात से चिन्तित हैं कि कुछ विदेशी मुल्क हमारे साथ अच्छा सलूक नहीं कर रहे हैं या ब्रिटिश हुकूमत हमें अंग्रेज़ों के समान नहीं समझती है! लेकिन क्या हमें इस तरह की शिकायत करने का कोई अधिकार है? सिन्ध के एक मुस्लिम सज्जन नूर मुहम्मद, जो बम्बई काउंसिल के सदस्य हैं—ने इसे बहुत ही ख़ूबसूरती से कहा है :

> अगर हिन्दू समाज अपने ही समाज के दूसरे लोगों को स्कूल जाने से रोक सकता है, या अपने ही समाज के लोगों को पीने के लिए पानी देने से इनकार कर सकता है तो क्या आपको अपने लिए सरकार से और अधिक अधिकार माँगने का हक़ है? हमें यह देखना चाहिए कि हम अपने ही लोगों के साथ कैसा व्यवहार करते हैं...जब आप ख़ुद किसी इनसान को सामान्य अधिकारों से वंचित कर देते हैं तो आपको क्या अधिकार है कि आप ख़ुद के लिए विशेष अधिकार की माँग करें...!

बात बिलकुल साफ़ है। चूँकि यह बात किसी मुसलमान ने कही है इसलिए हिन्दू अब कहेंगे कि वे अछूतों को मुसलमान बनाना चाहते हैं। जब आप उनके साथ जानवरों से भी बुरा व्यवहार करेंगे तो वे दूसरा धर्म क़बूल करेंगे ही, जहाँ उन्हें इज़्ज़त मिलेगी और उनके साथ इनसान जैसा व्यवहार भी किया जाएगा।

...पटना में हिन्दू महासभा का लाला लाजपत राय की अध्यक्षता में सम्मेलन हुआ जो अछूतों के प्रति सहानुभूति रखते हैं और उनके जनेऊ पहनने के समर्थक भी हैं। वहाँ ज़ोरदार बहस छिड़ गई। बहस इस बात पर छिड़ी कि अछूतों को जनेऊ पहनने का अधिकार होना चाहिए या नहीं? क्या उनको वेद और पुराण पढ़ने का अधिकार होना चाहिए? बड़े-से-बड़े समाज-सुधारक तिलमिला गए। लेकिन लालाजी उन्हीं दो बातों पर सहमति लेकर हिन्दू धर्म की लाज बचाने में सफल रहे। अन्यथा कितने शर्म की बात थी वह। कुत्ता हमारी गोद में बैठ सकता है, चूहा हमारे घर में चारों तरफ़ दौड़ सकता है लेकिन अगर एक इनसान का शरीर हमारे शरीर से छू जाए तो हमारा धर्म भ्रष्ट हो जाता है। आजकल मालवीय जैसे बड़े समाज सुधारक, अछूतों के बड़े हितैषी और न जाने क्या-क्या, पहले एक मेहतर के हाथों अपने गले में हार डलवा लेते हैं लेकिन कपड़ों सहित स्नान किए बिना अपने को अपवित्र समझने लगते हैं। क्या ग़ज़ब की धोखाधड़ी है...

...हम अपने लिए सभी सुविधा उपलब्ध करानेवाले व्यक्ति को दुत्कारते हैं। हम पशुओं की पूजा करते हैं लेकिन इनसान को पास नहीं फटकने देते।

यह आज का सबसे ज्वलंत प्रश्न है जिस पर बहुत बात हो रही है। देश में आज़ादी की माँग बढ़ रही है, उसमें हो सकता है कि साम्प्रदायिक भावना ने बहुत नुक़सान किया हो, लेकिन उसने एक अच्छा काम भी किया है। अधिक अधिकारों

की माँग के लिए अपनी क़ौम की संख्या बढ़ाने की चिन्ता उनको भी सताने लगी। मुसलमानों ने इस पर दूसरों से अधिक ध्यान दिया। जिन्होंने इस्लाम क़बूल कर लिया उन अछूतों को भी उसने बराबरी का अधिकार दिया। इससे हिन्दुओं के अहं को चोट पहुँची। दोनों समुदायों ने आपस में तुलना करना शुरू किया और कई जगह तो दंगे-फ़साद भी हुए...लगातार शोर-शराबा हो रहा है। उधर ईसाई चुपचाप अपना रुतबा बढ़ा रहा है। चलो ठीक ही है, इन सारी हलचलों से ही देश का दुर्भाग्य खत्म हो रहा है...

...अब अहम सवाल यह उठ रहा है कि इस समस्या का समाधान क्या है?... हमें सभी इनसानों को बराबर का दर्जा देना चाहिए। न तो कोई इनसान जन्म से अलग पैदा होता है और न ही कोई इनसान अपने काम से छोटा-बड़ा होता है। अगर एक इनसान ग़रीब मेहतर के घर पैदा होता है इसलिए जीवनपर्यन्त मैला साफ़ करेगा और इसलिए उसे दुनिया में कोई भी मुकाम पाने का अधिकार नहीं है। हमारे पूर्वज आर्यों ने इनके साथ बहुत ही ख़राब और अन्यायपूर्ण व्यवहार किया है... और निम्नकोटि का कार्य करवाया है। उन्हें उस बात की चिन्ता भी थी कि कहीं वे विद्रोह न कर दें इसलिए पुनर्जन्म के दर्शन का प्रचार भी किया कि यह तुम्हारे पिछले जन्मों के पापों का फल है!

अब क्या किया जा सकता है? हमको बिना कुछ किए चुप्पी साधकर बैठे रहना चाहिए? हमारे पूर्वजों ने उन्हें शान्ति और धैर्य का उपदेश देकर लम्बे समय तक शान्त कराकर रखा है, लेकिन उन्होंने बहुत बड़ा पाप किया है। उन्होंने इनसान के भीतर की इनसानियत को ख़त्म कर दिया है। उनके साथ बहुत दमन और अन्याय हुआ है। आज हमारे लिए प्रायश्चित्त करने का समय है।

मैं नास्तिक क्यों हूँ?

एक नया सवाल उठ खड़ा हुआ है। क्या मैं अहम्मन्यता के कारण सर्वशक्तिमान, सर्वव्यापी और सर्वज्ञ ईश्वर के अस्तित्व में विश्वास नहीं करता हूँ? मैंने कल्पना भी नहीं की थी कि मुझे कभी ऐसे सवाल का सामना करना पड़ेगा। लेकिन कुछ मित्रों से हुई बातचीत में मुझे यह संकेत मिला कि मेरे कुछ दोस्त—अगर उन्हें दोस्त मानकर उन पर मैं बहुत ज़्यादा अधिकार नहीं जता रहा हूँ तो—मेरे साथ के अपने थोड़े से सम्पर्क से इस नतीजे पर पहुँचना चाहते हैं कि मैं ईश्वर के अस्तित्व को नकारकर बड़ी ज़्यादती कर रहा हूँ और यह कि मुझमें कुछ अहम्मन्यता है जिसने मुझे इस अविश्वास के लिए प्रेरित किया है। ख़ैर, समस्या गम्भीर है। मैं यह शेखी तो बघार ही नहीं सकता कि मैं इन मानवीय कमज़ोरियों से पूरी तरह

मुक्त हूँ। मैं एक सामान्य मनुष्य हूँ, इससे अधिक होने का दावा तो कोई भी नहीं कर सकता। इसलिए मुझमें भी यह कमज़ोरी है। हाँ, यह सही है कि अहम्मन्यता मेरे स्वभाव में है। मुझे अपने साथियों के बीच निरंकुश कहा जाता था। यहाँ तक कि मेरे मित्र बी.के. दत्त भी कभी-कभी मुझे निरंकुश कहा करते थे। कई बार तो तानाशाह कहकर मेरी निन्दा भी की गई। कुछ मित्रों की सचमुच यह शिकायत है, और गम्भीर शिकायत है कि मैं अनजाने ही अपने विचार दूसरों पर थोपता हूँ और अपनी बातें जबरन मनवा लेता हूँ। इससे मैं इनकार नहीं करता और कुछ हद तक यह बात सही भी है। इसे अहम्मन्यता भी कहा जा सकता है। लेकिन जितनी अहम्मन्यता अन्य लोकप्रिय लोगों में है, उतना ही मुझमें भी है। मगर वह निजी नहीं है। हो सकता है, हमारे मत में यह केवल एक समुचित गर्व हो और इसे अहम्मन्यता न माना जाता हो। अहम्मन्यता, अथवा और ज़्यादा सटीक रूप से कहें तो अहंकार, किसी को अपने ऊपर हो जानेवाले अनुचित गर्व का नाम है। यहाँ मैं जिस सवाल पर चर्चा करना चाहता हूँ, वह यही है कि क्या मैं नास्तिक इसलिए बन गया हूँ कि मुझे अपने ऊपर ऐसा अनुचित गर्व है? अथवा इस विषय के सचेत अध्ययन और काफ़ी सोच-विचार करने के बाद मैंने ईश्वर पर विश्वास करना छोड़ा है? वैसे, मैं यह स्पष्ट कर दूँ कि अहंकार और अहम्मन्यता दो भिन्न-भिन्न चीज़ें हैं।

अव्वल तो मैं यह बात क़तई नहीं समझ सका कि अनुचित गर्व या मिथ्या दम्भ किसी को आस्तिक बनने से कैसे रोक सकता है। वास्तव में मैं किसी महान व्यक्ति की महानता से इनकार कर सकता हूँ, बशर्ते कि वैसी योग्यता न होने पर भी, अथवा महान होने के लिए वास्तव में आवश्यक या अनिवार्य गुण न होने पर भी, मुझे किसी हद तक वैसी ही लोकप्रियता मिल जाए। यहाँ तक तो बात समझ में आती है। मगर यह कैसे हो सकता है कि कोई आस्तिक व्यक्ति निजी अहम्मन्यता के कारण ईश्वर में विश्वास करना ही छोड़ दे? इसके लिए फिर दो ही बातें हो सकती हैं : आदमी या तो स्वयं को ईश्वर का प्रतिद्वंद्वी मानने लगे या फिर यह मानने लगे कि वह स्वयं ही ईश्वर है। लेकिन इन दोनों ही परिस्थितियों में वह सच्चा नास्तिक नहीं बन सकता। पहली स्थिति में वह अपने प्रतिद्वंद्वी के अस्तित्व से इनकार ही नहीं करता, जबकि दूसरी स्थिति में भी वह एक ऐसी सत्ता के अस्तित्व को स्वीकार करता है जो अदृश्य रहकर प्रकृति की तमाम क्रियाओं को निर्देशित करती है। हमारे लिए इस बात का कोई महत्त्व नहीं है कि वह स्वयं को सर्वोच्च सत्ता समझता है अथवा किसी सर्वोच्च सत्ता से ख़ुद को अलग समझता है। मूल प्रश्न ज्यों-का-त्यों है। उनका विश्वास ज्यों-का-त्यों है। इसलिए वह किसी भी तरह से नास्तिक नहीं है। बहरहाल, मेरी बात समझिए। न तो मैं पहले की श्रेणी में आता हूँ और न ही मैं दूसरी श्रेणी में आता हूँ। मैं उस सर्वशक्तिमान परमात्मा के अस्तित्व से ही इनकार करता हूँ। क्यों इनकार करता हूँ, इसकी चर्चा बाद में करूँगा। यहाँ मैं केवल यह

स्पष्ट करना चाहता हूँ कि नास्तिकता के सिद्धान्तों को अपनाने की दिशा में मुझे मेरी अहम्मन्यता ने प्रेरित नहीं किया है। मैं न तो ईश्वर का प्रतिद्वंद्वी हूँ न उनका अवतार, न स्वयं परमात्मा। महत्त्वपूर्ण बात है कि अहम्मन्यता ने मुझे ऐसा सोचने के लिए प्रेरित ही नहीं किया है। इस आरोप को मिथ्या सिद्ध करने के लिए मुझे तथ्यों की जाँच-पड़ताल करने की इजाज़त दीजिए। मेरे इन दोस्तों के मुताबिक़ दिल्ली बम कांड और लाहौर षड्यंत्र कांड के कारण चले मुक़दमों के दौरान मुझे जो अनावश्यक लोकप्रियता मिल गई है, शायद उसी ने मुझमें मिथ्या दम्भ पैदा कर दिया है। ख़ैर, देखते हैं कि उनकी बात सही है या नहीं।

मेरी नास्तिकता इतनी भी नई नहीं है। मैंने तो ईश्वर को मानना तभी बन्द कर दिया था जब मैं गुमनाम नौजवान था और मेरे उपर्युक्त मित्रों को मेरे अस्तित्व का पता भी नहीं था। कम-से-कम कॉलेज का एक छात्र ऐसा अनुचित गर्व नहीं पाल सकता जो उसे नास्तिक बना दे। हालाँकि कुछ प्रोफ़ेसर मुझे पसन्द करते थे और कुछ नापसन्द, पर मैं कभी भी परिश्रमी या पढ़ाकू विद्यार्थी नहीं रहा। अहम्मन्यता जैसी भावनाएँ पालने का मेरे पास कोई मौक़ा नहीं था। मैं तो बहुत ही शर्मीले स्वभाव का लड़का था और अपने भविष्य को लेकर कुछ-कुछ निराशावादी ख़यालों में खोया रहता था। वास्तव में उन दिनों मैं पक्का नास्तिक भी नहीं था। मेरे दादा, जिनकी देख-रेख में मेरा पालन-पोषण हुआ, कट्टर आर्यसमाजी हैं। आर्यसमाजी और चाहे कुछ भी हो, नास्तिक नहीं होता। अपनी प्राथमिक शिक्षा पूरी करने के बाद मैं लाहौर के डीएवी स्कूल में दाख़िल हुआ और बोर्डिंग हाउस में पूरे साल भर रहा। वहाँ सुबह और शाम की प्रार्थनाओं के अलावा भी मैं घंटों गायत्री मंत्र जपता रहता था। उन दिनों मैं पूरी तरह आस्तिक था। आगे चलकर मैं अपने पिता के साथ रहने लगा। धार्मिक कट्टरता के मामले में वे उदारतावादी हैं। उन्हीं के उपदेशों से मुझमें आज़ादी के उद्देश्य के लिए अपना जीवन समर्पित करने की आकांक्षा पैदा हुई। लेकिन वे नास्तिक नहीं हैं। वे मुझे प्रतिदिन संध्या-उपासना करने के लिए प्रोत्साहित करते थे। तो मेरा पालन-पोषण इस तरह से हुआ। असहयोग आन्दोलन के दिनों में मैं नेशनल कॉलेज में दाख़िल हुआ। वहीं जाकर मैंने उदारवादी ढंग से सोचना और सारी धार्मिक समस्याओं के बारे में, यहाँ तक कि ईश्वर के बारे में भी, बहस और आलोचना करना शुरू किया। फिर भी, ईश्वर में मेरा अभी भी पक्का विश्वास था। अब, मैं बिना कटे केश और दाढ़ी रखने लगा था, मगर मैं सिख मत या किसी अन्य धर्म के मिथकों और सिद्धान्तों में विश्वास नहीं कर पाया। लेकिन ईश्वर के अस्तित्व को लेकर किसी प्रकार का कोई शक-शुबहा मुझमें नहीं था।

आगे चलकर मैं क्रान्तिकारी दल में शामिल हुआ। सबसे पहले मैं जिन नेता के सम्पर्क में आया, वैसे तो वे ईश्वर को नहीं मानते थे, लेकिन उसके अस्तित्व को नकारने की हिम्मत उनमें नहीं थी। मैं ईश्वर के बारे में लगातार उनसे सवाल

किया करता था जिसके जवाब में वे कह दिया करते थे, "जब तुम्हारा मन करे, प्रार्थना कर लिया करो।" अब यह तो कुछ इस तरह की नास्तिकता हुई कि आप बनने चले तो नास्तिक हैं लेकिन नास्तिक बनने की हिम्मत आपमें है ही नहीं। मैं जिन दूसरे नेता के सम्पर्क में आया, वे आस्तिक थे। उनका नाम बता ही दूँ—वे थे आदरणीय साथी शचीन्द्रनाथ सान्याल, जो कराची षड्यंत्र कांड के सिलसिले में आजीवन कालापानी की सज़ा भुगत रहे हैं। उन्होंने अपनी प्रसिद्ध और एकमात्र पुस्तक 'बन्दी-जीवन' के पहले पृष्ठ से ही ईश्वर की महिमा का ज़बरदस्त गुणगान करना शुरू कर दिया है। उस ख़ूबसूरत किताब के दूसरे भाग के अन्तिम पृष्ठ पर अपने वेदान्तवाद के कारण उन्होंने ईश्वर का जिस तरह से रहस्यवादी स्तुतिगान किया है, वह उनके विचारों का बड़ा अजीबोग़रीब हिस्सा है। 28 जनवरी, 1925 को जो क्रान्तिकारी परचा पूरे भारत में बाँटा गया था, वह मुक़दमे के काग़ज़ात के अनुसार उन्हीं के मानसिक श्रम का परिणाम था। यह तो होता ही है कि गुप्त कार्रवाई में प्रमुख नेता अपने उन निजी विचारों को व्यक्त करता है जो उन्हें बहुत प्रिय होते हैं, और शेष कार्यकर्ताओं को मतभेदों के बावजूद उन विचारों से मौन सहमति प्रकट करनी पड़ती है। उस पर्चे में एक पूरा पैरा सर्वशक्तिमान ईश्वर की लीला और कार्य की प्रशंसा से भरा हुआ था। यह सब रहस्यवाद है। मैं सिर्फ़ यह कहना चाहता हूँ कि नास्तिकता का विचार क्रान्तिकारी दल में भी पैदा नहीं हुआ था। काकोरी कांड के चारों मशहूर शहीदों ने अपना अन्तिम दिन सिर्फ़ पूजा-अर्चना करते हुए बिता दिया था। रामप्रसाद बिस्मिल तो कट्टर आर्यसमाजी थे। समाजवाद और साम्यवाद के अपने विस्तृत अध्ययन के बावजूद राजेन्द्र लाहिड़ी उपनिषदों और गीता के श्लोकों का पाठ करने की अपनी इच्छा को दबा नहीं सके थे। उनमें मैंने सिर्फ़ एक व्यक्ति को ऐसा पाया जो कभी प्रार्थना नहीं करता था और कहा करता था कि 'दर्शन मानवीय दुर्बलता या सीमित ज्ञान से पैदा होता है।' वह व्यक्ति भी आजीवन कालापानी की सज़ा भुगत रहा है। फिर भी, ईश्वर के अस्तित्व को नकारने का साहस वह भी नहीं जुटा पाया।

तब तक मैं रूमानी आदर्शवादी क्रान्तिकारी ही था। तब तक हम केवल अनुयायी थे, आगे चलकर पूरी ज़िम्मेदारी अपने कन्धों पर उठाने का भी समय आया। अनिवार्यतः यह प्रतिक्रिया इतनी ज़बरदस्त थी कि कुछ समय तक तो दल का अस्तित्व ही असम्भव लगने लगा। उत्साही साथी तो नहीं लेकिन नेतागण हमारा मज़ाक़ उड़ाने लगे। कुछ समय तक मुझे ऐसा लगता रहा कि कहीं मैं भी अपने कार्यक्रम को व्यर्थ न मानने लगूँ। यह मेरे क्रान्तिकारी जीवन का एक नया मोड़ था। मेरे दिमाग़ के हर कोने से एक ही आवाज़ रह-रहकर उठती थी—'अध्ययन करो, और ख़ुद को विरोधियों के तर्कों का सामना करने लायक़ बनने के लिए अध्ययन करते रहो! और अपने मत के समर्थन को धारदार बनाने तक अध्ययन करो!'

मैंने अध्ययन करना शुरू किया, उससे मेरी पूर्ववर्ती आस्थाओं और मान्यताओं में महत्त्वपूर्ण परिवर्तन हुए। केवल हिंसात्मक उपायों में विश्वास रखने का रूमानीपन, जो हमसे पहले के लोगों पर हावी था, दूर हो गया और उसका स्थान गम्भीर विचारों ने लेना शुरू किया। रहस्यवाद और अन्धविश्वास के लिए अब कोई गुंजाइश नहीं बची। यथार्थवाद हमारा मत बन गया। अब हमारी समझ में आ गया कि शक्ति का प्रयोग अति आवश्यक होने पर ही उचित है और आम जनता के तमाम आन्दोलनों के लिए अहिंसा की नीति अपरिहार्य है। यह तो हुई तरीक़ों की बात। हमारे लिए सबसे महत्त्वपूर्ण बात थी उस आदर्श की स्पष्ट अवधारणा जिसके लिए हमें लड़ना था। चूँकि उस समय सक्रियता के स्तर पर कोई ख़ास गतिविधियाँ थीं ही नहीं, इसलिए विश्व-क्रान्ति के विभिन्न आदर्शों का अध्ययन करने के अवसर मुझे बहुत मिले। मैंने अराजकतावादी नेता बाकुनिन को पढ़ा, थोड़ा-बहुत साम्यवाद के जनक कार्ल मार्क्स को पढ़ा और अपने देश में सफलतापूर्वक क्रान्ति करनेवाले लेनिन, ट्रॉटस्की तथा अन्य लोगों को ख़ूब पढ़ा। वे सब नास्तिक थे। बाकुनिन की पुस्तक 'गॉड एंड स्टेट' (ईश्वर और राज्य) थोड़ी अधूरी-सी ज़रूर है, बावजूद इसके इस विषय पर वह बहुत ही रोचक अध्ययन है। बाद में निर्लम्ब स्वामी की एक पुस्तक 'कॉमन सेंस' (सहज ज्ञान) मुझे पढ़ने को मिली। उसमें एक रहस्यवादी नास्तिकता भर थी। अब यह विषय मेरे लिए बहुत ही रोचक बन गया। 1926 के अन्त तक मैं इस बात का क़ायल हो गया कि सारी दुनिया को बनाने, चलाने और नियंत्रित करनेवाली सर्वशक्तिमान परम सत्ता के अस्तित्व का सिद्धान्त निराधार है। मैंने अपने अविश्वास के बारे में दूसरों को बता भी दिया था। मैं दोस्तों के साथ इस विषय पर बहस करने लगा। अब मैं घोषित रूप से नास्तिक बन चुका था। मगर इसका मतलब क्या था, इसका ज़िक्र नीचे है।

मई 1927 में लाहौर में मेरी गिरफ़्तारी हुई। गिरफ़्तारी अचानक ही हुई। मुझे ज़रा भी अन्देशा नहीं था कि पुलिस मुझे तलाश रही है। अचानक एक बाग़ से गुज़रते हुए मैंने पाया कि मुझे पुलिस ने घेर लिया है। मैं ख़ुद इस बात से हैरान हूँ कि मैं उस वक़्त एकदम शान्त रहा। न तो मुझे कोई घबराहट हुई, न मैंने किसी उत्तेजना का अनुभव किया। मुझे हिरासत में ले लिया गया। अगले दिन मुझे रेलवे पुलिस की हवालात में ले जाया गया जहाँ मुझे पूरा महीना बिताना पड़ा। पुलिस अफ़सरों से कई बार बात करने के बाद मैंने अनुमान लगाया कि उन्हें काकोरी दल से मेरे सम्बन्ध होने तथा क्रान्तिकारी आन्दोलन से सम्बन्धित मेरी अन्य गतिविधियों के बारे में कुछ जानकारी है। उन्होंने मुझे बताया कि जिन दिनों मुक़दमा चल रहा था, मैं लखनऊ गया था, कि मैंने अभियुक्तों से मिलकर उन्हें छुड़ाने की योजना बनाई थी, कि उनकी सहमति से हम लोगों ने कुछ बम इकट्ठा किए थे, कि जाँच के तौर पर उनमें से एक बम 1926 के दशहरे के दिन भीड़ में फेंका गया था, फिर उन्होंने मुझसे कहा कि

तुम्हारी भलाई इसी में है कि तुम क्रान्तिकारी दल की गतिविधियों पर प्रकाश डालते हुए एक बयान दे दो, इससे तुम्हें जेल नहीं भेजा जाएगा। बल्कि अदालत में तुम्हें मुख़बिर के बतौर पेश किए बिना ही छोड़ दिया जाएगा। मैं उनके इस प्रस्ताव पर हँस दिया। उनकी सारी ही बातें वाहियात थीं। हमारे जैसे विचारों वाले लोग अपनी बेकसूर जनता पर बम नहीं फेंका करते। एक दिन सीआईडी के तत्कालीन वरिष्ठ अधीक्षक मिस्टर न्यूमैन मेरे पास आए, और बहुत देर तक सहानुभूति जतानेवाली बातें करने के बाद उन्होंने मुझे यह ख़बर सुनाई—जो उनके हिसाब से अत्यन्त दुःखद थी—कि वे लोग जैसा बयान मुझसे चाहते हैं, अगर वह मैंने नहीं दिया तो मजबूर होकर उन्हें मुझ पर काकोरी कांड के सिलसिले में सरकार के विरुद्ध लड़ाई छेड़ने के षड्यंत्र और दशहरा बमकांड के सिलसिले में हुई क्रूर हत्याओं के लिए मुक़दमा चलाना पड़ेगा। फिर उन्होंने मुझे यह भी बताया कि उनके पास मुझे सज़ा दिलाने और फाँसी पर चढ़ाने के लिए पर्याप्त सबूत मौजूद हैं। उन दिनों मैं यह मानता था—यद्यपि मैं पूरी तरह निर्दोष था—कि पुलिस चाहे तो ऐसा कर सकती है। उसी दिन कुछ पुलिस अफ़सरों ने मुझे सुबह-शाम दोनों समय नियमित रूप से प्रार्थना करने के लिए प्रेरित करना शुरू कर दिया। और मैं ठहरा नास्तिक। मैंने अपने मन में यह फ़ैसला करना चाहा कि मैं सुख-शान्ति के दिनों में ही नास्तिक होने की शेखी बघारता हूँ या ऐसी कठिन परिस्थितियों में भी अपने सिद्धान्तों पर अटल रह सकता हूँ! बहुत सोच-विचार के बाद मैंने यह निश्चय किया कि मैं अब ईश्वर में विश्वास करने और उसकी प्रार्थना करने के लिए तैयार नहीं हूँ। और मैंने प्रार्थना करने से मना कर दिया। एक बार भी मैंने प्रार्थना नहीं की। यह असली परीक्षा थी और मैं उसमें पास हुआ। एक क्षण के लिए भी मेरे मन में यह विचार नहीं आया कि कुछ अन्य चीज़ों की क़ीमत पर मैं अपनी जान बचा लूँ। इस तरह मैं उस समय पक्का नास्तिक बना और तब से आज तक वही हूँ। उस इम्तहान में पास होना कोई आसान काम नहीं था। आस्तिकता मुश्किलों को आसान कर देती है, यहाँ तक कि उन्हें ख़ुशगवार भी बना सकती है। आदमी ईश्वर में बड़ी ज़बरदस्त राहत और दिलासा पा सकता है। उसके बिना आदमी को अपने ऊपर ही भरोसा करना पड़ता है। और आँधियों-तूफ़ानों के बीच अपने पैरों पर खड़े रहना आसान काम नहीं है। इम्तहान की ऐसी घड़ियों में अहम्मन्यता अगर हो भी तो कपूर की तरह उड़ जाती है और आदमी प्रचलित विश्वासों को ठुकराने की हिम्मत नहीं कर पाता, अगर करता है तो हमें कहना पड़ेगा कि उसमें अहम्मन्यता के अलावा कोई और भी ताक़त शामिल है। आज ठीक यही स्थिति है। सब लोग अच्छी तरह जानते हैं कि हमारे मुक़दमे का क्या फ़ैसला होना है। हफ़्ते-भर में वह सुना भी दिया जाएगा। मेरे लिए इस ख़याल के अलावा और क्या राहत हो सकती है कि मैं एक उद्देश्य के लिए अपने प्राणों का बलिदान करने जा रहा हूँ? ईश्वर में विश्वास करनेवाला हिन्दू राजा बनकर पुनर्जन्म

लेने की आशा कर सकता है, मुसलमान या ईसाई जन्नत में मिलनेवाले मज़े लूटने और अपनी मुसीबतों और क़ुर्बानियों के बदले इनाम हासिल करने के सपने देख सकता है। मगर मैं किस चीज़ की उम्मीद रखूँ? मैं जानता हूँ कि जब मेरी गरदन में फाँसी का फन्दा डालकर मेरे पैरों के नीचे से शहतीर खींच लिये जाएँगे तब सब कुछ ख़त्म हो जाएगा। वही मेरा अन्तिम क्षण होगा। मेरा, अथवा आध्यात्मिक शब्दावली में कहूँ तो मेरी आत्मा का, सम्पूर्ण अन्त उसी क्षण हो जाएगा। बाद के लिए कुछ नहीं बचेगा। मुझमें अगर इसी दृष्टिकोण से देखने का साहस है तो एक छोटा-सा संघर्षमय जीवन ही सही, जिसका भले ही कोई शानदार अन्त न हुआ हो, अपने आप में मेरे लिए पुरस्कार होगा। बस अब और कुछ नहीं। किसी स्वार्थपूर्ण इरादे के बिना, इहलोक या परलोक में कोई पुरस्कार पाने की इच्छा के बिना, बिलकुल अनासक्त भाव से मैंने अपना जीवन आज़ादी के उद्देश्य के लिए समर्पित किया है, क्योंकि ऐसा किए बिना मैं रह नहीं सकता था। जिस दिन ऐसी मानसिकता वाले ढेर सारे लोग हो जाएँगे जो मानव-सेवा और पीड़ित मानवता की मुक्ति को सबसे ऊपर समझकर अपने आपको उसके लिए समर्पित कर देंगे, उसी दिन आज़ादी का युग शुरू हो जाएगा। जब वे राजा बनने के लिए नहीं, इहलोक में, अगले जन्म या मृत्यु के उपरान्त स्वर्ग में जाकर कोई अन्य पुरस्कार पाने के लिए नहीं, बल्कि मानवता की गरदन पर रखी दासता का बोझ उतार फेंकने के लिए और आज़ादी व शान्ति की स्थापना के लिए दमनकारियों, शोषकों और अत्याचारियों को चुनौती देने की प्रेरणा ग्रहण करेंगे, तभी वे इस रास्ते पर चल पाएँगे जो निजी तौर पर ख़ुद के लिए भले ही ख़तरनाक हो लेकिन उनकी महान आत्माओं के लिए सबसे गौरवपूर्ण रास्ता होगा। इस महान उद्देश्य के लिए ख़ुद को समर्पित करने में उन्हें जो गर्व होगा, क्या उसे हम अहम्मन्यता कह सकते हैं? उन पर ऐसा घृणित लांछना लगाने की हिमाकत कौन कर सकता है? और अगर कोई करता है तो मैं कहूँगा कि या तो वह मूर्ख है या फिर धूर्त। इसलिए हम उसे माफ़ कर देते हैं, क्योंकि उस इनसान में हृदय की गहराई और आवेग को, उसमें उठनेवाली भावनाओं और उदात्त अनुभूतियों को समझने की क्षमता ही नहीं है। उसका दिल बेजान मांस का लोथड़ा-भर है। उसकी आँखों में स्वार्थ का परदा पड़ा है, इसलिए वे अच्छी तरह देख ही नहीं सकते। आत्मनिर्भरता को अहम्मन्यता के रूप में परिभाषित कर लेने की गुंजाइश हमेशा बनी रहती है। यह बहुत ही दु:खद और बुरी बात है, लेकिन इसके बारे में कुछ किया नहीं जा सकता।

आप किसी प्रचलित विश्वास का विरोध करके देखिए, किसी ऐसे नायक या महान व्यक्ति की आलोचना करके देखिए, जिसके बारे में लोग यह मानते हों कि वह कभी कोई ग़लती कर ही नहीं सकता इसलिए उसकी आलोचना हो ही नहीं सकती, आपके तर्कों की ताक़त लोगों को मजबूर करेगी और वे आपको अहंकारी कहकर आपका मज़ाक़ उड़ाएँगे। इसका कारण मानसिक जड़ता है। आलोचना

और स्वतंत्र चिन्तन क्रान्तिकारी के दो अनिवार्य गुण हैं। यह नहीं कि महात्मा जी महान हैं इसलिए किसी को उनकी आलोचना नहीं करनी चाहिए, चूँकि वे पहुँचे हुए 'फ़क़ीर' हैं इसलिए राजनीति, धर्म, अर्थशास्त्र या नीतिशास्त्र पर वे जो कुछ भी कहेंगे, वही सही होगा, आपकी सहमति हो या न हो, पर आपको कहना ही पड़ेगा कि यही सत्य है। यह मानसिकता प्रगति की ओर ले ही नहीं जा सकती है। इसलिए ज़ाहिर तौर पर यह प्रतिक्रियावादी मानसिकता है।

और चूँकि हमारे पूर्वजों ने किसी परमसत्ता में—सर्वशक्तिमान ईश्वर में विश्वास बना लिया था, इसलिए उस विश्वास को या उस परमसत्ता को चुनौती देनेवालों को काफ़िर, गद्दार कहा जाता है, चूँकि उनके तर्क इतने वज़नी हैं कि उनकी काट सम्भव नहीं और उसकी भावना इतनी प्रबल है कि सर्वशक्तिमान के कोप से उस पर पड़नेवाली मुसीबतों का भय दिखाकर भी उसे दबाया नहीं जा सकता, इसलिए अहंकारी कहकर उसका और अहम्मन्यता कहकर उसकी भावना का मज़ाक़ उड़ाया जाना लाज़िमी है इसलिए इस बेकार की बहस में समय नष्ट करने की ज़रूरत ही क्या है? इस सारे मसले पर जिरह करने की कोशिश ही क्यों होनी चाहिए? मैं यहाँ जो विस्तार से इसकी चर्चा कर रहा हूँ, उसकी वजह यह है कि जनता के सामने यह सवाल पहली बार आ रहा है और पहली बार इस पर बिना किसी लाग-लपेट के बातचीत हो रही है।

जहाँ तक पहले प्रश्न का सम्बन्ध है, मेरा ख़याल है, मैंने यह स्पष्ट कर दिया है कि मैं अहम्मन्यता से प्रेरित होकर नास्तिक नहीं बना हूँ। मेरी तर्कपद्धति स्वीकार्य है या नहीं, यह फ़ैसला मुझे नहीं, बल्कि मेरे पाठकों को करना है। मैं जानता हूँ कि यदि मैं आस्तिक होता तो इन परिस्थितियों में मेरी ज़िन्दगी शायद आसान हो गई होती, शायद मेरा बोझ भी थोड़ा हल्का हो गया होता। ईश्वर में विश्वास न करने के कारण मेरे हालात हैं और इससे भी बदतर हो सकते हैं। थोड़ा-सा रहस्यवाद इस स्थिति को ख़ुशगवार बना सकता था, मगर मैं अपनी नियति का सामना करने के लिए किसी नशे का सहारा लेना नहीं चाहता। मैं यथार्थवादी हूँ। मैं अपनी सहजवृत्ति पर विवेक से विजय पाने की कोशिश करता रहा हूँ। हालाँकि इस कोशिश में मैं हमेशा कामयाब नहीं हो पाया हूँ। मगर इनसान का फ़र्ज़ है कि वह कोशिश करे। सफलता तो संयोग और परिस्थितियों पर निर्भर करती है।

जहाँ तक दूसरे प्रश्न का सम्बन्ध है कि यदि ईश्वर के अस्तित्व सम्बन्धी पुराने और प्रचलित विश्वास में अविश्वास अहम्मन्यता के कारण नहीं है तो उसका कोई अन्य कारण होना चाहिए, तो इस प्रश्न के जवाब में मेरा यह कहना है कि हाँ, कारण तो है। मेरे विचार से जिस आदमी में थोड़ा-सा भी विवेक होता है, वह हमेशा अपनी परिस्थितियों को तर्कसंगत ढंग से समझना चाहता है। जहाँ सीधे प्रमाण नहीं मिलते वहाँ दार्शनिकता हावी हो जाती है। जैसा कि मैं पहले कह चुका हूँ, मेरे

एक क्रान्तिकारी मित्र कहा करते थे कि दर्शन मानवीय दुर्बलता का परिणाम है। हमारे पूर्वज जब इस दुनिया के रहस्यों की गुत्थी सुलझाने की कोशिश करते थे, इसके अतीत, वर्तमान और भविष्य को तथा इससे सम्बन्धित 'क्यों' और 'कहाँ से' आदि को समझना चाहते थे, तो उनके पास वक़्त की कोई कमी तो थी ही नहीं, मगर प्रत्यक्ष प्रमाण नहीं के बराबर होते थे। इसलिए प्रत्येक व्यक्ति हर समस्या का समाधान अपने ढंग से करने की कोशिश करता था। यही कारण है कि विभिन्न धार्मिक मतों में बुनियादी सिद्धान्तों में भारी मतभेद मिलते हैं, जो कभी-कभी नितान्त विरोधी और शत्रुतापूर्ण होते हैं। प्राच्य और पाश्चात्य दर्शनों में भिन्नता तो है ही, विश्व के प्रत्येक भू-भाग की अपनी विचार-प्रणालियों में भी मतभेद है। प्राच्य धर्मों में इस्लाम और हिन्दू धर्मों में कोई समानता नहीं है। भारत में ही देखें तो बौद्ध और जैन धर्म कहीं-कहीं ब्राह्मणवाद से बिलकुल अलग हैं, जो स्वयं आर्यसमाज और सनातन धर्म जैसे परस्पर विरोधी विश्वासों में बँटा हुआ है। इन सबसे अलग प्राचीन काल में चार्वाक दर्शन में एक बिलकुल स्वतंत्र विचार मिलता है। चार्वाक ने बहुत पहले ही ईश्वर की प्रभुसत्ता को चुनौती दी थी। जीवन-जगत सम्बन्धी आधारभूत प्रश्न पर इन सभी मतों में भिन्नता है और हर कोई ख़ुद को सही मानता है। सारी परेशानियों की जड़ यही है। प्राचीन काल के विद्वानों और चिन्तकों के प्रयोगों तथा उद्गारों को आधार बनाकर अज्ञान के विरुद्ध आगे की लड़ाई लड़ने और इस रहस्यमयी समस्या का समाधान खोजने के बजाय हम निकम्मे लोग—हमने सिद्ध कर दिया है कि हम निकम्मे हैं—विश्वास का, अपने-अपने मतों में अटल और अडिग विश्वास का, हंगामा मचाते रहते हैं। इस प्रकार हम मानवीय प्रगति को अवरुद्ध कर देने के दोषी हैं।

प्रगति के समर्थक प्रत्येक व्यक्ति के लिए यह अनिवार्य है कि वह पुराने विश्वास से जुड़ी हर बात की आलोचना करे, उस पर अविश्वास करे और उसे चुनौती दे। प्रचलित विश्वास की हर बात की, हर पक्ष की विवेकपूर्ण जाँच-पड़ताल करने की ज़रूरत है। यदि कोई विवेकपूर्ण ढंग से पर्याप्त सोच-विचार के बाद किसी सिद्धान्त या दर्शन में विश्वास करता है तो उस विश्वास का स्वागत किया जाना चाहिए। उसकी तर्क-पद्धति भ्रान्तिपूर्ण, ग़लत, पथ-भ्रष्ट और कभी हेयवादी भी हो सकती है, लेकिन ऐसा आदमी सुधरकर सही रास्ते पर आ सकता है, क्योंकि विवेक सही रास्ता बनाता हुआ उसके जीवन में रौशनी करता रहता है। मगर कोरा विश्वास और अन्धविश्वास ख़तरनाक होता है, क्योंकि वह दिमाग़ को कुन्द करता है और आदमी को प्रतिक्रियावादी बना देता है। यथार्थवादी होने का दावा करनेवाले को तो समूचे पुरातन विश्वास को चुनौती देनी होगी। यदि विश्वास विवेक का ताप नहीं सह सकता है तो वह अपने आप ध्वस्त हो जाएगा। तब यथार्थवादी व्यक्ति को सबसे पहले उस विश्वास के ढाँचे को गिराकर उस पर एक नया दर्शन खड़ा करने के लिए फिर से

ज़मीन तैयार करनी होगी। यह तो हुआ नकारात्मक पक्ष। इसके बाद शुरू होता है सकारात्मक कार्य, जिसमें कई बार पुराने विश्वास की कुछ सामग्री पुनर्निर्माण के लिए इस्तेमाल की जा सकती है। जहाँ तक मेरी बात है, पहले ही कह दूँ कि मैं इस विषय का ज़्यादा अध्ययन नहीं कर पाया हूँ। मेरी बड़ी इच्छा थी कि प्राच्य दर्शन का अध्ययन करूँ, लेकिन वैसा कोई संयोग या अवसर मुझे नहीं मिला, मगर जहाँ तक नकारात्मक पक्ष का सम्बन्ध है, मैं पुराने विश्वास के सही होने की बात पर प्रश्नचिह्न लगाने का क़ायल हो चुका हूँ। मुझे यक़ीन हो गया है कि प्रकृति का निर्देशन और संचालन करनेवाली किसी चेतन परम सत्ता का कोई अस्तित्व नहीं है। हम प्रकृति में विश्वास करते हैं और प्रकृति को मानव सेवा में नियोजित करने के लिए उसे मनुष्य की वशवर्ती बनाना समूचे प्रगतिशील आन्दोलन का लक्ष्य है। उसे चलानेवाली कोई चेतन शक्ति उसके पीछे नहीं है, यही हमारा दर्शन है।

नकारात्मक पक्ष की ओर से हम आस्तिकों से कुछ सवाल पूछते हैं : यदि आपके विश्वास के अनुसार कोई सर्वशक्तिमान, सर्वव्यापी और सर्वज्ञ ईश्वर है, जिसने इस पृथ्वी या दुनिया की सृष्टि की तो कृपया यह बताइए कि उसने ऐसा क्यों किया? उसने ऐसी दुनिया क्यों बनाई जिसमें इतनी तरह के कष्ट हैं, तकलीफ़ें हैं, जिसमें वास्तविक जीवन की त्रासदियों का एक अनन्त सिलसिला है और वहाँ एक भी प्राणी पूरी तरह सन्तुष्ट क्यों नहीं है?

कृपया यह मत कहिए कि यह उनका नियम है, क्योंकि अगर वह किसी नियम से बँधा हुआ है तो सर्वशक्तिमान नहीं है, तब तो वह हम जैसा ही एक ग़ुलाम है। कृपया यह भी न कहिए कि यह उसकी लीला या क्रीड़ा है जिसमें उसे आनन्द आता है। नीरो ने तो एक ही रोम को जलाया था, उसने तो थोड़े-से लोगों की ही जानें ली थीं। उसने तो पूर्णतः अपने आनन्द के लिए कुछ ही त्रासदियों को जन्म दिया था। और इतिहास में उसकी जगह कहाँ है? इतिहासकार उसे किस नाम से याद करते हैं? दुनिया-भर की नफ़रत-भरी लानतें उस पर भेजी जाती हैं। अत्याचारी, हृदयहीन और दुष्ट नीरो की भर्त्सना करते हुए हज़ारों पन्ने कटु निन्दाओं से भर दिए गए हैं। एक चंगेज ख़ाँ था, जिसने हत्या का आनन्द लेने के लिए कुछ हज़ार लोगों की जानें ले ली थीं और हम आज भी उसके नाम से नफ़रत करते हैं। तब आप अपने सर्वशक्तिमान, 'शाश्वत नीरो' को उचित कैसे ठहराएँगे जो हर दिन, हर घंटे और हर मिनट असंख्य त्रासदियों को जन्म देता रहा है और आज भी दे रहा है? कैसे आप उसके उन कुकृत्यों का समर्थन करेंगे, जो प्रतिक्षण चंगेज ख़ाँ के कुकृत्यों को मात देते हैं? मैं पूछता हूँ, उसने यह दुनिया बनाई ही क्यों, जो साक्षात् नरक है, जो अनन्त और तल्ख़ बेचैनी का घर है? उस सर्वशक्तिमान ने मनुष्य की सृष्टि ही क्यों की जबकि उसके पास ऐसी सृष्टि न करने की शक्ति थी? इस सबका औचित्य क्या है? क्या कहा—परलोक में निर्दोष उत्पीड़ितों को पुरस्कार

और कुकर्म करनेवालों को दंड देने के लिए? अच्छा, तो यह भी बताइए कि उस आदमी को आप कहाँ तक सही ठहराएँगे जो बाद में मुलायम और आरामदेह मरहम लगाने के लिए आपके शरीर को ज़ख़्मों से छलनी कर दे? ग्लैडिएटरों की संस्था के समर्थक और प्रबन्धक, जो पहले तो लोगों को भूखे और क्रुद्ध शेरों के सामने फेंक देते थे और बाद में अगर वे लोग ज़िन्दा बच जाते तो उनकी बड़ी अच्छी देखभाल करते थे, कहाँ तक उचित था? इसीलिए मैं पूछता हूँ कि उस चेतन परम सत्ता ने इस दुनिया की और उसमें मनुष्य की सृष्टि क्यों की? अपने आनन्द के लिए? फिर उसमें और नीरो में अन्तर क्या रह गया?

हिन्दू दर्शन के पास तो अभी और भी तर्क होंगे, लेकिन मुसलमानों और ईसाइयों, मैं आप लोगों से पूछता हूँ कि आपके पास उपर्युक्त सवालों का क्या जवाब है? आप तो पूर्वजन्म में विश्वास भी नहीं करते। हिन्दुओं की तरह तो आप यह तर्क भी नहीं दे सकते कि प्रत्यक्ष रूप से निर्दोष लोग इसलिए दु:ख भोग रहे हैं क्योंकि पूर्वजन्म में उन्होंने बुरे कर्म किए थे। मैं तो आपसे पूछता हूँ कि उस सर्वशक्तिमान ने छह दिनों तक शब्द के द्वारा इस दुनिया को बनाने की मेहनत ही क्यों की और क्यों हर बार यह कहा कि सब ठीक है? आज उसे बुलाइए। उसे पिछला इतिहास दिखाइए, उससे कहिए कि वह वर्तमान स्थिति का अध्ययन करे, देखें वह कैसे कहता है—'सब ठीक है'!

जेलों की काल-कोठरियों, गन्दी बस्तियों और झुग्गी-झोंपड़ियों में भूखे मरते लाखों लोग, पूँजीवादी राक्षसों द्वारा अपना रक्त चूसे जाने की प्रक्रिया को धैर्यपूर्वक या बिना किसी भाव के देखनेवाले शोषित मज़दूरों, मामूली समझ वाले आदमी को भी आतंकित कर देनेवाली मानवीय ऊर्जा की फ़िज़ूलख़र्ची और ज़रूरतमन्द उत्पादकों में बाँटने के बजाय अतिरिक्त उत्पादन को समुद्र में फेंक देने जैसे कार्यों से लेकर नरकंकालों की नींव पर खड़े किए गए शाही महलों तक, हर चीज़ उसे दिखाइए और उससे कहलवाइए—'सब ठीक है'! यह सब क्यों और कहाँ से आया? मेरा सवाल यही है। अगर आप खामोश हैं, तो फिर ठीक है, मैं अपनी बात आगे बढ़ाता हूँ।

अच्छा, हिन्दू भाइयो, आप कहते हैं कि जो लोग आज दु:ख पा रहे हैं वे पूर्वजन्मों के पापी हैं। बहुत अच्छी बात है, आप यह भी कहते हैं कि आज के उत्पीड़क लोग पूर्वजन्मों के धर्मात्मा रहे हैं इसलिए उनके हाथ में सत्ता है। फिर मानना पड़ेगा कि आपके पूर्वज बहुत ही चालाक क़िस्म के थे। उन्होंने ऐसा सिद्धान्त खोज निकाला जिससे विवेक और अविश्वास के आधार पर की जानेवाली तमाम कोशिशों को धता बताया जा सके। लेकिन विश्लेषण करके देखिए तो कि वास्तव में इस तर्क में कितना दम है!

क़ानून के श्रेष्ठतम जानकारों की राय में दुष्कर्म करनेवाले को दी जानेवाली

सज़ा केवल तीन-चार उद्देश्यों की दृष्टि से ही उचित ठहराई जा सकती है। ये उद्देश्य हैं : प्रतिकार, सुधार और निवारण। मतलब दोषी व्यक्ति से बदला लेकर, दोषी व्यक्ति को सुधारकर और दोषी व्यक्ति को दंड का भय दिखाकर ही दुष्कर्म करने से रोका जा सकता है। प्रतिकार के सिद्धान्त की भर्त्सना तो आज के सभी प्रगतिशील विचारक करते ही हैं, निवारण के सिद्धान्त का भी यही हश्र होनेवाला है। एकमात्र सुधार का सिद्धान्त ही सारगर्भित और मानव-जाति की प्रगति के लिए अपरिहार्य है। इसका उद्देश्य है दोषी व्यक्ति को अत्यन्त सुयोग्य एवं शान्तिप्रिय नागरिक बनाकर समाज को लौटा देना। लेकिन अगर हम सभी मनुष्यों को अपराधी मान भी लें तो ईश्वर द्वारा उन्हें दी जानेवाली सज़ा कैसी है? आप कहते हैं कि वह उन्हें गाय, बिल्ली, वृक्ष, जड़ी-बूटी या जानवर बनाकर दुनिया में भेजता है। आप इन सज़ाओं को 84 लाख योनि की सज़ा कहते हैं। मेरा सवाल है कि इसका इनसान पर कौन-सा सुधारात्मक प्रभाव पड़ता है? आपको आज तक ऐसा कौन-सा आदमी मिला है जिसने कहा हो कि वह अपने किए पाप के कारण पिछले जन्म में गदहा बन गया था? एक भी नहीं। इसलिए अपने पुराणों के उद्धरण रहने ही दीजिए। आपकी पौराणिक कहानियों में उलझने की फ़ुरसत किसी के पास नहीं है। आप यह तो बताइए कि क्या आप जानते हैं कि इस दुनिया में सबसे बड़ा पाप ग़रीबी है, लेकिन आपके अनुसार यह लोगों को ईश्वर द्वारा दी गई सज़ा है। फिर मेरा सवाल है कि आप उस अपराधविज्ञानी को, उस विधिवेत्ता को कैसे उचित ठहरा सकते हैं जो आदमी को अनिवार्यतः और ज़्यादा अपराध करने के लिए मजबूर करनेवाली सज़ाएँ तजवीज़ करता हो? क्या आपके ईश्वर ने इन तथ्यों पर कभी ग़ौर नहीं फ़रमाया? क्या उन्हें भी ऐसी बातें अनुभवों से सीखने की ज़रूरत पड़ती है? लेकिन इनसानियत को अकथनीय दुःख झेलकर इसके लिए कितनी बड़ी क़ीमत चुकानी पड़ती है! किसी ग़रीब और अनपढ़ चमार या भंगी के घर पैदा होनेवाले आदमी की नियति आपके ख़याल से क्या होनी चाहिए? वह ग़रीब है सिर्फ़ इसलिए पढ़-लिख नहीं सकता। तथाकथित ऊँची जाति में पैदा होने के कारण स्वयं को श्रेष्ठ माननेवाले उसके संगी-साथी उससे इसलिए नफ़रत करते हैं और अछूत मानकर भेदभाव करते हैं। उसकी अज्ञानता, उसकी ग़रीबी और उसके साथ किया जानेवाला बर्ताव समाज के प्रति उसके हृदय को और कठोर बना देगा। मान लीजिए, वह कोई पाप करता है, तो उसकी सज़ा किसको मिलेगी? भगवान को? ख़ुद उसे या फिर समाज के ज्ञानी लोगों को? घमंडी और स्वार्थी ब्राह्मणों द्वारा जान-बूझकर अज्ञानी बनाकर रखे गए उन लोगों की सज़ा के बारे में आप क्या कहते हैं जिन्हें आपके पवित्र धर्म-ग्रन्थों, यानी वेदों की कुछ पंक्तियाँ सुन लेने के अपराध के बदले कानों में पिघले हुए गरम सीसे का दंड झेलना पड़ता था? अगर सचमुच उनका कोई अपराध था भी तो उसके लिए ज़िम्मेदार वह नहीं था

इसलिए उसका नतीजा किसी और को नहीं भोगना चाहिए था? इसलिए मेरे प्यारे दोस्तो, ये सिद्धान्त विशेषाधिकार प्राप्त लोगों के द्वारा गढ़े गए सिद्धान्त हैं। और वे इन सिद्धान्तों द्वारा जबरन हथियाई हुई अपनी ताक़त, सम्पन्नता और श्रेष्ठता को उचित ठहराते हैं। हाँ, याद आया कि शायद अप्टॉन सिन्क्लेयर ने कहीं लिखा भी है कि आदमी को अमरत्व में विश्वास करनेवाला बना दो और उसके पास धन-सम्पत्ति आदि जो कुछ भी है, सब लूट लो : वह उफ़ तक नहीं करेगा, यहाँ तक कि अपने को लुटाने में ख़ुद ही आपकी मदद करने लगेगा।

धार्मिक उपदेशकों और सत्ताधारियों की मिलीभगत से ही जेलों, फाँसियों, कोड़ों और इन सिद्धान्तों का निर्माण हुआ है। मेरा सवाल है कि जब कोई आदमी पाप या अपराध करना चाहता है तो आपका सर्वशक्तिमान ईश्वर उसे उसी वक़्त रोकता क्यों नहीं है? उसके लिए तो यह बहुत ही आसान काम होगा। उसने लड़ाकुओं को मारकर या उनके भीतर की युद्धोन्माद को मारकर मनुष्यता को विश्वयुद्ध की महाप्रलय से क्यों नहीं बचाया? वह अंग्रेज़ों के मन में कोई ऐसी भावना क्यों नहीं पैदा कर पाया कि वे हिन्दुस्तान को आज़ाद कर दें? वह तमाम पूँजीपतियों के दिलों में परोपकार का ऐसा जज़्बा क्यों नहीं भर पाया जिससे कि वे उत्पादन के साधनों पर अपने निजी स्वामित्व के अधिकार को त्याग दें और सारे मेहनतकश लोगों को ही नहीं बल्कि सम्पूर्ण मानव समाज को पूँजीवाद की बेड़ियों से मुक्ति मिल जाए? आप समाजवाद के सिद्धान्त की व्यावहारिकता पर बहस करना चाहते हैं। चलिए ठीक है, मैं यह ज़िम्मेदारी आपके सर्वशक्तिमान ईश्वर पर ही डालता हूँ कि वह उसे व्यावहारिक बना दे। लोग इतना तो मानते ही हैं कि आम जनता की भलाई के लिए समाजवाद सबसे अच्छी चीज़ है। उसका विरोध करने के लिए उनके पास एक ही बहाना है कि वह व्यावहारिक नहीं है। तो अपने सर्वशक्तिमान को बुलाइए और उससे कहिए कि वह बाक़ायदा सारी दुनिया में समाजवाद लागू कर दे। आप ये गोल-गोल तर्क देना बन्द कर दीजिए कि ये लागू नहीं हो सकते। फिर मैं आपको बता देना चाहता हूँ कि अंग्रेज़ी हुकूमत यहाँ इसलिए नहीं है कि यह ईश्वर की मर्ज़ी है, बल्कि यह इसलिए है कि उनके पास ताक़त है और हम उसका विरोध नहीं करते। वे ईश्वर की सहायता से नहीं, बल्कि तोपों, बन्दूक़ों, बमों-गोलियों, पुलिस व फ़ौज तथा हमारी उदासीनता की मदद से हमें ग़ुलाम बनाए हुए हैं और एक राष्ट्र द्वारा दूसरे राष्ट्र का निर्लज्जतापूर्वक शोषण करने का सबसे घृणित पाप हमारे समाज के विरुद्ध सफलतापूर्वक करते चले आ रहे हैं। ईश्वर कहाँ है? वह कर क्या रहा है? क्या वह मानव-जाति के इन सब दुःखों और तकलीफ़ों का मज़ा ले रहा है? निश्चित रूप से तब तो वह नीरो है, वह चंगेज ख़ाँ भी है, इसलिए उसका विनाश हो!

क्या आप मुझसे यह जानना चाहते हैं कि यदि मैं भगवान को नहीं मानता तो

दुनिया और इनसान को कहाँ से पैदा हुआ मानता हूँ? तो चलिए, मैं आपको बताता हूँ। वैसे चार्ल्स डार्विन ने इस विषय पर कुछ प्रकाश डालने की कोशिश की है। उसका अध्ययन कीजिए। सोहम स्वामी की पुस्तक 'कॉमन सेंस' (सहज ज्ञान) को पढ़िए। इससे कुछ हद तक आपके प्रश्नों का उत्तर मिल जाएगा। यह स्वाभाविक घटना है। विभिन्न पदार्थों के आकस्मिक संयोग से उत्पन्न नीहारिका से पृथ्वी की उत्पत्ति हुई। कब? यह जानने के लिए इतिहास खँगालिए। इसी प्रकार पहले जीवधारी उत्पन्न हुए और उनमें से ही काफ़ी लम्बी प्रक्रिया के बाद मनुष्य जाति की उत्पत्ति हुई। डार्विन की पुस्तक 'ऑरिजिन ऑफ़ स्पेसीज़' (जीवों की उत्पत्ति) पढ़िए। और इसके बाद की तमाम प्रगति प्रकृति पर विजय प्राप्त करने के लिए मनुष्य द्वारा उसके विरुद्ध किए गए अनवरत संघर्ष से हुई है। हालाँकि यह इसकी संक्षिप्ततम व्याख्या है।

आपका दूसरा तर्क यह हो सकता है कि जन्म से ही अन्धे या लँगड़े पैदा होनेवाले बच्चे यदि पूर्वजन्म के कर्मों के कारण नहीं तो और किस कारण से ऐसे पैदा होते हैं। जीवविज्ञानी इसकी व्याख्या कर चुके हैं और उनके अनुसार यह महज़ एक जैववैज्ञानिक घटना है। उनके अनुसार इसके लिए माता-पिता उत्तरदायी होते हैं, चाहे वे गर्भावस्था में ही बच्चे में हो जानेवाली विकृतियों को जन्म देनेवाले अपने कार्यों के प्रति सचेत हों या न हों।

इसलिए स्वाभाविक है कि अब आप एक और सवाल पूछेंगे—हालाँकि मूलत: वह बहुत ही बचकाना सवाल है। आपका सवाल होगा : यदि ईश्वर था ही नहीं तो लोग उसमें विश्वास कैसे करने लगे? मेरा उत्तर बहुत ही स्पष्ट और छोटा है। लोग जिस तरह भूतों और प्रेतात्माओं में विश्वास करने लगे—उसी तरह ईश्वर में विश्वास करने लगे, अन्तर सिर्फ़ यह है कि ईश्वर में विश्वास सर्वव्यापी है और इसका दर्शन बहुत विकसित है। कुछ परिवर्तनवादी यह मानते हैं कि ईश्वर की उत्पत्ति शोषकों की कलाबाज़ी से हुई, जो एक परम सत्ता के अस्तित्व का प्रचार करके और फिर उससे प्राप्त सत्ता और विशेष अधिकारों का दावा करके लोगों को ग़ुलाम बनाकर रखना चाहते थे। हालाँकि मैं यह नहीं मानता कि उन्हीं लोगों ने ईश्वर को पैदा किया, फिर भी, मैं मूल बात से तो सहमत ही हूँ कि सभी विश्वास, धर्म, मत और इस प्रकार की अन्य दूसरी संस्थाएँ अन्ततः दमनकारी तथा शोषक संस्थाओं, व्यक्तियों और वर्गों की लगातार समर्थक बनी रहीं। मतलब राजा के ख़िलाफ़ विद्रोह करना हर धर्म के अनुसार पाप है।

ईश्वर की उत्पत्ति के बारे में मेरा मानना है कि मनुष्य ने जब अपनी कमियों और कमज़ोरियों पर विचार किया और उसे जब अपनी सीमाओं का एहसास हुआ तो इनसान को तमाम कठिन परिस्थितियों का साहसपूर्वक सामना करने और तमाम ख़तरों से वीरतापूर्वक जूझने की प्रेरणा देनेवाली व सुख-समृद्धि के दिनों में उसे उच्छृंखल हो जाने से रोकने और नियंत्रित करनेवाली सत्ता के रूप में ईश्वर की

कल्पना की होगी। अपने नियमों-क़ायदे वाले और पालनहार जैसी उदारता वाले ईश्वर की कल्पना ख़ूब बढ़ा-चढ़ाकर की गई होगी और वैसा ही उसका विशद चित्रण किया गया होगा। उसके क्रोध और मनमाने नियमों की चर्चा करके उसका इस्तेमाल एक निवारक तत्त्व के रूप में किया जाता था, ताकि आदमी समाज के लिए ख़तरा न बन जाए। उसके पालनहार जैसे गुणों की चर्चा करके उससे माता-पिता, भाई-बहन, मित्र-सहयोगी का काम लिया जाता होगा, ताकि आदमी जब भारी मुसीबत में फँसे और सभी व्यक्ति उसे धोखा देकर उसका साथ छोड़ गए हों तो उसे इस विचार से शान्ति मिले कि कम-से-कम एक तो उसका सच्चा मित्र है जो उसकी अनवरत सहायता करेगा और जो ऐसा सर्वशक्तिमान है कि कुछ भी कर दे सकता है। आदिम युग के समाज में यह बात सचमुच बहुत ही उपयोगी थी। मुसीबत में पड़े आदमी के लिए ईश्वर का विचार बहुत ही मददगार साबित होता रहा होगा।

समाज ने जिस तरह मूर्तिपूजा और धार्मिक संकीर्णताओं के ख़िलाफ़ संघर्ष किया है, उसी प्रकार उसे ईश्वर के इस विश्वास के ख़िलाफ़ भी संघर्ष करना होगा। इसी तरह इनसान जब अपने पैरों पर खड़ा होने की कोशिश करेगा और यथार्थवादी बनना चाहेगा तो उसे अपनी आस्तिकता को झटककर फेंक देना पड़ेगा और परिस्थितियाँ चाहे जो भी हों और उन्हें कितना भी मुसीबत में डालें, उनका सामना पूरी मर्दानगी के साथ करना पड़ेगा। मेरी हालत ठीक ऐसी ही है। दोस्तो, यह अहम्मन्यता नहीं है। यह मेरे सोचने का तरीक़ा है जिसने मुझे नास्तिक बना दिया है। मैं नहीं जानता कि ईश्वर में विश्वास करने और प्रतिदिन प्रार्थना करने से, जिसे मैं इनसान का सबसे स्वार्थपूर्ण और घटिया काम मानता हूँ—मुझे राहत मिलती या मेरी हालत और भी बदतर हो गई होती। मैंने उन नास्तिकों के बारे में पढ़ा है, जिन्होंने साहसपूर्वक सारी मुसीबतों का सामना किया है। उन्हीं नास्तिकों की तरह मैं भी यह कोशिश कर रहा हूँ कि आख़िर तक, फाँसी के तख़्ते पर भी, मर्द की तरह सर ऊँचा किए खड़ा रह सकूँ।

देखिए कि मैं इस कोशिश में कहाँ तक कामयाब हो पाता हूँ। मेरे एक मित्र ने मुझसे प्रार्थना करने के लिए कहा था। जब उन्हें पता चला कि मैं नास्तिक हूँ, तो उन्होंने कहा, "अपने ज़िन्दगी के अन्तिम दिनों में तुम ईश्वर को मानने लगोगे।" मैंने कहा, "नहीं हुजूर, ऐसा नहीं हो सकता है। मैं इसे अपनी नीचता और घटियापन मानूँगा। अपने स्वार्थी इरादों के चलते भगवान की प्रार्थना तो क़तई नहीं करूँगा। तो मित्रो, क्या यह अहम्मन्यता है? अगर है, तो मैं मानता हूँ कि मैं अहम्मन्य हूँ।

अनुवाद : **जितेन्द्र कुमार**

एम.एन. रॉय

राष्ट्रभक्ति के बारे में

'राष्ट्रभक्त' के बजाय 'क्रान्तिकारी' शब्द का इस्तेमाल मुझे ज़्यादा सटीक लगता है क्योंकि इतिहास के ख़ास कालखंड में राष्ट्रभक्तों की प्रतिष्ठा क्रान्तिकारी की रही है और हर काल और परिस्थिति में 'राष्ट्रभक्ति' उनका सही मूल्यांकन करने के लिहाज़ से उचित नहीं ठहरती। उदाहरण के लिए मुसोलिनी, प्वॉइन्कारे, अमेरिकी क्यू क्लक्स क्लन, मंचूरियन डाकू चांग सू लिन, अफ़ग़ानिस्तान के अमीर अमानुल्ला, मुस्तफ़ा कमाल पाशा, श्रीनिवास शास्त्री, सर सुरेन्द्र नाथ बनर्जी, गांधी, बारीन घोष और ख़ुद आप भी राष्ट्रभक्त हैं, लेकिन सोचकर देखिए कि इन लोगों में आपस में कितना भारी अन्तर है और इनमें से हर कोई कितने मुख़्तलिफ़ उसूलों की नुमाइंदगी करता है! इसीलिए मैं मानता हूँ कि 'राष्ट्रभक्ति' एक भ्रामक विशेषण है, और कभी-कभी इसके निहितार्थ बहुत भयावह भी होते हैं। मौजूदा दौर में सिर्फ़ राष्ट्रभक्ति के बूते कोई आन्दोलन बहुत असरदार नहीं हो सकता। राष्ट्रभक्ति की विशुद्ध भारतीय चेतना की प्रतिक्रिया का नतीजा गांधी और अरबिन्द सरीखे लोग होते हैं, जिनके बारे में अब आपको कोई भ्रम नहीं रह गया होगा।

मैं तो कहता हूँ कि आपको ख़ुद नहीं पता कि आपके ये भ्रम कैसे दूर हो गए। इन महा-राष्ट्रभक्तों की तरह ही आप भी तो राष्ट्रभक्त हैं। अपनी राष्ट्रभक्ति के लिहाज़ से आप बहुत गम्भीर और ईमानदार हैं मगर ये गुण उनमें भी हैं। वे भी तो गम्भीर और ईमानदार हैं। तो इसका मतलब यह हुआ कि राष्ट्रभक्ति की धारणा में ही कुछ गड़बड़ी है, जिसकी वजह से कई बार लोग परस्पर विरोधी लक्ष्यों के लिए काम कर रहे होते हैं। राष्ट्रभक्ति की इसी भावना से प्रेरणा लेकर कोई गीता पढ़ता है, तो कोई श्री रामकृष्ण के आध्यात्मिक विचारों के प्रसार के लिए प्रचारकों को अमेरिका भेजता है, कोई पूरे देश को सूत कातने के लिए कहता है, एक शख़्स मांटेग्यू के सुधार लागू कराने में सहयोग करने निकल पड़ता है, तो दूसरा बम फेंक आता है, और कुछ तो ऐसे भी हैं जो दिन-भर में तीन बोतल व्हिस्की पी जाते हैं।

इसमें कोई शक नहीं कि ये सभी समान रूप से राष्ट्रभक्त हैं। इनमें से हर कोई मातृभूमि से प्रेम करता है, उसकी सेवा करता है, पूजता है, उसका आदर करता है, उसे आदर्श मानता है और इनमें से क़रीब-क़रीब सभी भारतीय यह मानते हैं कि दुनिया को आध्यात्मिक सन्देश देना भारत का ईश्वरप्रदत्त लक्ष्य है। इन सबके बावजूद ये राष्ट्रभक्त और उनका फ़लसफ़ा अब आपको सन्तुष्ट नहीं करते, हालाँकि एक समय था जब आप उनके बताए-सिखाए पर आँख मूँदकर भरोसा करते थे। इससे पता यह चलता है कि आपकी और उन नेताओं की राष्ट्रभक्ति में कुछ बुनियादी अन्तर तो ज़रूर है, जिन पर अब आपको एतबार नहीं रहा...

सबसे पहले तो मैं आपको यह यक़ीन दिलाना चाहता हूँ कि हताश होने की कोई ज़रूरत नहीं। हर महान क्रान्तिकारी आन्दोलन में, उदासी का, अवसाद का ऐसा दौर आता है और यह आमतौर पर निर्णायक साबित हुआ है। वक़्त आ गया है, जब हम भारतीयों को ऐसे आदर्श भुला देने चाहिए जो नक़ली और प्रतिगामी साबित हुए हैं। हमारे संघर्षों के इस नये दौर में हमें नये दृष्टिकोण और नये संकल्पों की ज़रूरत है। समाज के ऐसे लोग, जिन्हें मैं राष्ट्रभक्त के बजाय क्रान्तिकारी कहना पसन्द करता हूँ, स्वभावत: ऐसी नई नीति की ज़रूरत महसूस कर रहे हैं। हमारे असली संघर्ष में नक़ली रहनुमा साबित हुए नेताओं के पुराने और घिसे-पिटे सिद्धान्तों से उनमें घोर असन्तोष है। ऐसे क्रान्तिकारी तत्त्वों को इकट्ठा करके एक नये राजनीतिक दल का गठन हमारा आसन्न लक्ष्य है। आज हमारे आन्दोलन पर गहराये विषाद के गहरे बादलों से बाहर निकलने का हमारे पास यही एकमात्र उपाय है। ऐसी क्रान्तिकारी पार्टी के गठन की ज़रूरतों और वजहों के बारे में हम अभी तक अपने मुखपत्र और दूसरे प्रकाशनों के माध्यम से बताते रहे हैं। इनको पढ़कर आप सब यह जान ही चुके होंगे कि यह नई पार्टी आम लोगों की, किसानों और मज़दूरों की पार्टी होगी, जो उनके वर्ग-हितों पर आधारित होगी। सिर्फ़ मज़दूर तबक़ा ही हमारे देश को आज़ादी दिला सकता है। लेकिन अगर उन्हें इस लड़ाई में आगे आना है तो यह उनकी अपनी भलाई के लिए होना चाहिए, न कि ऊँचे तबक़े के लिए।

इस विचार को किसी नैतिक या लोकोपकारी प्रस्ताव की तरह प्रचारित करने का हमारा कोई इरादा नहीं है। यह सारा मसला सामाजिक अर्थशास्त्र का है। असहयोग आन्दोलन की असफलता से यह साबित हो चुका है कि लोगों में एक बार उत्साह जगाकर केवल भावुकता के भरोसे उसे कितने ही लम्बे समय तक नहीं बनाए रखा जा सकता। इस असफलता से मध्यवर्गीय राष्ट्रभक्ति की क्षुद्रता भी उजागर हुई है। इसलिए अगले चरण के आन्दोलन की ज़मीन ज़्यादा ठोस और मज़बूत होनी चाहिए। इसकी बुनियाद हमारे बहुसंख्यक लोगों के आर्थिक हितों पर आधारित हो, या यों कहें कि मज़दूर वर्ग के हितों की बुनियाद पर।

आध्यात्मिक राष्ट्रभक्ति और क्रान्तिकारी राष्ट्रभक्ति के बीच जो मूलभूत अन्तर है, अब आपको स्पष्ट हो गया होगा। पहले वालों को लगता है कि अगर लोग उनकी बात नहीं मानते तो भाड़ में जाएँ, वे ख़ुद को व्हिस्की की बोतलों या उपनिषदों की सोहबत से तसल्ली दे लेंगे, लेकिन दूसरा कहता है कि राष्ट्रवाद कोई हवाई बात या कल्पना नहीं है। यह एक स्थूल प्रश्न है। हमें आज़ादी चाहिए, दुनिया को बचाने के लिए नहीं, ख़ुद को बचाने के लिए। भारत और ब्रिटेन के बीच लड़ाई कोई सांस्कृतिक संघर्ष नहीं है, जैसा कि लॉर्ड रोनॉल्डशे की मार्फ़त साम्राज्यवादी प्रचार करते फिरते हैं। यह अस्तित्व की लड़ाई है। इसलिए, ऊँचे तबक़े के मुक़ाबले यह उस बड़े मेहनतकश तबक़े के लिए ज़्यादा महत्त्वपूर्ण है, जिनके लिए यह जीवन-मरण का प्रश्न है। साम्राज्यवादी शोषण का सबसे ज़्यादा ख़मियाज़ा यही तबक़ा भुगत रहा है। वे भूखे हैं; महामारी के शिकार होते हैं; वे और उनके बच्चे घोर ग़रीबी, अज्ञानता और बीमारियों के बीच पैदा होते हैं, जीते हैं और मर जाते हैं। लेकिन अंग्रेज़ों की हुकूमत होने के बावजूद हमारे ऊँचे तबक़े के लोग बहुत आराम से रहते हैं। जब तक हमारे लोग लामबन्द नहीं होंगे, राष्ट्रीय संघर्ष सफल नहीं हो सकता।

लेकिन आम जनता तब तक लामबन्द नहीं हो सकती या इस संघर्ष में सचेत और सक्रिय भागीदारी के लिए तैयार नहीं होगी जब तक उसे यह यक़ीन न हो जाए कि यह लड़ाई विशाल उत्पादक वर्ग की भलाई के लिए है, भारत के किसानों को ज़मीन और मज़दूरों को रोटी मुहैया कराने के लिए है, न कि पंडितों-पुरोहितों के हाथों शोषण वाले ब्राह्मणवादी युग की वापसी या मद्रास, कलकत्ता और बम्बई के तिजारती शासकों की सम्पत्ति में इज़ाफ़े की ख़ातिर। यह मूलभूत समस्या अभी तक भारतीय राष्ट्रवाद पर हावी फ़लसफ़े से नदारद ही रही है। और यही इसके पतन की वजह बना। इस पतन से उन लोगों में निराशा और अवसाद की भावना पैदा हुई है, जो इस फ़लसफ़े के समर्थक हुआ करते थे। मगर एक क्रान्तिकारी को किस बात का डर। उसे हताश होने की ज़रूरत नहीं, उलटा उसके सामने तो अब उम्मीदों का खुला आसमान है क्योंकि ऐसे नेताओं ने अब अपना मुखौटा उतार फेंका है और यह भी साफ़ कह दिया है कि वे कोई क्रान्तिकारी क़दम नहीं उठाएँगे, जिन नेताओं पर वह आँख मूँदकर भरोसा करता रहा और यह मानकर उनका अनुसरण करता आया कि उसकी ख़ातिर वे कुछ भी कर गुज़रेंगे। ऐसे नेताओं की शिकस्त ने हमारे आन्दोलन को सचमुच मज़बूती दी है क्योंकि इसने क्रान्तिकारी तत्त्वों को आगे आने और मौजूदा स्थिति में दृढ़तापूर्वक खड़े होने में मदद की है।

आध्यात्मिक राष्ट्रभक्ति ने इस क्रान्तिकारी स्थिति से ज़ोर-आज़माइश की और बुरी तरह विफल हुई। हमारे आध्यात्मिक राष्ट्रभक्त हमें बताते हैं कि दुनिया अभी उनके गूढ़ और उन्नत तत्त्व-ज्ञान को ग्रहण करने के लायक़ नहीं हो सकी

है, और उनके कुछ अनुयायियों को इस तर्क से तसल्ली भी मिल जाती है। लेकिन ऐसे लोग भी हैं, जिन्हें इस क़िस्म की क़ाहिली मंज़ूर नहीं; उनकी क्रान्तिकारी सोच हाथ पर हाथ धरे रहकर बैठने की बजाय नये रास्तों की तलाश के लिए प्रेरित करती है और सही रास्ता मिलते ही वे सुस्ती और उदासी के इस अस्थायी भाव से बाहर निकल आएँगे। ऐसे ही तत्त्वों, भारत के असन्तुष्ट कामगारों के विराट समूह को इकट्ठा करके भावी क्रान्तिकारी पार्टी का आधार तैयार होगा ताकि यह आम जनता का ऐसा सघन और सम्पूर्ण राजनीतिक दल हो जो उनकी आर्थिक बेहतरी का झंडा ऊँचा रखने के साथ ही राजनीतिक स्वराज की लड़ाई में अपरिहार्य हस्तक्षेप कर सके।

आध्यात्मिक स्वराज के इन नेताओं से जल्द से जल्द छुटकारे में आपके साथ हूँ।

बुर्जुआ राष्ट्रवाद

हमारे एक दोस्त ने बताया है कि बुर्जुआ राष्ट्रवाद की हमारी आलोचना से कई निष्ठावान क्रान्तिकारी राष्ट्रवादी इसलिए ख़फ़ा हैं क्योंकि उन्हें लगता है कि ऐसी आलोचना से उनके ईमान पर आँच आती है। तो हम यह बताते चलें कि हमारा क्रान्तिकारी कर्तव्यबोध हमें ऐसे लोगों या संस्थाओं की भावनाओं की परवाह करने की इजाज़त नहीं देता है, जो प्रत्यक्ष या अप्रत्यक्ष रूप से भारतीय जनता के हितों के ख़िलाफ़ काम करते हों। हम मानते हैं कि देश की आज़ादी के महान आदर्शों से प्रेरित ऐसे क्रान्तिकारी राष्ट्रवादी, जिन्होंने पिछले दो दशकों में इन आदर्शों की ख़ातिर तकलीफ़ें उठाई हैं, वे भी आम जनता के हितों की रक्षा, उनके लिए सुख-समृद्धि हासिल करने की हमारी मंशा के साथ हैं। ठीक से समझा जाए तो हमारी आलोचना ऐसे निष्ठावान आदर्शवादियों को आहत करने के लिए नहीं है, बल्कि इसका उद्देश्य हमेशा ही उच्च वर्ग के सत्याभासी कृत्यों की ओर उनका ध्यान खींचना होता है।

ऐसा लगता है कि ग़लतफ़हमी की वजह 'बुर्जुआ' शब्द का इस्तेमाल है। ज़ाहिर है कि इस शब्द की सही सामाजिक-आर्थिक परिभाषा समझी नहीं गई। इसे ख़ालिस पश्चिम में इस्तेमाल की ऐसी चीज़ मान लिया गया, जिसकी भारत में कोई जगह नहीं। संक्षेप में कहें तो औसत भारतीय के मन में इस शब्द के प्रति अच्छा-ख़ासा पूर्वग्रह है, ऐसा पूर्वग्रह जो उच्च वर्ग के चालाक प्रचार से बना हुआ है। हमारे समाज में उस वर्ग की पहचान करने के बजाय, जिसे पश्चिम में 'बुर्जुआ'

कहा जाता है, 'भद्रलोक' शब्द को इसका समानार्थी मान लिया गया। और इसी की वजह से ग़लतफ़हमी पैदा होती है। यह सही है कि 'भद्रलोक' अनिवार्य रूप से उच्च वर्गों पर ही लागू होनेवाला शब्द है; और इस मायने में यह पश्चिम के 'बुर्जुआ वर्ग' से मेल खाता है। लेकिन इस 'भद्रलोक' में अब समाज के तमाम स्तरों के लोग शामिल हो गए हैं कि इसे 'बुर्जुआ' शब्द के पर्याय के तौर पर इस्तेमाल करना ग़लत है, क्योंकि 'बुर्जुआ' का बहुत विशिष्ट अर्थ है।

'भद्रलोक' का शाब्दिक अर्थ एक सुसंस्कृत व्यक्ति है—कुछ-कुछ अंग्रेज़ी के 'जेंटिलमैन' की तरह का। इसके मूल में परोक्ष से आर्थिक सम्पन्नता भी निहित है, चूँकि संस्कृति का उपयोग अभी उन्हीं लोगों तक सीमित है, जिनके पास आर्थिक विशेषाधिकार हैं। हालाँकि भारतीय शब्द में आर्थिक पक्ष की ध्वनि इतनी स्पष्ट नहीं है, जितनी कि 'बुर्जुआ' में। यह 18वीं सदी का फ्रेंच शब्द है, जो पहली बार सम्पन्न शहरियों के लिए इस्तेमाल किया गया, और इसमें उन शक्तियों और विशेषाधिकारों का अर्थ भी निहित है, जिन पर उन शहरियों का एकाधिपत्य था। हालाँकि इन दोनों शब्दों की सार्थकता में बहुत अन्तर नहीं है, फिर भी जिन जगहों पर जिस तरह इनका इस्तेमाल होता है, सामान्यतः इनका सटीक अर्थ ज़ाहिर नहीं हो पाता।

'बुर्जुआ' शब्द और ख़ासतौर पर इस वर्ग के दर्शन और राजनीति की आलोचना पर एतराज़, इन दोनों शब्दों के सतही अर्थ में इस अन्तर के कारण ही है। शायद ऐसा माना जाता है कि भारत का ऊँचा तबक़ा पूँजी या सम्पत्ति जैसी चीज़ों की परवाह नहीं करता; उनकी श्रेष्ठता सांस्कृतिक है, और वह बुद्धिजीवी कुलीन वर्ग है। यही वो मान्यता है, जिसका पाखंड हम बेनक़ाब करना चाहते हैं। शब्दों को लेकर बहस करना बेकार है। इस बात से कोई बहुत फ़र्क़ नहीं पड़ता कि 'भद्रलोक' का ठीक वही मतलब है या नहीं, जो 'बुर्जुआ' का है। महत्त्वपूर्ण यह है कि भारत में एक वर्ग ऐसा है, जो अपने प्रयोजन और इरादों के लिहाज़ से समाज में वही हैसियत रखता है, जो पश्चिमी देशों में 'बुर्जुआ' की है। यह ज़रूरी नहीं कि सामान्यतः 'भद्रलोक' कहलानेवाले सभी लोग इस वर्ग में शामिल हों और वास्तव में पूरी तरह ऐसा है भी नहीं। यह भी सही है कि 'भद्रलोक' के इस ख़ास हिस्से और आम जनता के बीच के रिश्ते ठीक वैसे नहीं हैं, जैसे कि जनता और उन लोगों के रिश्ते, जिन्हें 'भद्रलोक' भी कहा जाता है। इतना ही नहीं 'भद्रलोक' के इस विशेष हिस्से (ऐसा हिस्सा जिसका क़िरदार हूबहू 'बुर्जुआ' से मेल खाता है) और 'भद्रलोक' ही कहलानेवाले दूसरे हिस्सों के बीच का रिश्ता पहले वाले भद्रलोक और जनता के सम्बन्धों से बहुत अलग नहीं है। इसलिए, किसी उपयुक्त शब्द के अभाव में या सिर्फ़ बात समझाने की नीयत से इस्तेमाल होनेवाले किसी एक शब्द की अ[illegible] पर ग़ौर करने के बजाय इससे इंगित होनेवाले वर्ग की सामाजिक संरचन[illegible]

करना चाहिए। दोस्तो, अगर ऐसा हो जाता है तो बुर्जुआ राजनीति और दर्शन की हमारी आलोचना से नाराज़ होने की राष्ट्रवादी क्रान्तिकारियों के पास कोई वजह नहीं रह जाएगी। वे इसलिए अपमानित महसूस करते हैं क्योंकि उन्हें लगता है कि हम उनकी आलोचना कर रहे हैं; मगर उनमें वे गुण हैं ही कहाँ, जिनकी हम आलोचना करते हैं, इसलिए उन्हें हमारी बात का बुरा नहीं मानना चाहिए। दरअसल हम तो लगातार यही कहते आए हैं कि क्रान्तिकारी राष्ट्रवादी जिस वर्ग के हैं, उसके पास एक भद्रलोक की तरह की कोई सहूलियत और विशेषाधिकार कभी नहीं रहे, और किस तरह उनकी बौद्धिक सम्पदा, जिस पर उन्हें बहुत नाज़ है, आजीविका के अपर्याप्त साधनों के तौर पर अमीरों की चौखट पर बिकनेवाली किसी वस्तु से ज़्यादा अहमियत की नहीं है। इसलिए हमारी आलोचना क्रान्तिकारी राष्ट्रवादियों के अभिमान को आहत करने के बजाय, जो जैसा है, उसको वैसा ही देख पाने में मदद के उद्देश्य से है।

क्रान्तिकारियों का विरोध, अगर सचमुच कोई विरोध है तो, इस वजह से है कि वे ख़ुद को उसी वर्ग का मानते हैं, जिसे हम 'बुर्जुआ' कहते हैं। इन राष्ट्रवादियों की महान भावनाओं के आलोक में देखें तो हम उनका शुमार ऐसे लोगों में नहीं कर सकते हैं, जिनका देशप्रेम साफ़ तौर पर पूँजी-प्रेम हो और राष्ट्रवाद का जिनका सिद्धान्त उन बहुसंख्य लोगों के कल्याण के अनुरूप ही न हो, जिनसे मिलकर हमारा राष्ट्र बनता है। आख़िरकार जिन्हें हमारे साथ होना चाहिए, उनकी नाराज़गी के ख़तरे का जोख़िम उठाकर भी, हम उनसे कहते हैं : 'भद्रलोक' के अपने कुल पर इतना मत इतराओ, क़रीब आकर किसी यथार्थवादी की नज़र से अपनी असलियत देखो तो पता चलेगा कि आप 'बुर्जुआ' नहीं हैं, वर्तमान दौर में जो भद्रलोक हो गया है।' किसी ख़ास तबक़े की नहीं, समूचे भारत की जनता की आज़ादी चाहनेवाले क्रान्तिकारी राष्ट्रभक्तों से वैज्ञानिक सामाजिक भाषा में हम कहते हैं : 'आप वर्गच्युत हैं : पूँजीपतियों की क़तार में आर्थिक रूप से आपकी कोई हैसियत नहीं है—आपकी जगह शोषित मज़दूर तबक़े में है; केवल जन्म और परम्पराओं के पूर्वग्रह आपको अपनी हैसियत के प्रति यथार्थवादी दृष्टिकोण अपनाने से रोकते हैं; वरना यह समझना एकदम आसान है कि आप ख़ालिस शोषित मज़दूर हैं; उसी ऊँचे तबक़े की आध्यात्मिकता के जटिल सिद्धान्तों ने आपके हाथ-पाँव बाँध रखे हैं, जिसकी दिलचस्पी 'गँवारों की भीड़' के प्रति आपके पूर्वग्रहों को ज़िन्दा रखने में हैं, ताकि जितना ज़्यादा सम्भव हो, बुद्धिजीवी और कामगार मजूरों को एक होने से रोका जा सके। तो फिर ऐसा क्यों हो कि वह वर्ग जिसके पास जायदाद से हासिल कोई सहूलियत और अधिकार नहीं हैं, परोक्ष या प्रत्यक्ष रूप से बुर्जुआ राष्ट्रवाद की राजनीति का समर्थक हो? क्रान्तिकारी राष्ट्रभक्तों को और कुछ नहीं करना है, उन्हें सिर्फ़ अपने पूर्वग्रहों से छुटकारा पाने

की ज़रूरत है। अगर ऐसा कर पाते हैं, तो बुर्जुआ की हमारी आलोचनाओं की वे तारीफ़ ही करेंगे और उन्हें यह भी स्पष्ट हो जाएगा कि हमारी आलोचना उनके ख़िलाफ़ हरगिज़ नहीं है।

हमने क्या उन विचारों को भुला दिया, दो दशक पहले जिनकी बदौलत राष्ट्रवाद को समृद्ध उदार पेशे या आराम की सरकारी नौकरियों में लगे लोगों के चंगुल से छुड़ा पाने में कामयाबी पाई गई थी? नव-राष्ट्रवाद के उन पुरोधाओं के आदर्श क्या थे, जिन्होंने राष्ट्र के नाम पर बोलने के तत्कालीन कांग्रेस के अधिकार को चुनौती दी थी? विदेशी शासकों की वजह से देश की आम जनता की दयनीय स्थिति के ख़िलाफ़ वह विद्रोह की भावना थी। उसका मक़सद भूखों को भोजन और अनपढ़ों को जागृत करना था। इसकी प्रेरणा संवैधानिकता के अंग्रेज़ीदाँ पुजारियों से नहीं, बल्कि देसी विद्रोहियों या उदाहरण के तौर पर बंकिम चटर्जी सरीखी प्रतिभाओं से मिली। भूखे, अनपढ़ और ज़ुल्म के शिकार लोग इसकी ताक़त का उत्स थे। इसीलिए 'आनन्द मठ' की कहानी ने हमारे क्रान्तिकारी राष्ट्रवादियों की चेतना को झकझोर दिया। इसकी पुकार थी कि ग़रीबों का पेट भरने के लिए अमीरों को लूटो। देश के दूसरे हिस्से में शिवाजी की गाथा ने लोकमानस को प्रभावित किया। यही क्रान्तिकारी राष्ट्रवाद की बुनियाद है, जिसका सरोकार वृहत्तर लोकहित से जुड़ा है। समय-समय पर राष्ट्रीय हितों की लड़ाई का दावा करने वाले किसी राजनीतिक दल ने अभी तक इसे मुद्दा नहीं बनाया है। इन दलों के असली मुद्दों से भटकाव की वजहों के बारे में हम लगातार बोलते आए हैं। यह व्यतिक्रम अनायास नहीं है। यह वर्गहित की अनिवार्यता है। और उच्च वर्गों (ख़ासतौर पर पूँजीपतियों) के हितों की हिफ़ाज़त में तत्पर बुर्जुआ राष्ट्रवाद और आम जनता की ख़ुशहाली और समृद्धि के महान आदर्शों पर आधारित क्रान्तिकारी राष्ट्रभक्ति में यही फ़र्क़ है।

बुर्जुआ जब, ख़ुद अपने वर्गहित को आगे बढ़ाने की इच्छा से प्रेरित होकर, सच्ची राष्ट्रभक्ति के उद्देश्यों से विश्वासघात करता है, तो यह ज़रूरी हो जाता है कि हर सच्चा राष्ट्रभक्त भद्रलोक होने के अपने पूर्वग्रह छोड़कर क्रान्तिकारी लड़ाई में शरीक होने के लिए सड़कों पर आए ताकि अभी तक जिन आदर्शों के बारे में सोचते हुए वह मन-ही-मन घुटता रहा है, उन पर अमल कर सके। अगर वह ऐसा नहीं कर पाता तो स्वाभाविक रूप से वह बुर्जुआ ही हुआ, और इसीलिए पाखंडी कहलाएगा।

आइए देखते हैं कि सच्ची देशभक्ति का रास्ता आज़माने के इरादे से बुर्जुआ राष्ट्रवाद को पोषित करनेवाली विभिन्न विचारधाराएँ किस ओर जा रही हैं। कलकत्ता से निकलनेवाले अख़बार 'द बंगाली' में 'बोल्शेविक मेनेस' यानी 'बोल्शेविक ख़तरा' नाम से छपे एक हालिया लेख में हमारे कार्यक्रमों को राष्ट्रहित के लिए साफ़-साफ़ ख़तरा बताया गया है। हलवाहों को ज़मीन दिए जाने की पैरवी करनेवाले एक

अनुच्छेद का हवाला देते हुए तिजारती राजकुमारों, ज़मींदारों और ताल्लुकेदारों के इस मुखपत्र ने लिखा है :

> इसलिए, ज़रूरी हो गया है कि ज़र-ज़मीन और जायदाद के मालिक, सारे पेशेवर लोग, सभी समझदार और सचेत देशभक्त, शिक्षा और संस्कृति के तमाम अलमबरदार एकजुट होकर इस गम्भीर ख़तरे का मुक़ाबला करें, जो एक युवा और उभरते राष्ट्र को क्षीण करके सामाजिक ढाँचे की बुनियाद कमज़ोर करनेवाला है।

यह पूरा लेख इस क़िस्म की भावुक कल्पनाओं से भरा पड़ा है, जो बड़े पूँजीपतियों के अख़बारों में बहुतायत से पाई जाती हैं। ऊँचे तबक़े के निहित स्वार्थों में रत्ती-भर कटौती के प्रस्ताव वाले किसी कार्यक्रम की राष्ट्र के नाम पर निन्दा होने लगती है, और सम्पत्तियों के अधिकार की रक्षा के लिए शोषितों और दलितों के ख़िलाफ़ निम्न-मध्यवर्गों के राष्ट्रवादियों में देशभक्ति की भावना उभारी जाती है। क्या सच्ची देशभक्ति की भावना का तक़ाज़ा यह नहीं है कि राष्ट्रवाद के इस तरह के ब्रांड की खुलकर निन्दा की जाए? पूँजी के लालची ऐसे देशभक्तों से सारे सम्बन्ध तोड़ने के लिए अगर हम क्रान्तिकारी राष्ट्रवादियों का आह्वान करते हैं तो क्या यह अनुचित है? इसमें क्या ग़लत है कि हम उनसे बौद्धिक श्रेष्ठता का मोह छोड़ने को कहते हैं, जो सिर्फ़ ऐसा छलावा है कि जिसमें फँसकर वे अनचाहे ही राष्ट्रवाद के ऐसे ब्रांड के रक्षक बने हुए हैं?

एक और दृष्टान्त। स्वराज पार्टी का नेतृत्व ऐसे लोग कर रहे हैं, जिनकी राष्ट्रभक्ति सन्देह से परे समझी जाती है। यहाँ भी मसला व्यक्तिगत आदर्शवाद का नहीं, बल्कि वर्गहित ही सर्वोपरि है; और इसे एक वर्ग की स्थिति के रूप में देखना होगा। स्वराज पार्टी ने काउंसिल में शामिल होने का प्रस्ताव किया है और राष्ट्र की ओर से 'सच्चे स्वराज्य' की माँग की है। ऐसा करने के लिए उन्हें निर्वाचन मंडल की ओर से अधिकृत किया जाना ज़रूरी है, जो ख़ुद पूरी आबादी का मुश्किल से एक आधा प्रतिशत हैं। और इस निर्वाचन मंडल में कौन लोग हैं? ज़्यादातर ऊँचे तबक़े के मालदार लोग। इसलिए यह बहुत आसानी से समझा जा सकता है कि स्वराज पार्टी जिस 'सच्चे स्वराज्य' का आग्रह कर रही है, उसका स्वरूप कैसा होगा। देखिए कि ट्रिब्यून (स्वराज पार्टी का मुखपत्र) क्या कहता है : 'सरकार को वास्तव में संवैधानिक बनने के लिए मजबूर करने का आशय, दरअसल यहाँ के लोगों, यानी निर्वाचन मंडल, को एकमात्र शासक के रूप में स्वीकृति दिलाना है।' संक्षेप में यही पार्टी का कुल राजनीतिक दर्शन है। बेहद अल्पसंख्या वाले लोगों यानी निर्वाचक समूह के हित को वे राष्ट्रीय हित ठहराया जा रहा है और जल्दी

ही जब सरकार इन हितों पर विचार करेगी, यह वास्तव में संवैधानिक हो जाएगा। राष्ट्रीय स्वराज्य की इस उपलब्धि के बाद, इन्हीं अल्पसंख्यकों के प्रतिनिधि राष्ट्र कल्याण और लोकतंत्र के नाम पर देश पर राज करेंगे!

क्या यह कहना महाझूठ नहीं है कि इन पार्टियों में से किसी एक या इसी तरह की किसी और पार्टी से वे लोग समर्पित भाव से जुड़ सकते हैं, जो ईमानदारी से जनकल्याण के बारे में सोचते हैं? क्या यह क्रान्तिकारी राष्ट्रवादियों की खेदजनक भूल नहीं है कि वे किसी भी रूप में ख़ुद को उन वर्गों से जुड़ा हुआ मानें, जो अपने स्वार्थों के लिए राष्ट्र को धोखा देते हैं? बुर्जुआ राष्ट्रवाद के बारे में हम यही सोचते हैं।

अनुवाद : **प्रभात सिंह**

अविभाज्य राष्ट्रवाद

मौलाना आज़ाद और सीमान्त गांधी के राष्ट्रवादी दर्शन को अटूट या अविभाज्य राष्ट्रवाद के नज़रिये से ही परिभाषित किया जा सकता है।

मौलाना अबुल कलाम आज़ाद ने साम्प्रदायिक पहचान के हवाले से राष्ट्रीयता के बारे में कभी नहीं सोचा। उनके मुताबिक़ हिन्दू अगर भारत पर अपना हक़ इसलिए जता सकते हैं कि वे सदियों से यहाँ रहते आए हैं तो हज़ार सालों से ज़्यादा समय से यहाँ रहनेवाले मुस्लिम भी यह दावा कर सकते हैं। आज़ाद के नज़रिये का सार यह है कि 'इन हज़ार वर्षों के सह-अस्तित्व के दौरान हमारी साझा राष्ट्रीयता की निर्मिति भी तो हुई है।' आज़ाद सरीखे नेताओं की प्रतिबद्धता समझने में कई बार हम चूक जाते हैं, जिन्होंने ज़िन्दगी-भर ऐसे लोगों को कठघरे में खड़ा किया, जो साम्प्रदायिक राष्ट्रवाद की हिमायत करते रहे, चाहे वे हिन्दू रहे हों या मुसलमान।

ख़ान अब्दुल ग़फ़्फ़ार ख़ान या बादशाह ख़ान भी उन लोगों में से थे, जो अविभाज्य राष्ट्रवाद के साथ ही अविभाजित राष्ट्र के लिए प्रतिबद्ध रहे। अहिंसा के ज़रिये स्वतंत्र और धर्मनिरपेक्ष भारत की आकांक्षा पूरी करने के लिए उन्होंने पठानों को संगठित किया। पाकिस्तान बन जाने के बावजूद वह दो-राष्ट्र सिद्धान्त के सख़्त विरोधी बने रहे। इसका नतीजा यह हुआ कि कई साल उन्हें पाकिस्तान की जेलों में रहना पड़ा। हालाँकि पश्तून राजनीति के बारे में उन्होंने बहुत कुछ बोला—कहा है, मगर इस संकलन की विषयवस्तु के मुताबिक़ बहुत कुछ नहीं ढूँढ़ पाया तो मैंने 1969 में भारतीय संसद के संयुक्त सत्र में उनके सम्बोधन के कुछ तीक्ष्ण और भावुक अंशों को किताब में शामिल करने का फ़ैसला किया।

मौलाना अबुल कलाम आज़ाद

अटूट एकता ही भारतीय राष्ट्रीयता

सन् 1912 में मैंने हफ़्तावार 'अल हिलाल' शुरू किया और भारत के मुस्लिमों के सामने अपना यह निष्कर्ष रखा। आपको शायद यह बताने की ज़रूरत नहीं कि मेरा प्रलाप अनायास नहीं था। 1912 से 1918 के बीच मुसलमानों में राजनीतिक जागृति का नया दौर शुरू हुआ। 1920 के आख़िर में चार सालों की नज़रबन्दी से रिहाई के बाद मैंने देखा कि मुसलमानों की राजनीतिक विचारधारा अपने पुराने साँचे तोड़कर नई शक़्ल अख़्तियार कर रही थी। बीस साल गुज़र गए हैं और इस अरसे में बहुत कुछ हुआ है। घटनाओं का प्रवाह बहुत तेज़ है और विचारों की ताज़ा लहरों ने हमें घेर लिया है। लेकिन एक तथ्य अब भी नहीं बदला है और वो यह आम धारणा है कि मुसलमान पीछे हटने के ख़िलाफ़ हैं।

यह बात पक्की है कि पीछे लौटने पर वे हरगिज़ राज़ी नहीं हैं। लेकिन आगे का रास्ता तय करने के बारे में भी वे बहुत दुविधा में हैं। इसकी वजहों के बारे में अभी मैं बात नहीं करूँगा बल्कि इसके असर को समझने की कोशिश करूँगा।

मैं अपने हममज़हब दोस्तों को याद दिलाना चाहता हूँ कि आज मैं ठीक वहीं खड़ा हूँ, जहाँ से 1912 में मैंने उनसे इस मुद्दे पर बात की थी। तब से अब तक हुई बेशुमार घटनाओं के बारे में सोचता हूँ, जिन्हें घटते हुए मैंने ख़ुद देखा है और उन पर ख़ूब ग़ौर भी किया है। ऐसा नहीं कि इन घटनाओं से मैं अछूता रहा हूँ, मैंने उनमें शिरकत की है, उनका हिस्सा रहा हूँ और हर परिस्थिति को बहुत ध्यान से देखा-समझा है। और जो मैंने ख़ुद देखा-जाना है, उसके बारे में मेरी धारणा ग़लत नहीं हो सकती, मैं अपनी ही प्रतिबद्धताओं के ख़िलाफ़ नहीं जा सकता और न ही अपने अन्त:करण की आवाज़ दबा सकता हूँ। मैं आज भी वही कहूँगा जो हमेशा से कहता आया हूँ कि भारत के नौ करोड़ मुसलमानों की बेहतरी का अकेला रास्ता वही है, जिस पर साथ आने का आग्रह मैंने 1912 में किया था।

मेरे कुछ हममज़हब, जो 1912 में मेरे आह्वान को सही मानते थे, आज मुझसे असहमत हैं। मैं उन्हें दोष नहीं दूँगा मगर उनकी नेकनीयती और दायित्व-बोध को आवाज़ देना चाहता हूँ। यह बेशुमार इनसानों और राष्ट्रों के मुक़द्दर का मसला है। क्षणिक आवेश में बह गए तो हम सही नतीजे तक नहीं पहुँच सकते। हमें ज़िन्दगी की कठोर वास्तविकताओं को ध्यान में रखकर फ़ैसले लेने चाहिए। यह बात सही है कि आसमान अभी बादलों से घिरा है और इस घटाटोप में किसी को कुछ भी सूझ नहीं रहा। मुसलमानों को इससे बाहर आकर असलियत की रोशनी में देखना होगा। मसाइल के हर पहलू पर फिर से ग़ौर करने के बाद उन्हें यही लगेगा कि उनके पास कोई और विकल्प है ही नहीं।

मैं मुसलमान हूँ और मुझे इस पर फ़ख्र है। इस्लाम की तेरह सौ साल पुरानी शानदार परम्पराएँ मेरी विरासत हैं। मैं इस विरासत का एक मामूली हिस्सा भी खोने को तैयार नहीं। इस्लाम का इतिहास, इसकी सीख, कला-साहित्य और सभ्यता मेरी पूँजी है। इसकी हिफ़ाज़त करना मेरी ज़िम्मेदारी है।

मुसलमान होने के नाते इस्लाम धर्म और संस्कृति में मेरी ख़ास दिलचस्पी है और इसमें किसी क़िस्म का दख़ल मुझे बर्दाश्त नहीं है। लेकिन इन भावनाओं के साथ ही, परिस्थितियों और ज़िन्दगी की सचाइयों से उपजी भावनाएँ भी होती हैं। और इस्लाम इसमें कहीं आड़े नहीं आता बल्कि मेरी मदद ही करता है, मुझे आगे बढ़ने का रास्ता दिखाता है। भारतीय होने पर मुझे फ़ख्र है। मैं उस अटूट एकता का हिस्सा हूँ, जिसे भारतीय राष्ट्रीयता कहते हैं। मैं भारत-रूपी इस आलीशान इमारत की भव्यता का वह अपरिहार्य तत्त्व हूँ, जिसके बिना इसकी बहुरंगी छटा अधूरी है। मैं वह हूँ, जिसके बिना इसको पूर्णता नहीं मिलती। मैं इससे अलग कभी हो ही नहीं सकता।

भारत की सत्कारशील भूमि पर तमाम क़ाफ़िलों को ठौर मिला, कई मानव सभ्यताएँ, धर्म और संस्कृतियाँ यहाँ की मिट्टी में समाहित हो गईं और यही इस देश की ऐतिहासिक नियति है। यह सिलसिला इतिहास की शुरुआत से भी पहले का है, जब ये क़ाफ़िले भारत आए और एक के बाद एक नये लोग यहाँ आते गए। इस भव्य और उर्वर धरती ने उन सबको अपना लिया। आख़िरी क़ाफ़िला इस्लाम के अनुयायियों का था, जो अपने पुरखों के क़दमों का अनुसरण करते हुए यहाँ तक आ पहुँचे। ये आए और बेहतरी के इरादे से यहीं बस गए। इससे दो भिन्न सभ्यताओं और सांस्कृतिक धाराओं का समन्वय सम्भव हुआ। गंगा और यमुना की तरह वे अलग-अलग बहते आए थे मगर क़ुदरत के क़ायदे से बँधी इन नदियों की तरह ही वे साथ जुड़े और संगम की तरह आपस में मिल गए। यह मेल इतिहास की एक महत्त्वपूर्ण घटना था। नियति ने तभी से, अपने ढंग की ख़ामोशी से, पुराने की जगह एक नया भारत गढ़ने की शुरुआत कर दी। हम अपने साथ परम्पराओं

का ख़ज़ाना लाए और भारत पहले ही अपनी बेशक़ीमती विरासत से मालामाल रहा। हमने अपनी दौलत उन्हें दी और उन्होंने अपने ख़ज़ाने के दरवाज़े हमारे लिए खोल दिए। हमने उन्हें इस्लाम के ख़ज़ाने से वह बेशक़ीमती तोहफ़ा दिया, जिसकी उन्हें सबसे ज़्यादा ज़रूरत थी—लोकतंत्र और इनसानों की बराबरी का सन्देश।

तब से ग्यारह सदियाँ गुज़र गईं। भारत की धरती पर अब इस्लाम का भी उतना ही दावा है जितना हिन्दू धर्म का है। यहाँ रहनेवाले अगर हज़ारों साल से हिन्दू धर्म मानते आए हैं तो हज़ार साल से इस्लाम भी उनका धर्म रहा है। जैसे कोई हिन्दू गर्व से यह सकता है कि वह भारतीय है और हिन्दू धर्म को मानता है, उसी तरह हम भी, उतने ही गौरव से कह सकते हैं कि हम भारतीय हैं और इस्लाम धर्म मानते हैं। मैं इसी बात को और विस्तार देता हूँ। यहाँ रहनेवाला कोई ईसाई भी इतने ही गौरव से यह कहने का हक़दार है कि वह भारतीय है और एक भारतीय धर्म यानी ईसाई धर्म का अनुयायी है।

ग्यारह सौ वर्षों के हमारे साझा इतिहास में हमारी साझी उपलब्धियों से भारत समृद्ध हुआ है। हमारी भाषाएँ, हमारी कविताएँ, हमारा साहित्य, कला, संस्कृति, हमारे परिधान, हमारा आचार-व्यवहार, रीति-रिवाज और हमारी रोज़मर्रा की ज़िन्दगी के कितने ही क्रियाकलापों पर हमारे साझा उद्यम की छाप दिखाई देती है। दरअसल हमारी ज़िन्दगी का कोई पहलू ऐसा नहीं होगा, जहाँ हमें इसकी झलक न मिलती हो। हमारी भाषाएँ अलग थीं, मगर हम एक जैसी ज़बान में बोलते हुए बड़े हुए, हमारे तौर-तरीक़े और रिवाज अलग-अलग थे, मगर धीरे-धीरे आपस में घुल-मिलकर उन्होंने नई संरचना कर डाली। पुराने ढंग की हमारी पोशाकें अब गुज़रे ज़माने की तस्वीरों में ही दिखाई देती हैं, उन्हें आज कोई नहीं पहनता। यह साझा सम्पदा हमारी साझी राष्ट्रीयता की विरासत है और इसे छोड़कर हम उस दौर में लौटना नहीं चाहते, जब यह साझा जीवन शुरू नहीं हुआ था। अगर हमारे बीच ऐसे हिन्दू हैं, जो हज़ार साल या उससे भी पहले की हिन्दुओं की ज़िन्दगी की वापसी के ख़्वाहिशमन्द हैं तो वे ख़्वाब देख रहे हैं, ऐसे ख़्वाब जो निरर्थक कल्पनाओं से ज़्यादा कुछ भी नहीं। इसी तरह मुसलमान अगर वही सभ्यता-संस्कृति लौटाने के बारे में सोचते हैं, जो हज़ार साल पहले ईरान या मध्य एशिया से उनके साथ आई थी, तो वे भी ख़्वाब ही देख रहे हैं और वे जितनी जल्दी जाग जाएँ उतना ही अच्छा। वास्तविकता के धरातल पर ऐसी अस्वाभाविक कल्पनाओं के लिए कोई जगह नहीं है। मैं उन लोगों में हूँ, जो यह मानते हैं कि पुनरुत्थान किसी धर्म की ज़रूरत हो सकता है मगर सामाजिक मामले में इसका दख़ल तरक़्क़ी में बाधक होगा।

इन हज़ारों सालों में साथ रहते हुए हमारे अन्दर समान राष्ट्रीयता का जो बोध विकसित हुआ है, वह बनावटी नहीं हो सकता। इन सदियों के दौरान क़ुदरत ख़ामोशी से हमें तराशती रही है। अब तो साँचा बन चुका है और मुक़द्दर ने उस पर अपनी

मुहर भी लगा दी है। हम इसे पसन्द करें, चाहे न करें, मगर अब हम अखंड और अटूट राष्ट्र हैं। हमें बाँटने और अलग करने की कोई चाल हमारी इस एकता को तोड़ नहीं सकती। हमें इस असलियत और हमारे इतिहास से सबक़ लेकर अपना भविष्य सँवारने में जुट जाना चाहिए।

मैं आपका और वक़्त नहीं लूँगा और अपनी बात ख़त्म करूँगा। लेकिन इसके पहले मैं आपको याद दिलाना चाहता हूँ कि हमारी कामयाबी तीन अहम चीज़ों पर निर्भर है—एकता, अनुशासन और महात्मा गांधी के नेतृत्व पर पूरा भरोसा। हमारे आन्दोलन के तेजस्वी अतीत के मूल में उनका महान नेतृत्व ही है, और उन्हीं की अगुवाई में हम भविष्य की उपलब्धियों की उम्मीद करते हैं।

यह हमारे इम्तहान की घड़ी है। दुनिया की निगाहें हम पर लगी हुई हैं। आइए हम अपनी क़ाबिलियत साबित कर दें।

संकीर्ण राष्ट्रवाद के ख़तरे

इनसान की फ़ितरत है कि सोचने या करने के मामले में वह चरम तक जाता है। बीच का रास्ता उसे शायद ही भाता हो और यहीं वह चूक जाता है। वह ऐसी घड़ी की तरह है, जो पुर्ज़ों में गड़बड़ी की वजह से या तो बहुत तेज़ चलती है या बहुत धीमी मगर सही वक़्त कभी नहीं बताती। यह बहुत पुरानी बात नहीं जब हमारे पढ़े-लिखे नौजवान भाषा, पोशाक और आचार-व्यवहार आदि में अंग्रेज़ी की नक़ल करने लगे थे। वे अपनी विरासत ही भूल गए। इनमें कुछ तो ऐसे भी थे, जिन्हें हमवतनों से अपनी ज़बान में बात करते हुए शर्म आती। बात-बात पर वे शेक्सपियर, मिल्टन, गेटे और वर्ड्सवर्थ का हवाला देते मगर वाल्मीकि, कालिदास, ख़ुसरो या अनीस से कोई लगाव न दिखाते। फिर ऐसा वक़्त आया, जब महात्मा गांधी के नेतृत्व में राष्ट्रीय आन्दोलन ने नया मोड़ लिया और अंग्रेज़ों की नक़ल का वह उन्माद फीका पड़ने लगा। लेकिन मुझे लगता है कि बहुत से लोग फिर वही ग़लती दुहराने जा रहे हैं। पहले वह जिस गह्वर के कगार पर खड़े थे, छलाँग मारकर उसी के दूसरे किनारे पर पहुँचना चाहते हैं। भारतीय राष्ट्रवाद का मतलब अब यह लगाया जा रहा है कि हमें अंग्रेज़ी भाषा और साहित्य भूल जाना चाहिए और शेक्सपियर या मिल्टन से कोई सरोकार नहीं रखना है। कुछ लोगों से तो मैंने यह भी सुना है कि सच्चा राष्ट्रवादी वही है, जिसमें आधुनिक सभ्यता की लेशमात्र झलक भी न हो। मेरा विश्वास है कि आपमें से कोई ऐसा नहीं सोचता होगा। फिर भी अगर कोई इस मत का है तो मैं उसे बता दूँ कि नकार की यह स्थिति भी अंग्रेज़ी की नक़ल की तरह

ही ग़लत है। बुद्ध ने कहा है कि ज्ञान का साधन ही अकेला सच है। जैसे पाश्चात्य सभ्यता और साहित्य का इस हद तक पिछलग्गू होना मुनासिब नहीं था कि आप अपने देश की महान और गौरवशाली सभ्यता ही भुला दें, ठीक वैसे ही यह भी ग़लत होगा कि आप ख़ुद को ऐसे पिंजड़े में बन्द कर लें जहाँ पाश्चात्य सभ्यता और ज्ञान की रोशनी की कोई किरण ही न पहुँच सके। मत भूलिए कि दुनियावी चीज़ों को भौगोलिक सीमाओं में बाँध सकते हैं मगर इल्म और तहज़ीब पर इस क़िस्म की बन्दिश नहीं लगाई जा सकती। वे इस तरह की सीमाओं से परे हैं और उन पर ऐसी रोक का कोई फ़ायदा नहीं। वे क्षेत्रीय सीमाओं और राष्ट्रीयताओं से ऊपर हैं, नस्ल, रंग या वर्गभेद से परे हैं। उनकी उत्पत्ति दुनिया के किसी हिस्से में हुई हो, मगर अब वे मानव-जाति की साझी धरोहर हैं और सभी देशों का उन पर बराबर का हक़ है। यह ठीक है कि शेक्सपियर इंग्लैंड में पैदा हुए मगर उनका विपुल और अविस्मरणीय साहित्य सभी देशों के लिए है। इंग्लैंड चाहे तो भी शेक्सपियर को सिर्फ़ अपने तक सीमित नहीं रख सकता। आपको लगता है कि कालिदास की तरह उनके नाटक भी सिर्फ़ भारतीयों के हैं? क्या किसी विदेशी का उन पर कोई हक़ नहीं?

दोस्तो, किसी देश की तरक़्क़ी में तंगनज़री से बड़ी कोई बाधा नहीं। आज़ादी के इस नये दौर में हमारी ज़िम्मेदारी है कि हम ख़ुद को ऐसी संकीर्णताओं से मुक्त रखें। किसी राष्ट्र के स्वस्थ विकास के लिए ऐसी बीमारी बड़ा ख़तरा है। यह विचार या कर्म के किसी भी क्षेत्र में मौजूद हो सकती है। किसी अभिनेता की तरह छद्म वेश में। धर्म के मामले में यह अन्धश्रद्धा है, जो कट्टरता के नाम पर हमें छलना चाहती है। राजनीति में यह बीमारी राष्ट्रवाद की आड़ में हम पर हावी होना चाहती है। शिक्षा और संस्कृति के मामले में यह हमें राष्ट्र के नाम पर लुभाती है। ऐसे मुखौटों पर रीझ जाने के बजाय हमें यह ध्यान रखना चाहिए कि इन सबकी वजह संकीर्ण मानसिकता ही है।

हमें इस बात पर भी ग़ौर करना होगा कि 19वीं सदी के यूरोप में प्रचलित राष्ट्रवाद की अवधारणा ध्वस्त हो चुकी है। राष्ट्रवाद के संकीर्ण विचारों से दुनिया तंग आ चुकी है और संकीर्णता की इन बेड़ियों को तोड़ने के लिए व्याकुल है। तंग दीवारों में बँधी संकुचित राष्ट्रीयताओं के बजाय दुनिया भव्य राष्ट्रवाद के लिए लालायित है। हमारी व्यापक सोच और सहनशीलता से ही दुनिया में हमारी मज़बूत पहचान सम्भव है।

मुमकिन है कि दूसरे मुल्क़ों को व्यापक दृष्टिकोण और सहिष्णुता की भावना के विकास का सबक़ सीखने की ज़रूरत पेश आए। मगर जहाँ तक भारत का सवाल है, हम गर्व से कह सकते हैं कि ये गुण हमारी प्राचीन सभ्यता की ख़ासियत रहे हैं और हम हज़ारों वर्षों से इन्हें बरतते आए हैं। दूसरे मुल्क़ों में कर्म और विचारों के भेद से जहाँ युद्ध और रक्तपात हुए, वहीं भारत में इन्हें आपसी सद्भाव

और समझदारी से निपटा लिया गया। यहाँ विभिन्न धर्म-संस्कृतियों और विभिन्न जीवन-पद्धतियों को फलने-फूलने और अपनी मुक्ति की तलाश का मौक़ा मिला।

इतिहास के अभ्युदय काल से ही भारतीय मन सभी क़िस्म के विचारों के प्रति सहनशील और सर्वग्राही रहा है। इसने सभी धर्मों को जगह दी और अलग-अलग विचारों को स्वीकार भी किया। हर नवागन्तुक को खुले मन से स्वीकारने के लिए तैयार रहा। तमाम लोगों और तमाम संस्कृतियों के क़ाफ़िले आते गए और उन सबको यहाँ ठिकाना मिला। यहाँ के सामाजिक जीवन में किसी जाति, धर्म या पंथ पर कोई रोक नहीं रही। वेदान्तवाद के उच्च विचारों के साथ ही अज्ञेयवाद और नास्तिकता का दर्शन भी फला-फूला। भारतीय दर्शन की इस व्यापक और सर्वग्राही प्रकृति पर दुनिया आज हैरान है। दार्शनिक चिन्तन की कोई ऐसी धारा नहीं, जो यहाँ न पाई जाती हो। अलबत्ता वैचारिक टकराव या केवल मतान्तर की वजह से सिर फुटौवल की नौबत यहाँ नहीं आती। प्राचीन भारतीय संस्कृति की इस महान ख़ूबी को आधुनिक दुनिया के महान विचारकों ने भी माना है। वे खुलेआम स्वीकार करते हैं कि प्राचीन भारतीय सभ्यता का यह महान सन्देश है। दुनिया को अभी यह सीखना है। इस सम्बन्ध में मैं मशहूर भारतीय लेखक डॉ. राधाकृष्णन की महत्त्वपूर्ण किताब 'भारतीय दर्शन' से कुछ पंक्तियाँ उद्धृत करूँगा। चुनिंदा और सन्तुलित शब्दों में उन्होंने बड़ी ख़ूबसूरत बात कही है :

> हिन्दू धर्म की विविधतापूर्ण प्रकृति का राज़ यह है कि अन्धविश्वास की आदिम कल्पनाओं से लेकर विश्वास और विचारों की श्रेष्ठतम अन्तर्दृष्टि तक सब कुछ इसमें सन्निहित है। आर्य धर्म शुरू से ही विस्तारवादी, सहिष्णु और आत्म-विकासशील रहा है। विकास के इस पथ पर मिलनेवाले नये तत्त्वों-विचारों को समायोजित करता रहा। इसमें सच्ची विनम्रता और दयालुता की परिष्कृत भावना सहज ही देखी जा सकती है। इसने निचले धर्मों की उपेक्षा और उनके ख़ात्मे की कोशिश नहीं की। अपने ही धर्म को सच्चा ठहराने की कट्टरता से परहेज़ किया। अगर किसी ईश्वर में विश्वास करके मानव-मन को तसल्ली मिलती है, तो वह सत्य का रूप है। सम्पूर्ण सत्य तक पहुँच पाना तो किसी के बस का नहीं। यह तो थोड़ा-बहुत ही हासिल हो पाता है।

वैचारिक उदारता और सहनशीलता अगर प्राचीन भारतीय सभ्यता की अमूल्य धरोहर है तो क्या हमें ख़ुद को इस महान विरासत का योग्य वारिस साबित करने की ज़रूरत नहीं है? क्या हम उस तरह की संकीर्ण मानसिकता को सिर उठाने की इजाज़त दे सकते हैं, जिसका ख़ौफ़नाक चेहरा हमारे सामने है? आज जब दुनिया के उन्नत राष्ट्र सहनशीलता और उदारता के उस प्राचीन सन्देश के लिए हमारी तरफ़

टकटकी लगाए हुए हैं तो क्या यह सही होगा कि वर्गवाद-सम्प्रदायवाद में फँसकर हम ख़ुद को इस हद तक गिरा लें कि हमें यही सबक़ दूसरों से सीखने की नौबत आ जाए? भारत अब आज़ाद है। हम पर अब कोई बाहरी दबाव तो है नहीं। हम अपने लिए जो बेहतर मानें, वैसा ही साँचा ढाल सकते हैं। सवाल यह है कि यह साँचा कैसा हो—उन्हीं विचारों पर आधारित जिनसे दुनिया तंग आ चुकी है या फिर इसमें वे सब ख़ूबियाँ शामिल हों जो सदियों से भारतीय संस्कृति की पहचान रही हैं? दुनिया-भर की निगाहें हम पर लगी हैं और अब यह हम पर है कि हम उन्हें निराश करते हैं या दग्ध दुनिया को उम्मीद का सन्देश देते हैं।

राष्ट्रवाद और मुसलमान

पूरब के दूसरे देशों की तरह ही 19वीं सदी भारत के लिए संक्रमण काल थी। ज़िन्दगी के पुराने तौर-तरीक़ों और विचारों को ख़त्म करके उनकी जगह नये विचार और तौर-तरीक़े गढ़े जा रहे थे। पुराना भारत नई शक्ल अख़्तियार कर रहा था। जहाँ तक भारतीय मुसलमानों का सवाल है तो यह कहा जा सकता है कि अलीगढ़ में इन सुधारवादी आन्दोलनों का असर दिखा। यह उन जगहों में था, जिनने नये भारत के निर्माण की अगुवाई की। 19वीं सदी भारतीयता की भावना के पुनर्जागरण का युग थी, और अलीगढ़ का शुमार पुनर्जागरण के ऐसे ही केन्द्रों में था।

यह सही है कि सर सैयद अहमद ख़ान के निधन के साथ अलीगढ़ का बहुत-सा वैशिष्ट्य भी खो गया। कॉलेज को यूनिवर्सिटी का दर्जा तो ज़रूर मिल गया मगर इसकी पुरानी प्रतिष्ठा की बहाली नहीं हो सकी। फिर भी आपको यह याद रखना चाहिए कि यह आपकी गौरवशाली विरासत है और अलीगढ़ का वह आलीशान अतीत आपको ही लौटाना होगा। वक़्त गुज़रने के साथ आपके स्ट्रेची हॉल की दीवारों पर उकेरी गई नक़्क़ाशी भले धुँधला जाए मगर नये दौर के भारतीय इतिहास के सफ़ों पर अलीगढ़ ने जो इबारत लिखी है, वह कभी नहीं धुँधला सकती। आनेवाली दुनिया के इतिहासकार देखेंगे कि आधुनिक भारत के निर्माण में अलीगढ़ का योगदान कितना महत्त्वपूर्ण रहा है।

ऐसे आलीशान अतीत वाले शैक्षिक संस्थान से यक़ीनन शानदार भविष्य की उम्मीद है। मुझे नहीं मालूम कि आप आज क्या सोचते हैं, मैं यह भी नहीं जानता कि भविष्य को लेकर आपका नज़रिया क्या है। आपको क्या लगता है कि आगे के दरवाज़े बन्द हो गए हैं या फिर तजुर्बों के असीम विस्तार वाली दुनिया आप के सामने खुलनेवाली है? मुझे नहीं पता कि आप क्या देख पा रहे हैं लेकिन मैं

आपको बताता हूँ कि मैं क्या देख रहा हूँ। आपको शायद ऐसा लगता है कि जो दरवाज़े खुले थे, वे अब बन्द हो गए हैं। और मैं देखता हूँ कि दरअसल अभी तक बन्द पड़े दरवाज़े अब खुल गए हैं। फ़ारसी के एक शायर के शब्दों में कहूँ तो—

तफ़ावुत अस्त माईन-ए-शानीदन-ए-मन-ओ-तू
तुबस्तन-ए-दर, ओ, मन फ़ातह-ए-बाब मे शानवाम।

(आप और मैं जो सुनते हैं, उसमें भेद है। आपको दरवाज़े बन्द करने की आवाज़ सुनाई देती हैं मगर मैं दरवाज़े का खुलना सुन पाता हूँ।)

बिना किसी पूर्वग्रह के मैं आपसे साफ़ बात करना चाहता हूँ, और मुझे यक़ीन है कि आप भी मुझसे यही उम्मीद करेंगे। अगर आपको लगता है कि अब भी आप साम्प्रदायिक राजनीति के उसी कलुषित माहौल में जी रहे हैं, जो 15 अगस्त, 1947 से पहले बन गया था तो मुझे यह कहने में कोई संकोच नहीं कि आपका कोई भविष्य नहीं, कम-से-कम वैसा तो बिलकुल नहीं जैसा कि मुझे लगता है कि एक भारतीय मुसलमान के तौर पर आपका भविष्य होना चाहिए। मुझे ख़ुशी है कि तब से अब तक काफ़ी कुछ बदला है और एक नये युग के लक्षण साफ़ दिखाई देने लगे हैं। आज की बदली हुई परिस्थितियों में इस संस्थान में बौद्धिक माहौल की ज़रूरत का अन्दाजा आपने पहले ही लगा लिया था। नये दौर की अपेक्षा के अनुरूप आपने ऐसा माहौल बनाया जो बदले हुए दृष्टिकोण के अनुकूल है। मुझे यह कहने में कोई संकोच नहीं है कि इस समयानुकूल बदलाव से आपने न सिर्फ़ इस संस्थान की बल्कि भारतीय गणराज्य के सभी मुसलमानों की बड़ी सेवा की है। इसके लिए मैं आपको दिल से मुबारकबाद देता हूँ।

मैं संक्षेप में आपको राष्ट्रीय शिक्षा के बारे में केन्द्र सरकार की योजना और कार्यक्रमों के बारे में बताना चाहता हूँ और यह भी कि इस नई योजना में अलीगढ़ विश्वविद्यालय जैसे संस्थानों का कितना महत्त्व होगा। मैं मानता हूँ कि आप भी इस बात से सहमत होंगे कि किसी धर्मनिरपेक्ष और लोकतांत्रिक देश में शिक्षण-प्रणाली की बुनियाद भी धर्मनिरपेक्ष होनी चाहिए। बिना किसी भेदभाव के सभी नागरिकों को समान शिक्षा का अधिकार मिलना चाहिए। इसकी अपनी विशिष्ट बौद्धिक पहचान और राष्ट्रीय चरित्र होना चाहिए। इनसान की तरक़्क़ी और समृद्धि इसका ध्येय होना चाहिए। सरकार ने सभी को समान शिक्षा की ऐसी योजना बनाई है, जिसमें किसी वर्ग या समुदाय के प्रति पक्षपात या भेदभाव की गुंजाइश नहीं।

इसी तरह ऐसे शिक्षण संस्थानों की ज़रूरत भी महसूस की गई है, जहाँ ख़ास तरह की पढ़ाई पर ज़ोर होगा। हालाँकि ऐसे संस्थानों में उन सभी के लिए गुंजाइश होनी चाहिए, जिनकी दिलचस्पी इन विषयों की पढ़ाई में हो। समय की माँग के मुताबिक़ आपका संस्थान राष्ट्रीय शिक्षा के इसी क्षेत्र में उचित स्थान पा सकता है।

इस तरह, अपनी विशिष्ट प्रकृति के बावजूद, आप समान शिक्षा की योजना का हिस्सा बनकर एक ख़ास लक्ष्य में योगदान कर सकेंगे। पर इसके लिए आपको थोड़ा और उदार होने की ज़रूरत है। कहते हैं कि प्लेटो ने अपनी विद्यापीठ पर लिखवा रखा था—'जिसे ज्यामिति नहीं आती, उसके लिए यहाँ कोई जगह नहीं है।' आपके संस्थान में इस तरह की कोई रोक न हो। आपका सिद्धान्त तो यह होना चाहिए कि आपके दरवाज़े सभी के लिए खुले हैं, जिन्हें 'ज्यामिति आती हो' और उनके लिए भी जिन्हें 'ज्यामिति नहीं आती'।

मुझे मालूम है कि आपके संस्थान के क़ायदे शुरू से ही व्यापक और उदार रहे हैं। कॉलेज की स्थापना के समय ही पहले बैच के विद्यार्थियों में हिन्दू और मुसलमान दोनों शामिल थे। कॉलेज के स्टाफ में भी सभी समुदायों के लोग भर्ती किए गए हैं। कई हिन्दू शिक्षकों के नाम आपके संस्थान के इतिहास का हिस्सा बन गए हैं। मुझे विश्वास है कि इन परम्पराओं का और विस्तार होगा, समय के साथ ये और समृद्ध होंगी।

इस्लामी शिक्षा और इस्लामी इतिहास की पढ़ाई और शोध आपकी परम्परा का हिस्सा रहे हैं। मैं कहना चाहता हूँ कि सर सैयद के बाद अब वह पुराना जोश, वह ताक़त नहीं दिखाई देती जो उनके समय में यहाँ देखी जाती थी। यूनिवर्सिटी बनने के बाद भी पुरानी उम्मीदें अभी बाक़ी हैं। उन पुरानी परम्पराओं को लौटाना अब आपका दायित्व है, आपकी यूनिवर्सिटी में ज्ञान के सभी क्षेत्रों में शोध और अनुसंधान का माहौल बनाना आपके ज़िम्मे है।

इस बात का ज़िक्र मैं पहले भी कर चुका हूँ कि उर्दू का आधुनिक साहित्य अलीगढ़ में ही परवान चढ़ा। इस उपलब्धि पर आपकी यूनिवर्सिटी का अभिमान करना एकदम जायज़ है। इस विरासत को सहेजना और इसे समृद्ध करना भी आपका कर्तव्य है। हालाँकि, मैं चाहता हूँ कि आपकी साहित्यिक कोशिशें पहले के मुक़ाबले और विस्तृत हों। आप हिन्दी के साहित्य में भी बराबर दिलचस्पी लें। विभिन्न भाषाओं और साहित्य में मुसलमानों की हमेशा से दिलचस्पी रही है। हिन्दी साहित्य का मुसलमानों पर भी उतना ही हक़ है, जितना कि भारत के हिन्दुओं पर। दोनों ही समुदायों ने उर्दू और हिन्दी साहित्य के विकास में बराबर योगदान दिया है। मुग़ल काल में ब्रज भाषा में नये साहित्य की शुरुआत अकबर और जहाँगीर जैसे शासकों के संरक्षण और मोहम्मद जायसी, ख़ान-ए-ख़ाना और अब्दुल जलील बिलग्रामी जैसे होनहार रचनाकारों के योगदान का नतीजा थी। 18वीं शताब्दी के आख़िर तक ब्रज भाषा में लिखनेवाले मुस्लिम कवियों की अच्छी बड़ी तादाद रही है। वक़्त आ गया है कि आप उस पुरानी रवायत को ज़िन्दा करें। मेरी ख़्वाहिश है कि इस संस्थान से ऐसे ढेर सारे लिखनेवाले निकलें, जिनका हिन्दी और उर्दू दोनों पर समान अधिकार हो।

आज डिग्री पानेवाले उन नौजवानों को थोड़ी नसीहत के साथ मैं अपनी बात पूरी करूँगा, जो ज़िन्दगी की ज़िम्मेदारियाँ सँभालने जा रहे हैं। इस यूनिवर्सिटी में दाख़िल होने के दिनों से लेकर अब तक हुए ज़बरदस्त बदलावों को आपने ख़ुद भी महसूस किया होगा। जब आप पहली बार यहाँ आए थे, आप एक ग़ुलाम मुल्क के बाशिन्दे थे। आज जब आप यूनिवर्सिटी छोड़कर जा रहे हैं, आप आज़ाद भारत के स्वतंत्र नागरिक हैं। मैं नहीं जानता कि इतने बड़े बदलाव का आप सभी को किस हद तक एहसास है। पराधीन देश का नागरिक होने की वजह से आपके सामने बहुतेरी दुश्वारियाँ थीं। एक स्वतंत्र देश के नागरिक के नाते आप पर नई ज़िम्मेदारियाँ हैं। आज़ादी के बाद अवसरों के इस अनन्त विस्तार के साथ ही राष्ट्र के प्रति अधिक निष्ठा और समर्पण भाव की अनिवार्यता भी बढ़ गई है। आज आप कुछ भी हासिल करने के लिए आज़ाद हैं, मगर इससे आपकी ज़िम्मेदारियाँ भी बढ़ गई हैं।

आप आज़ाद भारत के नागरिक हैं—एक ऐसा देश जो अपने राजनीतिक और सामाजिक जीवन को धर्मनिरपेक्षता और लोकतांत्रिक मूल्यों के आधार पर विकसित करने के लिए प्रतिबद्ध है। एक धर्मनिरपेक्ष और लोकतांत्रिक देश का मूल तत्त्व यही है कि जाति, धर्म या समुदाय के भेद के बिना यहाँ सभी को तरक़्क़ी के बराबर मौक़े हासिल हों। ऐसे देश का नागरिक होने के नाते यह आपका अधिकार है कि आप अपने लिए अवसरों के सारे दरवाज़े खुले होने की उम्मीद करें, चाहे वह राजनीति का क्षेत्र हो, व्यापार, उद्योग, नौकरी या कोई व्यवसाय बशर्ते कि आपमें पेशे की ज़रूरत के मुताबिक़ हुनर और क़ाबिलियत हो। इसमें दो राय नहीं कि पूर्व में यहाँ से पढ़कर निकले बहुत से लोगों ने ख़ुद को सरकारी नौकरियों तक ही सीमित रखा। आज़ादी का अर्थ सोच और महत्त्वाकांक्षा का विस्तार भी है। इसलिए आज़ाद भारत में आपको राष्ट्र की ज़रूरतों के लिहाज़ से अपनी प्रतिभा के बेहतरीन उपयोग के लिए तत्पर रहने की ज़रूरत है।

मेरे मन में इस बात को लेकर ज़रा भी संशय नहीं है कि अगर आप प्रगतिशील राष्ट्रवाद की इस भावना को आत्मसात् कर लेते हैं, जो हमारे धर्मनिरपेक्ष-लोकतांत्रिक देश का मूल सिद्धान्त है, तो ज़िन्दगी में कोई मुक़ाम हासिल करना आपके लिए हरगिज़ मुश्किल नहीं होगा। इसलिए आपसे मेरा आग्रह है कि ख़ुद को और क़ाबिल बनाएँ, ज्ञान हासिल करें ताकि देश की भावी प्रगति और समृद्धि में समुचित योगदान के लायक़ बन सकें।

अनुवाद : **प्रभात सिंह**

ख़ान अब्दुल ग़फ़्फ़ार ख़ान

धर्म से श्रेष्ठ राष्ट्रवाद

उपद्रवों के पीछे कौन?

हिंसा की इन तमाम वारदातों से मुझे गहरी तकलीफ़ हुई है, इसलिए और ज़्यादा कि यह सब धर्म के नाम पर हुआ है। इस दुनिया में धर्म की स्थापना हमें प्रेम, इनसानियत, सचाई और इंसाफ़ का सबक़ सिखाने और ईश्वर के बनाए प्राणियों की ख़िदमत के लिए हुई। जबकि हिंसा साफ़ तौर पर ख़ालिस नफ़रत है। एक मज़हबपरस्त इनसान, चाहे वह किसी मज़हब का माननेवाला हो, किसी से नफ़रत कर ही नहीं सकता। इसलिए हिंसा या नफ़रत का मज़हब से कोई लेना-देना नहीं। ये न सिर्फ़ बेमेल हैं, परस्पर-विरोधी भी हैं। यह कुछ ऐसे लालची लोगों का काम है, जो ज़र-जायदाद और ताक़त हासिल करने के फेर में मज़हब की आड़ लेकर लोगों को भरमाते हैं ताकि अपना उल्लू सीधा कर सकें। साम्प्रदायिक उपद्रव के लिए लोगों को भड़काने या उनमें शरीक होनेवाले ऐसे लोगों को अगर मुनासिब सज़ा नहीं दी गई तो मुल्क में अमन के लिए वे हमेशा ख़तरा बने रहेंगे।

मज़हब से ऊपर राष्ट्रवाद

मेरे प्यारे भाइयो, यह राष्ट्रवाद का युग है। अगर आप ख़ुद में राष्ट्रवाद की भावना विकसित नहीं करते हैं तो इससे आपका और मुल्क का नुक़सान होगा, पूरे राष्ट्र का नुक़सान होगा। राष्ट्रीयता की बुनियाद सिर्फ़ राष्ट्र हो सकता है, धर्म नहीं। दुर्भाग्यवश हिन्दुस्तान में धर्म ही राष्ट्रीयता की पहचान बन गया है। यही देश के बँटवारे की वजह भी बना। अब सवाल यही है कि आप ऐसी मनोवृत्ति को जड़ से उखाड़ फेंकने की कोशिश करेंगे या ऐसी मानसिकता का समर्थन-पोषण करेंगे, जिसका नतीजा 'द्वि-राष्ट्र' सिद्धान्त था।

गांधीवाद कभी ख़त्म नहीं होगा

कई मुअज़्ज़ज़ विदेशियों ने मुझसे कहा कि बुद्ध पैदा तो हिन्दुस्तान में हुए मगर बौद्ध धर्म उनकी जन्मभूमि से बाहर पनपा। यह दूसरे देशों में फैल गया लेकिन हिन्दुस्तान में इसका लोप हो गया। उनका कहना है कि गांधी के साथ भी ऐसा ही हुआ। गांधी के सिद्धान्तों पर यक़ीन करनेवालों की तादाद दूसरे मुल्कों में बढ़ रही है, जबकि भारत में गांधी के साथ ही गांधीवाद भी ख़त्म हो गया। ऐसे लोगों को मैं जवाब देता हूँ कि गांधी का युग बुद्ध के समय से अलग है। हिन्दुस्तान में गांधीवाद कभी ख़त्म नहीं हो सकता है। जो इसे मिटा देना चाहते हैं, वे सिर्फ़ अपना और मुल्क का नुक़सान करेंगे और अन्ततः ख़ुद ही मिट जाएँगे।

भेदभाव से मुल्क कमज़ोर होगा

देशभक्ति और एकता किसी देश की मज़बूती की बुनियाद है लेकिन एकता का आधार इंसाफ़ और बराबरी है। हर देशवासी को यह लगना चाहिए कि देश की भलाई में ही उसकी भलाई है और देश के नुक़सान में ख़ुद उसका नुक़सान। और ऐसा तभी मुमकिन होगा, जब सबको समान अधिकार और सहूलियतें मिलेंगी और निष्पक्ष न्याय भी। लेकिन अगर बहुसंख्यक समुदाय अल्पसंख्यकों पर अविश्वास करता है और उसे नीचा दिखाने के लिए उसके अधिकारों से वंचित कर देता है तो तात्कालिक रूप से भले वह ख़ुद को ज़्यादा ताक़तवर समझ ले मगर अन्ततः देश कमज़ोर होगा। किसी भी तरह ऐसे निष्ठाहीन लोगों और गुटों की शिनाख़्त की जानी चाहिए और उनके गुनाह साबित होने पर उन्हें सज़ा भी मिलनी चाहिए। लेकिन अगर केवल सन्देह के आधार पर आप एक पूरे समुदाय को उसके विधिसम्मत अधिकारों से वंचित कर देते हैं तो यह घोर अन्याय होगा।

अनुवाद : **प्रभात सिंह**

एकीकृत राष्ट्रवाद

आज़ादी के बाद के दो दशक्र तो उस सामाजिक ताने-बाने को सुलझाने-सँवारने में ही बीत गए, बँटवारे के दौरान हिंसा ने जिसे बुरी तरह तहस-नहस कर दिया था। विभाजनकारी राजनीति के चलते पैदा हुई खीज और ग़ुस्से को शान्त करने और समाज को एक सूत्र में बाँधने की दिशा में गम्भीर कोशिशें हुईं। तमाम सियासतदानों, बुद्धिजीवियों और संस्कृतिकर्मियों ने बड़ी शिद्दत और मशक़्क़त से धार्मिक और साम्प्रदायिक पहचान से परे संघटित राष्ट्रवाद को मज़बूत करने के लिए काम किया। ख़्वाजा अहमद अब्बास का शुमार ऐसे ही जुझारू और प्रतिबद्ध लोगों में होता था। उनकी शख़्सियत और काम को किसी एक ख़ाने में दर्ज़ नहीं कर सकते। वह उपन्यासकार थे, फ़िल्मों की पटकथा लिखते थे और निर्देशक भी थे, साथ ही हिन्दी, उर्दू और अंग्रेज़ी में लिखनेवाले अख़बारनवीस भी। उनकी फ़िल्मों और उनके लेखन, दोनों ने ही दृढ़ता से समन्वित राष्ट्रवाद की भावनाएँ जागृत कीं और अपनी इसी ख़ूबी के चलते वह धर्मनिरपेक्ष और उदारवादी आस्था की पहचान बन गए। 'आवारा', 'श्री 420', 'जागते रहो' और 'सात हिन्दुस्तानी' जैसी फ़िल्मों के ज़रिये उन्होंने नई शैली ईजाद की। 'सात हिन्दुस्तानी' को तो राष्ट्रीय एकता पुरस्कार भी मिला। ख़्वाजा अहमद अब्बास को इस बात पर पक्का यक़ीन था कि सही मायने में राष्ट्रीय एकता के लिए हमें हमारी साम्प्रदायिक, धार्मिक और जातीय पहचान छोड़ने की ज़रूरत है। इस संकलन में शामिल उनकी दो छोटी टिप्पणियों से राष्ट्रवाद की उनकी इस अवधारणा को बेहतर ढंग से समझा जा सकता है।

ख़्वाजा अहमद अब्बास

एक मुकम्मल हिन्दुस्तानी की तलाश

ज़रूरत है—राष्ट्रीय एकता परिषद् के लिए—एक भारतीय की, जो 50 करोड़ की आबादी वाले मुल्क का आदर्श बन सके...

उम्र—वैकल्पिक, पाँच से पंचानबे साल...

लिंग—मर्द या औरत, लड़का या लड़की...

धर्म—हिन्दू या मुसलमान या ईसाई या पारसी या सिख या बौद्ध या नव-बौद्ध या जैन, या फिर अनीश्वरवादी या नास्तिक...

भाषा—तमिल या हिन्दी या तेलुगु या उर्दू या मराठी या सिन्धी या गुजराती या असमिया, कन्नड़ या मलयालम या पंजाबी या पूरबी या भोजपुरी या उड़िया भाषी, वह ये सभी भाषाएँ बोल सकता हो या इनमें से कोई भी नहीं—वह गूँगा और बहरा हो सकता है...

पेशा—कुछ भी—किसान या कामगार या इंजीनियर या डॉक्टर या प्रोफ़ेसर या शिक्षक या क्लर्क या अफ़सर या अफ़सर का चपरासी या होटल का बेयरा या फ़िल्मस्टार या पत्रकार या लेखक या कलाकार या फिर कवि।

त्वचा का रंग—काला, भूरा, पीला या सफ़ेद हो सकता है।

बालों का रंग—काला, भूरा, सफ़ेद, लाल, सुनहरा, श्यामला—वह अपने बाल रँगता हो/रँगती हो या फिर नक़ली बालों की विग लगाता हो/ लगाती हो।

आँखों का रंग—काला, भूरा, सुनहरा, नीला, नील-हरित या फिर वह कॉन्टैक्ट लेंस लगाता हो/ लगाती हो...

शैक्षिक योग्यता—वह पी-एच.डी. हो, एम.ए., बी.ए., बी.एस-सी., मैट्रिक पास या मैट्रिक फेल या फिर अपढ़ और अशिक्षित...

आर्थिक स्थिति—वह अमीर हो सकता है या ग़रीब या मध्यवर्ती मध्यम वर्ग का...

लेकिन...

उसका मन भारतीयता की चेतना और भारतीयता की भावना से ओतप्रोत हो;

वह सभी भारतीयों में ख़ुद को देख पाने में समर्थ हो, सभी को प्यार कर सके;

वह धर्म के आधार पर लोगों में भेद न करता हो, उसके लिए सभी हिन्दुस्तानी एक हों;

वह जाति-प्रथा की पुरानी धारणाओं और रूढ़ियों में यक़ीन न करता हो;

उसे अपनी भाषा से प्यार हो; साथ ही दूसरी सभी भारतीय भाषाओं को अपना मानते हुए उनसे भी प्यार करता हो। उसे इन सभी भारतीय भाषाओं के साहित्य से लगाव हो, उनका सम्मान करता हो;

उसे केवल अपने धर्म (और धार्मिक नेताओं) में ही श्रद्धा न हो, बल्कि दूसरे सभी धर्मों (और उनके धार्मिक नेताओं) को उतने ही आदर की निगाह से देखता हो; अनीश्वरवादियों, संशयवादियों और नास्तिकों के प्रति भी सहिष्णुता का भाव रखता हो;

वह विवेक बुद्धि और तर्कवाद में भरोसा करता हो;

उसे लोकतंत्र और लोकतांत्रिक मूल्यों में आस्था हो;

वह कश्मीरी भले ही हो मगर केरल की आज़ादी के लिए लड़ मरने की इच्छा रखता हो;

वह मराठा हो सकता है मगर उसे मैसूर के लोगों से भी प्रेम हो;

वह मैसूर का हो पर उसे महाराष्ट्र के लोगों से प्यार हो;

वह असमिया हो, मगर उसे बंगालियों से मोहब्बत हो; वह बंगाली हो मगर असमिया और बिहारियों से सहानुभूति रखता हो;

वह तमिलभाषी हो मगर हिन्दी से भी प्यार करता हो;

वह हिन्दीभाषी हो मगर तमिल साहित्य का सम्मान करता हो।

मनुष्य से प्रेम करनेवाला वह ऐसा हिन्दुस्तानी हो, जो दूसरे सभी प्राणियों, दूसरी सभी चीज़ों से ऊपर मनुष्य को अहमियत देता है, उससे प्रेम करता है, इनसान और इनसानी ज़िन्दगी की क़द्र करना जानता है—

गाय या बकरी या ऊँट से ज़्यादा जिसे इनसान प्यारा है, ताज़िया या अलम से, खजूर या पीपल के पेड़ से भी ज़्यादा प्यारा,

मस्जिद या मन्दिर या गुरुद्वारे की दीवारों में लगी ईंटों और पत्थरों से भी ज़्यादा प्यारा,

किसी इलाक़े, किसी शहर या किसी नदी से भी ज़्यादा,

जो सभी मनुष्यों से प्रेम करता हो, सबका आदर करता हो और जिसके मन में हमवतन हिन्दुस्तानियों के लिए सबसे ज़्यादा मुहब्बत हो।

जो न केवल उनकी ख़ूबियों बल्कि ख़ामियों के बावजूद उन्हें प्यार करे, उनकी ताक़त के साथ ही कमज़ोरियों को भी स्वीकार करे,

जो बुद्ध और शंकराचार्य, अशोक और अकबर, गुरु नानक और भक्त कबीर और बू अली शाह क़लन्दर और संत जेवियर्स के प्रति समादर का भाव रखता हो, क्योंकि इन सभी ने विविधता में एकता की विशिष्ट भारतीय संस्कृति में अद्वितीय योगदान किया है।

जो महात्मा गांधी और बाल गंगाधर तिलक, गोखले और दादाभाई नौरोजी और मौलाना अबुल कलाम आज़ाद और जवाहरलाल नेहरू और सुभाषचन्द्र बोस और भगत सिंह का आदर करता हो, क्योंकि इन सभी ने भारत की आज़ादी के लिए संघर्ष किया है और बलिदान दिया है।

जो तमिल के सुब्रमण्यम भारती, हिन्दी के निराला और सुमित्रानन्दन, उर्दू के ग़ालिब और इक़बाल और जिगर और फ़िराक़ और प्रेमचन्द, गुजराती के मेघाणी, मलयालम के शंकर कुरुप और तकषी, तेलुगु के श्री, मराठी के अत्रे और खादीदार, बंगाली के बंकिम और टैगोर और शरत और नज़रुल इस्लाम, पंजाबी के वारिस शाह और मोहन सिंह और अमृता प्रीतम के प्रति आदर और प्रेम का भाव रखता हो, क्योंकि उनका साहित्य, उनका कवित्त सारे हिन्दुस्तानियों की बहुमूल्य विरासत है।

मुकम्मल हिन्दुस्तानी वह है—

जो हिन्दुस्तान और हिन्दुस्तान की हर शै में सभी हिन्दुस्तानियों को साझीदार मानता हो।

—29 जून, 1968

मुस्लिमों के लिए राष्ट्रीयता परीक्षण

हिन्दुस्तान में मुसलमानों का मुस्तक़बिल तय करने के लिए अगले हफ़्ते दो सम्मेलन होनेवाले हैं—नई दिल्ली में मौलाना आज़ाद, और कलकत्ता में श्री सुहरावर्दी की ओर से।

इन सम्मेलनों की जानकारी हुए एक पाठक ने इनके बारे में मेरी राय पूछी है।

तो मैं बताता हूँ। दरअसल मुस्लिमों का इस देश में कोई भविष्य नहीं है—मुस्लिम के तौर पर तो बिलकुल नहीं। इसी तरह मुझे लगता है कि हिन्दुओं के तौर पर हिन्दुओं का भी कोई भविष्य नहीं, पारसी होने के नाते पारसियों और इसी तरह दूसरों का भी कोई भविष्य मुझे दिखाई नहीं देता। हमारी साम्प्रदायिक, धार्मिक और जातीय पहचान के साझी नागरिकता में विलय से ही हमारे मुल्क की साम्प्रदायिकता के अभिशाप से मुक्ति सम्भव है।

मुसलमानों के लिए सबसे बेहतर तरीक़ा यही है कि वे ख़ुद के मुसलमान होने के बारे में सोचना बन्द करें और ख़ुद को हिन्दुस्तानी मानें, एक इनसान की तरह सोचना शुरू करें, कामगार, किसान, विद्यार्थी, दस्तकार, ट्राम कंडक्टर या बस ड्राइवर के तौर पर या फिर उनका जो भी पेशा हो, उसके नज़रिये से सोचें। ख़ुदमुख़्तार इनसान के तौर पर यही सोच भविष्य में उनकी सबसे मज़बूत ढाल साबित होगी।

कुछ अरसे के लिए हिन्दुस्तान में इस्लाम की सामाजिक और सांस्कृतिक प्रतिष्ठा क्षीण ज़रूर होगी। मगर यह अपरिहार्य है और इसकी वजह ख़ुद मुस्लिमों के पाकिस्तान के अलगाववादी नारों का विचारहीन समर्थन है।

एक साझा मुल्क में साझी संस्कृति के विकास में मुसलमानों ने पर्याप्त और विशिष्ट योगदान किया है। सिर्फ़ उर्दू ही नहीं, गुजराती, मराठी और बंगाली ज़बानों पर भी इस्लाम का असर इस बात का सबूत है, इसी तरह पहनावे और दूसरी समाजी रवायतों में भी यह असर साफ़ दिखाई देता है।

बहुसंख्य मुसलमानों के अलग मुस्लिम राष्ट्र के तौर पर पाकिस्तान बनाने की ज़िद ने इस साझी संस्कृति का ज़बरदस्त नुक़सान किया है। ख़ुद उनके कट्टरवाद के उकसावे से ही हिन्दू कट्टरवाद को नई ज़िन्दगी मिली है। इन दिनों यह जुमला आम हुआ है कि 'पाकिस्तान अगर मुस्लिम राष्ट्र बनेगा तो फिर भारत हिन्दू राष्ट्र रहेगा।'

यह दौर भी गुज़र जाएगा। भला हो नेहरू-गांधी और कांग्रेस के ग़ैर-साम्प्रदायिक विचारों के असर का और प्रगतिशील सोच वाले राजनीतिक दलों का, जिनकी बदौलत 'हिन्दू राष्ट्र' का विचार थोड़े से कट्टरपंथी और अन्धराष्ट्रवादियों के नारों तक ही सीमित रहेगा। लेकिन मुसलमानों को भी अपने हिस्से के आर्थिक, सामाजिक और सांस्कृतिक विशेषाधिकार खोने की स्थिति से सामंजस्य बैठाना होगा, ऐसे विशेषाधिकार जो लम्बे समय से उनके व्यवहार में रहे, कुछ तो इसलिए कि मुग़लों ने सदियों तक बादशाहत की और कुछ हिन्दुओं के प्रति अपनी पुरानी मेहरबानियों को सन्तुलित करने की अंग्रेज़ों की इनायत के चलते। ऐसे विशेषाधिकार तो ख़त्म होंगे और उन्हें ख़त्म हो भी जाना चाहिए। ऐसा नहीं हो सकता कि आप अपने हिस्से की मिठाई पा जाएँ और दूसरे का हिस्सा भी उड़ाते रहें। आप पाकिस्तान ले लें और हिन्दुस्तान में भी ख़ास दर्ज़े की उम्मीद करें, ऐसे तो नहीं चलेगा।

एक व्यक्ति और एक नागरिक के तौर पर तरक़्क़ी और आत्म-अभिव्यक्ति की उम्मीद करनेवाले मुसलमानों का भविष्य गांधी जी और पंडित नेहरू के साथ देश की तरक़्क़ीपसन्द ताक़तों के साथ खड़े होने में है। उनका भविष्य समाजवादियों और साम्यवादियों और मज़दूर संगठनों और किसान सभाओं का साथ देने में है। मुस्लिमों की पहचान वाले किसी मुस्लिम संगठन को बनाए रखने की कोशिश घातक होगी। इससे हिन्दू कट्टरपंथियों और हिन्दू साम्राज्यवादियों के साम्प्रदायिक विचारों को मज़बूती मिलेगी।

तो क्या मुसलमान अब भी यह जान पाएँगे कि मुस्लिम लीग ने उन्हें ले जाकर जहाँ खड़ा कर दिया, वह बन्द गली का रास्ता है और वापस अपने क़दमों की शिनाख़्त करके राष्ट्रीय विकास के रास्ते पर क़दमताल कर रहे हिन्दुस्तानियों में फिर से शामिल होंगे?

वफ़ादारी का सवाल इन दिनों ख़ासा चर्चा में है, जिसका आशय यह है हिन्दुस्तानी नागरिक समझे जाने या फिर अपनी जान-माल की हिफ़ाज़त का भरोसा हासिल करने से पहले मुसलमानों को अपनी निष्ठा साबित करना ज़रूरी है।

यह कहना बिलकुल सही और मुनासिब भी है कि अगर किसी की वफ़ादारी हिन्दुस्तान के बजाय पाकिस्तान के लिए है तो उसे वहीं चले जाना चाहिए। ऐसे लोगों को देर-सबेर जाना ही होगा। और यहाँ रहते हुए अगर बाद में वे ग़द्दार साबित होते हैं तो सज़ा के हक़दार होंगे।

मगर निष्ठा की ऐसी किसी कसौटी पर आँख मूँदकर भरोसा करना और इसकी आड़ में हिन्दू क़ौमपरस्ती के प्रचार, अपनी वफ़ादारी साबित कर चुके राष्ट्रवादी मुसलमानों के ख़िलाफ़ दुष्प्रचार और मुसलमानों पर अत्याचार और उनसे गुंडागर्दी के बचाव को भी राष्ट्रवाद नहीं कहा जा सकता। यह तो पाकिस्तान की तरह के घटिया बरताव की बेशर्म नक़ल है।

सरकार को इख़्तियार है कि वह हर नागरिक से वफ़ादारी की उम्मीद रखे। यह धर्मनिरपेक्ष मुल्क है और बँटवारे के पाकिस्तानी आदर्शों में अब भी यक़ीन रखनेवाले किसी मुस्लिम लीगी के लिए यहाँ कोई जगह नहीं है। लेकिन इसी तरह हिन्दू राज के समर्थकों के लिए भी यहाँ कोई जगह नहीं है। यह लोकतंत्र है, जहाँ न तो हैदराबाद के निज़ाम होंगे और न ही कश्मीर के महाराजा। इसे लोकतंत्र पर ज़ोर देना चाहिए ताकि हर राज्य में जनता का शासन हो चाहे उसके शासक हिन्दू हों या मुसलमान। यह आज़ादी के दीवाने हिन्दुस्तानियों के बलिदान से हासिल लोकतंत्र है, जिसमें बरतानी हुकूमत के क़दमबोस और ख़ुशामदी ग़ुलामों की कोई जगह नहीं होनी चाहिए।

निष्ठा-परीक्षण निस्सन्देह होना चाहिए मगर सिर्फ़ मुस्लिम लीगियों का नहीं बल्कि सब तरह के प्रतिक्रियावादियों का, उन सभी का जो आज़ादी और जम्हूरियत और तरक़्क़ी के दुश्मन हैं!

—मार्च, 1948

अनुवाद : **प्रभात सिंह**

राष्ट्र और राष्ट्रीयता परिभाषित

जयप्रकाश नारायण युवावस्था में मार्क्सवादी थे जो बाद में समाजवादी के रूप में तब्दील हुए और अन्त में सम्पूर्ण क्रान्ति की बात करने लगे। उन्होंने अपने कई लेखों में राष्ट्र और राष्ट्रवाद को परिभाषित किया है। जेपी बहुलतावाद में विश्वास करते थे जिनका मानना था कि सम्मान की बातें सिर्फ़ ताक़तवरों से ही पूछी जानी चाहिए। उनकी यह प्रतिबद्धता हर उस समय ज़रूर दिखती है जब वह कहीं भी विचारधारा या राजनीतिक कार्यकर्ता के रूप में बात कर रहे होते हैं। जेपी इस बात को लेकर आश्वस्त थे कि 'राष्ट्रीय स्वतंत्रता आन्दोलन के लिए चल रहे लम्बे संघर्ष से ही एक एकल, समग्र, ग़ैर-राष्ट्रवादी भारतीय राष्ट्रवाद की स्पष्ट अवधारणा उभरेगी।' जो लोग विभाजनकारी और साम्प्रदायिक राष्ट्रवाद, चाहे वह हिन्दू राष्ट्रवाद हो या फिर इस्लामिक राष्ट्रवाद हो, की बात कर रहे हैं—वे स्वतंत्रता संग्राम के दौरान विकसित इस राष्ट्रवाद से अपने आप बाहर हो जाएँगे। यह शत्रुतापूर्ण और विचलित करनेवाला राष्ट्रवाद, जिसके बारे में हम जो भी देख-सुन रहे हैं, वह स्वतंत्रता संग्राम के सिद्धान्तों और उन लोगों के विश्वास के ख़िलाफ़ है जो इसे गढ़ रहे थे।

हमें इस बात पर ज़ोर देकर समझना होगा कि जेपी सिर्फ़ आपातकाल के ख़िलाफ़ लड़नेवाले योद्धा से आगे भी बहुत कुछ थे। वास्तव में वह उनकी आख़िरी राजनीतिक लड़ाई थी जहाँ उन्होंने इंदिरा गांधी के ख़िलाफ़ लड़नेवाले तमाम विरोधियों को एक जगह इकट्ठा करने में धुरी की भूमिका निभाई थी।

उनके आरएसएस के बारे में खुले विचार थे और यहाँ तक कि वह आरएसएस को साम्प्रदायिक और फासीवादी भी नहीं मानते थे। अपनी इस राय पर वे अडिग ही रहे। हालाँकि जल्द ही वह इससे निराश हो गए थे और उन्होंने आरएसएस को सलाह दी कि वह 'ख़ुद को भंग कर ले और अपने को जनता पार्टी के युवा और सांस्कृतिक संगठनों के साथ विलय' कर ले और इसमें मुसलमानों, ईसाइयों और अन्य समुदायों को भी शामिल करे। उन्होंने आशा व्यक्त की कि आरएसएस 'हिन्दू राष्ट्र की अवधारणा को त्याग कर भारतीय राष्ट्र की अवधारणा को अपनाएगा, जो एक धर्मनिरपेक्ष अवधारणा है और भारत में रहनेवाले सभी समुदायों को आत्मसात् करती है।'

वर्तमान पीढ़ी के बहुसंख्य लोग उन्हें सिर्फ़ आपातकाल के ख़िलाफ़ एक लड़ाकू योद्धा के रूप में जानते हैं, एक विचारक के रूप में नहीं, जिन्होंने राष्ट्र और राष्ट्रवाद पर बहुत ही अलग तरह से विचार किया था। यहाँ उनके तीन लेखों को शामिल किया गया है जिनमें 1950 और 60 के दशक में उनकी बौद्धिक रचनात्मकता के सबसे गहन दौर का पता मिलता है।

जयप्रकाश नारायण

राष्ट्र की उत्पत्ति

यदि राष्ट्र बनने की अहमियत इतनी ज़्यादा है तो हम राष्ट्रवाद जैसी अद्‌भुत चीज़ पर पैनी नज़र डालने को मजबूर होते हैं। सबसे पहले यह स्पष्ट करना ज़रूरी है कि राष्ट्र क्या है, इसको सटीक तरीक़े से परिभाषित करना काफ़ी मुश्किल है। इस शब्द का एक लम्बा इतिहास है और इसके अभिप्राय के बनने में काफ़ी समय लगा है। मैं फ्रेडरिक हट्‌र्ज की 'नेशनलिटी इन हिस्ट्री एंड पॉलिटिक्स' (लन्दन, 1957) से प्रभावित हूँ। जिससे मुझे कुछ मदद मिली।

मूल रूप से नेशियो (natio) का मतलब एक पिछड़ा क़बीला है। मिस्र और रोम जैसे सभ्य लोगों ने अपने आपको जेन्स (gens) या पॉपुलस (populus) बताया। मध्य युग की शुरुआत में नेशन शब्द का इस्तेमाल जर्मनी और फ्रांस में वोल्क (volk) या पीयूपल (peuple) के ख़िलाफ़ उच्च सत्ताधारी लोगों को इंगित करने के लिए किया गया। पूर्व के समय में एक आयरिश क़बीले के सरदार (chieftain) को उसके राष्ट्र का कैप्टन कहा गया। धीरे-धीरे पश्चिमी प्रयोगों में इस शब्द का मतलब निकलकर सामने आया। सामान्य तौर पर इसका इस्तेमाल एक स्वतंत्र, स्वशासित जनता या एक राज्य की जनता के लिए किया गया।

जैसी परिभाषा हम आगे देखेंगे वो पूरी तरह से संतोषजनक नहीं होगी क्योंकि कई राज्य विभिन्न राष्ट्रों या राष्ट्रीयता से बने हैं। उदाहरण के लिए स्कॉट और वेल्श अपने आपको राष्ट्र मानते हैं लेकिन वे एक ही राज्य इंग्लैंड के साथ रहते हैं। सोवियत रूस राज्य में 70 से अधिक राष्ट्रीयताएँ हैं।

आधुनिक राष्ट्र की उत्पत्ति

हमारे देश के विस्तृत इतिहास में ऐसा कोई शब्द या अवधारणा नहीं मिलती जो राष्ट्रीयता के आधुनिक विचार से मेल खाती हो और इस कारण मैं दूसरे बिन्दु पर

आता हूँ। मैं आधुनिक राष्ट्र के बारे में अपनी बात कहना चाहता हूँ कि दुनिया का कोई भी इतिहास हो, लेकिन आधुनिक सन्दर्भ में राष्ट्र अपेक्षाकृत एक नई उत्पत्ति है।

हट्र्ज ने राष्ट्रीयता के बारे में जो शुरुआती गुण लिखे हैं। हो सकता है कि वो मानवता जितने पुराने हों। लेकिन 'ज़्यादा जटिल चीज़ें धीरे-धीरे विभिन्न समय-काल में आईं।' वैसे तो आज जिस रूप में हम राष्ट्रीयता को जानते हैं उसकी उत्पत्ति कब हुई इस बारे में स्पष्ट तौर पर कुछ नहीं कहा जा सकता। लेकिन ऐसा कहना ग़लत नहीं होगा कि आधी 18वीं सदी पार कर जाने के बाद इसकी शुरुआत हुई। 19वीं सदी को राष्ट्रवाद की सदी कहा जा सकता है।

मानव इतिहास में इस नये बदलाव की भावना का केन्द्र पश्चिमी यूरोप था। वहाँ ऐसा क्यों हुआ इस बारे में बहुत स्पष्टता नहीं है। अभी के लिए इतना ही कहना पर्याप्त होगा कि मानव समाज को आधुनिक राष्ट्र को जन्म देने के लिए सभ्यता के उच्च स्तर तक पहुँचने जैसा कुछ नहीं था। एक बार फिर हट्र्ज को उद्धृत करता हूँ : 'भारत, चीन और इस्लामिक लोग महान और अपेक्षाकृत एक समान सभ्यता लेकर आए। लेकिन आधुनिक राष्ट्रवाद का विचार उनके लिए तब तक अजनबी था जब तक कि वे यूरोपीय विचारों से अवगत नहीं हुए।' हट्र्ज कहते हैं 'ख़ुद यूरोप के प्राचीन ग्रीस या मध्यकालीन इटली और जर्मनी में अत्यन्त उच्च सभ्यता होने के बावजूद वहाँ के विभिन्न लोग विभाजित थे। और उनके बीच बमुश्किल कोई राष्ट्रीय एकजुटता थी। व्यापक स्तर पर देखें तो एक उच्च स्तर की सभ्यता राष्ट्रीय एकता के प्रतिकूल थी। एथेंस, फ्लोरेंस और न्यूरेम्बर्ग अपनी-अपनी उपलब्धियों पर गुमान करते थे और अन्य शहरों के अपने पिछड़े नाते-रिश्तेदारों की ओर नीची निगाह से देखते थे...इतिहास दिखाता है कि सभ्यता के विकास के साथ राष्ट्रीय भावना का कमज़ोर पड़ना अकसर जुड़ा हुआ रहा।'

राष्ट्र की उत्पत्ति

यदि सभ्यता के विकास ने आधुनिक राष्ट्रों को नहीं बनाया तो फिर वो कौन-सी ताक़तें थीं जिनसे यह उत्पन्न हुए? मैं अभी इस सवाल की पड़ताल करूँगा। एक पल के लिए दिमाग़ में ये रखना सहायक होगा कि एक राष्ट्र होने के लिए यह ज़रूरी नहीं है कि बहुत सभ्य हुआ जाए। ये भी ध्यान में रखना होगा कि सभ्यता का अन्त अपने आपमें निहित है जबकि राष्ट्रवाद किसी ध्येय का केवल साधन हो सकता है।

अब मुझे आपके साथ आधुनिक राष्ट्रवाद के कुछ समान गुणों पर विचार करना चाहिए और उन्हें अपने राष्ट्र पर लागू करना चाहिए। विद्वानों ने क़ानून और सामाजिक या राजनीतिक राष्ट्रवाद या राष्ट्रीयता के बीच भेद किया है। पहला

राष्ट्रवाद का वस्तुनिष्ठ और दूसरा व्यक्तिनिष्ठ पहलू है। क़ानूनी या वस्तुनिष्ठ रूप से विचार करें तो एक राष्ट्र में तीन ज़रूरी गुण होते हैं : (क) एक बेहतर परिभाषित सीमा, जिसे वो अपना कह सके; (ख) एक समान राज्य का प्रतिनिधित्व करनेवाली एक राजनीतिक एकता, जिससे सभी नागरिक वफ़ादारी जताएँ; (ग) एक अलग और सम्प्रभु राष्ट्र के रूप में अन्य राष्ट्रों और अन्तरराष्ट्रीय क़ानूनों द्वारा मान्यता। क़ानूनी रूप से परिभाषित एक राष्ट्र कई अन्य राष्ट्रों का समुच्चय हो सकता है, जो किसी-न-किसी रूप में एक-दूसरे से अलग हों, लेकिन इच्छापूर्वक एक साझा राज्य को स्वीकार करते हों।

राष्ट्र और राज्य

कैसे एक राष्ट्र एक निश्चित सीमा से और इसके बाद एक समरूपी राज्य से जुड़ता है—यह कई जटिल कारकों पर निर्भर करता है जिनमें इतिहास की घटनाएँ और नेतृत्व के स्तर पर घटित घटनाएँ शामिल होती हैं। हमारे राष्ट्र के सन्दर्भ में ये प्रक्रिया बेहतर तरीक़े से रेखांकित है। इस प्रक्रिया के एक मूल्यांकन से बँटवारे के परिणामस्वरूप इस देश के तमाम लोगों में घर कर चुके एक मनोविकार से निकलने में सहायता मिल सकती है।

सबसे पहले हमें ख़ुद को याद दिलाने की ज़रूरत है कि ब्रिटिश शासन का सामना होने से पहले हम आधुनिक सन्दर्भ में कभी एक राष्ट्र नहीं थे। निस्सन्देह एक अवर्णनीय एकता थी जिसे हमारे पूर्वज साझा करते थे। यहाँ तक कि एक भारत या भारतवर्ष की धरती के रूप में भू-भाग की अवधारणा भी थी जो उत्तर में हिमालय से लेकर दक्षिण में समुद्र तक थी। लेकिन जैसा कि रवीन्द्रनाथ ने अर्थपूर्ण ढंग से कहा है कि यह एकता की भावना राष्ट्रवादी भावना के अनुरूप नहीं थी। लेकिन इनके बीच आध्यात्मिक और सांस्कृतिक भावना थी जो जीवन के एक समान दर्शन पर आधारित थी। इसे टैगोर ने 'एकता की भावना' करार दिया है। इसके बीच सामाजिक जीवन में एक तरह की समानता भी दिखती थी।

जब पूरे देश में चारों तरफ़ ब्रिटिश शासन की स्थापना हो गई तब जाकर भारत राजनीतिक रूप से एक शासन के अधीन एकजुट हो सका। हालाँकि राजनीतिक एकता को उनके ऊपर थोपा गया और इतने भर से राष्ट्रवाद का जन्म नहीं होता। इस थोपे गए शासन के विरोध की प्रक्रिया में भारतीय राष्ट्रीयता का जन्म हुआ।

यहाँ एक रोचक बात की चर्चा की जा सकती है कि यदि ग्रेट ब्रिटेन ने भारत को एक राष्ट्र के रूप में नहीं बदला होता तो क्या ब्रिटिश शासन के प्रति वैसी ही प्रतिक्रिया होती जिसे आधुनिक सन्दर्भ में राष्ट्रवादी कहा जा रहा है। क्या ऐसा सोचना उचित नहीं होगा कि यदि एलिजाबेथ के इंग्लैंड ने पूरे भारत पर विजय हासिल की

होती तो उसका विरोध—वह सफल होता या असफल—आधुनिक राष्ट्रवादी तरीक़े से नहीं पारम्परिक वंशवादी तर्ज़ पर होता।

द्विराष्ट्र सिद्धान्त

जो भी हो, भारतीय राष्ट्रवाद आक्रामक ब्रिटिश राष्ट्रवाद की प्रतिक्रिया में बढ़ा। लेकिन दुर्भाग्यवश यह इतना मज़बूत नहीं था कि वह भारत के सभी लोगों को एक राष्ट्रीयता के अधीन मनोवैज्ञानिक रूप से बाँधकर एक साथ रख सके। इसका परिणाम यह हुआ कि आज़ादी की क़रीब-क़रीब पूर्व संध्या पर राष्ट्रीयता की नई अवधारणा उभरकर सामने आई जिसने पहले की धरणा को गम्भीर रूप से चुनौती दी। हम सभी भरे दिल से द्विराष्ट्र और एक राष्ट्र के सिद्धान्तों के बीच दुःखद टकराव को याद करते हैं। द्विराष्ट्र के सिद्धान्त के बारे में निस्सन्देह रूप से ग़लत तरीक़े से सोचा और विचार किया गया था क्योंकि यदि राष्ट्र की उत्पत्ति और विकास के इतिहास कुछ साबित करते हैं तो वह ये केवल धर्म कभी भी राष्ट्रीयता को तय नहीं करता।

हालाँकि कई कारकों का एक षड्यंत्र रचा गया और भारत का बँटवारा कर दिया गया। लेकिन द्विराष्ट्र के सिद्धान्त को सवालों से परे नहीं कहा जा सकता। इस सिद्धान्त ने दावा किया कि हिन्दू और मुस्लिम दो अलग-अलग राष्ट्र हैं जिनको निश्चित रूप से अपने-अपने सम्प्रभु राष्ट्र-राज्य में अलग-अलग रहना होगा। लेकिन इन तथाकथित राष्ट्रों की एक बड़ी आबादी बँटवारे के बाद एक-दूसरे के क्षेत्र में रह गई। गम्भीर रूप से सोचें तो भारत का बँटवारा उस बेकार के यंत्र की तरह था जिसने कुछ भी ठीक नहीं किया और न ही किसी को सन्तुष्ट किया। अगर हम उस तबाही को देखें तो बँटवारे के बाद जो दुर्दशा और पीड़ा, नैतिक गिरावट और अपमान सहना पड़ा उसको देखकर कहा जा सकता है कि यह एक ऐतिहासिक मूर्खता थी।

हालाँकि, यहाँ पर मैंने जो सवाल उठाए हैं वे ऐतिहासिक तथ्य को लेकर विलाप करने के लिए नहीं हैं। मेरा उद्देश्य यह दिखाना है कि कैसे इतिहास का एक मोड़ राष्ट्रीय सीमा के परिसीमन के लिए ज़िम्मेदार हो सकता है और कैसे इस बारे में कुछ भी अचल या अटल नहीं है। यह समझा जा सकता है कि बँटवारे को टाला जा सकता था। ऐसा सभी पक्षों की मर्ज़ी से किया जा सकता था। आज जहाँ दो राष्ट्र हैं वहाँ केवल एक राष्ट्र होता।

राष्ट्र-निर्माण में इतिहास की घटनाओं की प्रशंसा की जा सकती है। यहाँ तक कि इतिहास की भूमिका और बेहतर होती यदि हम यह सोचें कि क्या होता अगर ब्रिटेन या अन्य विदेशी राष्ट्र कभी भी भारत पर अपनी सत्ता स्थापित नहीं कर पाए होते और बलपूर्वक देश को एकजुट नहीं कर पाए होते। मुग़ल शासक, जो कई मामलों में कभी भी पूरे भारत पर सत्ता स्थापित नहीं कर पाए, उनका साम्राज्य बिखर

रहा था। मराठे, सिख, राजपूत, टीपू सुल्तान और अन्य लोग अपनी आधिपत्य के लिए संघर्षरत थे।

क्या यह किसी भरोसे के साथ कहा जा सकता है कि भारत एक ही राष्ट्र राज्य होता या किसी भी कीमत पर दो से अधिक राष्ट्र नहीं होता? जो लोग भावनात्मक रूप से अविभाजित भारत के बारे में बात करते हैं, उनको इस सवाल पर गम्भीरता से सोचना चाहिए और इस तथ्य को भी नहीं भूलना चाहिए कि अतीत के राजनीतिक बँटवारे और सत्ता के लिए संघर्ष विरले ही साम्प्रदायिक या धार्मिक आधार पर हुए। यह सच है कि उस वक़्त हिन्दू समाज में एक सांस्कृतिक एकता थी! यह भी सचाई है कि हिन्दुओं और मुस्लिमों के जीवन जीने के तरीक़े में एक तरह की एकरूपता थी। लेकिन पश्चिमी यूरोप का इतिहास यह दिखाता है कि यह ज़रूरी नहीं है कि सांस्कृतिक एकता ही किसी एकल राष्ट्र राज्य को बनाती हों। इसलिए किसी भरोसे के साथ यह कहना मुश्किल है कि अगर ब्रिटिश पूरे भारत को एक शासन के अधीन नहीं लाए होते तो क्या होता। यह मानना कि अविभाजित भारत एक कमतर सम्भावना होती, एक बुद्धिमानी भरा अनुभव है। यह सोच उन लोगों को दिलासा दिलाती है जो अब भी दिल से बँटवारे को नहीं स्वीकारते और यह मानते हैं कि इसको पलटना उनका राष्ट्रीय कर्तव्य है।

मैं और आगे बढ़ूँगा और कहूँगा कि इस विचार से उस मनोविकार को ठीक करने में सहायता मिलेगी, जिसके बारे में मैं पहले ही कह चुका हूँ। वो मनोविकार है मौजूदा समय में भारतीय दिमाग़ की छिपी हुई बीमारी जिसमें दर्द, नाराज़गी और कुंठा भरे हुए हैं और इन्हीं विकारों के कारण देश का बँटवारा हुआ। अगर हम अपने इतिहास के बारे में एक स्वस्थ और वास्तविक दृष्टिकोण अपनाएँ और इसके सच्चे सन्देश व अहमियत को समझें तो इस दर्द, नाराज़गी और कुंठा को दूर किया जा सकता है।

राष्ट्र का सार

अब मैं राष्ट्रीयता की विशेषताओं की चर्चा करता हूँ। अनुभवों से पता चलता है कि क़ानूनी राष्ट्रीयता पर्याप्त नहीं है। एक राष्ट्र के पास सम्भव है कि अपना राज्य और अच्छी तरह परिभाषित एक भू-भाग हो, लेकिन इसके बावजूद उसमें राष्ट्रीयता के तत्त्वों का अभाव हो। राष्ट्रीयता के तत्त्व को आगे राष्ट्रीय चेतना या राष्ट्रीय भावना के रूप में परिभाषित किया जा सकता है। हट्र्ज कहते हैं कि 'पर्याप्त चेतना के बिना कोई राष्ट्र नहीं हो सकता।' जब हम अपने देश में राष्ट्रीय एकीकरण की बात करते हैं तो सूक्ष्म रूप में इसका मतलब राष्ट्रीयता की इस चेतना को बढ़ावा देना है।

लेकिन यह चेतना या संवेदना अत्यन्त ही मायावी चीज़ है और किस व्यक्ति के अन्दर किस स्तर की ये चीज़ें हैं उसे पकड़ पाना बहुत मुश्किल होता है। यह विभिन्न प्रकार के ऐतिहासिक अनुभवों का एक परिणाम है जो सभी राष्ट्रों के साथ एक जैसा कभी-कभार होता है। इसलिए इस बारे में कोई मान्य सुझाव देना कठिन है कि कैसे राष्ट्रीय चेतना को जागृत किया जाए। यहाँ इस सवाल पर हट्र्ज को उद्धृत करना मज़ेदार होगा। हट्र्ज ने इस सवाल पर दो ख़ास यूरोपियनों के दो विचारों का ज़िक्र किया है। जॉन स्टुअर्ट मिल राष्ट्रीयता के सार को इसके अनुयायियों की आपसी संवेदना और उनकी अपनी एक सरकार के अधीन रहने की चाहत में निहित बताते हैं। ऐसा इतिहास और राजनीतिक समुदाय के ज़रिये और गर्व व शर्म, ख़ुशी व गम के ज़रिये होता है। ये चीज़ें अतीत के अनुभवों से जुड़ी होती हैं। जाने-माने फ्रांसीसी दार्शनिक और 'लाइफ़ ऑफ़ जीसस' किताब के लेखक एर्नेस्ट रेनान के अनुसार, 'जाति, धर्म, भाषा, राज्य, सभ्यता या आर्थिक हित एक राष्ट्र नहीं बनाते हैं। उनके अनुसार राष्ट्र का विचार वीरता से भरे अतीत, महान लोगों और सच्चे वैभव पर आधारित है। साझा अनुभव एक जैसी चाहत वाले समुदाय का निर्माण करती है। किसी भी चीज़ से अधिक, जीत से ज़्यादा साझा दुख, एक राष्ट्र को एकजुट रखता है। इसलिए एक राष्ट्र एक महान एकजुटता है, जिसकी स्थापना पूर्व में दिए गए बलिदान की चेतना और भविष्य में बेहतर करने की इच्छा के आधार पर होती है। एक राष्ट्र का अस्तित्व एक जनमत संग्रह के सदृश है, जिसे हर रोज़ दोहराया जाता है।'

ये सब ज्ञान की बातें हैं, लेकिन ये मामले की जटिलता को भी दिखाती हैं। हमारे लम्बे इतिहास को देखें तो अनुभव की विशाल सम्पदा यहाँ संचित है। हमने काफ़ी ख़ुशी और दु:ख, गर्व और अपमान देखे हैं। लेकिन स्पष्ट रूप से देखें तो ये चीज़ें हमारे अन्दर राष्ट्रीयता की चेतना जागृत करने के लिए पर्याप्त नहीं थीं। अगर ऐसा हुआ होता तो आज राष्ट्रीय एकीकरण के सवाल पर इतनी चिन्ता नहीं व्यक्त की जाती। सच्चाई यह है कि हमारे समुदायों के अनुभव में कुछ ऐसे तत्त्व थे जो एकीकरण में बाधक थे। यहाँ तक कि इसने वास्तविक रूप से अलगाव को बढ़ावा दिया जैसा कि हमने बँटवारे के समय देखा। इससे भी आगे बढ़ें तो दु:ख या महिमा साझा करने के बावजूद चीज़ें सुचारु नहीं हो सकीं।

राष्ट्रीय चेतना : मूल अवयव

राष्ट्रीय चेतना के विकास के सवाल पर मैं आगे बढ़ूँ, इससे पहले मैं राष्ट्रीय एकीकरण के लिए सबसे ज़रूरी शर्त पर चर्चा चाहता हूँ। मैं इस सवाल को पलट देना चाहता हूँ। इसे इस तरह पूछा जाना चाहिए कि वे कौन-कौन से ऐतिहासिक

तथ्य थे जो आधुनिक राष्ट्र को अस्तित्व में लाये? अब राष्ट्रवाद एक वैश्विक परिघटना है और हम देखते हैं कि हमारी आँखों के सामने राष्ट्र जन्म ले रहे हैं। जैसा कि अफ्रीका में हो रहा है। ये एक ही प्रक्रिया या तरीक़े से नहीं बन रहे हैं, लेकिन ये अस्तित्व में आ गए हैं।

मोटे तौर पर कहा जाए तो मौजूदा राष्ट्रों को दो श्रेणियों में बाँटा जा सकता है। पहली श्रेणी में वे हैं जो एक स्वायत्त तरीक़े से राष्ट्र बने। यानी ये उन शक्तियों के कारण बने जो उनकी अपनी ज़मीन पर पैदा हुई थीं। इन्हें सम्भवत: मूल राष्ट्र कहा जा सकता है। दूसरी श्रेणी में वे हैं जो मूल राष्ट्र की प्रतिक्रियास्वरूप बने हैं। ये प्रतिक्रिया भी दो तरह की है क्योंकि ये दो अलग-अलग परिस्थितियों में पैदा हुईं।

पुराने सामन्ती साम्राज्य जैसे हैप्स-बर्ग्स और जार—में सत्ताधारी राजवंश अपने आधिपत्य के अधीन अलग-अलग लोगों को रखते थे, जिसका प्रतिबिम्ब राष्ट्रीय चेतना के उभार के रूप में सामने आया और जिसने आगे चलकर राष्ट्रीय आज़ादी की माँग रखी। दूसरी तरह की प्रतिक्रिया औपनिवेशिक लोगों में जागृत हुई। निश्चित रूप से इस प्रतिक्रिया के फलीभूत होने में समय लगा क्योंकि सामन्ती और आदिम समाज में राष्ट्रीय भावना के जन्म लेने से पहले ज़रूरी परिस्थितियों का निर्माण होना था।

मैं जिस बिन्दु पर ज़ोर देना चाहता हूँ वो यह है कि पुराने सामन्ती और नये औपनिवेशिक दोनों साम्राज्यों में तब तक राष्ट्रवाद का विकास सम्भव नहीं हो सका जब तक कि आधुनिक राष्ट्र और राष्ट्र-राज्य की नई घटनाओं ने मूर्त रूप नहीं ले लिया। मैं यह सुझाव नहीं दे रहा हूँ कि इससे पहले विजय और अधीनता को लेकर कोई प्रतिक्रिया ही नहीं होती थी। मेरा कहना यह है कि पुराने समय में होनेवाली प्रतिक्रिया राजवंश के विरोध के परम्परागत तरीक़े या केवल लोगों के स्तर पर होती थी, आधुनिक सन्दर्भ में राष्ट्र के स्तर पर नहीं। आधुनिक सन्दर्भ में राष्ट्र से आशय विजेता या शोषक के ख़िलाफ़ विद्रोह से है।

क्रान्तिकारी बदलाव

अब सवाल यह है कि मूलत: कैसे आधुनिक राष्ट्रवाद का अस्तित्व सामने आया? मेरे हिसाब से ऐसा पश्चिमी यूरोप में हुए दो क्रान्तिकारी बदलावों के कारण हुआ : पहला, फ्रांस की क्रान्ति और दूसरा औद्योगिक क्रान्ति। फ्रांस और इंग्लैंड स्वाभाविक रूप से आधुनिक राष्ट्रवाद के मूल मॉडल बन गए। फ्रांसीसी क्रान्ति मूल रूप से एक सामाजिक क्रान्ति थी, जबकि औद्योगिक क्रान्ति की प्रकृति मुख्यत: वैज्ञानिक और तकनीकी थी। आधुनिक राष्ट्र-राज्य के लिए पहले ने यानी फ्रांसीसी क्रान्ति ने राजनीतिक आधार तय किया और दूसरे यानी औद्योगिक क्रान्ति ने आर्थिक ढाँचा तैयार किया।

फ्रांसीसी क्रान्ति ने दो क्रान्तिकारी चुनौतियों को पूरा किया। इसने शक्ति और सम्प्रभुता के पुराने विचार को पूरी तरह से बदल दिया और निर्णायक वर्ग में नाटकीय रूप से नये क्रान्तिकारी विचारों को समाहित किया। फ्रांस की क्रान्ति तक यूरोप में यह स्वीकार्य विचार था कि सत्ता और सम्प्रभुता दोनों राज के अधीन होती हैं। उस तरह के राजनीतिक विचार और व्यवस्था में आधुनिक राष्ट्रवाद जन्म लेता, ऐसा सम्भव ही नहीं था।

राजा और कुलीन वर्ग जो अपने रजवाड़ों और रियासतों पर राज करते थे, उनकी संवेदनशीलता और दृष्टि विश्वबन्धुत्व वाली थी, जैसा कि एली केडॉरी (Elie Kedourie) ने अपनी किताब 'नेशनलिज़्म' (लन्दन 1960) में कहा है। हालाँकि वे हमेशा आपस में लड़ते रहते थे। इसके बावजूद वे एक-दूसरे से शादी और परम्परागत सामन्तवाद के ज़रिये बँधे हुए थे। जिन लोगों पर ये राजा राज करते थे उन्हें रोज़ाना की राजनीति से दूर रखा जाता था। इस तरह वे पूरी तरह से ग़ैरराजनीतिक हो जाते थे और इसीलिए वे राष्ट्रीय चेतना को जागृत या हासिल नहीं कर सकते थे, जो एक राजनीतिक संवेदना है।

फ्रांसीसी क्रान्ति ने इन सभी चीज़ों को पूरी तरह बदल दिया। इसने स्थापित किया कि शक्ति और सम्प्रभुता जनता में होती है और जनता से हासिल की जाती है। इससे भी ज़्यादा अहम यह कि इसने यह दिखाया कि जनता अपनी सम्प्रभुता जता सकती है और राजा को उखाड़ फेंकने के साथ सत्ता पर ख़ुद बैठ सकती है। इस तरह जनता राजनीति के बवंडर में घुस गई और राज्य से क़रीबी रूप से जुड़ गई। इस मोड़ पर सामन्ती राज्य, एक राष्ट्र-राज्य और जनता, एक आधुनिक राष्ट्र में परिवर्तित होने लगे। वाणिज्यिक और औद्योगिक क्रान्तियों ने एक साथ जिन आर्थिक ताक़तों को गति प्रदान की, उन्होंने इस पूरी प्रक्रिया को पूरा किया। निश्चित रूप से राजनीतिक क्रान्ति में इसका कम योगदान नहीं था। यहाँ यह उल्लिखित करना ज़रूरी है कि आर्थिक और राजनीतिक ताक़तों ने एक साथ काम किया और एक-दूसरे को प्रतिक्रिया दी। इसे केवल विश्लेषण के उद्‌देश्य से अलग-अलग किया जा सकता है।

मध्यवर्ग का उभार

औद्योगिक क्रान्ति ने एक ठीक-ठाक बड़े मध्यवर्ग का निर्माण किया जो अपने आर्थिक हितों की रक्षा और उन्हें बढ़ाने के लिए प्रत्यक्ष या परोक्ष रूप से स्थापित राज्य का इस्तेमाल करना ज़रूरी मानता था। इसने आगे राज्य से लोगों के लगाव को और मज़बूत किया। ऐसा जल्द ही पाया गया कि नये औद्योगिक सह वाणिज्यिक वर्ग के आर्थिक हित अन्य राज्यों और उनके लोगों से विशिष्ट हैं। सामन्ती सत्ताधारी लोगों के सर्वदेशीय (कॉस्मोपोलिटन) या किसी भी प्रकार के अपरदेशीय (एक्स्ट्राटेरिटोरियल)

दृष्टिकोण को एक संकुचित राष्ट्रवादी दृष्टिकोण से बदला गया। औद्योगिकीवाद के उत्थान ने संकुचित राष्ट्रवाद को जन्म दिया। वहीं इसने अपनी राष्ट्रीय सीमा के अधीन संकीर्णता और स्थानीयता को ख़त्म किया। आधुनिक राष्ट्रों के विकास के लिए दूसरी प्रक्रिया काफ़ी अहमियत रखती थी, इसलिए इतिहास की अनिवार्यता जो एक राष्ट्र की भू-भागीय सीमा को तय करती है और दो क्रान्तियों के ज़रिये आए राजनीतिक और आर्थिक बदलाव ने एक साथ मिलकर आधुनिक राष्ट्रवाद को जन्म दिया। इसमें कोई सन्देह नहीं है कि अन्य कारकों ने भी भूमिका निभाई। लेकिन मेरे हिसाब से इन तीनों ने जितनी निर्णायक भूमिका निभाई उतना अन्य ने नहीं। वास्तविक रूप में पहले कारक—इतिहास की अनिवार्यता—में कई अन्य कारक समाहित हो जाएँगे, जैसा कि मैं पहले ही रेखांकित कर चुका हूँ।

अब तक जो बातें कही गई हैं वो ये बताने के लिए पर्याप्त हैं कि एक राष्ट्र होना कोई बहुत ही शानदार चीज़ नहीं है जैसी कि हमेशा कल्पना की जाती है। अगर एक बैलेंस शीट बनाई जाए तो क्रेडिट (जमा) और डेबिट (नुक़सान) खाते में क्रमशः ये चीज़ें आएँगी :

1. ताक़तों का एकीकरण या सम्मिश्रण : जनजाति व ग्रामीण विचार का राष्ट्रवाद में विलय।	1. विभाजनकारी ताक़तों ने एक राष्ट्र से दूसरे के बीच बँटवारे को बढ़ाया।
2. अन्दर ही सिविल सोसायटी का उभार	2. दूसरे राष्ट्र के साथ युद्ध और गृहयुद्ध को लेकर गहन शत्रुता।
3. आर्थिक-सामाजिक और राजनीतिक आदि समानता का विकास	3. एक राष्ट्र के द्वारा दूसरे का शोषण, फ़तह आदि।

अब हम इस परिप्रेक्ष्य में अपनी चुनौतियों के बारे में बात करते हैं। हमारे दो महान शिक्षक और नेता—टैगोर और गांधी—ने हमें राष्ट्रवाद की दृष्टि दी है जो उस एकता की भावना पर आधारित है जो पूरी इनसानी जाति को एक एकल राष्ट्र मानती है।

आक्रामक राष्ट्रवाद : दुनिया के लिए ख़तरा

मुझे माफ़ करें, मैंने जिस भाषा में अपनी बात कही है उसको लेकर श्रोताओं के बीच मतविभेद है। मैं यह अवश्य कहना चाहूँगा कि हमारे अन्दर अपनी बात दूसरों

पर थोपने की बढ़ रही यह आदत लोकतंत्र के लिए ठीक नहीं है। यद्यपि हमने एक लोकतांत्रिक संविधान और एक लोकतांत्रिक सरकारी व्यवस्था को अपनाया है लेकिन हममें से अधिकतर लोग इन संस्थाओं के महत्त्व से अनभिज्ञ हैं।

एक लोकतांत्रिक जीवन जीने का मतलब दूसरे लोगों की राय को सुनना होता है और उन्हें निश्चित रूप से पूर्ण स्वतंत्र अभिव्यक्ति का मौक़ा मिलना चाहिए। अन्यथा एक सच्चा लोकतंत्र काम नहीं कर सकता। देश-भर में कुछ लोग लगातार मुझे अपने विचार व्यक्त करने से रोक रहे हैं और मुझे बोलने के अधिकार से वंचित करने के साथ दुष्प्रचार कर रहे हैं जिससे कि मेरे देशवासी मेरे ख़िलाफ़ हो जाएँ।

निश्चित रूप से मैं उन्हें ग़ैरज़रूरी महत्त्व नहीं देना चाहता हूँ क्योंकि मैं सही मायने में इसमें भरोसा नहीं करता कि कोई भी मुझे, मैं जो चाहता हूँ उसे करने से रोक सकता है। मैंने अपने देश की अपनी नज़र से अपने अन्तिम दिन तक सेवा करने का फ़ैसला किया है और ऐसा मैं अपनी जान की क़ीमत पर भी करता रहूँगा। यहाँ तक कि हर कोई मुझे छोड़ दे तब भी मैं ऐसा करता रहूँगा। और इस कारण मैं सच्चाई बयाँ करने से नहीं हिचकिचाऊँगा जैसा कि मैं उसे देखता हूँ।

मैं आपसे अनुरोध करता हूँ कि आज हम जो समस्याएँ झेल रहे हैं उन पर निष्पक्ष रूप से विचार करें। एक हिन्दू के रूप में मैं महसूस करता हूँ कि हमारे सामने आज दो मार्ग हैं : एक जिसे महात्मा गांधी और गुरुदेव टैगोर ने दिखाया और दूसरा गांधी के हत्यारे गोडसे ने दिखाया। क्या आप थोड़ा ठहरेंगे और एक बार सोचेंगे कि आप किस एक रास्ते पर चलने जा रहे हैं। मैंने एक दिन बंगलौर की एक बैठक में छात्रों से पूछा। दुर्भाग्यवश हममें से बहुत कम लोग गांधी द्वारा दिखाए गए मार्ग में भरोसा करते हैं और घृणा और हिंसा से वातावरण गरमा गया।

मैं आपको सचेत करता हूँ कि अगर ये कुछ स्वस्थ आवाज़ें एक साथ नहीं उठाई गईं तो काफ़ी देर हो चुकी होगी क्योंकि फासीवादी प्रवृत्ति बहुत तेज़ी से बढ़ रही है। मैं ख़ुद अचम्भित हूँ कि इस तरह के पागलपन-भरे वातावरण में मैत्रेयी देवी और उनके कुछ मुट्ठी-भर साथी काम कर रहे हैं और इस तरह के सम्मेलन आयोजित कर रहे हैं। इस कोशिश की जितनी प्रशंसा की जाए उतनी कम है।

राष्ट्रवाद के बारे में गुरुदेव की अवधारणा

यहाँ मैं राष्ट्रवाद और राष्ट्रीय आत्म-सम्मान के बारे में कुछ शब्द कहना चाहूँगा। हम एक बार फिर गुरुदेव के राष्ट्रवाद के बारे में पढ़ रहे हैं और क़रीब 40 साल पहले उन्होंने जो गहरा दृष्टिकोण दिखाया था उसको लेकर मैं हैरान हूँ। उन्होंने स्पष्ट तौर पर महसूस किया कि आक्रामक राष्ट्रवाद, जिसे उन्होंने सभी पश्चिमी देशों में देखा है, मानव-जाति को तबाह करनेवाला था। इसलिए वह इस दुष्परिणाम

से निकलने का रास्ता एक बड़े लक्ष्य के रूप में अन्तरराष्ट्रीयतावाद को स्वीकार करने के रूप में देखते हैं। उन्होंने अन्ध-देशभक्ति और अन्ध-राष्ट्रीयता से दूरी बनाई और वैश्विक भाईचारे को बढ़ावा दिया।

महात्मा जी अक्सर कहा करते थे : 'मैं एक राष्ट्रवादी हूँ। लेकिन मेरा राष्ट्रवाद न तो संकुचित है और न ही आक्रामक।' हम ऐसे समय में रह रहे हैं जब राष्ट्रवाद (जैसा हमारे व्यवहार में है) समाधान की तुलना में समस्याएँ ज़्यादा पैदा कर रहा है। कुछ दिन पहले मैं दिल्ली गया और देखा कि हर कोई पाकिस्तान के साथ जंग की बात कर रहा है। ये देखकर मैं हतप्रभ था। राजधानी जंग के उन्माद से घिरी हुई थी। मैं परेशान था कि इस देश को क्या हो गया है। मैंने कुछ लोगों से इस बारे में चर्चा की। मैंने उनसे पूछा : 'क्या आपने कभी सोचा है कि सीमा विवाद सुलझाने के लिए पाकिस्तान के साथ जंग में जाने से हमारे ऊपर क्या असर पड़ेगा?' हमारी आर्थिक योजनाओं, हमारे लोकतंत्र और हमारे गुट-निरपेक्ष का क्या होगा। आत्मसम्मान की खोखली भावना के कारण हमें पाकिस्तान के साथ जंग जैसे आत्मघाती क़दम नहीं उठाने चाहिए।

जातिवाद

राष्ट्रीय एकीकरण की समस्या के बारे में भी सोचिए। देश के सबसे बड़े दो समुदाय हिन्दू और मुस्लिम सदियों से एक साथ रहते आ रहे हैं। इनके बीच अक्सर होनेवाले संघर्षों के समाधान के लिए हमें क्या करना चाहिए? इस समस्या के समाधान के लिए एक धर्मनिरपेक्ष और लोकतांत्रिक संविधान को अपनाना एक क़दम आगे बढ़ाना होगा। संविधान के शब्दों को जीवन में साकार करना होगा। मैं एक ऐसे राज्य से आता हूँ जहाँ जातिवाद की बुराई, साम्प्रदायिकता से कहीं ज़्यादा तेज़ी से फैल रही है। हिन्दू समुदाय के भीतर ही कई तरह के टकराव हैं। इसका एक दूसरा उदाहरण ब्राह्मणों और ग़ैर-ब्रह्मणों के बीच टकराव है।

हम राष्ट्रवाद की अवधारणा के लिए ज़रूरी अखंडता और एकता को हासिल करने से काफ़ी दूर हैं। उत्तेजित होने, नारेबाज़ी करने या अपने लोगों से झगड़ने से इन मूलभूत समस्याओं का समाधान नहीं किया जा सकता। यह एक राष्ट्र-निर्माण की चुनौती है, जिसके लिए लगातार प्रोत्साहन और असीमित धैर्य की ज़रूरत है। इसके लिए आदर्शवाद के साथ-साथ आत्म-बलिदान की ज़रूरत है। यदि इस विचार के लिए हमें जीवन त्यागने की भी ज़रूरत पड़े तो जैसा कि महात्मा जी ने कहा है कि हमें ऐसा कर देना चाहिए। मैं आपसे अपील करता हूँ या आपको सुझाव देता हूँ कि आप इस समस्या को लेकर गम्भीरता से विचार कीजिए। इसी उद्देश्य से इस सम्मेलन का आयोजन किया गया है। साम्प्रदायिक समस्याओं के समाधान के

लिए अगर हम गम्भीरता से प्रयास और विचार करते हैं तो सौहार्द बनाए रखना बेहद ज़रूरी है। यदि यहाँ से यह आन्दोलन पूरे देश में बढ़ता है तो यह कहावत एक बार फिर सही साबित होगी कि बंगाल जिस चीज़ के बारे में आज सोचता है भारत उसके बारे में कल सोचता है।

न्यूज़ मीडिया की भूमिका

लेकिन समस्या के समाधान के लिए हमें सच्चाई को बिना लाग-लपेट और ठंडे दिमाग़ से स्वीकार करना होगा। कपोल-कल्पना के आधार पर हमें अपने आपको नहीं भटकाना चाहिए। यदि हम कोलकाता या दिल्ली और ढाका या कराची के समाचार-पत्रों को एक साथ रखेंगे तो आप पाएँगे कि दुनिया पागल हो गई है। दोनों ही जगहों के समाचार-पत्र युद्ध के उकसावे से भरे हैं और इसके लिए एक-दूसरे पर आरोप लगा रहे हैं। हम हमेशा अपने आपको ठगते हैं कि सभी साम्प्रदायिक संघर्षों की जड़ पाकिस्तान में है और यहाँ होनेवाले साम्प्रदायिक दंगे पाकिस्तान में होनेवाली साम्प्रदायिक ज़्यादतियों की प्रतिक्रिया हैं। लेकिन यहाँ जो हो रहा है उसकी पाकिस्तान में होनेवाली प्रतिक्रिया के बारे में क्या कहेंगे?

मैं शुरू से ही इस देश के बँटवारे के ख़िलाफ़ रहा हूँ। हमारे समाजवादी समूह और मैंने ख़ुद अन्तिम दिनों तक बँटवारे को रोकने की कोशिश की। जबकि पूरा देश ऐसा चाहता था। मैं यहाँ इसका ज़िक्र इसलिए कर रहा हूँ क्योंकि मैं आपको याद दिलाना चाहता हूँ कि दफ़ा मौजूदा राय के ख़िलाफ़ मैं पहली बार नहीं खड़ा हुआ। हालाँकि बँटवारा तो हो गया लेकिन उस दिन से ही मैं महसूस करता हूँ कि यह मेरी ज़िम्मेदारी है कि इस छोटे महाद्वीप के दोनों हिस्सों को जितना सम्भव हो सके उतना क़रीब लाया जाए। मैं बेहद गम्भीरता से यह मानता हूँ कि नियति हमें एक साथ लाएगी और इन दोनों (जो सही मायने में एक जैसे हैं) की शान्ति और समृद्धि आपसी सहयोग में ही निहित है। ऐसा सहयोग, एक परिसंघ या किसी अन्य राजनीतिक संगठन के ज़रिये सम्भव होगा। लेकिन आज की तारीख़ में दोनों में कोई भी सरकार इसके लिए तैयार नहीं है और दोनों देशों की बहुसंख्य जनता इस तरह सोचने में भी सक्षम नहीं है। तो क्या अभी समय नहीं आया और क्या हमें ऐसी किसी स्थिति के लिए कोई पूर्व पीठिका तैयार करनी होगी?

जैसा कि मैं दो लोगों के दुबारा एक होने की बात करता हूँ, मुझे याद है कि हिन्दू महासभा का भी लक्ष्य कुछ ऐसा ही है। लेकिन क्या आप सोचते हैं कि जिस तरह से वे प्रचार करते हैं उससे उपमहाद्वीप एकजुट होगा?

मैं उस तरह का राष्ट्रवादी हूँ जिस तरह महात्मा जी या गुरुदेव सोचते थे। मैं उनके चरण छूने लायक़ भी नहीं हूँ। मैं महसूस करता हूँ कि सुबुद्ध राष्ट्रीय

आत्मसम्मान पाकिस्तान से अच्छे रिश्तों को चाहता है। आज पूरी दुनिया शान्ति की बात कर रही है, क्या हम अपने सबसे क़रीबी पड़ोसी के साथ शान्ति की बात नहीं कर सकते? ग़लत रास्ते पर चलकर हम अपने राष्ट्रीय हितों की रक्षा नहीं कर सकते। हम अपने लोगों को शान्ति के लिए तैयार करने की बजाय उनमें युद्ध का उन्माद क्यों भर रहे हैं?

पिछले साल यहाँ परमाणु हथियारों के विरोध में एक सम्मेलन का आयोजन हुआ। उस वक़्त शान्ति की वकालत करनेवाले दुनिया के एक जाने-माने नेता हमारे स्वर्गीय प्रधानमंत्री के साथ शान्ति की सम्भावना पर चर्चा कर रहे थे। उन्होंने कहा कि दुनिया युद्ध के तरीक़ों पर शोध के लिए अरबों-खरबों डॉलर ख़र्च कर रही है, लेकिन शान्ति पर शोध के लिए क्यों नहीं एक पैसा भी ख़र्च किया जा रहा है? क्या कोई सरकार बेहद अहम इस ज़रूरत के बारे में कोई विचार रखती है?

पड़ोसियों के साथ रिश्ते

हम लगातार चीन और पाकिस्तान के भय में जी रहे हैं और अपने संसाधनों का एक बड़ा हिस्सा युद्ध की तैयारी में ख़र्च कर रहे हैं। क्या हमें इसके बजाय अन्तरराष्ट्रीय संगठनों के ज़रिये शान्ति की सम्भावना को बढ़ावा देने पर ज़्यादा विचार नहीं करना चाहिए? पाकिस्तान के साथ हमारे ख़राब रिश्ते दोनों देशों में अल्पसंख्यकों के लिए कष्टदायी होते हैं और वे ख़तरनाक रूप से असुरक्षित महसूस करते हैं। जब भी पाकिस्तान में कुछ होता है तो हम अपने साथी देशवासियों पर नपुंसक की तरह ग़ुस्सा कर बदला लेते हैं। इस तरह हम अपने राष्ट्र को कमज़ोर करते हैं। किसी भी स्थिति में इस देश के वातावरण में इस तरह का पागलपन आना चाहिए क्या...कि भारतीयों का एक वर्ग दूसरे वर्ग के लोगों का घर जला दे। उनकी महिलाओं के साथ बलात्कार करे और उनके बच्चों का गला दबा दे या उन्हें आग में फेंक दे। यदि हम एक स्वस्थ और सभ्य जीवन जीना चाहते हैं तो हमें निश्चित रूप से इस तरह के अन्ध-साम्प्रदायिक मनोविकार से मुक्ति पानी होगी।

कुछ लोग मुझसे कहते हैं कि मैं कितना भी कोशिश कर लूँ मैं पाकिस्तान का हृदय-परिवर्तन नहीं कर पाऊँगा, क्योंकि पाकिस्तान का जन्म ही नफ़रत के आधार पर हुआ है और भारत के साथ लगातार तनाव बनाए रखना ही उसके हित में है। लेकिन पाकिस्तान की प्रवृत्ति के बारे में ऐसी धारणा को मैं सही नहीं मानता हूँ। मुझे नई पीढ़ी में पूरा भरोसा है, जो दोनों देशों में बड़ी हो रही है। मुझे भरोसा है कि वे विज्ञान और तकनीक और क्रान्तिकारी सामाजिक-आर्थिक विचारों के इस युग में मध्ययुगीन जुनून से प्रभावित नहीं होंगे।

मैं एक मानवाधिकारवादी हूँ और मैं इनसान की भलाई में भरोसा करता हूँ। क्या मैं यह स्वीकार कर सकता हूँ कि ये घृणा और नफ़रत हिन्दू समाज के वास्तविक गुण हैं? नहीं। शान्ति और मेल-मिलाप को बढ़ावा देने के लिए इस तरह की कोशिशों के ज़रिये हमारे समाज की वास्तविक तस्वीर हासिल की जा सकती है। यदि हम इस कोशिश को एक ठोस आधार देना चाहते हैं तो हमें अपने लोगों को प्यार और संवेदना के तरीक़े से फिर से शिक्षित करने का कार्यक्रम शुरू करना होगा। मैं मानता हूँ कि यह सम्भव है। चलिए इस काम की सम्भावना को हर दिन बढ़ाते हैं। और अपने महान भारतीय आत्मा को स्वीकार करते हैं जिसमें हर इनसान के लिए सहनशीलता और प्यार है।

राष्ट्रीयता : एक अवधारणा

भारत की एकता या राष्ट्रीय एकीकरण को बढ़ावा देने और इसे समझने के लिए हम सभी को सबसे पहले भारतीय राष्ट्रीयता की अवधारणा को समझना होगा। राष्ट्रीय आज़ादी के लिए चले लम्बे संघर्ष के दौरान स्पष्ट रूप से एक एकल, समग्र, गैरधार्मिक भारतीय राष्ट्रवाद की धारणा उभरकर सामने आई। लेकिन सच्चाई यह है कि एक और धारणा उभरकर आई जो मोहम्मद अली जिन्ना के द्विराष्ट्र के सिद्धान्त पर आधारित थी। यह द्विराष्ट्र का सिद्धान्त—अलग हिन्दू राष्ट्र और एक अलग मुस्लिम राष्ट्र का था। इसके परिणामस्वरूप देश का बँटवारा हुआ और एक इस्लामिक देश की स्थापना हुई। इसने आज़ादी के आन्दोलन की अवधारणाओं को धूमिल कर दिया। अनुमान लगाया गया था कि बँटवारे के बाद द्विराष्ट्र का सिद्धान्त कमज़ोर पड़ जाएगा, लेकिन ऐसा हुआ नहीं। भारत को एक हिन्दू राष्ट्र बनाने की आवाज़ उठने लगी। ऐसी आवाज़ें स्वतंत्रता संग्राम के वक़्त पहले से ही उठती रही थीं।

इस स्थिति में सहायक रहे कुछ अन्य कारकों को भी समझना होगा। पहला, इस देश में हिन्दू बहुसंख्यक हैं लेकिन उनके अन्दर अभी भी एक अल्पसंख्यक की मनोदशा बैठी हुई है। ऐसा इसलिए है कि हिन्दू समुदाय जाति व्यवस्था और छुआछूत के कारण बँटा हुआ है और बहुमत में होने के बावजूद सदियों से हिन्दुओं को ग़ैर-हिन्दू अल्पसंख्यकों ख़ासकर मुस्लिमों व ईसाइयों के शासन के अधीन रहना पड़ा है। ये मुस्लिम और ईसाई मूल रूप से भारत के बाहर से आए थे। अल्पसंख्यक की भावना को देखते हुए यह समझना कठिन नहीं है कि क्यों 'हिन्दू राष्ट्र' का नारा उन्हें अपील करनेवाला और आकर्षक लगता है।

दूसरा, आज़ादी के लिए संघर्ष के दौरान उस सफलता की प्रशंसा करना आसान होता था जिसे सभी समुदायों के संयुक्त प्रयास से हासिल किया गया था। ऐसे में आज़ादी के बाद एक समग्र राष्ट्रवाद की अवधारणा को बढ़ावा देने की बाध्यता नहीं रह गई थी। ख़ासकर जब बहुमत वाले समुदाय को उकसाया जाने लगा तो बहुसंख्यक होने के कारण वे अल्पसंख्यक समुदाय पर आसानी से अपनी इच्छा थोप सकते थे।

हिन्दू राष्ट्र की अवधारणा

अपरिपक्व सोच वाले लोगों को राष्ट्रवाद की यह अवधारणा आकर्षित करती है। बावजूद इसके यह अवधारणा काफ़ी ख़तरनाक है। यह न केवल भारतीय राष्ट्र की एकता के लिए बल्कि ख़ुद हिन्दू समुदाय के लिए भी ख़तरनाक है। हिन्दू समुदाय में गहराई तक व्याप्त बँटवारे के कारण ऐसा है। लेकिन हिन्दू राष्ट्र की तरफ़दारी करनेवालों को इस बात का मामूली-भी आभास नहीं है। वे इसको भी समझने में विफल रहे हैं कि जिस तरह राष्ट्र की आज़ादी के लक्ष्य को हासिल करने के लिए सभी समुदायों को संयुक्त प्रयास की ज़रूरत थी, ठीक उसी तरह राष्ट्र की मज़बूती और राष्ट्रीय विकास के मौजूदा लक्ष्य को हासिल करने के लिए भी ऐसे ही प्रयासों की ज़रूरत है।

जैसा कि राष्ट्रीय स्वयंसेवक संघ 'हिन्दू राष्ट्र' का मुख्य पक्षधर रहा है। ऐसे में श्रीनगर में हुई राष्ट्रीय एकीकरण परिषद की बैठक को लेकर इसकी केन्द्रीय कार्यकारिणी ने जो टिप्पणी की वो मज़ेदार रही। ऐसी रिपोर्ट आई कि एक प्रस्ताव में कहा गया है कि 'एक अच्छी तरह एकजुट हिन्दू समाज, जो जाति, पंथ, पार्टी या भाषा के आधार पर उपजे मतभेदों से परे हो, वही केवल वास्तविक राष्ट्रीय एकीकरण ला सकता है।'

किसी भी समुदाय की एकजुटता को लेकर कोई आपत्ति नहीं हो सकती। चाहे वह दूसरों की तुलना में कितना भी बड़ा क्यों न हो। बशर्ते वह अलगाववादी मानसिकता, अन्तर-सम्प्रदाय विरक्ति, साम्प्रदायिक राजनीति और एक समुदाय के आधिपत्य वाला न हो।

यह समझना मुश्किल है कि आरएसएस की कार्यकारिणी का पार्टी से परे अच्छी तरह एकजुट हिन्दू समाज से आशय क्या है। अगर इसका मतलब यह है कि हिन्दू या हिन्दू होने के कारण सभी को एक ख़ास दल में होना चाहिए, तो यह एक बहुत ही ख़तरनाक विचार है, जो बँटवारे से पहले के नारे की मानसिकता 'गर तू मुस्लिम है। तो मुस्लिम लीग में आ' की याद दिलाता है। अगर इस तरह सभी समुदायों के लिए अपनी विशेष पार्टी और राजनीति होगी तो राष्ट्रीय एकता एक असम्भव चीज़ बन जाएगी।

मुस्लिम साम्प्रदायिकता

यहाँ यह ध्यान देने की ज़रूरत है कि जमात-ए-इस्लामी के नेतृत्व में मुस्लिमों के बीच भी एक मज़बूत आन्दोलन चल रहा है जिसका लक्ष्य न केवल एक अलग धर्म के रूप में बल्कि सामाजिक और राजनीतिक समुदाय के रूप में मुस्लिमों को एकजुट करना है। इसका अगला स्वाभाविक क़दम एक मुस्लिम राष्ट्र का दावा हो सकता है। 'हिन्दू राष्ट्र' न कि 'भारतीय राष्ट्र' के सभी अहम समुदायों में ऐसी ही चीज़ें होना तय है। यह हिन्दू समुदाय का लक्ष्य है।

यदि तमाम विविधताओं के बावजूद भारत के लोग भावनात्मक रूप से एक एकजुट राष्ट्र बनते हैं और वे अपनी राजनीतिक एकजुटता को बचाने और उसे मज़बूत करने में सक्षम होते हैं तो वे जान-बूझकर और समझदारीपूर्वक एक समग्र, ग़ैर साम्प्रदायिक राष्ट्रवाद की अवधारणा को चुनेंगे और इसके लिए वे सक्रिय रूप से काम करेंगे। इस सम्मेलन की यह चुनौती है कि वे सभी मानसिक मकड़जाल को त्यागकर इस बारे में एक मज़बूत और सुस्पष्ट नेतृत्व दें।

ऐसा भी एक विचार है कि हमारे ऋषि-मुनियों, स्मृतिकारों और पुराणकारों, कवियों और कलाकारों, नेताओं और योद्धाओं की उपलब्धियाँ सही मायने में हमारी राष्ट्रीय धरोहर का आधार हैं और ये भारत राष्ट्र को एक सूत्र में पिरोते हैं। इस सन्दर्भ में भारत एक प्राचीन राष्ट्र है और इसे 'एक बनता हुआ राष्ट्र' कहना ग़लत होगा।

यहाँ लोगों की सांस्कृतिक एकता और उनकी राजनीतिक एकजुटता के बीच अस्पष्टता है। इस सच्चाई के बावजूद हिमाचल से लेकर सेतु तक के भारत के लोगों की सदियों से एक समान सांस्कृतिक विरासत रही है। लेकिन वे मुश्किल से किसी एक राजनीतिक राज्य के अधीन रहे हैं। कुछ इसी तरह यह पूरे भारत की असाधारण घटना नहीं रही है। यूरोप या अरब देशों में भी ऐसा नहीं रहा है। सांस्कृतिक एकता सदियों से राजनीतिक विभेद के साथ मौजूद रही है।

हमारे इतिहास के इस मौजूदा पल में हमारी केन्द्रीय चिन्ता यह सुनिश्चित करना है कि संविधान द्वारा स्थापित राजनीतिक एकता को टिकाऊ बनाया जाए। घटनाक्रमों ने ये दिखाया है कि जिन लोगों ने भारत की प्राचीन विरासत को साझा किया है वे लोग भी अलगाववादी सोच का सही या ग़लत तरीक़े से फ़ायदा उठाने में पीछे नहीं रहे। ऐसे में यह सोचना ग़लत होगा कि हमारे ऋषि-मुनियों की उपलब्धियों के कारण विपरीत तत्त्वों को मिलाकर एक आधुनिक भारतीय समाज के निर्माण की चुनौती पहले ही पूरी कर ली गई है।

एक दूसरी अवधारणा भी है, जो यह मानती है कि भारत के प्राचीन समय की भावना और उस समय को जीनेवाले लोगों के साथ रहना एक सच्चा भारतीय राष्ट्रवादी होने के लिए ज़रूरी है। इस सोच के अनुसार राष्ट्रीय एकीकरण मुख्य

रूप से इस अपनेपन की भावना और पहचान को मुख्य रूप से समाहित करना है। उदाहरण के लिए इसमें कोई सन्देह नहीं है कि जो लोग सोचते हैं कि भारत का इतिहास सबसे पहले मुस्लिम और ईसाइयों के हमले से शुरू होता है और वे भारत के प्राचीन समय से कोई लगाव महसूस नहीं करते हैं तो उनमें एक भारतीय राष्ट्रवादी से उम्मीद की जानेवाली गहरी व भावनात्मक गुण की कमी है। यह देखना मज़ेदार है कि प्राचीन सभ्यताओं जैसे ईरान या मिस्र में आधुनिक राष्ट्रवाद के विकसित होने के बावजूद ईरानी और मिस्रवासी ख़ुद का लम्बा इतिहास होने के बावजूद अपने आपको प्राचीन गौरव में तलाश करते हैं।

राष्ट्रीय धरोहर का मतलब

इस बिन्दु पर दिमाग़ में यह भी रखना ज़रूरी है कि हमारी राष्ट्रीय धरोहर में न केवल उन चीज़ों को शामिल किया गया जो प्राचीन काल से आई थीं बल्कि बाद की चीज़ें भी शामिल हैं। इस देश में सदियों से विदेशी और देसी संस्कृति और जाति की चीज़ें रही हैं। इस्लाम और ईसाइयों के आगमन के वक़्त जब राजनीतिक प्रतिकूलता के कारण हिन्दू समाज रक्षात्मक था, सम्मिश्रण की प्रक्रिया काफ़ी धीमी थी।

यह अलग बात है कि भारतीय ईसाई और मुस्लिम जीवन जीने के तरीक़े, वेशभूषा, पैदाइश, जाति के प्रति धारणा, भाषा (यहाँ तक कि उर्दू भी काफ़ी हद तक भारतीय भाषा है)। साहित्य और अन्य कलाओं, विचार और दर्शन, भौतिक संस्कृति आदि के मामले में काफ़ी हद तक भारतीय थे। यहाँ तक कि उनके धर्म ने भी एक तरह की भारतीयता को अपनाया है। इसके बदले इन पर भी भारतीय दर्शन, विज्ञान, साहित्य, संगीत, वास्तुकला, पेंटिंग और मध्ययुगीन संतों की धार्मिक शिक्षा का असर रहा।

यहाँ इस चीज़ पर ध्यान देने की ज़रूरत है कि हमारी राष्ट्रीय धरोहर एक बहुत ही जटिल मामला है और जो चीज़ें हमें विरासत में मिली हैं वो न केवल प्राचीन काल की हैं बल्कि हमारे इतिहास की बीती सदी से भी हैं। यह न केवल मुस्लिम और ईसाई और विदेशी धरती पर पैदा धर्म को अपनानेवाले अन्य लोगों द्वारा भारत के प्राचीन समय को राष्ट्रीय धरोहर के रूप में स्वीकार करने का मामला है, बल्कि हिन्दुओं और भारत की धरती पर पैदा धर्म को अपनानेवालों के लिए मध्ययुगीन और आधुनिक काल को भी अपनी धरोहर के रूप में अपनाने का मसला है। इन दो कालों में कई ऐसी चीज़ें हैं जिन्हें दोनों ख़ारिज कर सकते हैं। लेकिन कुल मिलाकर भारतीयों को बृहद् स्तर पर भारतीय इतिहास को अपना मानना होगा।

सम्भावित ग़लतफ़हमी से बचने के लिए यहाँ यह जोड़ने की ज़रूरत है कि देश के भूतकाल के साथ पहचान की भावना आँख बन्द कर बीते समय की सब चीज़ों को अपनाना नहीं है।

इस चीज़ पर भी ज़ोर देने की ज़रूरत है कि ऊपर जिस भावनात्मक पहचान की बात की गई है वो एक नाजुक प्रक्रिया है जिसके लिए संयम, आपसी सम्मान और समझ व समायोजन की ज़रूरत है। ज़ोर-ज़बरदस्ती या डरा-धमकाकर इस प्रक्रिया को चलाने की किसी भी कोशिश का नतीजा भविष्य में और विरक्ति और राष्ट्रीय व्यवधान के रूप में सामने आएगा।

एक समग्र भारतीय राष्ट्र मूल रूप से एक हिन्दू राष्ट्र से अलग है। इन दोनों के नेताओं को राष्ट्रीय एकता के अलग-अलग रास्तों को अपनाना ज़रूरी है। पहली अवधारणा के नेताओं या अग्रणी लोगों को धर्म, भाषा आदि से परे होकर सभी नागरिकों का 'धरती के एक पूत' की तरह ध्यान रखना होगा। जबकि दूसरी अवधारणा के नेता या विचारक (जैसे गोलवलकर) हिन्दुओं को ही इस मिट्टी की सन्तान मानते हैं और मुस्लिमों और ईसाइयों को आक्रामक बताते हैं। ऐसे में इस मुद्दे को स्पष्ट करने के लिए राष्ट्रीय एकता और लोकतंत्र पर होनेवाले सम्मेलन का योगदान काफ़ी मूल्यवान होगा।

इस सन्दर्भ में अस्पष्टता और इस मुद्दे का सामना करने में धर्मनिरपेक्ष पार्टियों की विफलता ने पूरे मैदान को 'हिन्दू राष्ट्र' और मुस्लिम अलगाववाद की वकालत करनेवालों के लिए चुनौती रहित कर दिया है। इस कारण भारत की एकता और भारत राष्ट्र की विशेषता के लिए ख़तरा पैदा हो गया है।

अनुवाद : **जितेन्द्र कुमार**

लेखक-विचारक

महादेव गोविन्द रानाडे (1842-1901) प्रतिष्ठित समाज-सुधारक, न्यायविद्, लेखक और बुद्धिजीवी थे। श्री रानाडे ने 'प्रार्थना समाज' सहित कई संगठनों की स्थापना की। शुरू में वह बाल गंगाधर तिलक की राजनीति के विरोधी और गोपाल कृष्ण गोखले के राजनीतिक गुरु थे। श्री रानाडे पारम्परिक सामाजिक संरचना में सुधार के पक्षधर थे और इस प्रकार राष्ट्रीय उत्थान के लिए तत्पर रहे।

सुरेन्द्रनाथ बनर्जी (1848-1925) शुरुआती दौर के देश के सबसे चर्चित राष्ट्रवादियों में से एक थे, जिन्होंने उदार राष्ट्रवाद का समर्थन किया। श्री बनर्जी ने आनन्दमोहन बोस के साथ मिलकर 'इंडियन एसोसिएशन' की स्थापना की और 'द बंगाली' अख़बार निकाला। बाद में अधिक आक्रामक राष्ट्रवाद के उदय के साथ श्री बनर्जी ने देश की आज़ादी की लड़ाई से किनारा कर लिया। 'ए नेशन इन द मेकिंग' (1925) उनकी बहुप्रशंसित किताब है, जिसमें उन्होंने सार्वजनिक जीवन की अपनी यादें सँजोयी हैं।

बाल गंगाधर तिलक (1856-1920) राष्ट्रवादी, शिक्षक, समाज सुधारक, वकील और स्वतंत्रता सेनानी। अंग्रेज़ों ने उन्हें 'भारत में अशान्ति का जनक' कहा और उनके अनुयायियों ने उन्हें 'लोकमान्य' यानी सर्वमान्य जननेता की उपाधि से विभूषित किया। वह स्वदेशी आन्दोलन के समर्थक थे। हालाँकि उनके तरीक़े भारतीय राष्ट्रीय कांग्रेस और स्वदेशी आन्दोलन की भावना से मेल नहीं खाते थे और इस मतभेद के चलते उन्हें और उनके समर्थकों को भारतीय राष्ट्रीय कांग्रेस पार्टी के गरम दल के रूप में जाना जाने लगा। वह कट्टर हिन्दू थे, धर्म और दर्शन पर उन्होंने काफ़ी लेख लिखे।

लाला लाजपत राय (1865-1928) स्वतंत्रता आन्दोलन के अग्रणी नायकों में से एक थे और 'पंजाब केसरी' तथा 'पंजाब का शेर' के नाम से लोकप्रिय

थे। लाहौर के गवर्नमेंट कॉलेज में क़ानून की पढ़ाई करते हुए वह लाला हंस राज और पंडित गुरु दत्त सरीखे देशभक्तों और भावी स्वतंत्रता सेनानियों के सम्पर्क में आए। यहीं वे स्वामी दयानन्द सरस्वती के हिन्दू सुधारवादी आन्दोलन से प्रभावित हुए, और लाहौर आर्य समाज के सदस्य बने। वह मानते थे कि हिन्दू धर्म, राष्ट्रीयता से ऊपर, वह आधारभूत तत्त्व है, जिस पर भारतीय जीवन-शैली आधारित होनी चाहिए।

बिपिन चन्द्र पाल (1858-1932) लाल-बाल-पाल की त्रयी में शामिल बिपिन चन्द्र पाल पूर्ण स्वराज, स्वदेशी, बहिष्कार और राष्ट्रीय शिक्षा के आदर्शों पर आधारित नये राष्ट्रीय आन्दोलन के प्रमुख प्रतिपादकों में से एक थे। अरबिन्दो उन्हें 'राष्ट्रवाद के महान पैग़म्बरों' में से एक बताते थे।

श्री अरबिन्दो (1872-1950) राष्ट्रवादी, कवि और दार्शनिक थे। मध्यकालीन फ्रांस में इंग्लैंड के ख़िलाफ़ विद्रोह और क्रान्तियों तथा अमेरिका और इटली में हुई बग़ावतों के अध्ययन ने उन्हें बहुत प्रभावित किया था। सार्वजनिक गतिविधियों में वह ख़ामोश प्रतिरोध का समर्थन करते थे मगर ऐसा प्रतिरोध विफल होने की स्थिति में गुप्त क्रान्तिकारी गतिविधियों में शामिल हुए। शुरू में क्रान्तिकारी रहे मगर बाद में दार्शनिक और आध्यात्मिक विचारक बन गए।

अल्लामा इक़बाल (1877-1938) (सर मुहम्मद इक़बाल) कवि, दार्शनिक, राजनीतिज्ञ और आला दर्जे के विद्वान थे। उन्हें पाकिस्तान आन्दोलन का जनक माना जाता है। अपनी नज़्मों 'शिकवा', 'जवाब-ए-शिकवा' और 'ख़िज्र-ए राह' के ज़रिये इक़बाल ने उस दौर के मुसलमानों की बेबसी की पीड़ा को अभिव्यक्ति दी।

मौलाना हुसैन अहमद मदनी (1879-1957) इस्लामी विद्वान और स्वतंत्रता सेनानी थे। वह सूफ़ी इस्लाम के चिश्ती कलियरी सिलसिले से ताल्लुक़ रखते थे और अट्ठाईस साल तक दारुल उलूम देवबन्द से जुड़े रहे। सन् 1954 में पद्म भूषण से सम्मानित होनेवाले लोगों में वह भी एक थे।

रवीन्द्रनाथ टैगोर (1861-1941) को गुरुदेव के नाम से भी जाना जाता है। उनकी पैदाइश विद्वानों, समाज-सुधारकों और उद्यमियों के परिवार में हुई थी। उन्होंने बंगाली कला, संगीत और साहित्य को नया तेवर दिया। 1913 में उन्हें साहित्य का नोबेल पुरस्कार मिला। भारत और बांग्लादेश, दोनों ही देशों के राष्ट्रगान उनकी रचनाएँ हैं। किंग जॉर्ज पंचम के जन्मदिन के मौक़े पर 1915 में उन्हें नाइटहुड से विभूषित किया गया, मगर जलियाँवाला बाग

नरसंहार के बाद 1919 में उन्होंने यह उपाधि लौटा दी। मानवतावादी और शिक्षाविद्, रवीन्द्रनाथ टैगोर ने विश्वभारती विश्वविद्यालय शुरू किया और शान्तिनिकेतन में शिक्षा-केन्द्र की स्थापना की।

सरोजिनी नायडू (1879-1949) भारत की स्वरकोकिला कही गईं सरोजिनी नायडू सन् 1947 से 1949 तक आगरा और अवध संयुक्त प्रान्त की पहली राज्यपाल रहीं। 1915 से 1918 के बीच भारत के विभिन्न क्षेत्रों की यात्रा करके उन्होंने सामाजिक कल्याण, महिला सशक्तिकरण और राष्ट्रवाद जैसे विषयों पर जनजागरण किया।

प्रफुल्ल चन्द्र राय (1861-1944) आधुनिक विज्ञान, शिक्षण और अनुसन्धान के अग्रदूतों में से एक और रसायन विज्ञान के क्षेत्र में शोध करनेवाले पहले भारतीयों में से थे। उन्होंने प्रतिष्ठित एडिनबर्ग यूनिवर्सिटी में पढ़ाई की थी। उनका परिवार ब्रह्म समाज से जुड़ा हुआ था। इस तरह समाज से उनका सीधा रिश्ता विकसित हुआ, बाद में वह साधारण ब्रह्म समाज में शामिल हो गए और संगठन में कई प्रशासनिक ओहदों पर रहे।

महात्मा गांधी (1869-1948) ने दक्षिण अफ्रीका में अपने अधिकारों के लिए लड़नेवाले अप्रवासी भारतीय समुदाय के वकील के तौर पर अपना सार्वजनिक जीवन शुरू किया। भारत लौटने पर, उन्होंने अहिंसक सविनय अवज्ञा पर अमल किया और भारत की आज़ादी का मार्ग प्रशस्त किया। दुनिया-भर में नागरिक अधिकारों और आज़ादी आन्दोलनों की प्रेरणा बने। महात्मा, बापू और गांधी जी कहे गए, अनौपचारिक तौर पर उन्हें राष्ट्रपिता भी कहा जाता है।

सरदार वल्लभभाई पटेल (1875-1950) प्रमुख स्वतंत्रता सेनानी थे। अहिंसक सविनय अवज्ञा आन्दोलन में उन्होंने किसानों को संगठित किया और गुजरात के सबसे प्रभावशाली नेताओं में से एक बन गए। भारतीय राष्ट्रीय कांग्रेस के अगुवा नेताओं में शामिल रहे। यहाँ तक कि 1934 और 1937 में चुनावों के लिए पार्टी को संगठित करने के साथ ही भारत छोड़ो आन्दोलन की गतिविधियों में बराबर शरीक रहे। उनके नेतृत्व-कौशल के लिए उन्हें सरदार भी कहा जाता था। वह आज़ाद भारत के पहले उप-प्रधानमंत्री और गृहमंत्री बने।

जवाहरलाल नेहरू (1889-1964) प्रमुख वकील और राष्ट्रवादी मोतीलाल नेहरू के पुत्र थे और ख़ुद भी एक वकील थे। पिछली सदी की शुरुआत के राजनीतिक परिदृश्य में वह प्रमुखता से उभरे और अन्ततः स्वतंत्र भारत

के पहले प्रधानमंत्री बने। भारतीय स्वतंत्रता संग्राम के बारे में अन्तरराष्ट्रीय दृष्टिकोण विकसित करने में नेहरू ने अग्रणी भूमिका निभाई। उन्होंने भारत के मित्र-राष्ट्रों की तलाश की और पूरी दुनिया में आज़ादी और लोकतंत्र के लिए आन्दोलनों के साथ समन्वय बनाया। एक लेखक के तौर पर वह इतिहास, राजनीति, कला, संस्कृति और विज्ञान सरीखे विविध मुद्दों पर समान अधिकार रखते थे।

बी.आर. आंबेडकर (1891-1956) विधिवेत्ता, अर्थशास्त्री, राजनीतिज्ञ और समाज-सुधारक थे। अपने समय के तमाम ज्वलन्त मुद्दों, ख़ासतौर पर दलितों और अन्य पिछड़े समुदायों से जुड़े मुद्दों को लेकर वह हमेशा संघर्षरत रहे। उन्हें भारतीय संविधान का जनक माना जाता है, क्योंकि मसौदा समिति के अध्यक्ष के नाते संविधान तैयार करने में उन्होंने महत्त्वपूर्ण भूमिका निभाई थी। वह स्वतंत्र भारत के पहले क़ानून मंत्री थे।

सी. राजगोपालाचारी (1878-1972) आज़ादी के मुजाहिद, वकील, राजनयिक और राजनीतिज्ञ थे। उन्होंने रोलेट एक्ट के ख़िलाफ़ आन्दोलन में भाग लिया, असहयोग आन्दोलन, वायकोम सत्याग्रह और सविनय अवज्ञा आन्दोलन में शरीक हुए। वेदारण्यम में नमक सत्याग्रह का नेतृत्व करते हुए कारावास का जोख़िम उठाया। वह भारत के आख़िरी गवर्नर जनरल थे।

सुभाषचन्द्र बोस (1879-1945) भारतीय राष्ट्रीय कांग्रेस में उग्र दल के नेता थे। 1939 में महात्मा गांधी से उनके मतभेदों के बाद उन्हें कांग्रेस के तमाम ओहदों से हटा दिया गया, बाद में अंग्रेज़ों ने उन्हें नज़रबन्द कर दिया। अंग्रेज़ी हुकूमत को धता बताकर वह निकल भागे, पहले जर्मनी और फिर ज़ापान गए, जहाँ उन्होंने भारतीय राष्ट्रीय सेना (आईएनए) और बाद में आज़ाद भारत की अन्तिम सरकार बनाई।

भगत सिंह (1907-1931) का परिवार स्वतंत्रता सेनानियों का परिवार था। अंग्रेज़ी हुकूमत के ख़िलाफ़ जूझने का जज़्बा उन्हें अपने पिता किशन सिंह और चाचा अजीत सिंह और स्वर्ण सिंह से विरासत में मिला था। उनकी शुरुआती ज़िन्दगी का बड़ा हिस्सा लाहौर में बीता, पहले विद्यार्थी और बाद में एक क्रान्तिकारी के रूप में। उन्होंने अमृतसर से निकलनेवाले उर्दू और पंजाबी अख़बारों के लिए लिखा, सम्पादन भी किया। साथ ही नौजवान भारत सभा की ओर से छपनेवाले पैम्फ़लेट में भी लिखते थे। ये पैम्फ़लेट हुकूमत की जमकर ख़बर लेते। उन्होंने किरती किसान पार्टी (मज़दूर और किसान पार्टी) की पत्रिका 'किरती' के लिए भी लिखा। भगत सिंह और उनके दो साथियों

को लाहौर षड्यंत्र मामले में मौत की सज़ा सुनाई गई और 23 मार्च, 1931 को उन्हें फाँसी दे दी गई।

एम.एन. रॉय (1887-1954) क्रान्तिकारी, उग्र उन्मूलनवादी कार्यकर्ता, राजनीतिक सिद्धान्तकार और ख्यात दार्शनिक थे। वह बंकिम चन्द्र चटर्जी और स्वामी विवेकानन्द के शुरुआती राष्ट्रवाद से प्रभावित थे। दूसरे अनेक लोगों की तरह ही, 1905 में हुए बंगाल विभाजन ने उनको भी आन्दोलित किया। 1913/14 में वह भारत छोड़कर चले गए और वर्षों तक दूर ही रहे। कम्युनिस्ट नेताओं और क्रान्तिकारियों के सम्पर्क में आने के बाद जल्दी ही वह ख़ुद विचारक बन गए। उन्होंने मैक्सिकन और भारतीय कम्युनिस्ट पार्टियों की नींव रखी। बाद में साम्यवाद से उनका मोहभंग हो गया और वह मानवतावाद की ओर मुड़ गए।

मौलाना अबुल कलाम आज़ाद (1888-1958) चिन्तक और विद्वान थे, और भारतीय राष्ट्रीय कांग्रेस के वरिष्ठ नेता भी। एक सजग पत्रकार के तौर पर ब्रिटिश राज की सख़्त आलोचना और भारतीय राष्ट्रवाद के उद्देश्यों की वकालत करनेवाले अपने लेखों की बदौलत उन्हें बहुत शोहरत मिली। उन्होंने 'अल हिलाल' सरीखी उर्दू पत्रिका निकाली, जिसे ब्रिटिश-विरोधी विचारों के चलते सरकार ने प्रतिबन्धित कर दिया। श्री आज़ाद ने ख़ुद को गांधी के ध्येय के लिए समर्पित कर दिया और स्वदेशी उत्पादों को बढ़ावा देने और स्वराज के लिए काम किया। पैंतीस वर्ष की उम्र में उन्होंने भारतीय राष्ट्रीय कांग्रेस के अध्यक्ष का पद सँभाला। अध्यक्ष के रूप में काम करनेवाले वह सबसे कम उम्र के नेता थे। श्री आज़ाद स्वतंत्र भारत के पहले शिक्षा, विज्ञान और संस्कृति मंत्री बने।

ख़ान अब्दुल ग़फ़्फ़ार ख़ान (1890-1988) महात्मा गांधी के क़रीबी सहयोगी और पश्तूनों के राजनीतिक और आध्यात्मिक नेता थे। गांधी के प्रति उनके समर्पण भाव की वजह से उन्हें 'सीमान्त गांधी' भी कहा जाने लगा। और ख़ुद गांधी ने उन्हें 'भगवान का दूत' कहा था। सन् 1929 में उन्होंने ख़ुदाई ख़िदमतगार आन्दोलन की स्थापना की, जिसकी वजह से उन्हें और उनके समर्थकों को अंग्रेज़ सरकार की कठोर कार्रवाई का सामना करना पड़ा। भारत के बँटवारे की अखिल भारतीय मुस्लिम लीग की माँग का उन्होंने पुरज़ोर विरोध किया।

ख़्वाजा अहमद अब्बास (1914-1987) फ़िल्म निर्देशक, उपन्यासकार, पटकथा लेखक और पत्रकार थे 'बॉम्बे क्रॉनिकल' में काम करते हुए उन्होंने 'लास्ट

पेज' नाम से एक साप्ताहिक कॉलम लिखना शुरू किया था, जो बाद में उनके 'ब्लिट्ज़' में चले जाने के बाद वहाँ छपता रहा। 'लास्ट पेज' सबसे लम्बे समय तक चलनेवाला पॉलिटिकल कॉलम बन गया।

जयप्रकाश नारायण (1902-1979) आज़ादी आन्दोलन के सिपाही, सिद्धान्तवादी और राजनीतिक नेता थे, जिन्हें 1970 के दशक के मध्य में प्रधानमंत्री इंदिरा गांधी के ख़िलाफ़ विपक्ष का नेतृत्व करने के लिए ख़ासतौर पर याद किया जाता है। विस्कॉन्सिन में पढ़ाई के दौरान वह मार्क्सवाद के प्रभाव में आए और 1929 में एक मार्क्सवादी के रूप में भारत लौटे। कांग्रेस में शामिल होने के बाद उन्होंने ख़ुद को स्वतंत्रता संग्राम में झोंक दिया और 1942 के भारत छोड़ो आन्दोलन में महत्त्वपूर्ण भूमिका निभाई। 1960 के दशक के आख़िर और 1970 में बिहार में सम्पूर्ण क्रान्ति आन्दोलन के मुखिया के नाते उन्हें बहुत शोहरत मिली। जून 1975 में इंदिरा गांधी ने जब देश में इमरजेंसी लगाई, तो जेपी के नेतृत्व में ही इमरजेंसी-विरोधी आन्दोलन शुरू हुआ था।

अनुवाद : **प्रभात सिंह**

टिप्पणियाँ और सन्दर्भ

भूमिका

2 **it was not until the end of the eighteenth century:** Hans Kohn, *Nationalism: Its Meaning and History,* Princeton: Van Nostrand, 1955, p. 9.

2 **It is only in the recent past that demands have been made:** Ibid.

2 **Nationalism is also sometimes described:** Elie Kedourie, *Nationalism,* London: Hutchinson, 1960, p. 72.

2 **This transformation of religion into nationalist ideology:** Ibid, p. 73.

2 **Jawaharlal Nehru...focused on develop mentalism:** For a detailed study of the emergence and significance of economic nationalism, see the classic of the 1960s, Bipan Chandra, *The Rise and Growth of Economic Nationalism in India,* New Delhi: People's Pub House, 1966.

3 **Which is why Harold Laski denounced nationalism:** Harold Laski, *Nationalism and the Future of Civilization,* London: Watts & Co., 1932, p. 26.

3 **Nationalism breeds imperialism:** Louis L.Snyder, *The New Nationalism,* New York: Cornell University Press, 1968, p. 2.3 As K.N. Panikkar pointed out: Surendranath Banerjea, *A Nation in the Making,* quoted in K.N. Panikkar, 'Nationalism and its Detractors', *Social Scientist,* Vol. 44, No. 9-10, September-October, 2016.

3 **The rise of nationalism, it is often argued:** Sekhar Bandyopadhyay, *From Plassey to Partition: A History of Modern India,* New Delhi: Orient Blackswan, 2nd edn. 2014, p. 205.

4 **It was here that they imagined their own domain of sovereignty:** Partha Chatterjee, *The Nation and its Fragments: Colonial and Post-colonial Histories,* Princeton: Princeton University Press, 1993, cited in Bandyopadhyay, *From Plassey to Partition,* p. 206.

4 **As Sudipta Kaviraj says, Bankim re-drew the imaginative boundary:** Sudipta Kaviraj, 'Nationalism' in Niraja Gopal Jayal and Pratap Bhanu Mehta, ed., *The Oxford Companion to Politics in India,* New Delhi: OUP, 2010, p. 324.

4 Historian Chris Bayly also located the roots of Indian nationalism: C. A. Bayly, *Origins of Nationality in South Asia: Patriotism and Ethical Government in the Making of Modern India,* New Delhi: OUP, 1998, p. 79.

4 'Indian nationalism is a force of recent growth': Bal Gangadhar Tilak, 'The Future of Indian Nationalism', *The Mahratta,* 14 December, 1913, pp. 385-86.

5 The effect of colonial policy is apparent in such views: Romila Thapar, 'The Pursuit of the South asian Past', *Himal Southasian,* 30 August, 2016.

5 The intervention of colonialism interrupted the political evolution: Panikkar, 'Nationalism and its Detractors', p. 11.

5 Before they could undergo a political mutation: Ibid.

5 they could imagine themselves as a 'political community': Benedict Anderson, *Imagined Communities,* Verso: London, 1983.

5 nationalism was the antithesis of colonialism: Panikkar, 'Nationalism and its Detractors', p. II.

5 New platforms like The Dawn Society and its journal: Satish Chandra Mukherjee was the son of a noted member of the Indian Positivist Society, Krishna Nath Mukherjee, and was born in the village of Bandipur in Hooghly district in Bengal. He acquired a master's degree in English from the prestigious Presidency College, Calcutta, and then trained as a lawyer. Unhappy with the political climate and inspired by the emerging nationalism, he founded *The Dawn* in 1897 and The Dawn Society in 1904. He edited the journal till 1913.

5 'a mighty organ of Indian nationalism': Geraldine Forbes, *Positivism in Bengal: A Case Study in the Transmission and Assimilation of an Ideology,* Calcutta, 1975, p. 128; for a more popular article see Haridas Mukherjee. 'A Neglected Hero', *The Sunday Statesman,* 19 March, 1989. For a detailed analysis see Dhruv Raina and S. Irfan Habib, *Domesticating Modern Science,* New Delhi: Tulika, 2004. pp. 83-119.

6 Nationalism enabled the intelligentsia to envision a political order: Panikkar, 'Nationalism and its Detractors', p. 12.

6 prophetically titled his 2011 book: Benjamin Zachariah, *Playing the Nation Games: The Ambiguities of Nationalism in India,* New Delhi: Yoda Press, 2011.

7 The ultimate aim of the original 'right-wing' nationalism: Eric Hobsbawm, *The Age of Empire:* 1875-1914, London: Weidenfeld & Nicolson, 1987, p. 143.

7 **the transition from nationalism of the independence movement:** Shiv Visvanathan, 'The Paranoid Art of Nationalism', *The Hindu,* 26 August, 2016.

7 **The idea of a secular, forward-looking India:** For a detailed description of this phenomenon, please refer to the recent path-breaking work of Akshay Mukul, *Gita Press and the Making of Hindu India,* New Delhi: Harper Collins, 2015.

8 **A more detailed and explicit example from the colonial phase:** For a detailed analysis read Mukul, *Gita Press.*

8 **which, under the guise of what people call culture:** Inaugural speech at the opening ceremony of the Central Fuel Research Institute, 22 April, 1930.

9 **'India is all Indians and all Indians are India':** Gopal Gandhi, 'India's national anthem is not a tax that requires compliance', *Hindustan Times,* 2 December, 2016.

9 **What is at stake today is the essence of liberal natio-nalism:** Panikkar, 'Nationalism and its Detractors', p. 17.

9 **Love for one's country is imperative and necessary:** Sudhanva D. Shetty, 'There's a World of Difference Between Patriotism and Nationalism', *Huff Post India* Blog, 7 March, 2016.

9 **This early response was also centred around a sense of inadequacy:** Among these writings which rubbished India and Indian civilization were James Mill's *History of British India,* first published in 1818. Several other British civil servants like John Seeley went public through their writings, deriding Indian culture and morality. Rudyard Kipling is rightly known as the 'bard of the empire'. These writings tried to legitimize the subjugation of the so-called inferior races of the non-West.

10 **Nationalism is not the awakening of nations to self-consciousness:** Cited in K. N. Panikkar, 'Nationalism, Then and Now', *Frontline,* 15 April, 2016.

10 **'break with the past':** C. H. Heimsath, *Indian Nationalism and Hindu Social Reform,* Princeton: Princeton University Press, 1964, p. 108.

11 **undertook to reform their society:** Christophe Jaffrelot, *The Hindu Nationalist Movement and Indian Politics:* 1925 *to the 1990s,* London: C. Hurst & Co., 1996, p.14.

11 **It was through this project that the cultural essence of Indian nationhood:** Bandyopadhyay, *From Plassey to Partition,* p. 158.

11 **While the fragmentation provides a useful analytical frame:** Panikkar, 'Nationalism and its Detractors', p. 8.

12 **a booklet published in 1923 called *Hindutva* (Hinduness):** Savarkar originally published it as *Essentials Of Hindutva* in 1923, it was retitled *Hindutva: Who Is a Hindu?* in its 1928 reprint.

12 **A chapter in his book *Bunch of Thoughts:*** M. S. Golwalkar, *Bunch of Thoughts,* Bangalore: Vikrama Prakashan 1966, pp. 122-35.

13 **Communalism is not self-sustaining:** Dipankar Gupta, *The Context of Ethnicity: Sikh Identity in a Comparative Perspective,* New Delhi: OUP, 1996, p. 208.

14 **'nationalists make use of the past in order to subvert the present':** Kedourie, *Nationalism,* p. 73.

14 **'The Arya Samaj has to remember that India of today is not exclusively Hindu':** V. C. Joshi, ed., *Lakt Lajpat Rai: Writings and Speeches,* Delhi: University Publishers, 1966, p. Li.

15 **All three played decisive roles in the hardening of attitudes:** For more details see Mushirul Hasan, ed., *Communal and Pan-Isktmic Trends in Colonial India,* New Delhi: Manohar, 1981; and Mushirul Hasan, *Nationalism and Communal Politics in India:* 1916-1928, New Delhi: Manohar, 1979.

15-16 **But he meant by them not nationalism based on a particular religion:** Peter Heehs, *Sri Aurobindo: Nationalism, Religion and Beyond,* New Delhi: Permanent Black, 2005, p. 201.

16 **'espoused with religious fervor and enthusiasm':** Sri Aurobindo, 'Nationalism and British-sponsored Communalism', *Bande Mataram,* March 1907, cited in Heehs, *Sri Aurobindo.*

16 **'this is not to say that Aurobindo's political and social writings':** *Sri Aurobindo,* p. viii.

16 **'was contested incessantly from within the Indian society':** Bandyopadhyay, *From Pktssey to Partition*

17 **Insisting that Muslims could form a common nationality with Hindus:** Venkat Dhulipala, *Creating a New Medina: State, Power, Isktm and the Quest for Pakistan in Late Colonial North India,* New Delhi: Cambridge University Press, 2016, p. 6.

17 **He articulated the metaphor of Medina:** Ibid.

18 **The word qaum is used for any group:** Cited in D. R. Goyal, *Maulana Husain Ahmad Madni: A Biographical Study,* New Delhi: Anamika Publishers, 2004, pp. 170-71

18 **We the people of India have one thing in common:** Ibid.

19 **In countries with a Muslim majority, nationalism and Islam:** Cited in L. R. Gordon-Polonskaya, 'Ideology of Muslim Nationalism', in Hafeez Malik, ed., *Iqbal: Poet-Philosopher of Pakistan,* New York: Columbia University Press, 1971, p. 135.

19 **fair to say that a poet who writes with such a pain-racked pen:** S.M.H. Burney, *Iqbal Poet-Patriot of India,* trans. Syeda Saiyidain Hameed, New Delhi: Vikas Publishing House, 1987, p.48.

20 **The last sun of the century sets amidst the blood-red clouds:** *http://www.*online-literature.com/tagore-rabindranath/4623/

20 **horribly decadent [figure] reverting to all forms** ofbarbarism: Mohammad A. Qayyum, 'Imagining "One World": Rabindranath Tagore's Critique of Nationalism', *Interdisciplinary Literary Studies,* Vol. 7, No.2 (Spring 2006), pp.33-52

21 **the combination of the great spiritual mysticism of the Hindus:** Verinder Grover and Ranjana Arora, ed., *Great Women of Modern India* (3), New Delhi: Deep and Deep Publications, 1993, p. 441.

22 **Every cultural pattern, according to her:** Ibid.

23 **fire of 'modem civilization':** Tridip Suhrud, 'Reading Hind Swaraj' in Ghanshyam Shah, ed., *Re-reading Hind Swaraj,* New Delhi: Routledge, 2013, p. 19.

23 Hind Swaraj is a rare document of contemporary thought: Ibid.

25 'if nationalism is a tradition of thought': Zachariah, *Playing Nation Games,* p. 206.

25 Nationalism is in ill odour today in the West : Typewritten copy of Nehru's article for *Asia* in Indian Political Intelligence (IPI) file, *IOR:LlP&J/12/294,* f. 9. Cited in Zachariah, *Playing the Nation Games,* pp. 215-16.

26 he wrote an article 'The Past and the Present': Jawaharlal Nehru, *Selected Works of Jawaharlal Nehru,* Vol.6, New Delhi: Orient Longman, 1974, pp. 434-439.

26 The world progresses and advances in knowledge: Ibid. p. 434.

26 the written word gave him a distinctiveness: Valerian Rodrigues, ed., *The Essential Writings of B. R. Ambedkar,* New Delhi: OUP, 2002, p. 2.

27 According to Ambedkar, until the Indian people secured political power : Ishita Aditya Ray and Sarbapriya Ray, I\n Insight into B. R. Arnbedkar's Idea of Nationalism in the Context of India's Freedom Movement', *Developing Country Studies,* http://www.iiste.org/Journals/index. php /DCS/articlel *viewFile/631/524* [accessed 4 Aug 2017].

27 His nationalism and even his participation in the freedom struggle: Arun Shourie, *Worshipping False Gods: Ambedkar and the Facts Which Have Been Erased,* New Delhi: Harper Collins, 1997.

27 He felt that once a large mass of people began to believe that they are a nationality: Rodrigues, *Essential Writings ofAmbedkar,* p. 32.

30 'Is the Brahmins' rule *swarajya* for the *paraya?'*: Panikkar, 'Nationalism and its Detractors' p. 12.

31 The need of the hour is that the seven crore Muslims living in India: Ahmad Saeed Malihabadi, 'Religious Ideology and Indian Nationalism', in Syeda Saiyidain Hameed, ed., *India's Maulana-Abul Kalam Azad,* volume 1, New Delhi: Indian Council for Cultural Relations and Vikas Publishing House, 1990, p. 205.

35 India 'is more of a civilisation than a nation': Akshaya Mishra, 'Nationalism Debate: Why Indian Right Must Produce a Respectable Intellectual Argument', *Firstpost,* 29 February, 2016.

राष्ट्र और संस्कृति के बारे में प्रारम्भिक उदारवादी विचार

42 We are All Brothers in Arms: Speech at Dacca, 1 October, 1888.

धर्म-केन्द्रित राष्ट्रवाद

48 Yearning for a Hindu Nation: Speech delivered at Banaras 1906.

49 Revivalism and Nationality: First appeared in *The Mahratta,* 10 October, 1902.

51 Who is an Alien?: Speech delivered at Ahmednagar, 31 May 1916.

53 A Study of Hindu Nationalism: Originally published in the *Hindustan*

Review and *Kayastha Samachar,* September-October, 1902. (Vol. VI, nos. 3-4) pp. 249-54.

53 **I agree with most of his conclusions:** This piece is in response to an article by Pandit Madho Ram in the Samachar called 'Hindu Nationalist' on the creation of a Hindu nationality.

55 **in what other sense does the Homer of Persia:** The verses are in Persian' and have not been reproduced here. 58 Communalism and Nationalism: The People, 12 September, 1926.

58 **Deshbandhu Das's Pact:** The reference was to -the Bengal Pact made by C. R. Das in December 1923 to get Muslim support in the politics of Bengal.

59 **to which Anatole France gives a rather odious name:** 1844-1924, French author and novelist, awarded Nobel Prize for Literature in 1921.

61 **Hinduism and Indian Nationalism:** Published in *The Spirit of Indian Nationalism,* 1910, pp. 22-48.

76 **Nationalism is 'Religion':** Speech delivered in Bombay on 19 January, 1907 at the invitation of Bombay National Union.

78 **One of them, the man who had the greatest influence:** The reference is to Ramakrishna Paramhansa (1836-1886), the Bengali mystic and saint.

79 **it was a sadhu:** Bipin Chandra Pal (1858-1932), leader of the Extremist Party in Bengal and a member of the Brahmo Samaj, came under the influence of the yogi Bijoy Goswami (1841-1899).

79 **is the man who started this paper:** Manoranjan Guha Thakurta (1858-1919), proprietor of *Navasakti,* a Bengali nationalist newspaper. He also was a disciple of Bijoy Goswami.

79 **disciple of a sannyasin:** Satish Chandra Mukherji (1865-1948), the founder of the Dawn Society and a pioneer in the Indian education movement.

88 **Composite Nationalism and Islam:** Excerpts from *Composite Nationalism and Islam,* 2005. Reproduced by permission of Maulana Mahmood Madani.

89 **Mukhtarus Seha:** An Arabic grammar book.

89 **Tajul Oroos of Zubaidi:** An Arabic dictionary.

90 **Abu Ishaque:** A great linguist of the Arabic language.

90 **Tajul Uroos:** A commentary of *Qamus.*

90 **Jauhari:** A famous linguist.

90 **not to laugh at another qaum:** O ye who believe! Let not some men *(qaum)* among you laugh at others. It may be that the latter are better than the former. Nor let some women laugh at others. It may be that the latter are better than the former. (49.11).

90 **Zaheer:** A distinguished poet of classical Arabic literature.

90 **Ibn-e-Asir:** An expert of Arabic language.

101 **Is Composite Nationalism possible in Islam?:** Statement on Islam and nationalism in reply to a statement of Maulana Hussain Ahmad published in 'Ehsan' on 9 March, 1938.

101 **How ignorant he is about the teachings of the Holy Prophet!:** For the Holy Prophet said that Muslims of the whole world regardless of colour,

caste and pedigree, were Brethren, and as they were linked by the same Faith, their 'Country' was the whole world!

102 **All the material of the building of Kaaba, won't become new if the idols to put in it are imported from England!:** i.e., The Kaaba was built for the worship of One God only, and idols are contrary to its purpose! In other words, the Muslims should be faithful to Monotheism and to their own Traditions, without being affected by Western culture!

103 **Mutual love and unity is much better than merely speaking the same language:** i.e., than being people of the same country!

105 **Jurist of the city has a lot of Arabic vocabulary!:** Though he could seldom understand the real meaning, and the practical requirements of these words. 105 to the Faith of Islam!: For Islam, being a Faith beyond the limits of Time and Space, does not approve the attachment to a particular country or land!

108 **not have invited 'Bu-Lahab':** His real name was 'Abdul-Uzza' and was uncle to the Holy Prophet.

110 **Similarly, don't place the Table of Decadence:** By the 'Table of Decadence' is meant any foreign culture, or system of education, which may bring inferiority complex and decline to their intellectual capabilities.

110 **Nationalism is antithetical to Islam:** Presidential address delivered at the annual session of the Muslim League at Allahabad, 29 December 1930.

महानगरीय दृष्टि और राष्ट्रवाद

119 **Nationalism in India:** From his book *Nationalism,* published in 1916.

समावेशी राष्ट्रवाद और समधर्मी संस्कृति

137 **The Vision of Patriotism:** Sarojini Naidu delivered a public address on Monday, 15 January, 1917 in the compound of the 'Leader' office.

142 **Ganga-lamuni Tehzeeb: The Unity of Cultures:** Speech at a public meeting held in Patna, 13 October, 1917.

150 **Syncretism in Indian Culture:** Presidential Address, Asian Relations Conference.

152 **Composite Culture and Nationality:** Excerpts from the convocation address at Jamia Millia Islamia, Aligarh, 1923.

संवेदना और राष्ट्रवाद

161 **Is Hatred Essential for Nationalism?:** Speech at Meccano Club, Calcutta, 28 August, 1925.

164 **Nationalism *v.* Internationalism:** CWMG, Vol XXVII, May-July 1925:

विखंडनकारी ताकतों का मुक़ाबला और राष्ट्र निर्माण

169 **National Unity and Nationalism:** Extracts from a Speech at Island Grounds Madras, 23 February, 1949.

राष्ट्रवाद और संस्कृति का एक चुनावी दृष्टिकोण

175 **Nationalism and Internationalism:** Extracts from the Convocation address at Viswa Bharati University, Santiniketan, 24 December, 1945. Reproduced by permission of Smt. Sonia Gandhi.

177 **What is Culture?:** Extracts from the inaugural address of the ICCR, New Delhi, 9 April, 1950. Reproduced by permission of Publications Division.

परिभाषित राष्ट्रवाद

185 **Who Constitutes a Nation?:** Excerpts from 'A Nation Calling for a Home', published in 1940 as a chapter in *Pakistan or Partition of India.*

संस्कृति और राष्ट्रवाद पर उदार दक्षिणपंथी नज़रिया

197 **Need for a Dynamic Patriotism:** Excerpt from the Annual Convocation address at Delhi University, 15 January, 1949. Reproduced by permission of author's estate.

197 **Indian Culture is Self-restraint:** Originally published as 'Essentials of Indian Culture', *The Illustrated Weekly of India,* 1 November, 1959. Reproduced by permission of author's estate.

201 **Xenophobia and Linguistic Nationalism:** Originally published as 'Claims of Hindi Examined', *Swarajya,* 1 February, 1958. Reproduced by permission of author's estate.

राष्ट्रवाद की क्रान्तिकारी दृष्टि

208 **Communalism is not Nationalism:** Signed editorial in the *Forward Bloc,* 24 February, 1940.

209 **Defeat Fanaticism for Healthy Nationalism:** Presidential address at the Maharashtra Provincial Conference, 3 May, 1928, Poona.

211 **Vision of Shared Nationalism:** Extracts from 'Communal Problems and its Solution', *Kirti,* June 1928.

212 **Nation Sans Discrimination:** Originally published as 'The Problem of Untouchability', *Kirti,* June 1928.

214 **Why I Am An Atheist:** Essay written in 1930 while in Lahore Central Jail.

226 **On Patriotism:** Originally published in *Vanguard,* 1924. See *https:llwww.marxists.org/archivelroyl 1923/061* 12.htm [accessed 28 August, 2017].

227 **preach through such lips as Lord Ronaldshay's:** The reference here is to the Earl of Ronaldshay (the Marquess of Zetland), a Conservative member of the British Parliament, who was appointed Governor of Bengal in 1917. Widely travelled in different parts of Asia, he believed that 'the Indian outlook differed profoundly from that of the West', that 'the psychological gulf between the Bengali extremists and Englishmen was unbridgeable', and that it was the government's duty to stamp out the extremists. Among his writings which expressed these views are *The Heart of Aryavarta: a Study of the Psychology of Indian Unrest,* and *Essayez.*

228 **Bourgeois Nationalism:** Editorial in *Vanguard,* Vol 3, No 1, 15 August, 1923. See *https:llwww.marxists.org/archive/roy/1923/08115a.htm* [accessed 28 August, 2017].

अविभाज्य राष्ट्रवाद

237 **Indivisible Unity called Indian Nationality:** Extracts from the Ramgarh *Indian Nationalism* address, 1940.

239 **Perils of Narrow Nationalism:** Extracts from the convocation address at Patna University, 21 December, 1947.

242 **Nationalism and the Muslims:** Extracts from the convocation address, Aligarh University, 20 February, 1949.

246 **Nationalism Transcends Religion:** Extracts from rhe address before the Joint Session of Indian Parliament, 24 November, 1969.

एकीकृत राष्ट्रवाद

251 **Search for an Integrated Indian:** From *Bread, Beauty and Revolution,* New Delhi, 1982.

253 **Nationality Test for the Muslims:** Originally published as 'Whither Muslims?' in *Bread, Beauty and Revolution.*

राष्ट्र और राष्ट्रीयता परिभाषित

257 **Origin of a Nation:** Dadabhai Naoroji Fund Lecture series.

264 **Aggressive Nationalism:** A Danger to the World: First published in the *Radical Humanist,* 20 June, 1965.

268 **Nationhood:** The Concept: *National Convention on Unity and Democracy: Basic Papers.*

269 **It is the task of this convention:** Jayaprakash Narayan had convened a convention of all political parties and eminent scholars in Delhi in 1969.

269 **'the achievements of our sages and savants...India's national oneness':** Atal Behari Vajpayee, *The Statesman,* 15 June, 1968.

अनुवादक परिचय

प्रभात सिंह अख़बारनवीस और फ़ोटोग्राफ़र हैं। अरसे तक 'अमर उजाला' के संपादक रहे हैं। थारू जनजाति के लोगों की ज़िन्दगी पर एक मोनोग्राफ़, और कुम्भ के मेले पर किताब लिखी है, अख़बारनवीसी पर भी दो किताबें छपी हैं। इन दिनों 'संवाद न्यूज़' के सम्पादक हैं। बरेली में रहते हैं।

जितेन्द्र कुमार पेशे से पत्रकार व अनुवादक हैं। वह राजनीति, समाज और संस्कृति पर लगातार लिखते रहते हैं। पत्रकारिता के अलावा उन्होंने अरुंधति राय, नन्दिनी सुन्दर, सुरिन्दर जोधका, सिद्धार्थ वरदराजन और आशुतोष वार्ष्णेय के लेखन का अंग्रेज़ी से हिन्दी में अनुवाद किया है। फ़िलहाल कर्पूरी ठाकुर की जीवनी पर काम कर रहे हैं।

अभिषेक श्रीवास्तव स्वभाव से घुमक्कड़ अभिषेक श्रीवास्तव काशी हिन्दू विश्वविद्यालय से गणित में औपचारिक शिक्षण और भारतीय जनसंचार संस्थान से पत्रकारिता में प्रशिक्षण प्राप्त हैं। अपने कैरियर के शुरुआती दस साल मीडिया संस्थानों में नौकरी को देने के बाद पिछले दस सालों से उन्होंने अनुवाद और स्वतंत्र लेखन को ही अपने जीवनयापन का रास्ता बना लिया है। हाल ही में उनके अनूठे अनुवाद में जॉर्ज ऑरवेल का विश्वप्रसिद्ध उपन्यास '1984' प्रकाशित हुआ है। पिछले 11 वर्षों में की गई कई यात्राओं के बाद लिखा गया, एथ्नोग्राफ़िक यात्रा-आख्यान 'कच्छ कथा' उनकी पहली मुकम्मल किताब है।

अशोक कुमार पांडेय कश्मीर के इतिहास और समकाल तथा भारत के आधुनिक इतिहास के विशेषज्ञ के रूप में सशक्त पहचान बना चुके अशोक कुमार पांडेय का जन्म पूर्वी उत्तर प्रदेश के मऊ ज़िले के सुग्गी चौरी गाँव में हुआ। वे गोरखपुर विश्वविद्यालय से अर्थशास्त्र में परास्नातक हैं। कई विधाओं में लेखन के बाद पिछले काफ़ी समय से इतिहास लेखन में

सक्रिय हैं। 'कश्मीरनामा', 'कश्मीर और कश्मीरी पंडित', 'उसने गांधी को क्यों मारा' और 'सावरकर : काला पानी और उसके बाद' उनकी बहुचर्चित पुस्तकें हैं।

अर्जुमंद आरा दिल्ली विश्वविद्यालय के उर्दू विभाग में प्रोफ़ेसर हैं। उन्होंने उर्दू साहित्य में उच्च शिक्षा प्राप्त की। उर्दू आलोचना और अनुवाद के क्षेत्र में सक्रिय हैं। धर्मवीर भारती, अरुंधति राय, विभूति नारायण राय, मुशीरुल हसन, गार्गी चक्रवर्ती, राल्फ़ रसल (उर्दू शायरी और ग़ालिब के ब्रिटिश विशेषज्ञ), अतीक़ रहीमी (अफ़ग़ानिस्तान मूल के फ्रांसीसी उपन्यासकार), हसन ब्लासिम (इराक़ी कहानीकार), तय्यब सालिह (सूडानी उपन्यासकार), ताहर बिन जल्लून (मोरक्को मूल के फ्रांसीसी उपन्यासकार) इत्यादि के अनेक उपन्यासों और जीवनियों का उर्दू में तर्जुमा कर चुकी हैं। अनुवाद के लिए उन्हें उर्दू अकादमी, दिल्ली और 'साहित्य अकादेमी अनुवाद पुरस्कार' से सम्मानित किया गया है।

श्रीप्रकाश का जन्म बलिया, उत्तर प्रदेश में हुआ। उन्होंने बी.एस-सी. तक पढ़ाई की। साहित्यिक पत्रिका 'हंस' से दिल्ली में पत्रकारिता की शुरुआत की। कुछ वर्ष दिल्ली 'मिड-डें' और 'अमर उजाला' के साथ काम किया। एनजीओ सेक्टर के मीडिया कोआर्डिनेशन और नेटवर्किंग से जुड़े रहे। इंदौर में 'वेबदुनिया' में अनुवाद कार्य भी किया। मार्क्सवादी चिन्तक एजाज़ अहमद के 'ए रिफ़्लेक्शन ऑफ़ अवर टाइम्स' सीरीज़ के लेखों का अनुवाद और 'डेवलपमेंट : ए वेरी शॉर्ट इंट्रोडक्शन' (इयान गोल्डिंग) का अनुवाद उनके महत्त्वपूर्ण अनुवाद-कार्य हैं। फ़िलहाल फ्रीलांस अनुवादक के तौर पर कार्यरत हैं।